역사수업의 원리

학술총서 01

역사수업의 원리

김한종 지음

cum libro
책과함께

■ 책을 내면서

　살아간 자취를 세상에 그대로 드러내 보인다는 것은 조심스러운 일이다. 나처럼 자기 삶이 남에게 보여줄 만한 특별한 것이 되지 못하는 사람에게는 더욱 그렇다. 대학에서 강의를 하고 '논문'을 쓰는 것이 직업인 나에게 이 책의 글들은 살아간 자취이다. 이 삶의 자취는 이미 공개된 것들이다. 감추려고 해도 감출 수 없다. 그런데도 이런 형식으로 다시 공개하는 데 거리낌이 드는 것은 역시 내세울 만한 자취가 아니기 때문일 것이다.

　'역사교육'을 전공으로 택한 지도 이미 20여 년의 시간이 지났다. 역사교육을 공부하면서 처음 가졌던 주요 관심사는 수업이었다. "어떻게 하면 역사를 잘 가르칠 수 있는가?"라는 문제는 사람들이 역사교육 연구에 거는 가장 커다란 기대일 것이다. 나의 관심도 여기에서 벗어나지 않았다. 어쩌면 당시 교사로서 역사교육을 공부한다는 것도 이런 생각을 하는 데 한 몫을 하였을 것이다.

　이에 따라 이른바 '교사를 위한 역사수업이론'과 같은 책을 펴내는 것을 공부를 하며 거쳐야 할 중요한 단계의 하나로 삼았다. 이는 기존의 수업이론이 너무 현학적이고 피상적이어서 실제 수업현장에 도움이 되지 않는다는 비판을 의식한 것이기도 하였다. 역사수업 현장에서 그대로 적용할 수는 없더라도, 역사교사들이 수업을 구체적으로 계획하고 실천하는 데 참고할 수 있는 이론을 정리하여 제시하고 싶었다. 이를 위해 일부 내용을 시험적으로 서술해보기도 하였다. 그렇지만 언제 이 단계에 도달해서 역사수업이론을 다룬 책을 쓸 수 있을지는 지금은 예측하기 어렵다. 아직도 역사수업이론의 체계나 다루어야 할 범위에 대해 명확한 견해를 가지고 있지 못하다. 역사수업을 보는 관점이 계속 바뀐다는 것도 이에 대한 생각이 정리되어 있지 못함을 말해주는 것이다. 글을 한 편 두 편 쓰면서 오히려 알아야 할 문제가 많아진다는 점도 부담스럽다. 이에 따라 일단 역사수업과 관련된 글들을 정리해보는 것이 중간단계로 필요하다는 생각이 들었다. 역사수업을 보는 나의 관점을 다른 사람에게 드러내고 싶다는 마음도 포함해서.

역사교육이나 역사교육연구와 역사수업을 보는 관점은 서로 밀접한 관련을 가진다. "어떻게 하면 역사를 잘 가르칠 수 있는가?" 하는 문제는 비단 가르치는 방법이나 학습활동에만 국한되는 것이 아니다. 역사적 사실과 역사인식, 교재, 학습활동은 수업에서 별개로 분리해서 생각할 수 없다. 수업에서 다루는 역사적 사실과 이에 대한 인식에 따라 학습목표와 자료, 수업의 과정이 달라진다. 이러한 수업의 중심에 교사가 있다. 교사 중심의 수업을 비판하고 학생 중심의 수업을 강조하는 목소리가 나온 지는 오래되었지만, 학생 중심의 수업을 구상하는 것도 결국 교사이다. 모든 교과에서 마찬가지겠지만, 특히 역사와 같이 수업에서 다루는 사실에 대한 해석이나 관점에 크게 영향을 받는 과목의 경우는 교사의 인식이 더 중요한 역할을 한다. 이 책의 글들에는 역사수업을 바라보는 이와 같은 관점들이 깔려 있다. 여러 곳에서 되풀이하고 있는 "역사교육과정의 중심은 내용이다", "역사교육과정에 제시되어 있는 교과내용은 교과서, 교실수업의 단계마다 재구성된다", "역사수업은 교사의 역사인식에 커다란 영향을 받는다"는 말들이 이러한 관점의 표현이다.

이 책에는 역사수업과 관련된 11편의 글을 3부로 나누어 싣고 있다. 1부 '역사교육과 역사수업이론'은 역사교육학과 역사수업이론을 보는 관점을 담고 있다. 역사교육학의 가장 중요한 연구 분야가 역사수업이라면, 역사교육학(론)이 무엇이며 역사교육연구의 대상이 무엇인가에 대한 생각은 역사수업을 보는 관점과 직접적으로 연결된다. 그런데 우리는 흔히 '역사교육론'에서는 이론, '역사수업'에서는 실천을 떠올리게 된다. 이론과 실천을 이분법적으로 분리하는 것이다. 1부에서는 이에 대한 대안으로 역사수업이론은 실제 역사수업의 현장에서 일어나고 있는 현상들을 체계적으로 설명할 필요가 있다는 점을 제안한다. 2부 '역사수업의 원리'는 역사수업에 영향을 미치는 요인들과 실제 수업을 설계하는 데 고려해야 할 문제들을 다루었다. 교사의 역사인식이 역사수업에 어떻게 영향을 미치는지를 검토하고, 역사수업을 위해 내용을 어떻게 구성할 것인지를 다루고 있다. 교실역사수업 연구를 검토한 글을 여기에 포함한 것은, 역사수업에 대한 기존 연구들이 수업을 설계하는 데 도움을 주리라는 생각 때문이다. 3부 '역사적 사고력과 역사수업'은 교육과정의 기초이자 수업의 목표로 제시되고 있는 사고력의 문제들을 다루는 글들로 구성되어 있다. 이 글들은 공통적으로 영역고유 인지이론의 관점에서 역사적 사고력이 무엇인지를 논의하고 있다. 역사적 사고력에는 과학과 같이 논리적인 절차와 탐구를 강조하는 측면과 역사적 상상의 측면이 있다. 역사수업은 한편으로 학생들의 역사적 사고력을 고려하여야 하며, 다른 한편으로는 역사적 사고력을 증진시킬 수 있도록 계획되어야 한다. 3부의 글들은 실제 수업사례를 통해 그 방법과 가능성을 제시하고 있다.

이 책의 제목을 2부의 제목과 같이 '역사수업의 원리'로 한 까닭은 역사교육학을 보는 관점이나 역사수업의 사례들도 결국 역사수업의 원리를 제공해줄 것이라는 생각 때문이다. 1부의 역사교육학을 보는 관점에 따라 역사수업에 접근하는 방식이 달라진다. 3부에서 제시되는 역사를 가르치는 방법이나 역사수업사례들은 수업에 대한 하나의 제안이라고 할 수 있다. 여기에서 제시된 수업방법이나 사례들이 이 책을 읽는 사람들에게 수업을 설계할 수 있는 하나의 원리가 되었으면 하고 기대한다.

역사수업에 관심을 두고 글을 써 오기는 하였지만, 여기에 실린 글들이 일련의 구상 아래 나온 것은 아니다. 따라서 일관성 있는 체계를 가지고 있는 것이 아니며, 글 사이에 중복되는 내용들도 있다. 내가 쓴 글이기는 하지만 나중에 읽어보니까 이해가 달라지거나 논리상 문제가 있는 부분들도 눈에 띈다. 그렇지만 이것도 내가 역사수업을 어떻게 바라보고 있었는가를 보여준다는 생각이 들어서, 잘못 이해하고 있었거나 명백히 생각이 달라진 부분을 수정하는 정도에 그쳤다.

이 책을 내는 데 여러 사람이 함께 하였음을 기억한다. 가장 먼저 떠오르는 분은 대학교 지도교수인 윤세철 선생님이다. 말씀을 많이 하시지는 않았지만, 공부에 별 자질이 없는 나를 끊임없이 지켜보면서 격려해주신 마음이야 어찌 모르겠는가? 항상 고마워하면서도 전화 연락 한번 제대로 하지 않는 죄송한 마음을 여기에 담는다. 이 책을 내주신 책과함께 류종필 사장께 깊이 감사드린다. 출판사 초기부터 역사교육에 관심을 가지고 꾸준히 책을 내고, 또 역사교육을 공부하는 사람들에게 여러 가지로 도움을 주고 있다. 정말로 고마운 일이다. 사람들이 흔히 하는 말로 '상업성이 없는', 이 책을 내달라는 나의 부탁도 흔쾌히 들어주었다. 이 책의 편집을 맡아서 꼼꼼히 검토하고 좋은 의견을 내준 책과함께 편집부에도 감사드린다. 덕분에 이 책은 학술서답지 않은 예쁜 모습을 갖추게 되었다. 아울러 바쁜 대학원 공부 중에도 원고를 읽고 교정을 도와준 한국교원대학교 대학원의 강진아, 정주란에게도 고마운 마음을 전한다.

  가족은 삶의 자취를 함께 만들어가는 동반자이다. 연구나 강의 능력, 학문적 자질에서 나를 훨씬 앞지르면서도 언제나 나를 내세우고 격려해주는 아내 임란은 그런 의미에서 이 책의 또 다른 저자이다. 그리고 이제는 훌쩍 다 자랐지만, 어릴 적부터 아빠라는 이유로 나를 믿고 동기를 부여한 딸 예지도 삶의 동반자이다. 이제는 함께 세상 이야기를 나누고, 또 비록 전공은 다르더라도 공부를 해가면서 일어나는 여러 이야기들도 주고받을 수 있을 것 같다.

  책의 머리말을 마무리하면서 여전히 그런 생각이 든다. 역사교육 전공자로서 나의 삶은 어떤 의미가 있을까? 과연 이 책의 글들은 역사교육을 공부하는 사람들에게 얼마나 가치가 있을까? 물론 이런 생각에 뒤따르는 것은 회의감이다. 그렇게 길지는 않지만 짧지도 않은 시간 동안 역사교육을 공부한다고 하면서 내가 남긴 자취가 이

정도인가 하는 부끄러움도 함께 한다. 그래도 누군가 이 책에 아주 조그만 관심이라도 보여준다면 감사할 따름이다. 그것은 역사교육을 전공하는 사람들과 역사교육 연구에 거는 기대감일 것이다.

2007. 12.
겨울이 다가오고 있음을 느끼며 청람골에서
김한종

차례

■ 책을 내면서 · 5

1부 | 역사교육과 역사수업이론

1 | 역사교육의 담론과 역사교육학

머리말 · 19
담론으로서 역사교육 · 21
학문으로서 역사교육 · 35
역사교육 담론의 학문화 · 43
맺음말 · 47

2 | 역사변화의 인식과 역사교육의 역할

머리말 · 51
역사변화의 성격 · 54
역사변화에 대한 인식 · 61
변화에 대한 역사교육의 접근 방향 · 66
맺음말 · 73

3 | 역사수업이론의 재인식

머리말 · 77
역사교육의 내용과 역사수업 · 80
– 내용과 방법의 문제
– 역사교육 목표와 내용의 관계
– 역사교육의 내용과 역사지식
역사수업의 방법 · 90

역사교사와 역사수업 · 95
맺음말 · 101

|2부| 역사수업의 원리

4 | 역사인식과 역사수업의 방법

머리말 · 107
역사인식의 의미 · 109
역사인식에 따른 역사수업의 유형 · 115
역사수업과 역사이해의 과정 · 121
맺음말 · 125

5 | 역사교육의 내용조직 원리와 유형

머리말-교수요목을 보는 관점 · 129
역사교육 내용의 조직원리 · 134
연대순에 따른 내용조직 · 137
 - 통사적 방법
 - 시대중심 학습법
주제나 토픽 중심의 내용조직 · 144
 - 주제 · 토픽학습
 - 발전계열법
맺음말 · 152

6 | 역사수업내용의 재구성 원리

머리말-수업내용 재구성의 의미 · 157
역사수업내용 재구성의 근거 · 160
역사수업내용 재구성의 고려 요인 · 165
역사수업내용의 재구성 방안 · 170
맺음말 · 179

7 | 역사과 교실수업 연구의 동향

머리말 · 185
역사수업에 대한 문화기술적 분석 · · · · · · · · · · · · · · · · · · 188
교사의 지식에 대한 연구 · 196
교사의 수업기법에 대한 연구 · 206
맺음말 · 210

|3부| **역사적 사고력과 역사수업**

8 | 피아제의 인지발달론과 역사교육연구

머리말 · 217
피아제의 인지발달론 · 221
피아제 이론을 수용한 역사교육 연구 · · · · · · · · · · · · · · · 234
 - 역사적 사고력의 발달
 - 역사의식의 유형과 발달
 - 분류 능력
 - 시간개념
피아제 이론의 적용에 대한 비판 · · · · · · · · · · · · · · · · · · 265
 - 연구 과제 및 방법상의 문제점
 - 역사적 사고의 성격과 본질
맺음말 · 279

9 | 역사적 사고력의 구성 요소와 역사 수업의 발문

머리말 · 285
역사적 사고의 본질에 대한 제견해 · · · · · · · · · · · · · · · · · 287
역사적 사고력의 구성 요소 · 293
 - 사고의 종류와 일반적 요소

- 역사적 사고력의 요소

역사수업의 발문과 역사적 사고력 · 302
- 발문의 유형과 역사적 사고력
- 역사교사의 발문과 학생의 사고 작용

맺음말 · 315

10 | 감정이입적 역사이해의 원리와 학습방안

머리말 · 319
감정이입적 역사이해의 개념 · 322
감정이입적 역사이해의 과정 · 325
- 감정이입적 역사이해의 단계
- 감정이입적 역사이해의 양상

감정이입적 이해에 의한 역사수업 방안 · 336
- 내용의 선정과 구성
- 역사수업의 기법

맺음말 · 342

11 | 국사수업에 나타난 교사의 설명방식

머리말 · 347
역사 설명의 해석적 성격과 원리 · 350
설명을 통한 수업 진행 방식 · 358
교사의 설명 기법 · 372
맺음말 · 387

■ 이 책에 실린 글들의 출처 · 389
■ 찾아보기 · 391

1부

역사교육과 역사수업이론

1장
역사교육의 담론과 역사교육학

1. 머리말

근래 역사교육에 대한 관심이 높아지고, 역사교육을 둘러싼 다양한 논의들이 오가고 있다. '역사교육학'이라는 말도 이제는 그리 낯설게 들리지 않는다. 그러나 그 많은 이야기 속에서 역사교육 연구의 본질이 무엇인지에 대한 논의를 찾아내기는 어렵다. 물론 그동안 역사교육학의 개념을 정립하기 위한 연구나 논의들이 상당수 있었으며, 이를 통해 그 성격이 무엇인가에 대한 의미있는 시사점이 제시되기도 하였다.[1] 그러나 아직까지 역사교육학의 본질적 성격이나

---

1. 김돈, 〈한국사학과 국사교육의 관계 재정립〉, 《한국사론》 31(21세기 국사교육의 새로운 모색), 국사편찬위원회, 2001 ; 송상헌, 〈이론 역사교육의 성과와 한계〉, 《역사교육》 70, 1999 ; 송상헌, 〈역사교육의 내용을 둘러싼 역사교육 담론의 검토〉, 《역사교육연구》 창간호, 2005 ; 양호환, 〈역사교과 교육이론의 가능성과 문제점〉, 《역사교육》 53, 1993 ; 양호환, 〈'역사교과학'의 성과와 숙제〉, 《역사교육》 57, 1995 ; 양호환, 〈역사교육의 담론: 지속과 변화〉, 《윤세철교수 정년기념 역사학논총 2: 역사교육의 방향과 국사교육》, 솔, 2001.

구조에 대한 합의가 있는 것 같지는 않으며, 역사교육 연구가 학문적 체계를 갖추었다는 평가를 받고 있지도 못하다.

역사교육에 대한 논의가 활성화되면서 이른바 '역사교육 전공자'로 분류되는 집단도 생겨났다. 역사교육과 직접적으로 관련된 문제들을 주된 연구의 대상으로 삼는 '역사교육 전공자'들의 등장은 역사교육 대한 관심을 높이고 논의를 구체화하였다. 역사학계에서도 역사교육 연구가 필요하다는 공감대가 커지면서 역사교육 전공자들의 등장을 반기고 있다. 그러나 역사교육 전공자들을 바라보는 역사학계의 시각이 반드시 긍정적인 것만은 아니다. '역사학'과 '역사교육' 전공자가 구분되면서,[2] 역사교육의 여러 문제들을 둘러싸고 양자 사이에 은연 중 갈등이 일어나기도 한다. 역사교육과 관련된 사회적 논의에 교사의 참여가 활발해지면서, 교사와 역사 연구자, 교사와 역사교육 전공자들 사이에서도 견해의 차이가 나타나고 있다. 이러한 갈등은 상당 부분 역사교육이 무엇인가에 대한 관점의 차이에서 비롯된다.

이 글에서는 역사교육을 둘러싼 논의들을 통해, '역사교육론' 또

---

2. '역사교육 전공자'를 '역사학 전공자'나 '일반사 전공자'와 이런 방식으로 구분하는 것은 재론의 여지가 있다. 특정 시대나 주제, 분야와 관련된 역사를 연구하면 역사학자이고, 그렇지 않으면 역사학자가 아닌가? 역사이론을 전공하는 사람은 특정 시대를 전공하지 않는다는 이유로 '역사학'와 '역사이론 전공자'를 구분하지는 않는다. 역사적 사실을 자료나 소재로 한다는 점에서 보면, 역사교육은 역사이론과 비슷한 성격을 가지고 있다고 할 수 있다. 한편 '역사교육 전공자'를 누구로 보는가에 대한 생각이 일치하고 있는 것도 아니다. 예컨대 초등학교부터 대학교까지 역사교육의 문제를 다룬 한 심포지엄에서는 역사교육을 다른 관점에서 보기 위해 일부러 '역사교육 전공자'를 제외하였다고 말하고 있는데, 여기에서 말하는 '역사교육 전공자'는 역사교육과정의 제정에 관계하거나, 교과서를 쓰거나, 역사교육에 대한 글을 쓴 사범대학에 재직하고 있는 역사교수를 의미하는 것으로 보인다. 이기백·김용선·이배용·김영한, 《역사교육, 무엇을 어떻게 가르칠까》, 소화, 2000 참조.

는 '역사교육학'의 성격을 규명하고자 한다. 이를 위해 이제까지 논의들에서 역사교육을 어떤 시각에서 바라보고 있는가를 검토하겠다. 그러나 이런 논의에 내포되어 있는 담론들을 본격적으로 분석하고자 하는 것은 아니다. 다만 역사교육을 둘러싼 담론들의 의미를 살펴보고, 이를 통해 역사교육의 성격과 그 학문적 가능성을 타진하고자 한다.

2. 담론으로서 역사교육

역사교육에 대한 논의나 연구를 가리키는 말로 '역사교육학'보다 익숙한 용어는 '역사교육론'이다. 역사교육 개설서들은 보통 '역사교육'이나 '역사교육론'이라는 말이 들어간 제목을 붙이지만, 아직까지 '역사교육학'이라는 용어가 들어간 경우는 없다.[3] '역사교육론'이라는 말을 동어반복식으로 풀이하면, '역사교육에 대한 논의' 정도가 될 것이다. 그렇다면 역사교육은 하나의 담론 대상이며, 역사교육학(론)은 이런 담론을 모아놓은 것일까? 먼저, 역사교육에 대한 논의 속에 담겨 있는 담론들을 살펴보기로 하자.

일반적으로 담론이란 현실에 대해 설명하는 일련의 진술(statement)이나 규칙을 뜻한다. 한 마디의 말이나 하나의 문장이 아니라 공통된 의미를 가지는 일련의 말이나 문장이 담론이다. 따라서

---

3. 이원순 외, 《역사과교육》, 능력개발, 1977; 이원순·윤세철·허승일, 《역사교육론》, 삼영사, 1980; 이원순·이정인, 《역사교육-이론과 실제》, 정음문화사, 1985; 최양호, 《역사교육의 현장》, 청년문화, 1991; 송춘영, 《역사교육의 이론과 실제》, 형설출판사, 1999; 정선영·김한종·양호환·이영효, 《역사교육의 이해》, 삼지원, 2001.

담론은 서술 또는 텍스트나 사용 중인 언어를 가리키기도 한다.[4] 그렇지만 실제 사회에서 '담론'이라는 말은 엄격한 개념 규정 없이 광범한 의미로 사용되는 경우가 많다. 어떤 공통의 관심사나 주제, 지향점을 가지고 오가는 일련의 사회적 논의를 포괄적으로 담론이라고 부르기도 한다.

역사교육을 둘러싸고도 여러 가지 담론들이 오가고 있다. '역사교육은 무엇인가?', '역사를 왜 알아야 하는가?', '역사를 잘 가르칠 수 있는 방법은 무엇인가?'와 같은 논의들이 주된 담론들이다. 이 글의 주제인 '역사교육이 학문의 영역인가, 아니면 담론의 대상인가?' 하는 것도 역사교육과 관련된 하나의 담론이 될 수 있다. 그러나 이 글에서 담론의 의미에 대해 구체적으로 논의하자는 것이 아니므로, 그저 '다른 사람이나 세계에 영향을 미치려는 의도를 가진 모든 이야기'[5] 정도로 담론을 생각하기로 하자. 그러면 담론으로서 역사교육을 논한다는 것은 사람들이 '역사교육'이라는 말을 어떤 의미나 의도로 사용하였는가를 검토하는 일이 될 것이다.

역사교육과 관련하여 근래 '역사교육이 중요하다', '역사교육이 위축되고 있다', '역사교육의 위기'와 같은 말을 흔히 들을 수 있다. 이 말들 속에는 모두 역사를 잘 가르쳐야 한다는 의미가 내포되어 있다. 그리고 이 말을 하는 사람들은 스스로 의식하건 아니건 간에 나름대로 '역사교육이 무엇인가?', 즉 역사교육의 성격에 대한 생각들을 가지고 있다. 그 생각에는 아마도 다음과 같은 몇 가지 공통점이 포함되어 있을 것이다.

---

4. 두산백과 [네이버 지식백과, http://100.naver.com].
5. 담론의 의미에 대해서는 다음의 책을 참조. Sara Mills, 《담론》(김부용 역), 인간사랑, 2001, pp.9~21.

첫째, 역사를 연구하는 것뿐 아니라 연구의 결과를 보급하는 것도 중요하다.

둘째, 역사를 아는 것과 가르치는 것은 다르다. 그런데 그동안 가르치는 문제에는 크게 관심을 쏟지 않았다.

셋째, 역사를 잘 가르치기 위해서는 가르치는 방법에 대한 궁리가 필요하다.

이와 관련하여 자주 논란의 대상이 되어 온 것은 역사학과 역사교육의 관계이다. 한편에서는 역사교육이 역사학 자체가 아니라고 주장한다. 특히 역사교육의 중요성을 강조하는 사람일수록 이런 주장을 하는 경우가 많다. 다른 한편에서는 역사교육은 역사학의 한 부분이거나 역사학에 바탕을 두는 것이라고 본다. 때로는 역사학과 역사교육을 구분하는 것은 의미가 없다고 주장한다. 그러나 이와 같은 관점을 가지고 있어도 역사연구 자체가 역사교육이라고 생각하는 사람은 별로 없을 것이다. 이런 담론들은 어떠한 과정을 거쳐 형성된 것일까?

역사교육에 대한 관심과 논의가 현대사회에서 처음 생겨난 것은 아니다. 전근대사회에서도 역사교육의 필요성이 강조되었고, 근대교육제도가 성립된 이후에도 역사교육에 대해 활발한 논의가 전개되었다. 경사일체(經史一體)의 전근대사회에서는 역사를 공부하는 목적이 교훈을 얻는 데 있었으며, 대한제국 시기에는 민족정신의 함양을 위한 역사교육이 강조되고 역사교과서가 편찬되었음을 우리는 잘 알고 있다. 그렇지만 논의를 오늘날의 역사교육과 직접 관련이 있는 해방 이후로 한정시켜 보자.

해방이 되면서 역사교육, 특히 국사교육에 대한 사회적 관심이 크게 높아지고 논의도 활발해졌다.[6] 일제말 한국사 교육이 행해지지 않았다는 것을 생각하면 당연한 현상이었다. 당시 논의의 초점은 새로운 국가 건설의 과정에서 역사교육을 어떻게 다시 일으켜 세울 것인가 하는 것이었다. 자연히 역사교육의 이념이나 목적이 중요한 논의 대상이었다. 민족문화나 전통사상을 다시 생각해서 민족정신을 일깨우고 민족적 정체성을 확립하는 것이 국사교육의 중요한 방향으로 제시되었다. 민족정신은 역사교육에 대한 논의에 깔린 담론이었다. 손진태가 '우리 민족 같이 약소민족은 민족자수(民族自守)의 정신을 굳세게 파지(把持)하되, …… 결코 배타적이나 문호폐쇄적인 민족국가는 아니오, …… 국내적으로는 계급투쟁이 있는 국가를 원치 않으며 …… 정치적 경제적으로 완전히 평등한 국가'[7]를 모토로 신민족주의를 바탕으로 한 국사교육을 제창한 것은 대표적인 사례이다. 국사교육에 대한 글이 민족주의적 경향을 띤《조선교육》에 다수 실린 것이나, 단군이 민족사의 시조로 중시되고, 교육이나 사회이념으로 민족을 내세우는 것을 극히 꺼려했던 미군정을 회유하면서까지 홍익인간(弘益人間)을 교육의 이념으로 삼았던 것은 이러한 사회분위기의 산물이었다.

그러나 남북분단과 한국전쟁을 거치면서, 더 이상 역사교육은 이와 같은 성격을 띤 담론 대상이 아니었다. 역사학자들은 역사교육에

---

6. 손진태,〈국사교육의 기본적 제문제〉,《조선교육》1(20), 1947.6; 사공환,〈조국재건하 국사교육의 새 사명〉,《조선교육》1-3, 1947.7; 임태수,〈국사교육의 실제이론〉,《조선교육》1(5), 1947.9; 사공환,〈사회생활과로 본 국사교육〉,《조선교육》1(5), 1947.9; 김정학,〈역사관과 국사교육-역사과학의 수립을 위하여〉,《신천지》, 1947.9; 사공환,〈국사교육 재건에 관한 瞥見〉,《새교육》창간호, 1948.7.
7. 손진태,〈국사교육의 기본적 제문제〉, p.117.

대해 이야기하지 않았다. 단지 연구를 통해 역사적 사실을 밝혀내는 데 관심을 쏟았으며, 그것이 역사학이라고 생각했다. 물론 이 시기 역사교육의 이념이나 목적에 대한 언급이 전혀 없었던 것은 아니다. 그러나 이는 역사교육에 대한 논의보다는 권력의 정치적 목적을 위해 역사교육을 정책적으로 이용하는 데 지나지 않았다. 초대 문교부 장관이던 안호상 등이 들고 나와 이승만 정부 때 국민정신 통합의 구호로 사용된 일민주의(一民主義)나 1960년대 말부터 시작되어 1970년대 유신체제 아래에서 절정을 이룬 국난극복사관이 그러한 사례였다. 이를 역사교육 담론이라고 보기는 어려운 것이었다.

역사교육의 이념이나 목적에 대한 논의가 중단되면서, 또 다른 성격의 역사교육 담론이 나타나기 시작하였다. 1955년 역사교육연구회의 창립은 그 출발이었다. 역사교육연구회는 역사교육에 대한 학계의 관심을 높이고 논의를 본격화하는 역할을 하였다. 역사교육연구회는 학술지인 《역사교육》 창간사에서 창립 취지를 다음과 같이 밝히고 있다.

> 교육은 필경 교실과 교사를 통한 하나의 실천이다. 교육에 이념과 이론의 수립이 긴요치 않은 바가 아니나 실천을 도외시하고 현장에 맞지 않는 이념이나 이론은 한낱 공염불에 불과한 것이다. ……
> 한때 논의된 사회과의 통합문제라던가 신컬리큐럼 제정 등 중요한 문제에 관하여도 기이하리만치 일선 교사들로부터는 하등의 반향을 들을 수 없었던 것이다. 우리는 입으로 민주주의 교육을 규호(叫號)하면서도 실은 유유복종의 일제시대의 타성을 답습하고 있지나 않은가. 이와 같은 바람직하지 못한 상태를 조속히 지양하지 않고서는 도저히 역사교육의 신생면을 기대하기는 곤란할 것이다.

1장 역사교육의 담론과 역사교육학 **25**

일선 교사들의 동지적인 결합인 역사교육연구회의 발회의 이유가 여기 있는 줄 안다. 동회는 발족한 지 일천하나 이미 수차의 발표회와 좌담회를 거듭하여 불소(不少)한 성과를 거두어 오던 중 이번에 그 사명에 더욱 충실하기 위하여 회보로서 본지를 발간하게 된 것이다.[8]

해방 직후 나타났던 역사교육 이념이나 방향에 대한 언급은 사라지고, 역사교육의 실천성만이 강조되고 있다. 자연히 학교현장에서 역사교육을 가르치는 것과 관련된 기술적이고 기능적인 문제가 역사교육 연구의 주된 관심 대상이 되었다. 이처럼 교육과정이나 교수기법과 같은 기능적인 문제로 관심과 논의가 옮겨간 이유는 해방과 전쟁을 겪은 지 얼마 되지 않은 사상적으로 매우 경직된 사회 상황에서 역사교육의 이념을 거론하는 것이 위험하였기 때문이라는 해석이 나온 바 있다.[9] 이와 같은 정치사회적 요인 이외에도, 미국에서 교수학습 원리나 심리학적 이론을 활발히 도입하였던 당시 교육계의 분위기도 중요한 요인으로 작용하였다. 초기 《역사교육》의 역사교육 관련 글들이 주로 여기에 집중되고 있는 것은 이를 말해준다. 이 글들에서는 역사를 잘 가르치기 위해서는 교재나 교수방법에 대한 관심이 필요하며, 그 방법을 교육학의 교수원리에서 찾았다. 이후 '역사를 잘 가르치는 교수기술이나 교수법적 원리'가 역사교육의 담론이 되었으며, 역사교육은 '역사를 잘 가르치기 위한 기술이나 원리'를 의미하게 되었다.

이러한 관점은 이후 역사교육론에 절대적인 영향을 미쳤다. 역사교육은 역사학의 대상보다는 현장 실천의 문제로 간주되었다. 따라

---

8. 김성근, 〈창간사〉, 《역사교육》 1, 1956, pp.2~3.
9. 양호환, 〈역사교육의 담론 : 지속과 변화〉, pp.18~19.

서 역사를 잘 가르치기 위해서는 역사학의 연구나 지식보다 현장의 여러 가지 상황이나 여건을 고려할 수 있는 경험과 가르치는 기술에 대한 지식이 더 필요하다고 여겨졌다. 여기에는 교육현장을 실제로 경험하지 못한 사람은 잘 가르치기 위한 직접적인 방법을 개발하기 어려울 것이라는 생각도 깔려 있었다. 역사교육에 대해 점차 다음과 같은 관점이 형성되어 갔다.

첫째, '역사교육 이론'이라고는 하지만, 실제로는 '이론'보다 '경험에서 비롯된 실천'이라고 생각한다. 역사교육에 대한 연구와 논의는 '학문'보다는 하나의 '론(논의)'이다.

둘째, 역사교육 이론은 교육학적 이론이며, 역사교육의 실천은 방법론이다. 그 방법론은 '역사학적'이 아니라 '교육학적'인 것이다. 그런데 역사학계는 교육학적 이론을 별로 알지 못하기 때문에 역사를 잘 가르칠 수 있는 방법을 개발하고 있지 못하다.

이런 관점에서 자연히 역사학과 교육학의 대립보다는 상호관련성이나 보완성을 강조하였다. 즉, 교육학의 심리이론이나 교수법적 이론을 도입할 때 역사를 잘 가르칠 수 있다고 생각하게 되었다. 이 점은 초기 역사교육을 이야기하면서 빠뜨리지 않고 언급되는 내용이기도 하였다. 한두 가지 사례를 들어 보자.

> 오늘의 교육에 있어서의 특징의 또 하나로 볼 수 있는 심리학적 연구 성과의 응용에 관하여서는 더욱 전문적이고 광범한 해설이 필요할 것이나, 여기에서는 그 상세를 논진(論盡)할 수는 없고 다만 그 일반적이고 기초적인 사항만을 몇 가지 거론할 수밖에 없다.
> 첫째로 문제되는 것은 인간 행동의 원인 내지 원리 원칙의 구명이다.
> ……

우리는 여기에서 이러한 행동의 심리학적 원리 원칙을 교육에 있어서 어떻게 유효하게 응용할 것인가를 생각하여야 하게 된다. 그리하여 그 첫째는 학습에 있어서 학생이 필요로 느끼게 되는 것이 무엇인가를 밝히어 그것을 충족시키도록 하여야 한다는 것이다. …… 그 둘째로 학생으로 하여금 그 필요를 충족시킴에 있어서 사회적으로 용인된 행동을 선택하도록 한다는 일이다.[10]

역사와 교육과의 사이에는 의외로 공통점이 많으면서도 역사학과 교육학은 서로 외면하여 온 것 같다. ……
여기에는 교육학과 역사학의 다리를 놓는 구실을 하는 이론적인 정립과 이를 위하여 종사하는 일꾼이 있어야 할 것이다. 사범대학에 역사과는 많지만 이 다리를 놓는 일꾼으로 자처하는 사람은 많지 않고, 주어진 임무이기에 따라가는 사람들이 많은 현실에서 어떤 것이 이를 위한 방편이 될 수 있을 것이냐에도 망설여야 하는 답답한 상태에 있는 것이다. 이 이원적인 이론을 정립하기에 앞서 우리는 교육과 역사의 성격이 서로 공통점이 많다는 것부터 살피는 것이 서로 친근하여지는 지름길이 아닌가 생각한다.[11]

여기에서 볼 수 있는 바와 같이 역사교육을 학문보다는 현장의 문제라고 생각해서 경험을 중시했으며, 이는 자연히 방법론에 대한 강조로 이어졌다. 그리고 방법론을 교육학이 제공해 주리라고 기대하였던 것이다. 마찬가지로 근래에는 통합의 문제를 둘러싸고 역사과와 갈등을 빚고 있는 사회과에 대한 거부감도 당시에는 보이지 않는

---

10. 이상선, 〈사회생활과에 있어서 역사교육(1)〉, 《역사교육》 1, 1956, pp.6~10.
11. 강우철, 《역사의 교육》, 교학사, 1974, pp.7~11.

다. 오히려 역사를 잘 가르치기 위해서는 사회과 이론의 도입이 필요하다고 생각하였다.

그런데 상호보완성이라는 말은 양자 사이에 차이가 있음을 뜻하기도 한다. 역사와 교육을 분리해서, 역사학은 역사교육의 내용, 교육학은 역사교육의 방법론을 제공해 준다는 생각이 이런 관점에 깔려 있었다. '역사'와 '교육'을 내용과 방법으로 분리한 것이다. 그리고 역사교육은 교육학적 원리나 방법을 빌려, 역사학의 내용을 가르치는 분야로 인식되었다. 한때 역사교육과 관련하여 자주 언급되었던 '역사를 가르친다'와 '역사로서 가르친다'는 것을 구분하고, 초·중·고등학교 역사교육은 '역사를 가르친다'는 입장보다 '역사로서 가르친다'는 입장에 서야 한다는 주장도 이와 맥을 같이 한다.[12] 이런 구분을 하는 사람들은 '역사를 가르친다'를 내용 우위로, '역사로서 가르친다'를 방법 우위로 보고, 후자에 주목한다. 엄밀히 말하면 '방법 우위'라는 말은 역사를 잘 가르치기 위해서는 가르치는 내용 못지않게 방법을 잘 알아야 한다는 의미이다. 따라서 역사적 사실을 아는 것을 교육적 목적이 아니라 이를 달성하는 수단으로 보는 '역사로서 가르친다'는 말과 같은 의미는 아니다. 그러나 내용과 방법이라는 이분법의 논리에 따라 '역사를 가르친다'는 관점을 내용 우위, '역사로서 가르친다'는 관점을 방법 우위로 기계적으로 짜 맞추어 해석하려는 경향이 나타나고는 한다.

이처럼 교수 내용과 방법을 구분하고, 교수 방법에 관심을 가지는 역사교육론은 시간이 흐르면서 바뀌어 갔다. 점차 교육학적 원리나 교수 방법론이 한국의 현실을 고려하지 않고 단지 외국의 이론만을

---

12. 이원순·윤세철·허승일, 《역사교육론》, p.11.

받아들였기 때문에 실제 교육현장에 적용하기 어렵다는 비판이 나타났다. 물론 이런 비판은 역사교육뿐 아니라 한국의 교육학 전체에 대한 것이었다. 역사교육에 관심을 쏟지 않는 기존의 역사학과 함께, 현장교육에 도움이 되지 않는 역사교육연구에도 비판이 이어졌다. 역사교사들이 '대안의 역사교육론'을 표방하면서 출판한 책에서 던지는 다음과 같은 말은 이를 보여준다.

> 역사교육의 목적에서부터 수업의 내용, 자료, 방법까지 망라하고 있는 이 책은, 살아있는 역사교육을 위해 분투해온 역사교사들의 생생한 현장사례로부터 출발하여 우리 역사교육의 새로운 희망을 모색해보고자 하는 완전히 새로운 개념의 '역사교육론'을 목표로 하였다. 전공 연구자들이 쓴 지금까지의 고답적이고 원론적인 역사교육론이 현실과 동떨어진 이론으로 비판받았던 점을 감안한다면, 이 책은 조금 부족하고 세련되지 못했지만 우리 교육현장에 신선한 자극과 실질적인 도움을 주리라 확신한다.[13]

역사교육을 교수법적 원리나 교재 개발로 보는 것에 대한 비판이 아니라, 이제까지 이에 대한 논의가 교육현장에 도움이 되지 않았다는 비판인 것이다. 그렇다고 역사를 가르치는 데 내용보다 교육학적 원리나 교수방법론이 중요하다고 보고 있는 것도 아니다. 기존의 역사교육 이념이나 교과서의 역사인식에 대해 줄기차게 비판이 계속되었다는 것은 이를 말해준다.[14] 교사들의 입장에서는 교육내용과

---

13. 전국역사교사모임(편), 《우리 아이들에게 역사를 어떻게 가르칠 것인가》, 휴머니스트, 2002, p.6.
14. 남궁효, 〈올바른 역사교육을 위하여〉, 《역사와 교육》 4, 전국역사교사모임,

교수방법이 대립적인 존재가 아닌 것이다.

역사교육의 개념이나 성격에 대한 논의는 근래 더욱 다양해지고 있다. 역사교육을 역사를 가르치는 교육학적 원리나 교수법으로 보는 역사교육론을 비판하고, 역사학과 역사교육은 본래 별개가 아니며, 역사교육은 역사학의 전통에서 찾을 수 있다는 주장도 나타났다.[15] 이런 관점에서는 역사교사를 양성하는 사범대학 역사교육과에서 각 교과를 가르치는 방법이나 이론을 다루는 강좌가 필요하지만, 이는 강좌의 한 부분으로 존재할 뿐이지, 역사교육의 본질적인 측면은 아니라고 본다. "사범대학은 전공 학문의 내용·체계로 연구와 교수의 측면에서 학술을 연마하고 교육을 구상하며 그 방향을 설명하는 가운데 사범으로서의 교사를 양성하는 대학"이라는[16] 것이다. 해방 이후 나타났다가, 정부수립과 한국전쟁 이후 사라진 역사교육론의 부활과도 같은 느낌을 준다. 그러나 역사교육은 역사를 가르치는 교수방법론적인 성격이 아니라는 점을 강조하지만, 역사를 가르치는 방법을 역사학의 내용이나 체계, 역사관과는 별개로 취급함으로써, 내용과 방법, 역사인식과 역사를 가르치는 원리를 분리하는 역사교육론은 계속되고 있다.

이상에서 살펴본 바와 같이 역사교육을 둘러싼 담론에는 '내용'과 '방법'의 문제가 내재되어 있다. 역사를 가르치는 문제를 내용과 방

---

　　pp.12~14; 김육훈, 〈살아있는 삶을 위한 역사교육〉, 전국역사교사모임(편), 《우리 아이들에게 역사를 어떻게 가르칠 것인가》, 휴머니스트, 2002, pp.11~20. 이러한 성격의 글은 전국역사교사모임의 회지인 《역사교육》의 곳곳에서 찾아볼 수 있다.
15. 이경식, 〈한국에서 역사학과 역사교육의 隔遠問題〉, 《윤세철교수 정년기념 역사학논총 2: 역사교육의 방향과 국사교육》, 솔, 2001.
16. 위 글, p.109.

법으로 구분하고, 역사교육은 역사를 가르치기 위한 방법론적 원리라고 보는 것은 1950년대 역사교육연구회 창립부터 계속되어 오늘에 이르고 있다. 이러한 관점이 내포하고 있는 문제점은 오늘날 역사교육 연구에 대한 비판의 근거가 되고 있다.

> 역사학측에서 역사교육측에 대해 전문 역사교육 측에서 역사교육을 협애화(狹隘化)하여 초·중등 공교육 단계와 현장에서 역사의 교과적 가치와 특성을 심리·교육학 계열의 가설 적용과 조사에서 시종하고, 이를 교과론·교육과정·학습방법론·평가론 등으로 한정하고 있어 역사학 쪽에서 여기에 참여할 틈이 없어 보이게 하는 데 문제가 있다는 것, 그리고 역사가들이 '역사를 그대로 가르친다'는 전통적 교육관을 가지고 있다고 비판하나 이는 역사교육측에서 역사교육과 역사학의 차별성을 강조하면서 나오는 지적일 뿐 실제 역사학자들이 이런 식으로 역사교육을 이해한 적은 없다는 비판이 나오는 까닭은 이러한 형편이다.[17]

역사교육을 교육학이나 심리학적 원리로 규정한 것은 역사학과 역사교육을 나누는 위의 구분 방식대로 하면 '역사학측'이었다. 앞에서 인용한 초기 《역사교육》에 실린 글들은 이러한 관점을 가지고 있었으며, 이후에도 이른바 '전문 역사교육'이 등장하기 이전까지 이런 관점은 계속되었다. 그런데 오늘날에는 '역사학측'에 의해 '역사교육측'을 구분하고, '전문 역사교육측'을 비판하는 단서가 되고 있는 것이다. 역사연구나 학습에서 중요한 것은 인식의 문제이며,[18]

---

17. 위 글, p.114.

역사교육의 이념과 방법, 역사인식과 역사교재, 교수는 분리되어 존재할 수 있는 것이 아니며, 역사수업에 가장 커다란 영향을 미치는 것은 역사관이나 역사교육관, 역사인식이라는 주장은 '역사교육측'의 글에서도 이미 그리 낯설지 않다.[19] 그런데도 역사교육 전공자들이 역사교육을 역사를 가르치는 기술로 한정하려고 한다는 비판은 계속되고 있다. '역사학=내용, 역사교육=방법'이라는 이분법적 논리가 여전히 계속되고, 역사교육관을 양자택일의 문제로 보고 있는 것이다.

물론 이런 비판은 그동안 '역사교육측'의 연구가 교수방법론, 사고력, 역사교육과정 등에 상당한 비중을 두었던 것에서 비롯된 것으로 보인다. 그러나 교수방법론이 역사인식과 별개가 될 수는 없으며, 역사적 사고력도 역사를 보는 관점과 분리될 수는 없다. 역사교육과정은 역사적 맥락 속에서 살펴보아야 그 의미를 제대로 파악할 수 있다. 더구나 이 분야들이 역사교육 연구의 전부는 아니며, 가장 본질적인 주제도 아니다. 이러한 연구들을 종합하여 역사교육의 전체적인 체계를 구성해야 하지만, 역사교육연구가 아직 거기에 이르지 못하고 있을 뿐이다.

역사교육 연구를 비판하는 사람들이 지적하듯이 역사를 가르치는 데 탐구 절차나 사료와 같은 자료보다 더 중요한 것은 인식의 문제이다. 교과서, 입시, 교실환경 등 여러 외적 요인에 의해 제약을 받

---

18. 양호환, 〈역사학습의 인식론적 모색〉, 《역사교육》 75, 2000 ; 송상헌, 〈역사교육의 내용을 둘러싼 역사교육 담론의 검토〉.
19. 김한종, 〈역사인식과 역사교육의 방법〉, 《교원교육》 15, 한국교원대학교 교육연구원, 1999 ; 김한종, 《역사왜곡과 우리의 역사교육》, 책세상, 2001, pp.157~164 ; 김한종, 〈역사교사의 인지적 특성이 역사수업에 미치는 영향〉, 《역사교육》 89, 2004.

지만, 역사수업에서 교사의 요인은 적지 않은 비중을 차지한다. 그렇지만 신라의 삼국통일을 다루는 역사수업에 가장 커다란 영향을 미치는 것은 교사가 탐구수업 절차를 얼마나 잘 알고 있는가 하는 문제가 아니다. 그렇다고 교사가 삼국통일과 관련된 학술연구들을 얼마나 잘 알고 있는가 하는 점이 성공적인 역사수업의 여부를 결정하는 절대적인 요인도 아니다. 역사수업에서는 이들 여러 요인이 복합적으로 작용한다. 이 중 어떤 요인이 중심 역할을 하는가는 수업에 따라 달라질 수 있다. 이 수업에 작용하는 가장 커다란 교사 요인은 교사가 삼국통일을 어떤 관점에서 바라보고, 어떻게 평가할까 하는 점일 것이다. 물론 삼국통일에 대한 관점이나 평가에는 교사의 역사관이나 사회관, 삼국통일에 대한 지식이 개재된다. 그리고 이를 가르치는 데는 학생에 대한 이해나 교육환경 등도 영향을 미친다. 잘 가르치기 위해서는 가르치는 방법, 즉 교육학적 원리나 교수 방법만으로는 충분하지 않다. 이런 생각은 이미 새로운 것이 아니다. 역사를 기술적인 문제만으로 잘 가르칠 수 있다고 생각하는 역사교육 전공자들은 없다. 교사들 또한 마찬가지이다. 이런 생각은 역사교육학이 교육학이나 심리학의 원리나 기법을 동원해서 역사학과 담을 쌓고 일반 역사전공자들이 들어올 수 있는 길을 막으려고 한다고 비판하는 '역사학측'의 주장과 같은 맥락이라고 할 수 있다. 역사인식과 역사연구, 역사교육은 기계적으로 분리될 수 있는 것이 아니다. 이 점이 '역사학자'와 '역사교육 전공자', '역사교사'들을 기계적으로 구분할 수 없는 접점일 것이다.

3. 학문으로서 역사교육

현대에 들어와서 학문 영역이 세분화되거나 기존 학문 분류를 뛰어넘는 학제적 성격을 띠는 새로운 연구 영역이 생겨났다. 이런 새로운 영역이 학문으로 자리를 잡을 수 있는지 여부는 전체적인 학문 체계에서 어떤 역할을 하며, 어떻게 성공적으로 통합될 수 있는가에 달려 있다.[20] 교과교육도 이러한 성격을 지닌 새로운 연구 영역이라고 할 수 있다.

근래 교과교육 연구가 활성화되면서, 교과교육의 정당성과 학문적 정체성을 확립하기 위한 노력도 전개되고 있다. 이런 논의는 상대적으로 연구가 활발한 국어교육이나 수학교육 등과 같은 분야에서 더 적극적이다. 이 분야들에서는 교과교육의 역사에서 학문적 정당성을 찾기도 하고,[21] 교과교육 연구동향에 대한 검토를 통해 학문적 정체성이 무엇인지를 분석하기도 한다.[22] 실제로 나타났던 교과교육의 현상을 통해, 그 학문적 성격을 밝히려는 것이다.

그러나 역사교육을 둘러싼 활발한 논의에 비하면, 역사교육 연구의 학문적 성격에 대한 논의는 거의 없었다. 일부에서 역사교육 연구가 학문적으로 가치가 있다는 주장이 있었지만, 선언적이거나 당위론적인 언급에 머물렀을 뿐 그 근거를 명확히 했던 것은 아니었

---

20. 박승찬, 〈학문간의 연계성-중세대학의 학문분류와 교과과정에 대한 고찰-〉, 《철학》 74, 2003, p.53.
21. 허재영, 〈국어과 교육과정과 독서교론론의 전개-학문적 정체성 확립과정을 중심으로-〉, 《한말연구》 16, 2005.
22. 강승혜, 〈한국어교육의 학문적 정체성 확립을 위한 한국어교육 연구 동향 분석〉, 《외국어로서의 한국어교육》 28, 2003 ; 신인선 · 박배훈, 〈수학교육학의 학문적 성격〉, 《한국수학교육학회지A : 수학교육》 32(2), 1993.

다. 그렇다면, '역사교육'은 학문의 한 분야이며, 학문으로 존재 가치가 있는 것일까? 만약 역사교육이 하나의 학문분야라면, 현재 역사교육 연구는 하나의 학문으로 자리잡고 있는 것일까, 아니면 아직 학문 체계를 갖추지 못하고 있는 것일까? 어떤 분야가 학문적 체계성을 갖추려면, 연구 결과가 이를 뒷받침해야 한다. 그런데 역사교육 연구는 다른 학문 분야에 비해 양적으로 부족하며, 연구의 범위나 방법도 다양하지 못하다. 따라서 현재 역사교육 연구의 학문적 체계성보다는, 학문적 정당성을 가질 수 있는지 여부가 논의의 대상이 될 것이다. 이에 대해 논하기 위해 먼저 역사교육학이 학문으로 존재할 수 있는 조건부터 살펴보기로 하자.

현재 가장 널리 읽히는 역사교육 개설서에서는 하나의 체계적인 학문이 성립하기 위해서는 ① 탐구하는 대상, ② 대상을 탐구하는 데 이용되는 독자적 개념과 논리적 형식, ③ 대상을 탐구하는 특수한 방법적 원리라는 세 가지 조건을 들면서, 역사교육학은 이 세 가지 조건을 충족시키고 있다고 본다. ①의 조건은 역사교육의 목적, 내용, 방법 등과 같은 뚜렷한 탐구대상을 가지고 있기 때문에 충족시키는 데 별다른 어려움이 없으며, ②의 조건은 각종 시간을 나타내는 개념을 비롯하여 변화, 계속성, 인과관계 같은 개념이 있으므로 부족하기는 하지만 역사교육을 탐구하는 데 이용되는 특수한 개념과 논리적 형식으로 내세울 수 있으며, ③의 조건은 역사학의 독자적인 학문적 방법과 교육학을 비롯한 사회과학의 연구방법을 탐구에 활용할 수 있으므로 충족시킬 수 있다는 것이다.[23] 그런데 여기에서 역사교육학의 학문적 조건을 충족시킨다고 내세운 요소 중 상

---

23. 정선영 · 김한종 · 양호환 · 이영효, 《역사교육의 이해》, pp.25~26.

당 부분은 역사학의 조건임을 볼 수 있다. ①에서 말하는 역사교육의 목적, 내용, 방법 등이 역사학과 어떻게 구분되는지는 나타나 있지 않으므로 논외로 하더라도, ②에서 말하는 역사교육의 개념과 형식은 역사학에서 빌려온 것이며, ③의 조건에 대한 설명이 역사교육의 연구방법론이라고 볼 수 있는지 애매하다. 물론 기초 학문에서 파생되거나 새롭게 생겨나는 학문들이 기존 학문의 개념이나 연구방법을 활용하는 경우는 흔하다. 그렇지만 이 경우 개념이나 연구방법의 차용이 필요한 이유가 설명되어야 한다. 역사교육연구가 역사학이나 사회과학의 연구방법을 사용하면서도 독자적인 학문영역으로 존재하려면, 왜 이 방법들이 역사교육을 연구하는 데 적합하며, 연구방법이 같더라도 연구결과가 의미있는 독자성을 가질 수 있는지 제시되어야 한다. 그렇지만 이에 대한 언급은 찾아볼 수 없다. 즉, 위의 설명만으로는 역사교육학이 독자적인 학문체계를 갖추었다고 말하기는 부족한 느낌을 준다.

역사교육의 가장 중요한 영역이 학교교육이며, '역사'가 하나의 교과라면, 교과교육학의 기준을 살펴보는 것도 역사교육의 학문적 가능성을 탐색하는 데 필요할 것이다. 교과교육의 내용과 방법을 분리해서 교과라는 내용을 잘 가르치기 위한 방법이나 기술적 원리가 교과교육학이라고 보는 견해를 비판하면서, 개별적인 교과교육학으로 존재하기 위해서는 ① 교과의 이해에 관한 지식, ② 교과의 정당화에 관한 논의, ③ 교과의 운영에 관한 원리라는 세 가지 과제적 특징을 공유해야 한다는 주장도 있다.[24] 이를 그대로 역사교육에 대입시켜 보면 다음과 같다. ①은 '역사'는 어떤 성격의 교과이며, 역사

---

24. 이돈희, 〈교과교육학의 성격과 과제〉, 《교과교육학탐구》, 교육과학사, 1994, pp.22~30.

적 사실에는 어떤 내용을 포함하고 있고, 그 가치는 무엇인가 하는 것이다. ②는 '역사'가 왜 교과로 성립할 수 있으며, 역사교과의 내용과 교육적 가치는 무엇인가를 밝히는 일이다. ③은 역사교과에 담겨질 내용은 어떤 기준에 의해 선정되고, 선정된 내용을 조직하는 방법은 무엇이며, 이를 학습하기 위해 어떤 방법적 원리를 사용할 것인가 하는 점이다. 교과교육학의 성립 기준에 대한 이와 같은 논의는 겉으로는 각 교과의 특성을 인정하고 이에 기초하여 학문적 존립 근거를 제시한 듯 보인다. 그렇지만 학문의 성립 근거를 제시한 위 세 가지 특성은 일반론적 기준이 아니라 교육학의 조건이다. 위 세 가지 근거에 따라 각과교육학의 학문적 근거를 제시하는 것은, 교과교육학을 공통성을 지닌 교육학의 하위 분야로 전제하고 있는 것이다. 이 기준에서는 교과의 내용을 제공해주는 학문의 특성에 대한 논의를 찾아볼 수는 없다. 역사교육의 내용이 되는 역사적 사실에는 이미 역사인식이 내포되어 있다. 즉 역사교육학은 역사인식이나 역사연구방법과 분리되어 존재할 수는 없는 것이다.

이러한 관점에서 역사교육학의 학문적 성격을 새롭게 조명하려는 시도도 있었다. 역사학의 내용, 교육론, 역사교과의 성격과 기능에 관한 이론을 종합화한 '역사교과학'이라는 개념의 도입이 그것이다.[25] 여기에서 역사교과학에는 다음과 같은 구성영역이 포함될 수 있다고 한다.

① 학교현장의 효율적인 역사수업을 위한 교육이론과 교수학습방법
② 교육목적과 제도상에서 역사교과 가치의 정당화

---

25. 양호환, 〈'역사교과학'의 성과와 숙제〉.

③ 일상생활에서의 역사의 역할과 위상
④ 역사의식을 학습의 구조와 과정으로 개념화[26]

역사학, 역사교과, 교육론을 종합하여 역사교육학의 개념을 규정하고 구성영역을 제안하였다는 점에서 의미를 찾아볼 수 있다. 그렇지만 위에서 제시한 네 가지 구성영역만으로는 학문으로서 역사교육학의 범주를 구성하기에 부족하다. 또한 '역사교과학'의 '교과'라는 용어가 위의 구성영역과는 달리 역사교육을 학교교육으로 한정시킨다는 인상을 준다.

그렇다면 역사교육 연구가 학문으로 성립하기 위한 조건은 무엇일까? 하나의 연구분야가 독자적인 학문이 되려면 일반적으로 다른 학문과 구분되는 존립 가치, 연구 대상, 개념, 연구 방법을 가지고 있어야 한다. 그런데 응용학문을 비롯한 많은 학문은 다른 학문의 개념이나 방법을 사용한다. 근래에 들어서는 학문 사이의 구분이 약해지면서, 개념이나 연구방법이 공유되는 현상이 크게 늘어나고 있다. 또한 학문의 존재 가치를 다른 학문과 엄밀히 구분하기도 쉽지 않다. 이런 현상은 새롭게 생겨나는 학문 분야일수록 더욱 그렇다. 그런 의미에서 보면 역사교육학의 성립 조건 중 가장 크게 문제가 되는 것은 연구대상이다. 그렇다면 역사교육의 연구대상은 무엇일까? 물론 이것 또한 다른 학문이나 분야와 명백히 구분하기 어려울 수 있다. 그렇지만 큰 틀 속에서라도 연구의 대상을 제시하는 것이 필요하다. 이는 한국근대사의 연구 대상을 '근대의 역사적 사실'이라고 할 수 있는 것과 마찬가지이다. 이렇게 볼 때 역사교육학의 연

---

26. 위 글, pp.116~118.

구 대상은 일단 '역사를 가르치는 것과 관련된 현상'이라고 규정지을 수 있다. 여기에서 말하는 현상은 가르치는 내용이나 교재일 수도 있고, 학생이나 교사와 같은 사람일 수도 있고, 학교나 교실과 같이 역사교육이 이루어지는 무대일 수도 있다.

　역사교육연구가 학문으로 인정받기 위해서는 교과나 교육의 한 분야로서 역사교육의 정당성이 뒷받침되어야 한다. 전근대 사회에 대한 논의는 별개로 하더라도, 근대 공교육이 성립된 이후 역사는 줄곧 학교에서 하나의 교과였다. 한국의 경우도 마찬가지다. 이에 반해 교과로서 역사의 가치에 대한 논의는 거의 없었다. 역사이론서들에서는 거의 빠짐없이 역사의 가치에 대해 논하고 있다. 인간이 살아가는 데 필요한 교양, 교훈의 획득, 문화의 전승, 현재 세계 형성에 대한 이해, 역사의식의 함양 등과 같은 말에서 볼 수 있듯이, 역사를 아는 것이 왜 필요한지를 다양한 측면에서 제시하고 있다. 그러나 이러한 논의가 역사를 교육의 한 영역이나 교과로 배울 만한 가치가 있다는 것을 정당화해주지는 않는다. 이러한 주장들은 역사교육보다는 역사연구의 일반적 가치에 해당하기 때문이다. 역사를 연구한다는 것은 그 자체가 역사를 안다는 의미를 내포하고 있다. 그렇지만 역사연구와 구분되는 역사교육의 가치는 없는 것일까? 근래에는 이에 대한 논의도 나타나고 있다. 예컨대 다음과 같은 주장도 여기에 해당한다.

　　역사연구나 학습에서는 주어진 정보를 그대로 전달하거나 저장하는 것이 아니라 그것의 의미는 무엇이며 인간의 행위와의 관련성은 무엇인가를 탐구해야 한다. 정보화시대에서 역사교육이 담당해야 할 주요한 임무 중의 하나는 인간의 생활과 문화에서 새로운 정보의 의미와 그 정보의 역사성을 깨닫도록 하는 것이며 이를 바탕으로 의식을 갖춘 정보의 선택과 분별을 하도록 돕는 것이다. 역사교과의 향후 방향의 큰 줄기는 이러한 정보의 선택과 분별을 위해 역사의 해석적 특성과 정보의 잠정성에 대한 감각과 비판적 안목을 육성하는 것이라 할 수 있다.[27]

위와 같은 주장은 역사교육의 본질과 방향에 대한 논의라는 점에서 의미가 있다. 또한 여기에서 제시된 효용성은 교과로서 역사교육을 정당화하는 데 도움이 될 것이다. 그러나 이처럼 외적 요인이나 실용성을 가지고 역사교육을 정당화하는 것은 한계가 있다. 사회적 환경이 바뀌면 역사교육에 또다른 가치를 부여해야 하기 때문이다. 교과를 정당화하려면 잘 가르치기 위한 처방의 제시가 아니라, 잘 가르친다는 것의 의미를 탐색해야 한다. 현재 관심의 대상이 되는 문제를 해결하는 데 교과가 얼마나 유용한지를 통해 그 가치를 드러내는 것 못지않게, 교과 자체가 가지고 있는 고유의 가치를 확립하려는 노력이 있어야 한다.[28] 교과 또는 교육의 분야로서 역사교육도 이와 같은 내재적 가치에 대한 정당화가 요구된다.

역사교육 연구가 학문인가를 논의하는 또 하나의 중요한 기준은 이제까지 연구 성과가 학문으로서 체계를 갖추었는지 여부이다. 어떤 연구 분야가 외견상 학문적 조건을 충족시켜 보인다고 하더라도, 실제 연구 결과가 이를 반영하지 못하면 그 존재가치는 크게 떨어진다. 앞서 언급한 해방 직후 역사교육에 대한 논의는 학문적 체계보

---

27. 양호환, 〈사회변화와 역사교육의 방향〉, 《역사교육논집》 26, 2000, p.99.
28. 김광민, 〈교과교육의 정당화: 중층구조의 관점〉, 《도덕교육연구》 17(1), 2005, pp.107~108.

다는 이념적 논의의 차원이었다. 1950년대 본격화된 역사교육에 대한 논의에서는 교육과정이나 교수학습방법, 교재의 문제가 주로 다루어졌다. 이들 연구가 단순한 교수경험에서 나온 것이 아니라 이론이라는 말로 포장되고, 역사학과는 구분되는 역사교육의 이론을 밝힌다고는 했지만, 교수법이나 심리학적 문제 등에 연구가 집중되어 교육학적 원리를 적용하는 데서 벗어나지 못한 것은 사실이다. 이 때문에 역사교육 이론을 내세워 '학문으로서 역사교육'을 주장하더라도, 다른 사람들의 눈에는 '학문으로서 교육학'으로 비춰질 가능성이 많았다.

물론 역사인식이나 역사교육관과 같은 것이 역사교육 전체를 관통할 수 있는 원리라는 주장이 제기되었으며, 실제 연구를 통해 이를 뒷받침하려는 노력도 전개되고 있다. 그러나 이를 토대로 역사교육의 여러 문제들을 연결하여 하나의 학문체계를 갖추기에는 연구성과가 부족하다. 이런 점에서 보면 '역사교육학'은 아직 학문이라고 할 만한 체계를 갖추고 있지 못하다. 문제는 이것이 역사교육학의 경험이 일천하거나 연구 수준이 본궤도에 오르지 못하였기 때문인지, 아니면 '역사교육'이라는 분야가 가지고 있는 학문적 한계인지 밝히는 일이다. 이것이 학문으로서 역사교육학의 가능성을 판단할 수 있는 길이며, 이는 논리적 이론 전개보다는 연구성과에 의해 뒷받침된다. 그런 의미에서 현재는 역사교육학의 가능성을 탐색하는 단계라고 보아야 할 것이다.

4. 역사교육 담론의 학문화

과연 역사교육은 하나의 학문 영역으로 존재할 수 있을까? 앞에서도 언급하였듯이, 역사교육이 학문 영역이 되려면, 논의의 출발점을 많은 근대 학문이 기존의 다른 학문에서 파생되거나 기초 학문들을 연결시켜 나왔다는 데서 찾아야 할 것 같다. 역사교육은 다른 교과교육과 마찬가지로 근대초에 형성된 기초학문이 아니라, 기존의 학문에서 파생되어 나온 응용학문이다. 역사교육과 관련이 깊은 학문은 역사학과 교육학이다. 그런데 여기에서 문제가 되는 교육학은 교육학 일반보다는 교과교육이다. 따라서 논의의 초점은 교과교육이 교육학의 한 영역인가, 아니면 각 교과의 내용을 제공하는 학문의 한 영역인가 하는 점이다. 모든 교과에 공통적으로 적용되는 교과교육의 원리나 방법이 있느냐, 아니면 다른 교과와는 구분되는 역사교육의 독자성이 존재하는가 하는 점이 '역사교육학'의 학문적 가능성을 둘러싼 논의의 또다른 측면이 될 것이다.

역사교육과 관련된 많은 논의들 속에는 '역사를 잘 가르쳐야 한다'는 담론이 내포되어 있다. 어떻게 하면 역사를 잘 가르칠 수 있는가는 역사교육 연구의 주된 관심사였다. 그렇지만 대부분의 연구는 논의에 머물렀지, 이를 학문적으로 체계화하지는 못하였다. 다른 한편, 역사교육 연구는 다른 교과와는 구분되는 역사교육의 고유한 특성을 밝히는 데 노력해 왔다. '역사인식', '역사적 사고력'과 같은 용어에 포함되어 있는 '역사', '역사적'이라는 말은 이를 반영한다. 실제 연구가 얼마나 역사교육의 특성을 밝혀냈는가와 관계없이, 이런 말에는 '역사'는 다른 교과와는 다르다는 담론이 깔려있다. 언뜻 보기에는 학문적 연구를 통한 본질적 차이를 내세우고 있지만, 실제로는 차별성을 강조함으로써 역사교육의 존립 근거를 확인하고, 위상을 강화하기 위한 토대를 마련하려는 의도를 가지고 있는 경우가 많다. 그런 의미에서 보면, 역사교육 연구는 여전히 담론에 머무는 경향이 있다.

그렇다면 결국 이런 담론들을 이론화하는 것이 역사교육의 학문적 가능성을 모색하는 길이 될 수도 있을 것이다. 과연 역사를 가르치는 문제를 가지고 하나의 학문체계를 구성할 수 있을까? 역사교육과 다른 교과교육의 본질적 차이점을 이론적으로 체계화할 수 있을까? 이와 관련하여 다음과 같은 문제들을 통해 역사교육을 둘러싼 담론들을 역사교육학의 학문적 구성요소로 전환시킬 가능성을 탐색해 볼 수 있다.

첫째, 역사를 가르치는 것이 단순히 교육학적 원리나 교수 기술의 문제가 아니라 역사관이나 역사인식, 역사적 사실과 개념, 자료에 대한 지식, 역사교육관과 복합적으로 관련이 된다면, 역사교사는 자신이 가지고 있는 역사인식을 학생들에게 전달시키기 위해 적절한 역사교육 내용을 만들고 방법을 선택하게 된다. 역사를 가르치는 것과 관련하여 역사교육의 목적, 역사적 사실과 역사인식, 역사교과의 내용, 교재 등을 밀접하게 연계시키는 원리나 방법을 통해 역사교육 내용을 어떻게 구성할 것인지가 역사교육학의 주요 요소가 될 수 있을 것이다.

둘째, 현장의 중요성은 역사교육의 주된 담론 중 하나이다. 역사교육 현장에서 일어나는 현상은 곧 역사교육의 연구대상이 될 수 있다. 어떤 이론에 맞추어 역사교육 현장을 설명하는 것이 아니라, 역사교육 현장에서 일어나는 현상들을 이론적으로 설명하는 것이 역사교육학의 중요한 부분이 될 수 있을 것이다. 역사교육을 둘러싼 가장 커다란 갈등 중 하나는 역사교육 이론과 현장 사이의 문제이다. 역사교육 연구가 현장 역사교육에 별다른 도움을 주지 못한다는 비판이 교사들 사이에서 계속되고 있다.[29] 그렇지만 다른 한편에서는 현장의 구체적인 적용 방법은 교사의 몫이지 역사교육 연구가 담당해야 할 부분은 아니라고 주장한다. 전자가 생각하는 역사교육은 교실역사수업이다. 이에 반해 후자가 바라보는 역사교육 연구는 원리나 방향의 문제이다. 교실수업은 많은 요인의 영향을 받는다. 연구의 관점에서는 사소해 보이거나 이론화하기 어려운 요인이 수업에 더 커다란 영향을 미칠 수도 있다. 이를 역사교육 연구가 감당하기는 힘들다. 그렇지만 이런 문제들에서 관심의 눈을 멀리할 때는 '역사교육학'이라는 학문이 성립하기 어려울 수 있다. 역사수업은 역사교육의 가장 중요한 관심 대상이다. 이에 대한 이론적 설명은 역사교육의 주된 분야가 될 수밖에 없다. 실제로 역사수업의 현장과 관련된 문제들은 역사교육의 가장 커다란 논란거리였다. 역사교육학의 성립을 위해서는 역사수업이 구체적으로 이렇게 전개되어야 한다는 당위론이나 이론화된 모형만이 아니라, 역사수업에서 나타나는 현상에 대한 이론적 체계화가 필요하다. 이에 대한 연구는 이제까지 나타났던 역사교육 이론과 현장 역사교육 사이의 갈등을 해소하는 길이기도 하다.

셋째, 역사적 사실과 역사교육의 내용은 같지 않다. 역사교육과정과 교과서 내용, 수업 내용은 서로 다르다. 역사교육의 내용에는 가르치는 역사적 사실뿐 아니라 이를 조직하는 방법도 포함된다. 백과사전에 역사적 사실이 모두 들어있다고 해서, 이것이 역사교육의 내

---

29. 김육훈, 〈역사교육론만들기〉, 《내일을 여는 역사》 7, 2001.12, pp.154~155.

용이 될 수는 없다. 역사를 아는 방식으로 조직된 역사적 사실만이 역사교육의 내용이다.[30] 물론 역사교육의 내용은 역사적 사실을 토대로 한다. 그렇지만 역사교육의 내용과 역사적 사실은 표현 방식에서 차이가 있다. 역사교육의 내용은 역사적 사실을 가공한 것이다. 사례를 들거나 비유를 할 수도 있고, 편집을 하기도 한다. 여기에는 가공을 하는 사람의 역사인식이 반영되거나, 학교나 교실현장, 여러 환경들이 영향을 줄 수도 있다. 실제 역사교육에 직접적으로 영향을 미치는 것은 역사적 사실 자체가 아니라 이러한 역사교육의 내용이다. 어떤 원리나 절차를 통해 역사교육의 내용들이 만들어지는가를 밝히는 것은 역사교육학의 중요한 영역이다. 교육과정 개발자, 교과서 집필자, 교사들은 자기 나름으로 역사교육 내용을 만들게 된 근거를 댄다. 그러나 대부분 자신이 보고 듣거나 경험한 것을 토대로 한다. 이 과정에서 담론을 일정 정도 반영하지만 체계적인 작업의 산물이 아니라 '땜질처방식'에 지나지 않는다. 따라서 담론을 정리하여 역사교육의 내용이 만들어지는 기준과 근거를 세워야 한다.

넷째, 역사인식과 역사를 가르치는 방법 사이의 이론적 체계화이다. 어떻게 가르쳐야 하는가에 대한 생각은 학문이나 교과를 보는 관점과 밀접한 관련을 가진다. 예컨대 유교경전을 외워야 한다고 생각하는 사람은 내용을 완전히 터득하는 것이 유학의 정신이나 유교 이념을 자신의 것으로 만드는 길이라고 믿고 있을 것이다. 역사가 학교에서 다루는 교과의 하나라는 점을 강조하면서 역사교육의 궁극적인 목적은 역사를 잘 가르치는 것이라 주장할 수도 있다. 그렇지만 역사를 잘 가르치는 것이 교수법적 기술이나 사고의 문제가 아

---

30. 송상헌, 〈역사교육의 내용을 둘러싼 역사교육 담론의 검토〉, pp.87~88.

니라 궁극적으로 역사인식의 문제라면, 역사인식을 역사를 가르치는 과정에서 어떻게 자리매김할 것인가를 명확히 해야 한다.

5. 맺음말

한 편의 글에서 역사교육의 개념이 무엇이고, 어떤 학문적 성격을 가졌는지 정리하거나 결론을 내릴 수는 없다. 오늘날 역사교육을 둘러싼 많은 논의들이 오가고 있으며, 연구도 늘어나고 있다. 그러나 이런 연구와 논의는 학문적 체계보다는 담론에 머무는 경우가 많다. 이 글에서 '학문으로서 역사교육'보다 '담론으로서 역사교육'에 대한 검토가 훨씬 길어진 것도 이런 현실을 반영한다. 이른바 '역사교육 전공자'가 생겨나고, 역사교육에 대한 관심과 연구가 늘어났지만, 역사교육의 학문적 가능성에 대한 검토는 별로 없다. 역사교육이 독자적인 학문 영역인지 여부나 역사교육학의 연구 영역이 무엇인지도 명확하지 않다. 역사교육 연구의 성과는 아직까지 학문에 필요한 범주와 체계를 구성하기에는 충분하지 못하다.

'역사교육'에 대해 이야기를 할 때, '역사교육'이 무엇인지 머릿속에 가지고 있는 생각은 사람들마다 각각 다르다. 이런 현상은 당연하다. 그리고 '역사교육은 이런 것이다'라고 사람들이 생각해야 한다고 규정하는 것은 바람직하지도 않다. 문제는 담론이건 학문이건 간에 '역사교육학'이라고 하였을 때, 연구목적과 대상을 어떠한 관점에서 바라보아야 하는가 하는 점이다. 역사교육학은 역사적 사실 자체를 밝히는 분야는 아니다. 역사교육 연구는 역사적 사실을 가공하여 만든 역사교육의 내용을 가르치는 것과 관련되는 문제들을 다룬다. 여기에는 역사인식과 역사교육의 내용, 역사수업자료, 역사를 가르치는 방법, 학생의 역사의식 등이 모두 포함된다. 그리고 이 영역들은 별도로 존재하는 것이 아니라 상호 밀접한 연관을 가지고 역사교육에 영향을 미친다. 역사수업은 이 요인들이 복합적으로 나타나는 현장이다. 이러한 요인들이 어떻게 연결되어 작용하는지를 밝히고, 실제 역사교육에서 나타나는 현상들을 이론적으로 체계화하는 것이 역사교육연구의 주된 대상이다. 이러한 연구는 역사교육의 학문적 가능성을 탐색하는 중요한 근거가 될 것이다.

2장
역사변화의 인식과 역사교육의 역할

1. 머리말

1991년과 2001년은 물리적 시간으로는 10년의 차이가 있을 뿐이다. 그러나 우리는 두 해 사이에 단지 10년 동안의 변화가 있었다고 말하지 않으며, 또 그렇게 느끼지도 않는다. 그 이유는 두 가지 측면에서 생각해 볼 수 있다.

하나는 20세기 후반과 21세기 초 일어나고 있는 변화는 그 전과는 비교가 되지 않을 만큼 속도가 빠르며 사회의 속성을 바꿀 만큼 근본적 성격을 띠고 있다는 점이다. 근래 전개되고 있는 사회변화는 단순히 인간의 생활을 편리하거나 풍요롭게 한다든지 복잡하게 만드는 데 그치지 않는다. 어쩌면 우리가 그동안 뿌리를 두고 살아온 삶의 체계를 버리고, 새로운 방식을 받아들이라고 강요할지도 모른다.

다른 하나는 1991년과 2001년이라는 연도가 우리에게 주는 의미이다. 1991년이 20세기의 말이라면, 2001년은 21세기 초를 대변한다. 이 때문에 우리는 두 해의 차이를 20세기를 정리하고 21세기를 새롭게 시작하는 변화로 받아들인다. 다른 시기의 10년과 비교하여 근본적인 변화를 불러일으키거나 변화의 속도를 빠르게 할 특별한 사건이 일어나지 않았더라도, 20세기와 21세기라는 차이 때문에 그 변화의 의미에 대해 다시 한번 생각하게 된다. 이와 같은 두 측면 중 전자가 실제로 일어나고 있는 변화의 양상이라면, 후자는 사람들이 느끼고 받아들이는 느낌의 문제라고 할 수 있다.

오늘날 각 학문이나 교육은 더 이상 전통적인 관점이나 방법, 내용만으로 사회적 만족을 얻을 수는 없다. 급속한 변화의 시기에 들어맞는 적절한 역할을 할 것을 요구받고 있다. 사회과교육이나 역사교육도 사회변화에 관심을 가지고 적극적으로 이에 대처해야 한다는 지적도 나오고 있다.[1] 미래를 올바로 전망하기 위해서는 사회변화에 대한 맥락적 파악이 필요하며, 과거를 이해하는 것은 그 출발점이라는 것이다. 그렇다면 이러한 변화의 시대에서 역사교육이 해야 할 역할은 무엇일까?

우리는 세기말에서 세기초로 전환하였다는 데 일정한 의미를 부여한다. 그러나 세기가 바뀌었다고 하더라도 그 의미는 시기에 따라 커다란 차이가 있다. 서양사 개설서에서는 일반적으로 16세기에서 17세기로 전환보다는 18세기에서 19세기로 전환에 더 주목한다. 인간생활에 커다란 영향을 미친 산업혁명이 일어난 시기이기 때문이다. 19세기에서 20세기로 전환되던 시기의 변화도 관심의 대상이 되고 있다. 그 변화는 흔히 '모더니즘(modernism)'이라는

---

1. 양호환, 〈변화에 대한 인식과 사회과교육의 역할〉, 《사회과학교육》 2, 서울대학교 교육종합연구원 사회교육연구소, 1998; 양호환, 〈사회변화와 역사교육의 방향〉, 《역사교육논집》 26, 2001.

말로 표현된다. 그렇다면 20세기에서 21세기로 전환은 어떤 역사적 의미를 가지게 될 것인가? 근래 자주 쓰는 표현대로 하면 일단 포스트모더니즘(post-modernism)을 생각할 수 있을 것이다. 그러나 포스트모더니즘이 가리키는 사회적 양상은 모더니즘에 비하면 불명확하다. 그리고 20세기 말, 21세기 초의 변화가 아직 진행 중이어서 그 성격을 규정짓기는 이르다. 이와 같은 변화가 사회와 그 속에서 살아가는 사람들의 삶에 어떤 의미를 가지는지를 검토하는 것이 역사의 역할이다. 우리는 역사교육을 통해 이러한 변화의 의미에 대해 배운다.

역사교육이 사회변화의 성격을 규정하고, 그 의미를 파악할 수 있게 해주는 것은 역사학의 성격 자체에서 비롯되는 것이기도 하다. 기본적으로 역사학은 사회적으로 의미가 있는 과거 인간의 활동을 다룬다. 그런데 역사적 사실에는 시간성이 내포되어 있다. 모든 역사적 사실은 그 이전부터 계속해서 이어져 내려온 것이다. 그 사실에 대해 현재 우리가 잘 알지 못하는 경우도 있지만, 사실 자체가 단절된 것은 결코 아니다. 또한 역사적 사실은 오직 한 번만 존재한다. 인간의 활동은 비슷한 유형이 다시 나타날 수 있고, 이를 가리켜 "역사는 반복된다"라고 말하기도 하지만, 실제로 같은 역사적 사건이 그대로 되풀이되지는 않는다. 물론 인간의 활동이나 역사의 전개에 내포되어 있는 일정한 패턴을 규명하려는 노력은 계속되어 왔다. 그러나 이러한 노력의 결과에 대한 평가는 대체로 부정적이다. 설사 긍정적인 입장을 취하더라도 주로 역사적 행위 자체를 이해하기 위한 것이지, 행위를 법칙화하는 데 목적을 두고 있지는 않다.

역사서술에서 나타나는 두드러진 특징 중 하나는 변화이다. 역사학은 변화하는 역사적 사실을 어떤 형태로 재구성하며, 그러한 변화에 대해 일정한 의미를 부여한다. 우리는 역사를 배움으로써 이와 같은 변화의 의미를 파악할 수 있다. 즉 역사를 배우는 것 자체가 변화를 학습하고 그 의미를 구성하는 것이다. 그러나 그 변화가 자신의 삶에 얼마나 영향을 주며, 자신이 변화에 능동적으로 참여할 수 있는지를 깨닫기는 어렵다. 역사변화가 사회와 인간에게 주는 의미가 무엇이며, 역사교육이 여기에 어떠한 역할을 할 수 있을까?

2. 역사변화의 성격

변화란 사물이 생기거나 없어지고, 늘거나 줄어들고, 커지거나 작아지는 것과 같이 상태가 바뀌는 것을 뜻한다. '달라진 상태가 지속적인 정체성을 가지고 일정 시간 이어지는 것'이라고 정의되기도 한다. 이러한 정의에는 '달라진 상태', '일정 시간의 경과', '지속적인 정체성'이라는 세 가지 측면이 포함되어 있다. 이 세 가지 측면은 변화를 정의하는 필수적 요소이다. 그러나 이들 세 측면이 상호연관을 가졌을 때만 변화의 속성이 될 수 있다. 어떤 상태가 바뀌거나 시간이 흘러가는 것 자체는 변화가 아니며, 지속적인 정체성은 다른 요소와 결합되지 않는다면 변화가 아니라 오히려 계속성을 보여주는 조건이기 때문이다.[2]

변화는 어떤 상태가 바뀐 것이므로, 변화의 이전과 이후는 단절을 의미한다. 따라서 변화는 계속성과 대비되는 개념이라고 할 수 있다. 그러나 바뀐 상태가 일정 시간 지속되어야 변화라고 한다는 점

---

2. Robert A. Nisbet, *Social Change and History* (Oxford: Oxford University Press, 1969), p.168.

을 생각하면, 변화는 지속성이라는 속성을 그 자체에 가지고 있기도 하다. 변화의 유형을 역사전개를 보는 관점에 따라 진보, 순환, 퇴보로 구분하기도 한다. 그렇지만 역사의 전개가 더 나은 삶을 추구하기 위한 인간노력의 산물임을 고려할 때, 발전이라는 관점에서 역사의 변화를 이해하는 것이 일반적이다.

역사는 시간의 흐름 속에서 인간의 활동을 다룬다. 역사가는 어떤 특정한 시점과 장소와 관련지어 역사적 사건을 파악한다. 시간의 흐름은 기본적으로 이어지는 것이다. 단순히 물리적으로 볼 때, 시간은 본질적으로 구분될 수 없는 끊임없는 과정이며 그 자체로서는 직선적인 것이다.[3] 그런 의미에서 일정 시간 지속된 하나의 사건은 본질적으로 연속적이다. 그러나 동일한 사건이라고 하더라도 어떤 두 시점에서 비교해 보면, 그 양상이 같지는 않다. 시간이 흘러감에 따라 사건은 변화하기 때문이다. 역사적 사건의 전개과정 중 어떤 두 시기를 잘라서 비교해 보면, 어떤 때는 두 시기 사이의 관련성이 차이보다 크며, 어떤 시기는 차이가 관련성보다 두드러진다. 역사적 시간은 직선적일 뿐 아니라 크고 작은 변화의 파동을 가지고 있는 것이다.

지속이 정체성(identity)에 초점을 맞추어 역사적 사실을 바라보는 것이라면, 변화는 차별성에 주목하는 것이다. 따라서 지속과 변화는 역사적 사건을 그 연속과 불연속이라는 일반적 틀 속에서 파악하는 것이라고 할 수 있다. 역사연구는 인간의 경험을 대상으로 한다. 그런데 모든 인간의 경험 사이에는 차이가 있다. 그런 의미에서 인간의 행위를 다루는 역사적 사실은 기본적으로 변화를 보는 것이라고

---

3. 차하순,《역사의 본질과 인식》, 학연사, 1998, p.85.

할 수 있다. 그렇지만, 다른 한편으로 인간의 경험 중에는 언제나 지속되는 것이 있다. 그러므로 역사적 이해를 위해서는 역사적 사건이 변화와 지속이라는 양면성을 가지고 있다는 관점이 필요하다.[4]

이와 같은 성격들에 비추어 볼 때, 지속과 변화라는 역사적 시간의 두 가지 속성은 한편으로는 대비되는 개념이며, 다른 한편으로는 상대 개념의 속성을 규정지어 주는 역할을 한다. 그렇지만 일반적으로 역사가는 변화의 측면에 더욱 주목한다. 과거에 일어났던 사실은 역사가의 관심 대상이 되었을 때 비로소 역사적 사실이 된다. 역사가 어떻게 전개되었으며, 역사적 사실이 어떻게 변화하였는지 우리가 직관적으로 이해하기는 어렵다. 그것은 역사가의 탐구에 의해 밝혀지고 정리된다. 그런데 역사가들은 변화하지 않고 그대로 있는 사실을 구태여 연구하고 기록하려고 하지 않는다. 그것은 변화야말로 그 변화를 수반하는 운동을 함축하고 있으며, 그 운동은 역사가들이 시간을 뛰어넘어 추적하는 사건이기 때문이다.[5] 역사가는 역사적 사건을 특별한 변화의 절차와 그 자체의 산물로 본다. 변화에 대한 관심과 다양성에 대한 감각이 곧 역사의 특성인 것이다. 물론 언론인이나 사회학자와 같은 사람들도 변화에 대해 관심을 가지기는 한다. 그러나 이들이 관심을 두는 것은 단절되거나 정지된 두 시점이나 공간에서 사물의 차이이다. 역사가들은 이와는 달리 시간의 경과에 따라 변화가 어떻게 전개되는가에 관심을 가진다.[6]

---

4. Mary M. Blum, "Continuity and Discontinuity, Change and Duration: Hobbes' Riddle of the Theseus and the Diversity of Historical Logics", *Theory and Research in Social Education* 24(4), Fall 1996, p.374.
5. Michael Stanford, *The Nature of Historical Knowledge*(New York: Basil Blackwell, 1987), pp.124~125.
6. Trygve R. Tholfsen, *Historical Thinking*(New York: Harper & Row, Publishers,

이런 점에서 역사적 변화는 역사가에 의해 만들어지는 것이다. 역사적 변화는 과거 일어났던 일 자체가 달라지는 것보다는 사람들이 이를 깨달음으로써 비로소 성립된다. 고층 건물에 올라가는 데 고속 승강기를 탔을 때, 우리는 그 승강기가 매우 빨리 올라가고 있다는 것을 안다. 그러나 층을 표시하는 버튼의 등이 없다면 그 변화를 제대로 인식하지 못하며, 변화의 속도에 둔감할 수도 있다. 인공위성은 지구둘레를 빠른 속도로 돌지만, 여기에 탄 우주항공사는 그 속도를 느끼지 못한다. 결국 문제가 되는 것은 변화 그 자체가 아니라, 느끼는 변화이다. 그 변화를 알기 위해서는 사물의 두 상태를 동시에 보아야 한다. 하나는 변화 이전의 상태이고, 다른 하나는 변화 이후의 상태이다.[7]

이상에서 살펴본 바와 같이 역사가의 관심이 사건의 다양성과 변화에 있는 것과 마찬가지로, 역사교육에서도 '변화'는 교육과정의 내용을 구성하는 조직개념이면서 학습해야 할 핵심개념으로 강조된다. 예컨대 미국의 사회과교육학자로 우리나라에 자주 소개되고 있는 뱅크스(J. A. Banks)는 역사의 틀을 구성하는 기본적인 개념의 예로 변화, 리더쉽, 갈등, 협동, 탐험, 역사적 편견을 들고 있다.[8] 한편 영국의 교육학자 스틸(Donald Steel)은 영국의 학교교육에서 시간,

---

Tholfsen, 1967), pp.4~6.
7. Michael Stanford, *A Companion to the Study of History*(Oxford: Blackwell, 1994), pp.169~170.
8. J. A. Banks, *Teaching Strategies for the Social Studies*(7th edn.) (Reading, Massachusetts: Addison-Wesley Publishing Company, 2002), pp.269~272. 이 개념들이 역사의 틀을 구성하는 핵심개념인가에 대해서는 별도로 검토해야 할 문제이다. 뱅크스 자신도 같은 책의 종전 판에서는 역사의 조직개념으로 변화, 갈등, 혁명, 민족주의, 문명, 탐험, 역사적 편견의 7가지를 지적하고 있다(Ibid, 3rd edn., p.89).

증거, 원인과 결과, 연속과 변화, 유사성과 차이점이라는 다섯 가지 개념이 학교교육의 중심개념으로 영향력을 발휘하였다고 지적하고 있다.[9] 김한종은 기존의 견해를 종합적으로 검토하여 역사교육 내용의 틀을 마련할 수 있는 조직개념을 시간개념, 변화에 대한 개념, 역사의 본질과 구조, 사회과학적 개념으로 나누고, 이 중 변화에 대한 개념을 계속성과 변화, 발전, 원인과 결과(인과관계), 유사성과 차이점, 고유성과 일반성으로 구체화하였다.[10] 제7차 교육과정에서는 세계사의 성격에 대해 "세계사는 지구상의 인류가 어떻게 생활하였으며, 그 삶의 모습이 어떻게 변화하고 발전하였는지를 다루는 과목이다"[11]라고 서술하고 있다. 해설서에서는 교육과정에서 제시한 세계사의 이러한 성격을 "역사는 과거에 인간이 행한 행위 및 그것의 변천에 대하여 관심을 가진다. 한국사가 한국 사람들이 과거에 행한 행위와 그 변천을 사고하는 것이라면, 세계사는 지구상 인류의 행위 및 그 변천에 대해 사고한다"[12]라고 하여, 인간의 행위와 그 변화를 다루는 것이 세계사뿐 아니라 한국사에도 적용되는 역사의 일반적인 성격임을 말하고 있다.

  변화와 관련된 여러 개념들은 병렬적으로 분리되어 존재하는 것이 아니라, 내적으로 서로 연관되는 것이다. 시간은 변화의 전제조건이며, 연속과 변화는 서로 대비되는 개념쌍이고, 원인과 결과는 변화의 양상이라고 할 수 있다. 따라서 이런 역사의 중심개념들은 '변화'라는 개념과 밀접한 연관을 가지는 것이라고 할 수 있다.

---

9. Keith Jenkins, 《누구를 위한 역사인가》(최용찬 역), 혜안, 1999, p.55.
10. 김한종, 《역사교육과정과 교과서연구》, 선인, 2006, pp.176~179.
11. 《사회과교육과정》, 교육부고시 1997-15호[별책7], 1998, p.180.
12. 《고등학교 교육과정 해설-④사회-》, 교육부, 2001, p.188.

그러나 실제 역사 서술에서는 '변화'라는 개념만을 독립적으로 사용하지는 않는다. 변화 자체는 역사개념이지만, 실제로는 문화적 변화, 경제적 변화, 지역사회의 변화와 같은 식으로 다른 학문의 개념과 연관지어 사용하는 것이 보통이다. 그런데 '~변화'라고 할 때, '변화'라는 말에는 '발전', '쇠퇴', '혼란', '변혁' 등과 같은 변화의 양상이 내포되어 있게 마련이다. 여기에서 '발전', '쇠퇴', '혼란', '변혁' 등과 같은 개념을 포괄하는 것이 '변화'이다. 즉 '변화'는 이 개념들의 상위개념인 것이다. 그런 의미에서 역사학에서 변화는 하위개념과 다른 학문의 개념이 결합되어 사용되는 관계개념이다.[13]

변화가 '~변화'와 같이 관계개념으로 사용되었을 때, 그 개념은 변화하는 대상의 성격을 규정짓기도 한다. 예컨대 '근대적 변화'라고 하였을 때, 우리는 대량생산, 합리주의, 과학과 기술의 발전 등을 떠올린다. 이러한 변화의 양상은 곧 근대사회의 속성을 의미하게 된다.

역사서술에서 표현되는 가장 전형적인 변화의 형태는 인과관계이다. 어떤 사건이 왜, 어떻게 일어났는가에 대한 설명은 역사학의 기본이기 때문이다. 근대적 역사서술을 전근대의 역사서술과 구분하는 기준도 바로 시간의 흐름에 따르는 인과관계적 서술이다. 내러티브는 그 전통적인 방법이었다. 내러티브는 역사적 사건을 그 전개 순서에 따라 서술하는 것으로, 시간개념을 인식하는 데 효과적인 방법이다.[14] 근대적 역사학을 뿌리내렸다고 하는 랑케(Leopold von.

---

13. Banks, *Teaching Strategies for the Social Studies*(7th edn.), p.268. 관계개념이란 속성들 사이의 관계에 의해 규정되는 개념을 의미한다(김한종, 〈역사적 개념의 학습방법과 '정의'의 활용〉, 《역사교육》 41, 1987).
14. Stanford, *The Nature of Historical Knowledge*, p.125.

Ranke)의 역사서술이 이야기체의 형식을 띠는 것은, 이야기체가 인과적 역사서술에 가장 적합하게 여겨졌기 때문이었다. 한말 현채(玄采)가 지은 《동국사략(東國史略)》을 한국 최초의 신사체(新史體) 역사서로 평가하는 근거도 전통적인 역사서술 방식인 편년체(編年體)가 아니라 인과관계라는 근대적 서술방식을 택하였다는 데 있다.[15]

역사서술에서 인과관계는 다양한 형식으로 표현된다. 실제로는 인과관계에 의거하여 서술을 하는 경우라도, '원인'이라는 말을 사용하지 않는 경우가 흔하며, '이유', '동기', '조건', '목적', '양상' 등의 말로 원인을 나타내기도 한다. '원인'이라고 할 때도 다양한 수식어를 붙이고는 한다. '근본 원인', '뿌리깊은 원인', '진정한 원인', '직접적 원인'과 같은 식이다. 원인을 나타내는 용어나 원인 앞에 붙여지는 수식어는 역사가의 판단에 의해 선택된 것이다. 따라서 역사적 원인이란 객관적으로 실재하는 것이 아니라 역사가의 견해라고 할 수 있다.[16] 대부분의 역사적 사건은 하나의 원인에 의해서만 일어나지 않는다. 다원인(多原因)은 역사적 사건의 가장 커다란 특징 중 하나라고 할 수 있다. 그러나 역사가는 여러 원인들을 같은 비중으로 다루지는 않는다. 가장 궁극적인 원인과 일시적 원인을 구분하기도 하며, 필수적 원인과 부수적 원인으로 등급을 매기기도 한다. 역사적 원인의 이러한 서열화 또한 역사가의 역사인식과 역사적 판단에 따른다. 그렇지만 그 작업이 반드시 체계적으로 이루어지는 것은 아니다.[17] 인과관계란 변화에 대한 인식과 시간개념의 결과이다.

---

15. 조동걸 · 한영우 · 박찬승(엮음), 《한국의 역사학과 역사가(하)》, 창작과비평사, 1994, p.18.
16. 차하순, 《역사의 본질과 인식》, pp.241~242.
17. Richard J. Evans, *In Defence of History*(London: Grant Books, 1997), pp.157

3. 역사변화에 대한 인식

변화는 역사의 기본적 속성이므로 역사연구와 교육의 주된 관심 대상이다. 그렇지만 실제 역사적 변화가 일어났던 당시 사람들이 그 변화를 인식하는 것은 그리 쉽지 않다. 오늘날 역사적으로 중요하다고 평가받는 역사적 변화들 중에는 당시 사람들이 인지하기 어려운 것들도 많다. 예컨대 신라 말과 고려 초에 이르러 유교적 합리주의가 나타나고, 전주-전객제도가 확립되어 가는 사회적 변화를 고대로부터 중세로 넘어가는 사회적 지표로 우리는 중요하게 생각한다.[18] 조선의 건국은 단순히 고려 왕실에서 조선 왕실로 국왕권이 바뀐 것이 아니라 양반들이 국왕권을 견제하고 정치권력을 확대한 양반 중심의 관료제 사회, 일반 백성의 생활 향상에 힘을 쓴 민본정치, 성리학의 이념과 이론에 따라 유교적 이상정치의 실현을 모색한 새로운 성격의 사회로 보기도 한다.[19]

사회의 변화와 변화된 사회의 성격에 이러한 의미를 부여한 것은 현대의 역사가이다. 물론 당시 왕조 교체의 주역들도 자신들이 세운 새로운 왕조가 이전 왕조와는 다른 새로운 성격을 가지고 있음을 강조했다. 그렇지만 많은 사람들은 사회변화의 이러한 의미를 느끼지 못했거나 그리 중요하게 생각하지 않았을 수도 있다. 설사 중요성을 느꼈다고 하더라도, 일반 농민들이 생각하는 의미는 지배층과는 다를 것이다.

~158
18. 변태섭, 《한국사통론》(3판), 삼영사, 1993, pp.179~184.
19. 국사편찬위원회·국정도서편찬위원회, 《중학교 국사》, 교육인적자원부, 2002, pp.128~129.

역사를 보는 눈은 사회에 따라 달라진다. 어떤 역사적 상황을 비판하면서 새로운 변화를 요구하는 것은 그 시대의 사회 분위기나 지적 경향을 보여주는 징후이다.[20] 그러나 일단 변화를 받아들이면 그것은 사람들에 의해 고정적인 사실로 인식되어 오래도록 사회를 지배하게 된다.[21] 예컨대 18세기 말 일어난 프랑스혁명은 19세기 자유주의의 주요한 지표가 되었으며, 러시아혁명은 사회주의 이념의 구현에 의해 20세기에 오랫동안 많은 사람들의 사고방식을 지배하였다. 세계사 전개과정에서 프랑스혁명이나 러시아혁명이 가지는 이러한 의미는 지금도 여전히 인정되고 있다. 그렇지만 근래 여성사에 대한 관심이 높아지면서, 프랑스혁명은 근대 민주주의의 출발점이라는 기존의 인식과 함께 여성불평등을 심화시켰다는 새로운 의미가 추가되었다. 세계사의 전개과정에서 매우 중요한 위치를 차지하는 역사적 사실이라고 하더라도 그 역사적 의미에 대한 인식이 사회변화에 따라 달라질 수 있는 것이다.

사회과학은 중요한 사회적 변화를 설명하기 위한 이론을 만들어낸다. 사회과학의 이론들은 시간을 고려하기는 하지만, 그 바탕 위에서 역사적 사건들을 설명하려고 하지는 않는다.[22] 시간이나 공간을 넘어서 사회현상을 설명할 수 있는 이론적 틀에 관심이 있기 때문이다. 그러나 역사에서 변화에 대한 인식은 시간개념을 토대로 하고 있다. 여기에서 시간이란 시계나 달력 등에 의해 알 수 있는 물리적 시간이 아니라, 역사변화와 관련하여 느끼는 역사적 시간이다.

---

20. Frank Fürdei, *Mystical Past, Elusive Future-History and Society in an Anxious Age*(London: Pluto Press, 1992), p.59.
21. Ibid., p.194.
22. Stanford, *A Companion to the Study of History*, p.64.

역사적 변화의 정도는 변화 이전과 이후 사이의 시간적 거리감보다는 우리가 느끼는 변화의 양상에 의해 결정된다. 변화의 시간적 단위가 아니라, 그 구조에 관심을 쏟는 것이다. 따라서 변화가 얼마나 오랫동안 일어났는가보다 성격이 무엇이며, 인간사에 어느 정도 영향을 미쳤는가에 따라 변화의 정도가 달라진다.

역사적 사건의 발생 시기나 시간적 길이도 이와 같은 변화의 성격이나 정도에 따라 달리 느끼게 된다. 예컨대, 1차 세계대전과 2차 세계대전이 있었던 20세기 전반기는 그 이전의 수백 년보다 길게 느껴질 수도 있다. 고려시대 몽골의 간섭은 약 100년간 계속되었지만, 비슷한 정치적 양상이 이어졌기 때문에 몇 년이나 몇 십년에 걸쳐 일어났던 역사적 사실인 것처럼 배우고 또 그렇게 느끼게 된다.

다른 시기에 발생한 사건이라고 하더라도 변화의 양상이나 성격이 비슷하면 동일한 종류의 변화로 인식하며, 같은 역사적 시기로 묶기도 한다. 예를 들어 영국의 명예혁명과 프랑스혁명은 17세기 후반과 18세기 후반에 일어난 사건으로 약 100년의 시간적 차이가 있지만, '시민혁명기'라는 말로 같은 역사적 시기로 구분하여 인식되고는 한다. 산업화는 영국에서는 1780년대, 독일에서는 1840년대, 러시아의 경우는 1890년대 일어났지만 같은 종류의 역사적 과정으로 묶어서 설명된다.[23]

사람들의 역사인식에 가장 뚜렷하게 남는 것은 짧은 기간 동안 급격하게 일어난 사회적 변화이다. 이러한 변화는 사회에 직접적이고 커다란 영향을 미치므로 당시 사람들도 중요하다고 느낀다. 또한 오늘날 역사학에서도 변화가 급격하게 일어난 시기를 흔히 역사 변화

---

23. Evans, *In Defence of History*, p.153.

의 중요한 시기(critical moment)로 여겨 역사연구와 교육의 주된 대상으로 삼고 있다. 한국사에서 조선 후기는 봉건사회가 무너지고 그 내부에서 근대사회의 싹이 자라났던 시기로, 개화기와 대한제국기는 봉건사회에서 근대사회로 이행하던 시기이면서 제국주의 열강의 침입과 그에 대한 민족운동의 전개가 이루어진 시기이다. 해방부터 정부수립까지 3년은 식민지배에서 벗어나 통일된 새로운 근대민족국가의 건설을 모색하던 시기이므로 국사교육에서 중요하다.[24]

정치적 변화가 사회변화에 특히 중요한 역할을 하였다고 보기도 한다. 지배계층의 교체가 한국사에서 많은 사회적 변화를 초래하였다는 견해는 그러한 예라고 할 수 있다. 이에 따르면 신라에서 고려로 왕조가 바뀐 것은 역사적 발전이며, 그 원동력은 6두품이나 호족과 같은 새로운 지배계층의 등장이었다. 이들을 받아들임으로써 고려는 후삼국을 통일하고 새로운 사회를 열어갈 수 있었다. 지배계층의 교체가 옛 사회의 껍질을 깨는 탈피작용을 한 것이다.[25] 이처럼 지배계층의 교체는 사회변화에 영향을 주는 중요한 정치적 변화이다. 따라서 이 시기는 역사변화를 이해하는 데 효과적인 시기가 될 수 있는 것이다.

사회변화에 대한 인식은 어떤 분야를 대상으로 하느냐에 따라서도 달라진다. 경제적 변화의 속도는 정치적 변화의 속도와 다르며, 과학기술의 변화는 그 나름의 속도를 가지고 있다. 어떤 분야의 변화가 다른 분야에도 영향을 주지만, 하나의 짜인 틀로 모든 변화를 담을 수 있는 것은 아니다.[26]

---

24. 김한종, 〈중·고등학교 국사교육의 내용구성 원리〉, 《역사교육논집》 26, pp.129~130.
25. 이기백, 《민족과 역사》, 일조각, 1994, pp.102~104.

그렇지만 변화에 대한 인식은 기본적으로 이를 보는 사람들의 정치, 사회적 성향에 크게 영향을 받는다. 과거와 현재의 관계는 이를 보는 사람에 따라 달라진다. 역사를 읽는 사람들이 어떠한 담론을 가지고 접근하느냐에 따라서 그 역사가 다르게 읽혀지는 것과 마찬가지이다. 같은 광경이라고 하더라도 역사가, 예술가, 경제학자 등은 이를 다르게 읽고 해석한다.[27]

보수적인 사람들은 변화의 가속화에 대해 위기감을 느낀다. 이들은 이전에 존재하였던 과거를 기초로 하여 변화를 막아내고자 한다. 이에 반해 기존의 사회질서에 덜 집착하는 사람들은 변화를 역사의 역동성으로 받아들인다. 이들은 기본적으로 역사의 진보를 믿는다. 이들에게 변화는 더 나은 사회를 위한 배열과 미래를 위한 번영으로 환영을 받는다. 그러나 일단 변화가 친숙한 사회적 특징이 되면, 과거와 현재의 관계는 변형을 겪는다. 보수적인 사람들에게도 더 이상 과거는 현재의 패턴이 되지 않는다. 현재는 이미 과거의 모습을 폐기하였으며, 과거의 모습은 더 이상 사회에서 반복되지 않는다. 변화한 현재의 모습이 사회의 지배적 구조가 된다. 과거는 오히려 모순된 현재 사회를 바꾸기 위한 모델이 되기도 한다. '과거로 돌아가야 한다'는 것과 같은 주장이 그것이다.[28]

역사변화가 사람들에 의해 다르게 인식되는 것과 마찬가지로, 그에 대한 서술도 표면적으로 객관적 관점을 유지하였음을 표방하더라도 으레 긍정적 또는 부정적 평가가 개재되기 마련이다. 한국사에

---

26. Evans, *In Defence of History*, pp.153~154.
27. Keith Jenkins, 《누구를 위한 역사인가》(최용찬 역), p.30.
28. Fürdei, *Mystical Past, Elusive Future-History and Society in an Anxious Age*, pp.60~62.

서 사회적 변화가 컸던 조선 후기 사회에 대한 제7차 교육과정 고등학교 국사의 서술을 보도록 하자.

- 조선 후기 사회에서는 경제사회사상면에서 새로운 움직임이 나타났으나, 정치면에서는 이를 수용하지 못하였음을 설명할 수 있다.
- 조선 후기 사회에서 나타난 근대적인 요소를 다각적으로 탐구할 수 있다.

이 서술에서는 표면적으로 조선 후기 사회에서 나타난 근대적 변화에 대해 특별한 가치판단을 하고 있지 않다. 그러나 실제로는 그러한 변화가 긍정적이고 바람직하다는 평가가 이미 들어있다. "수용하지 못하였음을……"이라든가, "다각적으로 탐구……"라는 서술이 이러한 평가를 기반으로 하고 있는 것이라고 할 수 있다. 바꾸어 말하면 역사변화를 어떻게 인식하느냐에 따라서 역사적 사건에 대한 평가도 달라지며, 역사적 상황 전체를 보는 상(像)도 달라지게 마련인 것이다.

4. 변화에 대한 역사교육의 접근 방향

오늘날 사회변화에 영향을 받지 않는 교과목은 없다. 모든 교과목은 변화하는 사회 속에서 일정한 역할을 요구받고 있다. 학교교육은 기본적으로 변화하는 사회에 잘 적응할 수 있는 인간의 육성을 목표로 삼는다. 예컨대 제7차 교육과정의 모태가 된 교육개혁위원회의 〈교육과정 2000〉에서는 당면하고 있는 사회적 변화의 성격을 정보화사회·지식사회, 세계화시대로 보고, 이러한 사회가 요구하는 인간을 길러내는 것을 교육의 목표로 삼았다.[29] 이 목표는 특정 교과가 아니라 학교교육이 공통적으로 지향해야 하는 교육의 방향이라는 것이다.

사회변화에 영향을 받으며, 변화하는 사회에 대처하고 적응할 수 있는 인간을 기르는 데 일정한 역할을 할 것을 요구받는다는 점에서는 역사도 예외가 아니다. 그렇지만 사회적 요구에 대처하는 방식은 그 교과가 가지고 있는 성격에 따라 달라진다. 역사는 실용적, 기능적 교과가 아니다. 역사교육에서 바람직한 인간의 육성은 역사가 가지고 있는 본질적 성격에 따라 이루어져야 한다. 변화가 역사의 중심개념이라고 할 때, 변화에 대한 올바른 인식은 역사를 배우는 사람들로 하여금 사회변화에 효과적으로 대처할 수 있게 해준다. 따라서 변화를 어떻게 인식시키는가 하는 것이 역사교육의 중요한 과제라고 할 수 있다. 변화의 개념을 가지지 못할 경우 우리는 역사의 흐름을 제대로 파악하기 어려우며, 역사적 사실에 반영되어 있는 의미를 올바로 인식할 수 없다.[30] 우리가 살고 있는 오늘날의 사회는 이전보다 훨씬 복잡하고 급격히 변화하고 있다. 이에 대처하기 위해서는 변화 가능성을 받아들여야 한다. 변화가 가능하다고 생각할 경우 인간의 삶은 미리 결정되어 있는 것이 아니며, 자신의 의식적인 결정과 활동으로 삶의 방식을 변화시킬 수 있다고 생각하게 된다.[31]

---

29. 교육개혁위원회, 〈세계화·정보화시대를 주도하는 신교육체제 수립을 위한 교육개혁 방안〉(제2차 대통령보고서, 1995.5.31), p.10.
30. P. J. Lee, "History Teaching and Philosophy of History", *History and Theory* 22(4), 1983, p.4.
31. School Council History 13-16 Project, *A New Look at History* (Edinburgh: Holmes McDougall, 1976), p.14.

이러한 점들에 비추어 보면, 역사교육에서 학습자로 하여금 변화를 인식하게 하는 것은 두 가지 방향에서 이루어진다고 할 수 있다. 하나는 오늘날 사회변화의 정도와 의미를 합리적으로 파악하고, 현재 문제를 이해하기 위해 과거를 보는 기능적(技能的) 접근이다. 다른 하나는 변화의 양상이나 과정 자체를 올바로 파악하고, 이에 대해 자신의 관점에서 의미를 부여하는 인식론적, 담론적 접근이다.

기능적 접근에서 역사교육은 변화의 과정에 포함되어 있는 인과관계를 비롯한 여러 요인들 간의 관계를 파악함으로써, 사회변화를 분석하고 이에 대처할 수 있는 능력을 길러 준다. 변화의 개념을 습득하고, 정치·사회적인 변화 양상을 파악하는 것이 역사교육의 주된 목표가 된다.[32] 이를 위해 무엇보다도 중시되는 것은 역사적 기능이나 능력을 기르기 위한 활동이다. 예컨대 역사변화를 인식하기 위해 다음과 같은 목표를 제시하는 것은 기능적 접근에 해당한다.[33]

- 변화의 발생 순서를 이해할 수 있도록 연대 및 시간을 나타내는 용어를 알고, 시간감각을 획득.
- 변화의 방식이 다양할 수 있음을 이해.
- 변화나 발전이 반드시 진보는 아니며, 한 측면에서는 진보가 다른 측면에서는 퇴보가 될 수 있음을 인식.
- 역사변화는 그 변화와 직접적으로 관련된 개인에 의해서만 좌우되

---

32. Martin Robert, "A Different Approach to 'O' Level", in John Fines(ed.), *Teaching History*(Edinburgh: Holmes McDougall, 1983), p.167.
33. Department of Education and Science, *History in the Primary and Secondary Years*(London: HMSO, 1985); Department of Education and Science, *History from 5 to 16*(London: HMSO, 1985); Tim Lomas, *Teaching and Assessing Historical Understanding*(London: Historical Association, 1990).

는 것이 아니라, 변화가 일어나는 역사적, 사회적 맥락에 영향을 받는다는 것을 이해.
- 외적 요인들뿐 아니라 인간의 의도나 믿음, 동기에 의해 변화를 설명.
- 어떤 역사적 변화의 의미는 단기적으로 보느냐 장기적으로 보느냐에 따라 달라질 수 있음을 인식.
- 많은 역사적 변화는 쉽게 포착되기 어려움을 인식.

변화를 효율적으로 인식시킬 수 있는 내용조직의 한 유형으로 발전계열법(line of development)이 제시되고 있다.[34] 발전계열법은 생활주변의 주제를 택해서 그 변화를 통시적(通時的)으로 조직하는 방법이다. 겉으로 나타나는 발전을 기준으로 생활의 여러 측면을 파악하는 발전계열법의 접근방식은 역사의 본질에 적합하다는 것이다. 발전계열법에서 다루는 일반적인 주제로는 수송, 교육, 의학, 에너지, 농업 등을 들 수 있다. 변화의 원인과 결과를 파악하고, 시대관념을 기를 수 있다는 점에서 발전계열법은 변화에 대한 기능론적인 접근방식이라고 할 수 있다.

인식론적, 담론적 접근에서 사회변화에 대한 인식은 구체적으로 접하는 상황에 대처할 수 있는 능력보다는 변화에 대해 올바로 파악하고, 이를 자신의 것으로 받아들임으로써 가능하다. 인식론적, 담론적 접근에서는 자신의 관점을 가지고 사실을 명확하고 세밀하게

---

34. 김한종, 〈역사수업 연구의 동향〉, 《역사교육》 51, 전국역사교사모임, 2000. 12, pp.141~142; John Chaffer and Lawrence Taylor, *History and the History Teacher*(London: George Allen & Unwin Ltd, 1975), p.38; W. H. Burston, *Principles of History Teaching*(2nd edn.) (London: Methuen Educational Ltd, 1972), p.9; Lomas, *Teaching and Assessing Historical Understanding*, p.20.

인식함으로써 교육적 목적을 달성하고자 하는 것이 역사교육의 목적이 된다. 예를 들어 포스트모던적 관점에서는 현재의 잣대를 가지고 과거로 들어가서 탐구하는 것을 역사라고 본다. 그래야만 역사적 사실을 틀에 얽매이지 않고 자유롭게 인식할 수 있고, 나아가서는 현재와 다른 중대한 변화를 이끌어낼 수 있다는 것이다.[35] 인식론적, 담론적 접근에서는 과거 사실을 정확히 인식하는 것이 역사교육의 수단이 아니라 목적이다.

역사교육에서 다루는 변화는 기본적으로 인간활동의 결과이다. 역사적 사실의 변화에 대한 올바른 인식 자체가 사회변화에 능동적이고 바람직하게 대처할 수 있는 인간을 길러내는 길이다. 역사교육의 기본적 목적도 여기에 있다고 할 수 있다.

역사인식을 통해 역사교육이 도달하고자 하는 목적이 무엇인가에 대해 누구나 동의하는 견해는 없다. 다니엘스(Robert V. Daniels)는 역사학 입문서에서 역사의 유용성을 역사적 교훈, 교양교육, 역사적인 접근 방식, 시민의식 등으로 구분한다.[36] 그리고 역사의 성격을 잘 보여주는 역사적 접근 방식의 본질을 시간 영역과 관련이 있는 것으로 보고 있다. 시간의식을 가져야 현재가 과거의 산물인 동시에 계속해서 진행되는 역사변화의 한 순간이라는 것을 알 수 있다는 것이다. 또한 시간의식은 어떤 역사적 사건이나 사상들의 의미를 그것이 존재하였던 당시의 역사적 상황에 비추어 이해할 수 있게 한다고 주장한다.[37]

---

35. Jenkins, 《누구를 위한 역사인가》(최용찬 역), p.161.
36. Daniels, *Studying History: How and Why*(2nd edn.) (Englewood Cliffs, NJ: Prentice-Hall, Inc., 1972), pp.6~17.
37. Ibid., pp.11~13.

사우스게이트(Bevergate Southgate)는 포스트모던적 입장에서 종전의 역사교육관을 검토하면서, 이제까지 역사를 배웠던 이유를 흥미나 즐거움, 도덕교육, 종교교육, 정치와 이데올로기 등으로 구분하였다.[38] 그러면서 결론적으로 역사변화의 계기와 동력에 대한 이해를 역사교육의 목적이라고 말하고 있다. 그의 주장에 따르면 역사변화의 과정을 통해서 역사내러티브나 미래의 사건이 실제적인 변화의 산물임을 이해하고 중요한 것과 부수적인 것을 구분할 수 있어야 한다. 그리고 역사 변화의 과정에서 사회발전의 기회를 포착해야 한다는 것이다.[39]

한편 정선영 등은 역사를 배우는 이유를 역사적 교훈, 교양, 민족공동체 의식, 역사의식으로 나누어 설명한다.[40] 이 중에서도 역사의식의 함양을 바람직한 역사교육의 방향으로 보고, 역사의식의 요소로 존재의식, 변화 또는 발전의식, 자아의식, 시간의식을 제시하고 있다. 여기에서 존재의식은 자신이 역사 변화의 한 가운데 위치하고 있다는 의식, 변화 또는 발전의식은 역사는 끊임없이 변화하고 발전해 간다는 의식, 자아의식은 자신이 역사를 이끌어가는 주체의 하나라는 의식, 시간의식은 역사는 각 시대마다 사람들의 사상이나 행동에 따라 다른 특성을 지닌다는 의식을 말한다.[41] 즉 시간에 대한 의식을 바탕으로 변화와 발전을 파악하는 것이 역사의식의 기본이다.

이상의 논의에서 보았듯이 역사교육의 가장 기본적인 목적 중 하

---

38. Beverley Southgate, *History: What and Why*(London: Routledge, 1996), pp.28~54.
39. Ibid., pp.54~57.
40. 정선영·김한종·양호환·이영효, 《역사교육의 이해》, 삼지원, 2001, pp.34~40.
41. 위 책, pp.39~40.

나는 역사변화의 과정 속에서 자기 자신에 대해 인식하는 것이다. 여기에서 자기 자신을 이해한다는 것은 개인으로서 자기뿐 아니라, 자신이 몸담고 있는 사회를 이해하는 것까지 포함한다. 자신에 대해 이해할 때, 사회의 변화가 자신의 삶에 크게 영향을 주며, 자신의 말이나 행동이 사회변화에 중요한 영향을 미칠 수 있다는 역사의식을 가질 수 있기 때문이다. 변화에 대한 인식을 통해 실천적 삶을 살아가는 인간을 육성하는 것이 역사교육의 역할이다. 자신에 대한 이해를 위해서는 개인의 활동이나 사회적 현상을 분석하거나 해석할 수 있는 사상이나 이념, 입장을 선택해야 한다. 이러한 선택은 자기 자신의 변화에도 영향을 미친다.[42] 따라서 우리는 변화의 원천이나 제도, 사회행동의 양식, 문화영역 등 변화가 일어나는 조건을 탐색해야 한다. 또한 자연적 변화보다는 역사적 사건과 밀접한 관련이 있는 변화를 다루어야 한다.[43]

역사교육에서는 오늘날 사회가 어떻게 형성되어 왔는지를 통해서 자신을 이해한다. 즉 사회 변화에 대한 인식 속에서 자기 자신에 대해 이해하는 것이다. 이를 통해 오늘날 사회의 형성과정을 알고 사회 속에서 자신이 해야 할 일을 생각할 수 있다.

변화하는 사회 속에서 역사교육이 하는 역할은 크게 두 측면에서 생각할 수 있다. 첫째는 바람직하거나 사회가 지켜나가야 한다고 생각하는 가치관을 구성원에게 심어주어야 한다는 요구이다. 예를 들어 역사교육을 통해 민주주의와 평등, 민족의식을 가지도록 해야 한다고 할 때, 이 가치관들은 어떤 역사적 시기나 장소와 관련이 없이 언제나 지켜야 하는 고정적이고 영속적인 가치관이라는 생각이 깔

---

42. Lucien Goldmann, 《인문과학과 철학》(김현 역), 문학과지성사, 1980, p.103.
43. Nisbet, *Social Change and History*, pp.275~276.

려 있다. 그렇지만 이러한 가치관은 국가 이데올로기에 의해 변화의 방향이 정해질 수 있으며, 때로는 변화에 대한 거부감으로 흘러갈 수 있다. 둘째는 변화를 긍정적으로 받아들여 이를 수용하게 하는 것이다. 이를 위해서는 변화에 능동적으로 대처하고, 그 방향에 대해 자신의 관점을 제시할 수 있어야 한다. 그렇지만, 국가나 특정 기구가 주도하는 변화를 맹목적으로 받아들이는 것의 위험성을 인식할 필요가 있다.

5. 맺음말

역사학은 역사적 사실을 시간 속에서 파악하는 학문이다. 역사적 사실은 보통 사회 현상 속에 나타난 지나간 인간의 삶을 소재로 한다. 역사적 사실은 한편으로는 끊임없이 변화하며, 다른 한편으로는 변화된 상태가 일정 기간 지속될 때 연구의 대상이 된다. 따라서 변화를 인식하는 것은 역사이해의 가장 기본적 요소라고 할 수 있다.

역사적 변화에 대한 인식을 가지는 것은 오늘날과 같이 복잡하고 급변하는 사회 속에서 자신을 이해하기 위해서 필요하다. 변화에 대한 인식과 이를 바라보는 관점 없이 사회를 비판적으로 성찰하거나 그 속에서 자신의 존재와 역할에 능동적이고 주체적으로 의미를 부여하기 어렵다. 미래에 대한 전망을 위해서도 과거와 현재 사회의 변화에 대한 인식이 요구된다. 과거는 미래의 지표가 될 수 있으며, 역사변화에 대한 올바른 인식은 앞으로의 변화에 대한 대비이기 때문이다.

'변화'는 역사학이나 역사교육에서 중요한 개념이며, 변화를 인식하는 것은 역사를 연구하거나 배우는 데 필수적인 요소이다. 근래 전개되는 급격한 사회변화로 변화에 대한 인식이 더욱 중시되고 있다. 역사교육에서 역사변화의 인식론적 의미나 사회변화에 대응하는 역사교육의 역할에 대한 관심이 필요하다.

역사교육의 기본적 목적 중 하나는 올바른 자아인식에 있다. 우리는 역사변화의 과정을 통해 오늘날 사회가 어떻게 형성되고, 거기에 인간의 의지가 어떻게 작용하는지 배울 수 있다. 역사변화를 인식함으로써 사회의 변화가 곧 나의 삶과 직결되는 문제이며, 나의 의지에 따른 생각과 행동이 사회발전에 중요한 영향을 미칠 수 있다는 사실을 깨달을 수 있다. 또한 사회 변화의 방향을 파악하고, 미래사회에 대한 전망을 가질 수 있다.

이를 위해 역사교육은 사회변화에 대한 정확한 인식과, 이를 바라보는 올바른 관점을 제시해야 한다. 사회변화의 양상을 올바로 이해하고 변화의 원인과 그 영향을 분석하는 기능론적 접근뿐 아니라, 자신의 관점에서 사회변화를 파악하고 의미를 부여하는 인식론적, 담론적 접근도 필요하다.

역사는 지난날의 인간 활동을 다룬다. 변화를 이해한다는 것은 사회에 영향을 미친 인간의 삶을 이해하는 것이다. 사회변화를 비판적으로 인식하고, 자신의 관점에서 이를 바라볼 수 있는 인간은 변화하는 사회에 잘 적응할 수 있으며, 또 그 자신이 사회를 변화시키는 주체가 될 수 있다. 이러한 인간의 육성이 역사교육의 중요한 목표 중 하나일 것이다.

3장
역사수업이론의 재인식

1. 머리말

'수업이론'이라는 말을 들을 때 우리는 수업을 가르치는 데 도움이 되는 원리나 방법을 떠올린다. 사범대학이나 교육대학, 교직과정 등 교사양성과정에 '학습지도'나 '교과교재연구지도법'과 같은 과목을 편성하고 있는 것은 이러한 취지에서 나온 것이다. 그렇다면 역사수업이론은 실제로 학교현장에서 역사를 가르치는 데 얼마나 도움이 될까? 이에 대한 교사들의 평가는 대부분 부정적일 것이다. 어쩌면 교사뿐 아니라 역사교육과 관련된 일을 하고 있는 어느 누구도 긍정적인 대답을 할 것 같지 않다. 역사수업이론은 실제 수업을 하는 데 별 도움이 되지 않는 그야말로 '이론'에 지나지 않는다는 것이다.

이와 같은 비판은 비단 수업뿐 아니라 역사교육이론 전반을 대상으로 하는 것이기도 하다. 많은 역사교사들은 학계의 역사교육론에 대해 역사교육 현장을 토대로 하지 않는 추상적이고 공허한 논의에 머물고 있다고 비판한다. 이들이 '대안의 역사교육론'을 표방하면서 새로운 역사교육론 책[1]을 펴낸 것은 이러한 문제의식의 산물이라고 할 수 있다. 그런데 이 책이 '역사교육론'을 다루었다고 하지만, 그 내용은 주로 역사수업과 관련된 것이다. 즉 현장의 교사들이 말하는 역사교육은 수업에 대한 것이며, 역사교육이론에 걸고 있는 기대도 수업에 실제로 얼마나 도움을 주는가를 잣대로 삼고 있다. 현장 역사수업에 적용할 수 있는 이론, 역사를 가르치는 데 구체적으로 도움이 되는 이론을 요구하고 있는 것이다. 현장 역사교사들뿐 아니라 상당수의 역사교육 연구자들도 역사교육이론이 학교 현장의 상황을 반영하지 못하고 있다는 비판을 받아들이고 있다.[2]

그러나 역사교육이론에 가해지는 이러한 비판은 '이론'의 성격을 잘못 파악하고 있기 때문이라는 주장도 있다. 구체적으로 수업을 어떻게 할 것인가 하는 문제는 현장교사의 몫이지 이론에서 다루어야 할 문제는 아니라는 주장이 그러한 예이다. 이런 관점에서는 처방과 같은 구체적인 수업절차나 방법까지 이론에서 규정하려고 하는 것은 교사가 구상하고 판단하고 결정해야 할 부분을 포기하려는 것이라고 주장한다.[3]

수업을 하는 데는 다양한 요인들이 개입된다. 이 요인들을 고려하여 수업의 절차와 조건을 체계화한 것을 수업모형이라고 한다. "탐구수업을 어떻게 할 것인가?", "시뮬레이션게임은 어떤 절차를 거쳐 이루어지는가?"를 생각할 때 머리에 떠올리는 수업의 절차가 수업

---

1. 전국역사교사모임(편), 《우리 아이들에게 역사를 어떻게 가르칠 것인가》, 휴머니스트, 2002.
2. 김한종, 〈역사수업이론, 그 현실과의 거리〉, 《역사교육》 46, 전국역사교사모임, 1999, p.171.
3. 양호환, 〈역사학습의 인식론적 모색〉, 《역사교육》 75, 2000.

모형이다. 따라서 수업모형은 장기적이건 단기적이건 간에 교육과정을 구성하고 수업자료를 구안하며 교실이나 그 밖의 상황에서 수업을 하는 데 사용될 수 있는 일종의 계획이라고 할 수 있다.[4] 그러나 수업모형이 실제 수업에 영향을 미치는 모든 요인들을 고려할 수는 없다. 따라서 수업모형을 만드는 사람들은 일반성을 가진 주요 요인들을 염두에 두게 된다. 교육 전반이나 각 교과의 목적, 교과내용의 성격, 교육과정이나 교과서, 국가나 사회의 요구, 학습자의 심리적 측면 등이 여기에 해당한다. 그런데 이론이라는 관점에서 볼 때는 부수적인 문제들이 실제 수업에서는 더 중요하게 작용을 하는 경우도 많다. '5교시 국사시간'이라는 제목의 책[5]을 생각해 보자. 아마도 이 책의 저자나 독자는 '5교시'라는 시간에 주목할 것이다. 국사시간은 원래 재미가 없지만, 특히 점심시간 직후인 '5교시'에는 한층 더 지루하다. '5교시'라는 시간은 책의 제목으로 내세울 만큼 역사수업에 매우 커다란 영향을 미치는 요인이다. 그렇지만 1교시 수업과 구별하여 5교시 수업에 적용할 수 있는 별도의 이론을 만들기는 어렵다. 수업과 관련된 모든 요인을 포괄하는 수업이론은 불가능하며, 이론에서 다루지 않는 현실적인 요인들이 실제 수업에 더 커다란 영향을 미치는 경우가 많다. 그런데 이러한 요인들은 '이론'이 아닌 '실천'의 문제로 취급된다.

   그렇다면 역사수업 이론과 실천 사이의 간격을 줄인다는 것은 이러한 '실천'의 문제들을 어떻게 이론화할 것인가에 달려있는 것은 아닐까? 수업이론은 수업의 절차나 방법을 정형화하는 것에서 벗어

---

4. Bruce Joyce and Marsha Weil, 《수업모형》(윤기옥 · 송용의 · 김재복 역), 형설출판사, 1987, p.19.
5. 윤종배, 《5교시 국사시간》, 역사넷, 2000.

나, 실제 수업에서 일어나는 현상을 체계화하고 이론화하는 데 관심을 쏟아야 한다. 이를 통해 수업에 영향을 미치는 요인들과 그 요인들이 수업에 작용하는 기제를 명확히 할 필요가 있다.

2. 역사교육의 내용과 역사수업

(1) 내용과 방법의 문제

역사수업이론이 교실수업에서 역사를 가르치는 것과 관련된 문제를 다루는 분야라고 할 때, 역사를 잘 가르치기 위한 조건이 무엇인가는 중요한 논의 대상이라고 할 수 있다. 이와 관련하여 "잘 가르치기 위해서는 내용을 잘 아는 것이 중요한가, 방법을 잘 아는 것이 중요한가?" 하는 논란이 오랫동안 계속되었다. 일반적으로 교과내용 전공자들은 교과의 내용을 많이 알수록 잘 가르칠 수 있다고 믿는다. 이들은 가르치는 데는 수많은 요인들을 고려해야 하기 때문에 가르치는 방법은 수업현장에 따라 달라지는 것으로, 이론이라기보다는 실제 수업을 하는 데 필요한 기술이라고 생각한다. 따라서 배워서 알 수 있는 것이 아니라 교사로서 경험을 통해 차츰 습득해 나가는 것이라고 주장한다. '좋은' 역사교사가 되기 위해서는 역사적 사실을 잘 알아야 한다고 주장하는 역사학자들의 마음속에는 이런 관점이 깔려 있을 것이다. 이에 반해 일반 교육학자들은 방법을 강조해 왔다. 이들은 효율적인 학습지도에 필요한 수업모형의 개발에 힘을 쏟았으며, 그 결과로 개발된 수업모형을 교과에 적용시키려고 한다. 이들에 따르면 교사는 무수히 많은 교과내용을 일일이 알 수 없으며, 알 필요도 없다. 필요한 것은 중요한 내용과 그렇지 않은 내용을 구분하거나 필요한 내용을 자료에서 찾을 수 있는 방법을 아는 것이다.

아마도 대부분의 교사들은 내용과 방법, 양자가 모두 중요하다고 생각할 것이다. 교육목적에 들어맞고 학생들에게 적절하면서, 효율적으로 가르치기 위해서는 내용과 방법의 모든 요소들을 통합적으로 다루어야 한다는 것이다. 그러나 양자의 차이는 단순히 교과내용과 교수방법이 모두 중요하다는 말 한마디로 정리될 만큼 단순하지는 않다. 양자의 관계를 보는 시각은 교육과 어떻게 관계를 맺고 있는가에 따라 다르며, 시기별로 유행한 교육사조에 따라 달라질 수 있다. 나아가 여기에는 교육관이나 교수관까지도 반영되게 마련이다. 이 두 가지 관점의 대립은 '내용과 방법은 적'이라고까지 일컬어질 정도이다.[6]

교과교육의 내용과 방법에 대한 이러한 관점의 차이는 교과교육관에서도 나타난다. 전통적으로 교육종사자들은 교과교육을 교과의 내용을 수업하고 학습하는 방법적 원리 또는 기술에 대한 학문이라고 생각하였다. 이러한 교과교육학을 교육방법중심적 교과교육학이라고 한다. 교육방법중심적 교과교육학은 그 연구 대상이 교육의 내용이 아니라 교수 방법에 관한 것으로, 교육의 목적을 실현하기 위하여 가르치고 배우는 방법의 원리를 개발하고 이를 체계화하는 데 일차적인 관심을 둔다. 교과교육에 관한 많은 논의들은 이러한 관점을 가진 것이었다. 교과교육에 대해 논하는 대부분의 학자들은 교과

---

6. H. W. Hertzberg, "Are Method and Content Enemy", in B. R. Gifford(ed.), *History in the Schools* (New York: Macmillan Publishing Company, 1988), pp.13~40.

교육의 내용과 방법이 밀접한 관련을 가지고 있다고 말한다. 그러나 어떻게 하면 교과를 잘 가르칠 수 있는가의 문제에 관해서는 방법의 측면에서 접근하고 있는 경우가 많다. 교과의 내용과 방법을 분리할 수 있는 상황이 존재한다고 전제하면서, 가르치는 일을 방법으로 보고 있는 것이다.[7]

이에 반해 교육내용중심적 교과교육학은 교육의 목적을 실현하기 위하여 그 내용을 포괄적으로 이해하고 이와 더불어 교육의 방법적 원리를 개발하고 정당화하는 데 관심을 둔다. 교육의 방법을 내용과 논리적으로 관련시켜 개발하고 정당화해야 한다고 보는 것이다. 이에 따르면 역사를 잘 가르치기 위한 방법적 원리는 역사학의 학문적 성격과 내용에 대한 체계적 이해를 바탕으로 개발되어야 한다. 따라서 역사를 잘 가르치는 유능한 교사가 되기 위해서는 역사적 사실에 대해 체계적으로 이해하고, 이에 바탕을 둔 방법적 원리를 습득해야 할 것이다.

교육내용중심적 교과교육관은 영역고유 인지이론(domain-specific cognition theory)에 의해서도 뒷받침된다. 영역고유 인지이론에 따르면 각 교과는 특수한 내용들로 구성되어 있기 때문에 다른 교과와는 구별되는 인식의 방법, 사고 논리, 교수 방법을 가지고 있다. 영역고유 인지이론에서도 잘 가르치기 위해서는 적절한 교수방법이 중요하다고 생각한다. 그러나 교수방법은 교과의 성격과 교수내용체계에 의해 정해진다고 본다. 따라서 적절한 교수방법을 획득하기 위해서는 교과의 중심개념이나 내용지식이 필수적인 요소이다.

영역고유 인지이론의 관점을 받아들인다면 역사교육 연구는 역사

---

7. 박문태, 〈교과교육의 교수이론〉, 곽병선 외, 《교과교육원리》, 갑을출판사, 1991, pp.144~151.

학과 밀접한 관련을 가진다. 반면 일반 교육학 이론을 그대로 역사교육이론으로 사용할 수는 없다. 역사교육이론은 중요한 역사적 사실이나 개념, 역사학의 특성이나 학문적 원리 등을 바탕으로 개발되어야 이론과 실제적 활용가능성에서 모두 가치가 높아진다. 그러나 역사학의 내용을 아는 것만으로 역사교육을 할 수는 없다. 역사교육은 가르치는 목적, 대상, 환경 등에 따라 달라지기 때문이다. 어떤 사람들을 대상으로 할 때는 어떠한 역사적 사실들을 다루어야 하는지, 그러한 내용을 왜 가르쳐야 하는지, 어떻게 가르칠 수 있는지가 연구되어야 한다.

내용과 방법이 하나가 된 역사교육 이론을 개발하는 것이 교육내용을 중심으로 역사교육을 통합하려는 사람들의 주된 관심사일 것이다. 이를 위해서는 역사적 사실에 바탕을 둔 역사교육관이 정립되고 교수-학습방법이나 평가 원리가 개발되어야 한다. 그런 의미에서 교육내용중심적 교과교육학을 주장하는 사람들은 가르치는 방법을 중시하는 듯한 어감을 주는 '교과교육학'이라는 용어보다, 학교에서 가르치는 교과와 관련된 연구라는 의미의 '교과학'이라는 말을 쓰자는 제안을 하기도 하였다. 교과의 내용을 교육적 목적으로 이해하고 조직하고 지도하는 것과 관련된 지식과 탐구의 체제로서 '광의의 교과교육학', 또는 '내용중심 교과교육학'을 교과학이라고 부르자는 것이다.[8] 여기에서 교과학은 교과내용을 주변, 방법적 원리와 기술을 중심에 두고 가르치는 문제를 보는 것이 아니라, 교과내용을 포함하는 포괄적인 차원에서 교수문제를 논의한다. 그렇지만 교과학의 관점에 서더라도 '교과'의 개념이나 각 교과가 포괄하

---

8. 박순경, 〈교과학 기초〉, 이돈희 외, 《사회과교과학 연구》, 연구보고 RR97-16-4, 한국교육개발원, 1997, pp.1~17.

는 범주에 대한 견해에 따라서 교과교육학을 보는 관점이 달라진다. 교육의 목적과 교과, 학문과 교과, 교육내용과 교과의 관계를 어떻게 설정하는가에 따라 개별 교과학의 체계가 바뀌는 것이다. '국어교과학'과 '수학교과학', '과학교과학'은 일반적 특징을 공유할 뿐 하나의 체제 속에 통합되는 것이 아니고 실질적 내용을 공유하는 것도 아니다. 실질적 내용체계와 탐구방법은 개별 교과의 성격에 따라 전혀 달라질 수 있다.[9] 그렇지만 이를 바꾸어 말하면, '과학교과학' 내에서 다루는 문제들은 내용체계와 탐구방법을 공유한다는 의미가 된다. 그렇기 때문에 교과의 단위를 '사회과'로 보는 사람과 '역사과', '지리과', '일반사회과'로 보는 사람의 교과교육관은 크게 다르다. 전자의 관점에서는 역사적 사실과 지리적 사실, 사회의 현상들을 동일한 내용체계 속에 통합하거나 같은 방법으로 연구할 수 있는 반면, 후자의 관점에서는 역사적 사실과 지리적 사실, 사회현상은 성격이 서로 다른 문제들이며 탐구의 방법도 달라야 한다고 생각하게 된다. 즉, '교과학'이라는 말을 사용하더라도 교과교육학을 보는 관점이 통일되어 있지는 않은 것이다.

(2) 역사교육 목표와 내용의 관계

일부 사람들은 역사적 사실(내용)이나 교수방법보다 '역사관'이나 '역사인식', '역사의식' 같은 말을 먼저 떠올릴 수도 있다. 역사의 성격이 무엇이며, 왜 역사를 배우는가에 대한 관점이 역사를 가르치는 것과 밀접한 관련이 있다고 보는 것이다. 이를 내용, 방법과 분리

---

9. 위 글, pp.1~25.

하여 목적의 문제로 볼 수도 있고, 역사교육의 내용에 포함하여 이해할 수도 있다. 그렇지만 대체로 구체적인 역사적 사실을 역사교육의 내용으로 보아, 역사관이나 역사인식을 내용과 분리하여 생각하고는 한다.

교과교육은 교과를 가르치는 것과 관련된 문제를 종합적으로 다루는 응용학문이라고 말하는 것에도 목적을 중시하는 관점이 내포되어 있다. 여기에서 교과교육학은 어떤 교과를 가르치는 목적인 '왜', 교과의 내용인 '무엇', 가르치는 방법을 말하는 '어떻게'를 체계적으로 설명하는 학문으로 규정된다.[10] 외견상 목적과 내용, 방법을 동등한 비중으로 강조하고 있는 것으로 보인다. 이러한 주장의 저변에는 '무엇을', '어떻게' 가르칠 것인가보다는 '왜' 가르칠 것인가를 우선 순위에 놓아야 한다는 생각이 깔려 있다. 그러나 이 경우도 목표, 내용, 방법을 서로 밀접하고 유기적인 관계를 가진 것으로 보려고 하지 않고 단지 병렬적으로 존재하는 것으로 취급해 버린다. 다만 일부 영역에서 이들 세 가지 측면이나 이 중 두 가지 측면이 복합적으로 작용하는 것으로 보고 있을 뿐이다.

역사교육의 문제를 논할 때 목적을 중심에 놓고 생각하는 경향은 의외로 교육학자뿐 아니라 역사학자들 사이에도 널리 퍼져 있다. 특히 현재적 관점에서 역사교육의 목적을 바라보는 것을 흔히 찾아볼 수 있다. 현재의 당면한 문제를 이해하기 위해 과거에 대한 이해가 필요하며, 역사교육은 여기에 적합한 교과라고 보는 것이다. 다만 일반적인 사회과학에 토대를 둔 교과와는 달리, 역사는 현재를 직접

---

10. 김병성 외, 〈교과교육학의 학문적 성격과 체제에 관한 연구〉, 《교과교육 관련연구》, 연구보고 RR93-Ⅲ, 한국교원대학교부설 교과교육공동연구소, 1994, pp.15~17.

적으로 다루는 것이 아니라 그 기원이나 변화의 과정 속에서 구체적인 사실을 다룬다고 말한다.[11] 현재 사회가 안고 있는 문제의 역사적 연원을 이해하는 것이 역사교육의 목적[12]이라든지, 역사교육은 지난 날의 역사적 사실을 소재로 하는 것이지만 그 목적은 현재를 올바로 이해하고 미래의 사회발전에 기여할 수 있는 인간을 육성하는 것[13]이라는 주장도 그러한 예이다. 여기에는 역사학은 역사적 사실을 다루는 학문이지만, 역사교육은 역사적 사실 자체가 아니라 이것을 가지고 교육적 목적을 달성하는 분야라는 생각이 깔려있다. '역사를 가르친다'와 '역사로서 가르친다'를 구분하고, 역사교육이 '역사로서 가르친다'는 입장에 서야 한다는 주장[14]은 이러한 관점을 잘 보여준다. 그렇지만 목적을 구체화하여 역사교육에 어떻게 적용할 수 있는지에 대해서는 논의하고 있지 않다.

우리는 흔히 교육의 목적이 내용이나 방법보다 우선해야 한다고 생각한다. 목적을 효과적으로 달성할 수 있도록 가르칠 내용을 선정하고, 방법을 개발하거나 선택해야 한다는 것이다. 이러한 생각을 가장 체계적으로 조직한 것이 교육과정이다. 교육과정 전공자들은 목적을 구체화한 목표를 토대로 내용선정과 조직, 학습지도, 평가까지 일관된 체계 속에 구성할 것을 주장한다. 목표에 따라 내용을 선정하고 가르칠 방법을 구상하며, 어느 정도 목표에 도달하였는지를 평가해야 한다는 것이다. 그렇지만 과연 교육의 과정이 이러한 절차

---

11. C. Husband, A. Kitson and A. Pendry, *Understanding History Teaching* (Maidenhead: Open University Press, 2003), p.7.
12. 차하순, 《역사의 본질과 인식》, 학연사, 1988, p.125.
13. 이배용, 〈고등학교 역사교육의 과제와 전망〉, 이기백 외, 《역사교육, 무엇을 어떻게 가르칠까》, 소화, 2000, pp.77~78.
14. 이원순·윤세철·허승일, 《역사교육론》, 삼영사, 1980, p.11.

를 거쳐 이루어질까?

　실제 수업을 할 때 중심이 되는 것은 내용이다. 교사는 가르칠 내용을 보고 수업목표를 세우며, 자료를 찾고, 교수방법을 선택한다. 목표를 먼저 정하고, 학생들을 그 목표에 도달하게 하는 데 적합한 내용을 선정하는 과정을 밟지는 않는다. 특히 수업시간에 다루는 사건이 교과내용 자체가 아니라 그것을 학습하기 위한 소재가 되는 사회·문화 같은 과목과는 달리, 역사와 같이 다루는 사실이 교과내용 자체인 경우는 내용의 중요성이 더 커진다. 어떤 사람은 목표를 세우고, 이에 따라 내용을 선정하는 과정은 국가교육과정이나 교과서에서 한 번 거친 것이기 때문이라고 생각할 수도 있다. 그렇지만 국가교육과정의 목표는 교과를 가르치는 일반적인 목적을 포괄적으로 언급하는 데 그치고 있다. 교과서의 단원목표도 그 단원을 통해 알아야 할 문제를 추상적으로 제시한 것으로 교육과정 전공자들이 말하는 목표와는 거리가 멀다.

　더구나 국가교육과정을 개발할 때 목표를 먼저 세우고, 이를 토대로 내용을 선정하는 것도 아니다. 실제로 국가교육과정의 각론인 교과교육과정을 개발할 때 가장 심각하게 고민하는 것은 무엇을 가르칠까 하는 문제이다. '왜 가르쳐야 하는가?'에 대한 대답을 하기 위해서는 교육의 일반적인 목적을 먼저 생각해야 하지만, '무엇을 가르칠 것인가?'에 대한 대답은 교과교육의 존재에 정당성을 부여할 수 있다. '역사'라는 실질적 내용이 없는 목적은 역사교육의 목적으로서는 의미가 없기 때문이다.

　역사수업에 대한 논의가 역사를 잘 가르치기 위한 것이라고 할 때, '왜 가르치는가' 하는 문제를 해결한다고 해서 '잘 가르친다'는 문제가 자동적으로 해결되지도 않는다. '왜 가르치는가'와는 별도로 '어떻게 하면 잘 가르칠 수 있는가?'라는 문제가 연구되어야 하는 것이다.[15] 물론 여기에서 어떻게 하면 잘 가르칠 수 있는가는 단순히 교육학적인 교수기법을 가리키는 것이 아니라 어떤 내용을 가르쳐야 하는가, 다루는 역사적 사실을 어떻게 인식해야 하는가, 어떤 자료를 사용해야 하는가, 어떤 학습활동을 포함시켜야 하는가 등의 문제를 복합적으로 포함하고 있다. 그리고 그 중심이 되는 것은 역사적 사실과 그 성격, 즉 역사교육의 내용이다.

(3) 역사교육의 내용과 역사지식

교과를 구분하는 핵심적 기준이 내용체계라고 할 때, 교육내용의 개념에 따라 수업을 보는 관점도 달라진다. 수업이란 결국 그 시간에 다루는 내용을 가르치고 배우는 것이므로 수업을 보는 관점도 내용과 밀접한 관련을 가지는 것이다. 수업시간에 다루는 교육내용은 주로 교과서와 같은 교재에 실린 내용이다. 따라서 교육내용이 가리키는 범위를 교과서를 중심으로 제시하기도 하는데, 대체로 다음과 같은 세 가지 관점으로 구분된다.

첫째, 교과서에 실려 있는 문장이나 진술 자체를 교육내용이라고 본다.

둘째, 교과서에 실려있는 문장이나 진술이 의미하는 것을 교육내용이라고 본다.

셋째, 교과서에 실려있는 문장이나 진술에 대해 생각하는 사고의 과정이나 탐구방법을 교육내용이라고 본다.

---

15. 양호환, 〈역사교육의 목적을 다시 묻는다〉, 《역사교육》 99, 2006, p.20.

물론 이 세 가지 관점은 상호 배타적이 아니라 두 번째 관점이 첫 번째 관점을, 세 번째 관점이 첫 번째와 두 번째 관점을 포함하는 것이다. 교육내용을 이 중 무엇이라고 보는가에 따라 교수방법에 대한 접근도 달라진다. 첫 번째 관점에서는 교과서 내용을 효율적으로 전달하기 위한 방법에 관심을 둔다. 교수방법은 교육내용과 분리된 단순한 수단인 것이다. 두 번째 관점을 가지고 있는 교사도 교육내용과 교수방법을 분리해서 보기는 하지만, 교사가 생각하는 교육내용에는 교수방법이 개재되어 있는 경우가 많다. 세 번째 관점에서는 교육내용 속에 교수방법이 이미 포함되어 있다.

흔히 구분하는 방식대로 지식을 명제적 지식(knowing that)과 방법적 지식(knowing how)으로 나눈다면[16], 교과서에 실린 진술이나 그것이 의미하는 것을 아는 것은 명제적 지식, 역사적 사실이나 그 의미를 밝히는 데 필요한 지식이나 사고과정을 아는 것은 방법적 지식이라고 할 수 있다. 교육내용을 이해와 활동이라는 두 측면에서 접근한다면, 전자는 이해함으로써 얻을 수 있고, 후자는 활동이라는 형태로 나타난다. 여기에서 명제는 '규칙명제' 보다는 '학문적 명제'이며, 활동은 '실제적 활동' 보다는 '학문적 활동'에 해당한다.[17]

그렇지만 역사학습에서 이처럼 명제적 지식과 방법적 지식, 이해와 활동을 구분하는 것은 그리 커다란 의미가 없는 경우가 많다. 사료의 해석을 통해 고려 귀족사회의 성격을 이해하는 수업을 한다고 생각해보자. 이 수업을 통해 학생들은 문벌귀족의 개념, 문벌귀족이

---

16. Gilbert Ryle, *The Concept of Mind*(New York: Barns & Noble, Inc, 1949), pp.27~32.
17. 여기에서 말하는 '이해'와 '활동'의 개념에 대해서는 조영태,《교육내용의 두 측면: 이해와 활동》, 교육과학사, 1998, pp.17~26 참조.

사회적 지위를 유지해가는 수단, 귀족중심체제 때문에 일어나는 사회적 모순 등을 이해할 수 있으며, 사료의 성격이나 사료에 대한 평가도 할 수 있다. 이 수업의 결과 사료의 내용에는 사료를 만든 사람의 해석이나 관점이 들어가 있으며, 사료비판에는 내적비판과 외적비판이 있다는 것을 안다면, 이는 방법적 지식이라고 할 수 있다. 그렇지만 사료를 다루는 이러한 방법을 안다고 하더라도, 이후 자신이 접하는 사료를 비판하거나 평가하는 데 적용하지 못한다면 이 지식은 커다란 의미를 가지지 못한다. 또한 사료에 대한 평가는 사료가 담고 있는 내용과 관련된 배경이나 맥락에 대한 지식을 토대로 한다. 즉, 역사적 사실에 대해 알지 못하고 사료를 평가하는 방법을 활용할 수는 없는 것이다.

3. 역사수업의 방법

역사수업의 방법이라고 할 때 머리에 떠오르는 것은 탐구학습, 사료학습, 인물학습, 향토사학습과 같은 말들이다. 그렇지만 다같이 '~학습' 또는 '~수업'이라는 이름을 붙이고 있지만, 이 수업방법들을 나누는 기준이 같은 것은 아니다. 강의법, 탐구학습, 토론학습 등과 같은 수업방법은 수업 중에 이루어지는 학습활동의 주체와 형태를 기준으로 한 것이다. 사료학습, 연표학습과 같은 말은 수업에서 사용하는 자료의 형태를 기준으로 붙인 이름이고, 멀티미디어학습, 시청각학습 등은 수업내용 전달의 매개체 역할을 하는 기자재를 가리키는 말이다. 인물학습은 수업의 소재, 향토사학습은 수업내용의 범위에 따른 것이다.

이 중 가장 널리 사용되어 온 것은 학습활동을 기준으로 한 구분이다. 강의법, 문답법, 탐구법, 토론법과 같은 수업방법은 우리 귀에 너무도 익숙한 말들이다. 역사수업에서도 강의식 수업이 비판을 받고 탐구나 토론과 같은 방법이 권장되어 온 것은 한두 해의 일이 아니다. 이러한 수업방법들은 역사수업에 한정되는 것이 아니라 모든 교과의 수업에 적용된다. 따라서 교과의 특성을 반영하기보다는 일반적으로 어떤 절차를 거쳐 수업을 해야 하느냐 하는 절차나 기능(skill)에 초점을 맞추고 있다. 이 방법들을 역사수업에 적용하더라도, '역사를 가르치는 것' 보다 '어떤 활동을 하는가'에 더 관심을 기울일 가능성이 높은 것이다. 역사학습론이 수업모형이나 학습방법이 아니라 역사인식에 관심을 가져야 하며, 역사를 가르치는 것과 이해하는 것은 분리되지 않는다는 주장[18]은 이러한 문제점을 직시한 데서 나온 견해라고 할 수 있다.

교사의 역사인식이 역사수업에 결정적인 영향을 미치며, 같은 역사수업을 경험하더라도 학생의 역사이해는 개개인에 따라 달라진다는 점에서 이런 지적은 타당하다. 그렇지만 어떤 수업기법을 택하느냐 하는 것이 반드시 역사인식과 분리되어 이루어지는 것은 아니다. 역사가 객관성과 논리성을 추구하는 과학과 같은 성격을 가지고 있다고 생각하는 사람은 탐구법과 같은 수업방식을 선호하게 된다. 이에 반해 역사는 행위를 한 인간의 마음을 이해하는 것이라고 보는 사람은 추체험이나 감정이입의 활동이 들어가는 수업에 관심을 가지게 된다. 역사수업에서 중요한 것이 많은 역사적 사실을 알게 하는 것이라고 믿는다면, 학생들의 기억을 도울 수 있는 설명기법에

---

18. 양호환, 〈역사학습의 인식론적 모색〉; 양호환, 〈역사적 사고의 한계와 역사화의 가능성〉, 《역사교육》 87, 2003.

신경을 쓰고, 역사적 사건에 대한 평가가 중요하다고 믿으면 토론이라는 학습활동을 선택할 수 있다.[19]

문제는 실제로 권장되거나 관심을 끌었던 역사수업의 방법에 언제나 이런 방향으로 접근하지는 않았다는 점이다. 각 교과의 수업방법에 대한 논의가 활발해진 1960년대 말 이래 역사수업방법으로 가장 많이 언급되어 온 것은 탐구수업이다. 그렇지만 탐구법을 역사에 적용하려는 시도는 역사이해나 연구의 본질을 과학적이라고 보고 이에 적합한 학습활동을 찾았기 때문이 아니라, '탐구'를 적절한 학습활동으로 보고 이를 역사수업에 적용하려고 하였기 때문이다. 즉 역사의 성격에 대한 이해를 바탕으로 탐구법을 받아들였다기보다는, 탐구법을 받아들이기로 하고 이를 어떻게 역사수업에 적용할 것인가에 관심을 가진 것이다.

1990년대 후반 이후에는 역사적 상상, 추체험, 감정이입과 같은 말이 역사수업과 관련하여 자주 언급되고 있다. 이에 따라 극화수업이나 역할극, 모의재판, 역사신문 제작수업, 역사글쓰기 등이 역사수업의 방법으로 관심을 끌게 되었으며, 다양한 수업사례들이 발표되고 있다. 이러한 수업방법들이 관심을 끌게 된 것은 크게 두 가지 이유 때문이라고 생각된다. 하나는 교사가 일방적으로 진행하는 수업이 아니라 학생의 적극적 활동이 들어간다는 점이고, 다른 하나는 역사는 인간의 행위를 다루는 것이므로 이런 수업방법이 역사 이해의 본질에 적합하다고 생각하기 때문이다. 전자의 관점에서 이런 방법을 역사수업에 도입하였다면, 이는 탐구법과 같이 교육학 일반의 원리를 선택한 것이라고 할 수 있다. 그렇지만 후자의 관점에서 도

---

19. 김한종, 〈역사인식과 역사교육의 방법〉, 《교원교육》 15, 한국교원대학교 교육연구원, 1999.

입하였다면, 탐구법과는 달리 역사적 사실이나 지식의 성격에 대한 이해를 바탕으로, 역사라는 과목에 적합한 수업방법을 택한 것이라고 할 수 있다. 사실 수업에서 학생활동에 대한 강조는 역사적 상상이나 추체험, 감정이입과 같은 말이 관심을 끌기 훨씬 이전부터 계속되었다. 특별히 추체험이나 감정이입적 이해가 필요한 수업방식에만 적용되는 것은 아니었다. 이에 비추어 보면 추체험이나 감정이입적 이해를 요구하는 수업방법의 도입은 역사가 인간의 행위를 다루는 것이라는 생각이 더 크게 작용한 것이라고 할 수 있다.

수업방법과 관련하여 다음으로 문제가 될 수 있는 것은 과연 채택한 수업방법이 얼마나 효과가 있는가 하는 것이다. 어떤 수업을 했더라도 효과가 전혀 없는 경우는 없을 것이다. 그렇다면 그 방법이 적절하였는지 여부는 들어간 노력이나 시간, 비용에 비추어 얼마나 많은 효과를 거두었는지에 따라 판단해야 한다. 그러나 누구나 동의하는 수업효과를 측정하는 방법이나 기준은 없다. 원론적으로 수업의 결과, 학생이 지금 당장 얼마나 많은 것을 배웠는지보다 장래에 얼마나 더 많이 배울 수 있는지가 수업효과를 판단하는 준거라고 주장하기도 하지만, 대부분의 수업연구는 일정 기간 동안 이루어진 수업의 결과 얼마나 목표에 도달하였는가를 측정하게 된다.[20] 학습목표의 성취 정도로 수업의 효과를 판단하는 것이다. 따라서 역사수업방법에 대한 많은 연구들도 여기에 관심을 보여 왔다. 그렇지만 실제로 그 효과를 측정하는 것은 쉽지 않다. 동일한 학생집단이 수업 전과 수업 후에 보이는 역사이해를 비교하거나, 같은 주제나 내용을 가지고 실험집단과 통제집단을 대상으로 수업을 한 다음 두 집단의

---

20. 허경철, 〈교수행동과 학습의 효율성〉, 고형일 외, 《학교학습탐구》, 교육과학사, 1988, pp.400~402.

이해를 비교하는 연구가 흔히 이루어졌지만, 그 효과가 수업방법에서 비롯된 것인지 아니면 수업에 참여한 교사나 학생 요인 때문인지 판단하기는 쉽지 않다. 또한 수업의 결과를 측정하는 평가도구의 적절성도 자주 문제가 된다. 물론 이러한 점들이 역사수업연구만의 문제는 아니다. 그렇지만 역사 이해의 경우 수학이나 과학은 물론 다른 사회과 과목보다 내용의 이해 정도를 측정하기 어려운 점이 많다.

앞서 언급한 학생의 추체험이나 감정이입 활동이 들어가는 역사수업의 경우 평가도구로 주로 사용되는 것은 학생이 만든 작품이나 쓴 글이다. 극화학습에서는 학생의 대본이나 실제 연기에서 나타나는 표현, 역사신문 제작학습이나 글쓰기 학습의 경우 학생들이 쓴 글의 내용을 통해 어느 정도, 또는 어떤 방식으로 역사를 이해하고 있는지를 평가한다. 그렇지만 이러한 평가도구를 가지고 판단할 수 있는 것은 역사이해나 역사적 사고의 구체적인 측면들이 아니라 전반적인 역사이해의 정도이다. 또한 그 수업을 다른 집단의 학생들에게 적용하였을 때 비슷한 결과가 나올 수 있을지에 대해서도 명확하지 않다. 이를 바꾸어 생각해보면, 역사이해에서 교육목표분류학이 제시하고 있는 것과 같은 구체적인 요소들을 구분하는 것은 어렵거나 별 의미가 없을 수도 있다. 실제로 다른 교사가 발표하는 수업방법에 대해 교사들은 그 수업이 얼마나 효과를 거둘 수 있는가보다 자신의 수업에 이 방법을 활용할 수 있을지 여부에 관심을 가지는 경우가 많다. 그러나 이미 행해진 수업의 사례라고 하더라도, 이를 가져와서 자신의 수업에 곧바로 적용하는 경우는 그리 많지 않다. 공개된 수업사례에 작용하는 요인과 자신의 수업에 영향을 미치는 요인들이 같지 않기 때문이다.

4. 역사교사와 역사수업

수업이론이 수업에서 일어나는 현상을 체계화하고 이론화하는 데 관심을 쏟아야 한다고 할 때, 실제로 관심을 가질만한 역사수업에 영향을 미치는 요인들은 무엇일까? 일반적으로 수업효과에 영향을 주는 요인으로는 교사특성, 학생을 포함하는 수업상황, 수업과정, 수업의 결과 등이 포괄적으로 지적된다.[21] 물론 각각의 요인들은 수업에 독립적이 아니라 상호작용을 통해 영향을 미친다. 이들 요인 중 수업효과를 계량적으로 평가하려는 연구에서 주목한 것은 상황요인이었다. 특히 학습자의 특성은 수업에서 일차적으로 고려해야 할 요인으로 중시되었다. 그러나 근래에는 교사요인에 대한 관심이 높아지고 있다.

교사는 '수업을 하고', 학생은 '수업을 받는다'는 말에서 풍기는 뉘앙스와 같이, 교사는 언제나 수업의 중심이었다. 교사가 하는 일이 가르치는 일이고, 가르친다는 것은 곧 수업의 효과를 기대하는 행위라는 점에서 수업효과와 교사효과를 동의어로 사용해도 무리가 없을 것이라는 견해[22]도 수업에서 교사의 중요성을 인식한 것이라고 하겠다. 그렇지만 그동안 교사요인에 대한 관심이 상대적으로 적었던 것은 다음의 두 가지 이유 때문이라고 생각된다. 첫째는 한국의 경우 교사는 국가교육과정과 그에 따라 만들어진 교과서대로 수업을 한다는 인식 때문이다. 교사는 수업을 만드는 창조자라기보다는 이미 나와 있는 수업내용을 전달하는 전달자 역할에 지나지 않는다는 것이다. 둘째는 교사가 주도하는 수업에 대한 비판 때문이다. 교

---

21. 위 글, pp.405~408.
22. 위 글, p.397.

사중심의 수업은 바람직하지 않으며 학생중심의 수업이 되어야 한다고 누누이 강조되어 왔다. 그러나 교실수업에 대한 연구가 늘어나면서 교사요인에 대한 관심이 높아지고, 교사에 대한 관점도 달라지고 있다. 교실수업에 대한 연구는 교사가 수업에서 하는 일을 구체적으로 보여주었다. 설명 위주로 단순히 역사적 사실을 전달하는 데 그치는 것처럼 보이는 수업에서도 교사는 학습효과를 높이기 위해 다양한 생각과 활동을 하는 경우가 많다. 전반적으로 보아서 교사를 지식을 전달하는 사람에서 의사결정자, 지식의 변형자로 보는 경향으로 바뀌고 있다.[23] 수업을 조직하고, 교과내용을 수업내용으로 변형하는 능동적 생산자로 교사를 보려는 것이다.

가르치는 데 영향을 미치는 교사의 특성으로는 철학적 이해, 교과내용에 대한 이해, 교실에 대한 이해 등이 지적되고 있다.[24] 철학적 이해는 교육이나 교과에 대한 교사의 관점을 뜻하며, 교과내용에 대한 이해는 교사의 학문적 지식, 교실에 대한 이해는 교실환경이나 학생에 대한 교사의 인식이라고 할 수 있다. 이러한 교사의 특성은 가르치는 데 통합적으로 영향을 미친다. 이 중 수업연구에서 가장 주목을 받아온 것은 교과내용에 대한 교사의 지식이었다. 교사의 내용지식이 수업내용과 성격을 결정하는 데 가장 중요한 요인이라고 여겨져 왔기 때문이다.

---

23. Bevery J. Armento, "Changing Conceptions of Research on Teaching in Social Studies" in James P. Shaver(ed.), *Handbook of Research on Social Studies Teaching and Learning*(New York: Macmillan Publishing Company, 1991), p.188.
24. Brent Kilbourn, "Philosophical Subject Matter and Classroom Understanding: A Case of History Teaching" in Tom Russel and Hugh Munby(eds.), *Teachers and Teaching: from Classroom to Reflection*(London: The Palmer Press, 1992), p.71.

그렇지만 교사는 자신이 가지고 있는 내용지식을 그대로 수업에 적용하지는 않는다. 교사는 자신의 내용지식을 토대로 교과내용을 수업내용으로 변형한다. 교사가 교과내용을 수업내용으로 변형하는 데는 내용지식, 교육과정에 대한 지식, 학생이나 그 밖의 수업상황에 대한 이해 등이 작용을 한다. 따라서 절대적인 것은 아니더라도 각 교과마다 교과내용을 수업내용으로 변형하는 특징적인 기법이 있다. 이러한 기법을 '교수내용지식(pedagogical content knowledge)'으로 표현하고, 역사교사가 사용하는 교수내용지식으로 유추와 감정이입이 지적되기도 하였다.[25] 교사의 전문성과 관련하여 교수내용지식에 대한 관심도 높아졌다. 교수내용지식이야말로 교사의 전문성을 입증해주는 대표적인 개념으로 여겨지기도 하였다.

그러나 교사는 수업을 하는 데 교과와 직접적으로 관련이 있는 문제뿐 아니라 그 밖의 다양한 요인들까지 고려하게 된다. 이처럼 수업에 영향을 주는 여러 요인을 고려하여 교사가 자신의 교과지식을 종합적으로 어떻게 재구성하는지 검토되었다. 이러한 교사의 지식은 '실천적 지식(teacher's practical knowledge)'이라는 개념으로 설명되었다.[26] 사회과 수업에서도 교사가 어떤 실천적 지식을 사용하는가에 대한 연구들이 이루어졌다.[27]

---

25. 양호환, 〈역사교과 교육이론의 가능성과 문제점-교수내용지식의 성격과 의미-〉, 《역사교육》 53, 1993.
26. 손민호, 〈교과내용으로서의 실천적 지식에 대한 이해와 오해〉, 《교육과정연구》 20(3), 2002; 김자영·김정효, 〈교사의 실천적 지식에 대한 이론적 탐색〉, 《한국교원교육연구》 20(2), 2003.
27. 박인옥, 〈사회과 교사의 교과서 활용 방식에 관한 질적 사례 연구〉, 《교육인류학연구》 8(2), 2005; 홍미화, 〈교사의 실천적 지식으로 읽는 초등 사회과 수업〉, 한국교원대학교대학원 박사학위논문, 2006. 2; 김혜숙, 〈고등학교 초임과 경력 지리교사의 실천적 지식 비교연구〉, 《사회과교육》 45(3), 2006.

그러나 '교수내용지식'이나 '교사의 실천적 지식'과 같은 개념을 차용하지 않더라도, 이와 같이 교과내용을 수업내용으로 변형시키는 특징적 기법은 역사교사의 설명에서 쉽게 찾아볼 수 있다. 역사적 사실에 대한 학생들의 기억을 돕기 위한 연상, 학생들의 이해를 돕거나 혼동을 막기 위한 유추나 비교, 역사 용어나 개념의 풀이를 통해 역사적 사실을 설명하는 방법 등이 흔히 찾아볼 수 있는 설명 기법이다.[28]

수업내용은 교과의 내용에 대한 지식이나, 이를 수업내용으로 변형시키는 기법과 관련된 교수내용지식, 교사의 실천적 지식뿐 아니라 교과에 대한 철학적 관점에도 영향을 받는다. 교과의 본질이 무엇이며 교과의 성격을 어떻게 보는가, 교사가 수업을 통해 학생들에게 가르치려는 아이디어나 개념, 사실들이 무엇인가, 교과내용을 학생들에게 어떻게 표현하고, 수업의 성공을 어떤 잣대로 판단하는가에 따라 수업내용은 달라진다.[29] 다만 그러한 관점이 겉으로 드러나지 않은 채 수업내용 중에 녹아들어가 있거나 체계적으로 정리되지 않은 경우가 많을 뿐이다. 물론 이와는 반대로 수업에 명확하고 일관되게 반영될 수도 있다.

실제 역사수업에 대한 분석에서도 이러한 요인들이 영향을 미치고 있음이 지적되었다. 역사수업의 전체적인 틀을 결정하는 요인은 수업을 통해 학생들에게 어떤 역사인식을 심어줄 것인지에 대한 교사의 생각인데, 이는 역사를 왜 가르치고 배우는가 하는 역사교육관

---

28. 김한종, 〈국사수업에 나타난 교사의 설명방식〉, 《사회과학교육연구》 3, 한국교원대학교 사회과학교육연구소, 1999.
29. Susan E. Sanders, "Teacher's Understanding to Subject: A Cause for Research?", in Jane Salisbury and Sara Dealmont(eds.), *Qualitative Studies in Education*(Aldershot: Avebury, 1995), p.61.

과 밀접한 관련을 가지고 있다. 그리고 교과내용이라고 할 수 있는 교과서내용을 수업내용으로 바꾸는 데는 교사의 내용지식이 크게 작용한다.[30] 그렇지만 실제 수업에서는 역사적 사실에 대한 내용지식이 역사를 보는 관점이나 역사 자료에 대한 이해와 밀접한 관련을 가진다. 이렇게 본다면 역사수업에 영향을 미치는 교사요인에서 교과에 대한 철학적 이해와 교과내용에 대한 이해를 구분하는 것은 별다른 의미가 있어 보이지는 않는다.

제7차 교육과정에 접어들면서 수업내용과 관련된 교사의 능동적 활동은 이전에 비해 두드러지게 나타나고 있다. 교과서 집필에 교사의 참여가 크게 늘어나고, 대학의 연구자가 쓴 내용을 검토하는 수준이 아니라 교과서 구성의 전체적인 틀을 짜는 모습은 이제 자연스럽다. '배움책'이라는 이름을 붙이건, 그냥 자료집이라고 하건 간에, 교사들이 자신이 만든 교재를 가지고 수업을 하는 경우도 많아지고 있다. 때로는 이러한 교재들이 교과서를 대체하기도 한다. 여기에서 알 수 있듯이 수업에 영향을 미치는 교사의 가장 두드러진 활동은 수업내용의 재구성이다.

실제 학교수업에서도 모든 교사는 수업내용을 재구성한다. 흔히 교육과정이 구체적인 교육내용을 규정하고 있기 때문에, 학교 수업의 내용도 사실상 교육과정에 의해 결정된다고 말한다. 더구나 교육과정을 더욱 구체화한 교과서의 내용은 학교수업에 더 직접적이고 절대적인 영향을 미친다. 그렇지만 교과서 내용도 수업과정에서 교사들에 의해 재구성된다. '재구성'이라는 말을 의식하건 하지 않건 간에, 교사들은 자기 나름으로 수업내용을 재구성한다. 설사 교과서

---

30. 김한종, 〈역사교사의 인지적 특성이 역사수업에 미치는 영향〉, 김한종 외, 《역사교육과 역사인식》, 책과함께, 2005.

내용을 충실하게 학생들에게 전달하는 교사라고 하더라도 어느 정도 재구성을 한다. 중요하다고 강조하는 부분이 다르다든지, 학생들의 이해를 돕기 위해 덧붙이는 말이나 사용하는 예시에서 차이가 있을 수도 있다.[31] 2007년 2월 개정 고시된 교육과정에서는 대단원과 중단원을 분류하고 중단원에 들어갈 내용을 일일이 제시하던 이제까지 교육과정과는 달리, 대단원과 거기에 들어갈 내용의 개요만을 포괄적으로 진술하고 있어서 교육과정에 제시되어 있는 내용의 재구성 폭이 더 확대될 전망이다. 이러한 재구성은 일차적으로 교과서 집필자들의 몫이겠지만, 검정교과서의 확대와 더불어 교육과정 내용의 대강화는 실제 수업에서 내용을 재구성하는 교사의 역할을 강화할 것이다.

물론 엄밀히 따지면 교사가 수업내용을 재구성하는 것이 근래에 나타난 현상은 아니다. 수업내용의 토대가 되는 것은 각 교과의 내용이다. 그러나 수업내용은 국가교육과정의 단계, 교과서의 단계, 그리고 교실수업의 단계를 거쳐 결정된다. 실제 수업내용이 교실수업의 단계에서 이루어지는 것이라고 할 때, 정도의 차이는 있지만 교사는 언제나 수업내용을 재구성해왔던 것이다. 따라서 역사교사의 수업내용 재구성의 방식도 역사수업과 관련하여 검토해야 할 중요한 현상이다.

---

31. 김한종, 〈사회과 수업내용 재구성의 원리〉, 《사회과학교육연구》 6, 한국교원대학교 사회과학교육연구소, 2003, 2.

5. 맺음말

이 글에서는 역사수업 이론이나 실천과 관련된 몇 가지 문제들을 살펴보았다. 역사수업의 문제점이나 역사를 가르치는 데 이용되는 교수방법을 검토한 것이 아니라 실제로 수업을 조직하고 실천해가는 과정에서 나타나는 현상과 문제들을 생각해 보았다. 특히 이 과정에서 교사가 하는 역할에 관심을 두었다. 그것은 역사수업 이론에 대한 원론적인 논의들이 실제 수업에 별다른 도움이 되지 못할 것이라는 생각 때문이었다. 물론 이 글의 논의 자체도 명확한 이론적 근거를 토대로 하거나 직접 수업에 적용할 수 있는 것이 아니라 하나의 시론적 성격을 띤 것이라고 할 수 있다.

많은 역사교육연구들은 실제의 수업현장과는 거리가 있는 '연구를 위한 연구'에 머물고, '연구를 위한 이론'을 제시하는 데 그쳤다는 비판을 받아 왔다. 이러한 문제점을 극복하기 위해 이론을 어떻게 수업현장에 실천적으로 적용할 것인가에 관심을 가지는 연구들이 꾸준히 전개되었다. 그 결과 어느 정도 성과를 거두기도 했지만, 비판을 근본적으로 극복하지는 못하였다. 이론과 현장이 겉돌고 있다는 비판도 여전히 계속되고 있다. 어쩌면 이러한 문제점은 이론연구가 가지고 있는 본질적인 성격에서 비롯되는 불가피한 것일지도 모른다. 대부분의 이론연구는 수업현장에 적용할 수 있는 실천적 원리를 제공하지 못한다. 따라서 역사수업연구의 성격이나 방향 자체에 대한 관점을 달리할 필요가 있다. 이론을 수업현장에 적용하는 것이 아니라 수업현장에서 나타나는 현상들을 이론적으로 체계화하는 것은 하나의 방향이다. 그것이 역사적 사실을 내용으로 하는 응용학문이면서 실천을 염두에 두고 연구를 해야 하는 역사교육이 학문적으로 성립할 수 있는 하나의 근거가 될 것이다.

2부

역사수업의 원리

4장
역사인식과 역사수업의 방법

1. 머리말

그동안 교과교육과 관련하여 '교과교육이란 무엇인가', '교과를 왜 가르치는가', '어떻게 하면 잘 가르칠 수 있는가' 등에 관한 다양한 논의가 이루어져 왔다. 이 중 가장 많은 관심을 끌어온 것은 교수이론일 것이다. 그것은 교과교육이 교과를 가르치는 현장에 직접적인 도움을 줄 수 있는 실천적 학문이라는 인식 때문이다. 이러한 인식은 교과교육의 본질적 성격을 어느 정도 반영하는 것이기도 하다. 역사교육 연구에서도 역사를 가르치는 방법이 주된 관심대상이었으며, 역사교사들의 다양한 수업사례들이 발표되어 왔다.[1] 역사적 사실이나 일반적인 교수원리가 아니라 역사를 가르치는 데 필요한 지식이라는 측면에서 교과교육이론의 가능성이 모색되기도 하였다.[2] 그

---

1. 전국역사교사모임(편), 《우리 역사를 어떻게 가르칠까》 (상)·(하), 푸른나무, 1995; 전국역사교사모임(편), 《우리 아이들에게 역사를 어떻게 가르칠 것인가》, 휴머니스트, 2002.

러나 아직까지 역사교수이론의 틀이 세워지거나 방향이 체계적으로 제시되고 있지 못한 실정이다. 이는 역사교육의 개념이나 이론적 바탕, 방법론 등이 정립되지 못한 역사교육 연구의 현실을 말해준다.

역사교수이론은 '왜'라는 목적, '무엇을'이라는 내용, '어떻게'라는 방법과 관련이 있다. 이 중에서도 역사교육은 '무엇을', 즉 역사적 사실을 매개로 하여 이루어진다. 역사적 사실에 대한 지식을 통해 역사교육의 목적에 도달하려고 하며, 역사적 사실을 어떻게 가르칠 것인지 고민해야 한다. 역사교육의 궁극적 목적이 무엇이건 간에 역사수업은 교수·학습활동을 통하여 역사적 사실을 알게 하는 것이라고 할 수 있다. 그런데 역사수업의 내용이 역사적 사실과 동일하지는 않다. 통상적인 수업에 역사적 사실을 제공하는 교과서의 내용은 역사적 사실을 토대로 재구성한 것이다. 역사교과서의 내용은 교육과정과 같은 제도적 장치에 의해 규제되고, 사회의 분위기에 영향을 받기도 하며, 집필자의 역사인식에 의해 달라지기도 한다. 역사수업의 내용도 교과서에 크게 의존하지만, 교과서 내용 자체는 아니다. 교사는 수업시간에 다루는 역사적 사실에 대한 자신의 인식에 따라 교과서 내용을 변형하거나 보충하여 학생들에게 수업내용을 제시하기도 한다. 결국 역사수업의 내용은 역사적 사실에 교과서 집필자나 교사의 역사인식이 개재되어 만들어지는 것이다. 따라서 엄밀한 의미에서 말하면 역사교육의 목적은 역사적 사실이 아니라 역사수업의 내용을 통해 이루어지는 것이다.

이 글에서는 역사교육의 기초라고 할 수 있는 역사인식의 성격에 대한 이론적 검토를 통해서 역사수업이론의 가능성과 방법을 모색

---

2. 양호환, 〈역사교과 교육이론의 가능성과 문제점〉, 《역사교육》 53, 1993, pp.1~25.

하고자 한다. 역사수업의 준비부터 시행까지 과정에 비추어 볼 때, 수업내용을 재구성하는 데 작용하는 것은 교사의 역사인식이다. 교사는 교과서가 아니라 교육과정을 가르쳐야 한다고 주장하지만, 실제 역사수업에서 교사들이 내용구성의 기준으로 삼는 것은 교과서이다. 집필자의 역사인식이 개재되는 교과서 내용은 실제 수업 이전에 이미 결정된다. 교사는 자신의 역사인식을 토대로 교과내용을 재구성하여 수업내용을 만든다. 따라서 이 글에서 주로 논의의 대상으로 삼는 것은 실제 수업과정에 작용하는 교사의 역사인식이다.

2. 역사인식의 의미

수업내용, 교재, 교수·학습활동은 수업의 성격과 효율성을 결정하는 중요한 구성요소이다. 수업내용은 교수·학습활동의 소재이며, 교수·학습활동은 수업내용이 다루어지는 방식이다. 교재는 수업내용을 담은 그릇이나 전달하는 도구의 역할을 한다. 학생들은 학습활동을 통해 교재에 담겨져 있거나, 교사가 전달하는 수업내용을 학습한다. 역사수업에서 학생들이 학습하는 것은 역사적 사실이다. 역사수업에서 역사를 학습한다는 말에는 다음과 같은 의미가 담겨 있다.[3]

(ㄱ) 역사적 사실에 관한 지식을 획득한다.
(ㄴ) 과거 사건이나 시대, 사람들을 이해하거나 파악한다.

---

3. Brian Garvey and Mary Krug, *Models of History Teaching*(Oxford: Oxford University Press, 1977), p.2.

(ㄷ) 역사적 서술을 평가하고 비판할 능력을 획득한다.

(ㄹ) 역사적 탐구의 기술을 배운다.

(ㅁ) 역사서술의 기법을 배운다.

여기에서 (ㄱ)과 (ㄴ)은 역사적 사실에 관한 지식과 이해, (ㄷ), (ㄹ), (ㅁ)은 역사적 능력이나 기능에 관한 것이다. 역사적 지식과 이해는 물론 역사적 사실에 관한 것이고, 역사적 기능이나 능력 또한 역사적 사실을 통해서 길러지는 것이다. 교재도 마찬가지다. 역사수업에서 어떤 교재를 사용할 것인가는 학생들에게 알려 주려는 역사적 사실이 무엇인가와 밀접한 관련을 가지게 된다. 예컨대 국경이나 영토가 시기에 따라 어떻게 변하였는지를 다루려는 교사는 역사지도를 사용할 것이다.[4] 조선 세종 때 우리나라의 국경에 대해 가르치는 교사는 신라 말, 고려 초, 고려 성종, 고려 말, 조선 세종 때의 국경을 함께 표시한 지도를 흔히 사용한다. 이런 점에서 역사인식은 역사수업의 구성요소를 연결하는 끈의 역할을 한다고 할 수 있다.

그러나 역사인식의 의미는 그리 간단하지 않다. 일반적으로 인식이라는 말은 지식이나 앎을 뜻한다. 세상의 현상에 대해 알려고 하는 노력이나 그 결과로 얻어진 지식이 인식이다.[5] 역사인식의 문제를 다루려면 '역사란 무엇인가?', '역사적 사실은 객관적인가, 주관

---

4. Incorporated Association of Assistant Matters in Secondary Schools(issue), *The Teaching of History in the Schools*(4th edn.)(Cambridge: Cambridge University Press, 1975), p.55. 이 글에서는 역사학습에서 학생들에게 지도를 베끼게 하는 것도 교사가 적절하다고 판단하여 선택한 교재의 내용을 이해하는 데 도움이 된다는 점에서 의미가 있다고 말하고 있다.

5. W. V. 콰인 · J. S. 울리안, 〈인식개념 변화의 한 이해〉, 《인식론》(정대현 역), 종로서적, 1984, p.131.

적인가?' 와 같은 역사적 사실의 성격, '역사지식의 바탕이 되는 것은 무엇인가?', '역사지식은 어떤 과정을 통해 획득되는가?', '역사지식을 가졌다는 것은 무엇으로 입증할 수 있는가?', '역사를 인식한다는 것이 사회적으로 어떤 역할을 하는가?' 와 같은 지식획득의 조건이나 절차, '역사적 사실을 어떻게 전달할 수 있는가?', '역사적 설명의 방법은 무엇인가?', '역사적 설명과 이해는 어떻게 다른가?' 와 같은 설명과 이해 등 복잡한 문제들을 논해야 한다. 여기에서 이런 문제들을 일일이 논의하기는 어려우므로, 수업내용에 개재되는 역사인식의 문제에 초점을 맞추기 위해 역사인식을 '역사를 안다' 는 말로 단순화시켜 보기로 하자. 교사가 재구성하는 역사수업의 내용은 수업의 결과 학생들이 알았으면 하는 역사적 사실이기 때문이다.

역사인식을 '역사를 안다' 는 말로 단순화시켜도 그 개념을 규정하기는 쉽지 않다. 교육철학에서는 '어떤 것을 안다' 는 의미를 다음과 같이 설명한다. 아래와 같은 조건이 만족되었을 때 A라는 사람은 명제 P를 안다고 주장할 수 있다고 한다.[6]

① A는 P를 믿는다.
② A는 P를 믿을 만한 훌륭한 근거를 가지고 있다.
③ P는 실제로 일어난 사례이다.

이러한 조건을 역사인식에 적용하였을 때, 만약 어떤 사람이 다음과 같은 조건을 충족시킨다면, 그는 미국의 남북전쟁에서 북부가 남

---

6. Israel Scheffler, *Conditions of Knowledge: An Introduction to Epistemology and Education*(Chicago: University of Chicago Press, 1965), p.65.

부에 이겼다는 것을 안다고 말할 것이다.⁷

① 그는 북부가 이겼다는 것을 믿는다.
② 그는 전쟁을 공부하는 데 대학생활의 모든 학기를 소모하였다.
③ 남북전쟁에서 북부는 실제로 이겼다.

그러나 실제로 많은 역사적 사실에 대한 인식에는 이러한 기준이 그대로 적용되지는 않는다. 그것은 역사교육에서 다루는 역사적 사실이 '남북전쟁에서 북부가 이겼다'는 것과 같이 명백한 것만은 아니기 때문이다. 역사적 사실은 남아 있는 과거의 흔적을 바탕으로 재구성된 것이다. 그것은 수학이나 과학적 지식과 같이 논리나 실험으로 확인할 수 있는 것이 아니라, 역사적 자료에 대하여 역사학자가 분석과 해석을 한 결과이다. 따라서 역사적 사실은 정확하고 의심할 여지가 없는 참 진술만으로 구성되지는 않는다. 많은 역사적 사실에는 역사가의 상상이 개재되기도 한다.⁸ 이런 점에서 역사인식에는 다양한 의미가 내포되기 마련이다. '역사를 안다'고 했을 때, 우리가 떠올릴 수 있는 대답에는 여러 가지가 있다. 묘청의 난과 관련된 역사적 사실의 예를 통해 역사인식의 의미에 대해 생각해 보기로 하자.

(ㄱ) 고려의 중심 지배층은 문벌귀족이었다.
(ㄴ) 고려 인종 때 이자겸의 난이 일어났다.

---

7. Michael Stanford, *A Companion to the Study of History*(Oxford: Blackwell, 1994), p.110.
8. Ibid., pp.129~131.

(ㄷ) 김부식과 정지상은 정치적 대립관계에 있었다.
(ㄹ) 고려사회에는 풍수지리설이 널리 퍼져 있었다.
(ㅁ) 묘청은 칭제건원(稱帝建元)과 금국정벌론을 내세웠다.
(ㅂ) 묘청은 서경에서 봉기하여 대위국(大爲國)이라는 나라를 세우고, 연호를 천개(天開)라고 하였으며, 군대를 천견충의군(天遣忠義軍)이라고 불렀다.
(ㅅ) 김부식 등 문벌귀족은 묘청의 난을 진압하였다.
(ㅇ) 묘청의 난 이후 고려사회는 문벌귀족 중심체제가 더욱 강화되었다.
(ㅈ) 1170년 정중부, 이의방, 이고 등의 무신들은 정변을 일으켜 문신을 죽이고 정권을 장악하였다.
(ㅊ) 신채호는 묘청의 난을 '조선 일천년래 제일대사건(朝鮮 一千年來 第一大事件)'이라고 평가하였다.

첫째, 우리는 (ㄱ)~(ㅊ) 각각의 사실을 기억하고 있을 때, '역사를 안다'고 한다. 고려의 지배층은 문벌귀족이고, 조선의 지배층은 양반이라는 것, 고려 인종 때 왕위를 차지하기 위해 난을 일으킨 사람은 이자겸이라는 것을 아는 것은 하나의 역사인식이다. 이 경우 역사인식이란 실제로 일어났던 역사적 사실을 기억하고 있다는 의미가 될 것이다. 이러한 역사인식은 누구에게나 동일한 보편적 지식의 성격을 띤다. 그러나 반드시 절대적 객관성을 가지고 있는 것은 아니다. 예컨대 '이자겸이 난을 일으켰다'는 것은 기록에 나오는 역사적 사실이지만, 고려의 지배층이 문벌귀족이라는 것은 역사가의 연구 결과로 만들어진 역사적 지식이다. 이와 같은 역사적 지식은 역사가의 동의에 의해 성립되며, 역사가의 해석과 역사적 관점이 개재되어 있다.

둘째, ㈀~㈑의 역사적 사실을 인과적으로 이해할 수도 있다. ㈀~㈁의 사실들을 ㈂의 원인으로 이해한다든지, ㈆의 결과로 ㈇과 같은 현상이 나타났다든지, ㈇의 결과로 심화된 사회모순이 ㈈과 같은 사건을 불러 일으켰다는 것이다. 역사적 인과관계는 역사적 사실일 수도 있고, 후대의 사람들, 특히 역사가들이 해석한 것일 수도 있다. 묘청이 칭제건원론과 금국정벌론을 내세워 난을 일으켰다면 두 사실 간의 인과관계는 실제로 있었던 역사적 사실이라고 할 수 있다. 그러나 문벌귀족사회의 모순이 묘청의 난을 일어나게 했다고 하는 것은 역사가들이 만들어 낸 인과관계이다. 역사가들은 자신이 부여한 인과관계가 실제의 역사적 사실이라고 강조하고, 이를 입증하기 위해 노력할 것이다. 이 경우 '역사를 안다'는 것은 역사적 사건들 간의 관계를 파악하는 것이다.

셋째, 우리는 자료에 나타난 역사적 사실이라고 하더라도 반드시 그대로 믿는 것은 아니다. ㈁의 사실을 보고 어떤 사람은 묘청이 실제로 금나라를 정벌하고 중국과 대등한 황제를 칭할 생각이 있었던 것이 아니라, 반란의 구실을 찾기 위한 것이라고 생각할 수도 있다. ㈃의 사실을 들어 김부식은 학문적으로 정지상에게 라이벌 의식을 느끼고 있었으며, 그것이 묘청의 난을 혹독하게 진압한 이유라고 생각하기도 한다. 이와 같은 의미에서 '역사를 안다'는 것은 역사적 행위를 한 인간의 내면을 이해하는 것이다. 역사는 인간의 행위로 이루어지며, 그 행위의 동기나 이유를 이해하는 것이 곧 역사를 아는 것이 된다. 이런 의미의 역사는 첫째나 둘째 의미의 역사만큼 객관적이지 못하다. 비록 그것이 알려진 역사적 사실이나, 당시의 사회적 맥락을 토대로 한 이해라고 할지라도 그것을 입증하는 것은 위의 첫째 의미의 역사는 물론, 둘째 의미의 역사에 비해서도 매우 어렵다.

넷째, 어떤 두 사람이 다같이 셋째 의미의 역사에 대해 '묘청은 실제로 그렇게 할 생각이 있었던 것이 아니라, 난을 일으킬 명분을 축적하기 위해서 칭제건원과 금국정벌론을 내세웠다' 는 견해를 받아들인다고 하더라도 그들이 아는 역사가 반드시 같은 것이라고 할 수는 없다. 둘 중의 한 사람은 '설사 그렇다고 하더라도 묘청의 난은 긍정적인 것이었다. 묘청은 당시로서는 자주적이고 진보적인 사람이었으며, 묘청의 난은 보수세력에 맞선 개혁세력의 저항이었다' 고 생각하고, 다른 한 사람은 '묘청은 권력에 대한 욕심에 물든 사람이었다. 그는 반란세력을 강화하기 위해 민심을 현혹하였으며, 나라를 어지럽혔다' 고 생각할 수도 있다. 이와 같은 의미로 '역사를 아는' 것은 역사적 평가를 토대로 한다. 역사적 평가는 자신이 기존에 알고 있는 ㈀~㈎의 역사적 사실은 물론, 관련된 다른 지식, 자신의 역사관이나 사회관, 가치관 등이 종합되어 나타날 것이다. 이 경우에도 사람들은 '자신이 아는 역사' 가 타당하다고 주장하고, 이를 입증하거나 다른 사람에게 자신의 생각을 설득시키기 위해 노력할 것이다. 그러나 앞의 세 가지 의미의 역사에 비해 넷째 의미의 역사에서는 상대적으로 객관적 증거를 강조하지 않는다. 심지어 어떤 사람이 자신과는 다르게 역사를 안다고 하더라도 그것은 어쩔 수 없다는 태도를 보이기도 한다.

3. 역사인식에 따른 역사수업의 유형

2장에서 '역사를 안다' 고 하였을 때 역사의 의미를 네 가지로 제시하였다. 역사수업이 학생들로 하여금 역사를 알게 하는 것이라고 하였을 때, 그 역사가 이 네 가지 의미의 역사 중 어떤 것인가에 따라서 역사수업의 방식은 달라질 것이다. 그것은 수업에서 다루는 역사적 사실의 내용, 교사가 그 사실을 통해 길러주고자 하는 학생들의 역사의식이나 역사적 사고력, 학생들의 역사적 지식, 수업활동 등은 역사인식에 커다란 영향을 받기 때문이다.

첫째 의미의 역사인식은 주로 학생들의 기억을 통하여 나타난다. 이런 의미의 역사를 아는 데는 그 밖의 별다른 사고활동을 필요로 하지는 않는다. 이러한 역사적 지식을 습득하게 하기 위한 수업은 흔히 교사의 설명으로 진행된다. 교사는 자신의 설명이나 간단한 문답을 통해 역사적 사실을 전달한다. 그러나 교사는 학생들의 기억을 돕기 위해 일정한 설명기법을 사용하기도 한다. 비교나 유추, 연상 등은 학생들의 기억을 돕기 위해 교사들이 사용하는 설명 방식이다.[9]

둘째부터 넷째 의미의 역사를 알기 위해서는 상당한 사고활동이 필요하다. 그런데 넷째 의미의 역사에 대한 인식은 둘째와 셋째 의미의 역사에 대한 인식의 토대 위에 가치관이나 사회관과 같은 다른 분야에도 공통적으로 적용될 수 있는 일반적인 관점과 자신의 개인적 환경이 결합되어 나타난다. 따라서 역사적 사고가 역사를 인식하는 역사학의 특징적인 방식이라고 하였을 때, '역사를 아는 방식'은 주로 둘째와 셋째 의미의 역사인식에 관한 것이라고 할 수 있다.

둘째 의미의 역사가 실제의 역사적 사실이건, 역사가에 의해 부여된 사실이건 간에, 그것을 알아 가는 데는 논리적이거나 합리적인 탐구 과정이 포함된다. 둘째 의미의 '역사를 아는' 사람은 자신이

---

9. 김한종, 〈국사수업에 나타난 교사의 설명방식〉,《사회과학교육연구》3, 한국교원대학교 사회과학교육연구소, 1999, pp. 65~68.

알고 있는 역사가 객관적인 사실이며, 자신이 과학적인 역사인식을 하고 있다고 생각한다. 어떤 교사가 "문벌귀족사회의 모순으로 인해 묘청의 난이 일어났다"고 학생들에게 설명한다고 하자. 이러한 사실을 무조건 학생들에게 외우게 하려는 것이 아니라면, 이 교사는 문벌귀족사회의 성립부터 무신정변 발생까지 주요 사건들을 분석하여 이를 인과관계로 연결시킬 가능성이 높다. 그리고 자신의 분석이 옳다는 것을 입증하기 위해 학생들의 일반적, 상식적 판단에 의존하기도 하고, 여러 가지 관련 자료를 제시하기도 하고, 신라 말이나 조선 후기와 같이 지배층 사이의 갈등이 정변을 발생시킨 다른 예를 들기도 한다. 그리고 신라 말이나 조선 후기의 사례의 경우에도 다시 이러한 분석의 과정을 되풀이할 것이다. 이러한 과정을 종합하여 '지배층의 모순→정변의 되풀이→정치적 혼란→민중생활의 어려움→민란의 발생'과 같은 일반화된 역사 변화의 도식을 만들어 낼지도 모른다. 여기에서 필요한 역사적 사고력은 역사적 사실들 간의 관계를 분석하고, 그것을 입증하려는 일종의 과학적 사고 능력이다.

역사적 사실들 간의 인과관계는 교사의 설명을 통해 학습되기도 한다. 흔히 전쟁을 다루는 역사수업에서, 교사들은 '배경(원인이나 발단) → 전개 → 결과나 영향'의 순으로 설명을 한다. 전 단계가 다음 단계의 원인이 되며, 다음 단계는 전 단계의 결과인 인과관계적 설명이다. 학생들은 이러한 설명을 통해 역사적 사건들 간의 인과관계를 파악할 수 있다.

이와 같은 분석적, 비판적 사고방식에 의존하는 대표적인 수업의 형태는 탐구수업이다. 탐구수업은 모형에 따라 다르지만 대체로, '문제의 인지→ 가설의 설정 → 자료의 수집 → 가설의 검증 → 일반화'의 과정을 거친다. 역사수업에서 탐구 자료로 이용되는 것은 주로 1, 2차사료이다. 학생들은 사료를 토대로 한 학습을 통해서 역사학자들이 역사연구에 사용하는 역사적 사고방식을 경험할 수 있다는 것이다.[10] 역사연구의 기초이면서 역사수업에서 가장 널리 활용하는 자료는 사료이므로, 역사탐구수업은 사료학습의 형태를 띠는 것이 보통이다.

그러나 실제 역사수업에서 가설을 세우고 이를 검증해서 결론을 내린 다음, 일반화하는 탐구모형을 그대로 적용하기는 어렵다. 별도로 가설을 세우는 절차 없이 자료의 분석과 해석을 통해 역사적 사실의 인과관계를 밝힌다든지, 주제나 개념의 속성을 분석하는 역사수업도 흔히 볼 수 있다. 따라서 두 번째 의미의 역사를 알게 하기 위해서는 자료를 분석하거나 해석해서 역사적 사실들 간의 관계를 파악한다는 넓은 의미의 '탐구' 개념을 적용한 탐구식 수업이 유용할 수 있다.

셋째 의미의 역사를 아는 과정에 필요한 사고 방식은 이와는 다르다. 셋째 의미의 역사인식도 실제로 일어난 역사적 사실을 토대로 하고, 그것은 역사적 자료를 통해 알 수 있다. 하지만 역사적 자료에 외형적으로 나타난 사실이나 당시의 사회 상황에 대한 지식만으로 역사적 행위의 이유를 파악할 수는 없다.

역사적 인물들이 왜 그런 행위를 하였는가를 알 수 있는 가장 좋은 방법은 그 인물이 되는 것, 즉 체험을 하는 것이다. 만약 실제 역

---

10. Chris Husbands, *What is History Teaching*(Buckingham: Open University Press, 1996), pp.16~18. 이에 대해 포스트모던적 역사에서는 학생들과 역사학자들이 사료를 통해 역사 지식을 구성해가는 사회적 맥락이 다르기 때문에, 학생들의 경험은 역사학자들의 경험과 같을 수 없다는 비판도 나오고 있다(Ibid., p. 132). 그러나 이 문제는 이 글의 주제와는 거리가 있으므로, 여기에서는 논하지 않기로 한다.

사적 상황 속으로 들어가 과거 인물이 되어 행동을 할 수 있다면, 그 것이 바로 역사이고 또 학생 자신의 삶이 될 것이다. 그렇지만 이는 원천적으로 불가능하다. 과거 어느 때인가 일어났던 역사적 상황은 다시 반복되지 않는다. 그리고 학생들이 역사적 인물이 될 수는 없 으며, 역사적 상황을 되풀이할 수도 없다. 어쩔 수 없이 학습의 대상 이 되는 역사적 사실이 일어났던 것과 비슷한 상황을 인위적으로 설 정해 놓고 과거 인물의 입장이 되어서 어떤 행동을 하거나 또는 역 사적 인물이 왜 그런 행동을 하였을까를 추측해 보는 수밖에 없다. 이를 엄밀히 구분한다면 역사적 인물이 되어서 어떤 행동을 해본다 면 추체험, 역사적 인물이 왜 그런 행동을 하였을까를 추측해 본다 면 감정이입적 이해가 될 것이다. 즉 추체험은 자신이 역사적 행위 자가 되어 역사적 사건이나 현상을 체험함으로써 역사적 사실을 이 해하는 것이며, 감정이입적 이해는 과거 행위자의 입장에서 역사적 사실을 생각해봄으로써 역사적 사실을 이해하는 것이다. 그런 의미 에서 구태여 개념상으로 구분한다면 추체험이 당사자의 입장에서 역사적 행위를 이해하는 것이라면, 감정이입적 이해는 삼자적 입장 에서 역사적 행위를 이해하는 것이라고 할 수 있다. 그러나 역사이 해 방식으로 추체험과 감정이입적 이해는 역사적 행위를 재연한다 는 의미에서 본질적으로 비슷한 성격을 가졌으며, 추체험이라고 하 더라도 실제로 역사적 행위자가 되는 것은 아니므로 추체험과 감정 이입적 이해를 명확히 구분하기 어렵거나 구분할 필요가 없는 경우 가 많다.

추체험이나 감정이입적 이해를 위해서는 상상이 필요하다. 즉, 추 체험이나 감정이입에 의한 역사이해는 상상적 이해의 한 종류라고 할 수 있다. 상상에 의존한다는 점에서 추체험이나 감정이입적 이해는 자연과학이나 일반적인 사회과학에서 사실을 이해하는 사고방식과는 다르다. 그러나 역사적 상상은 당시 상황에 대한 맥락적 지식과 자료에 나타나 있는 역사적 사실을 바탕으로 한다는 점에서 막연히 상상을 하는 사람의 정서나 주관적인 생각에 의존하는 다른 분야의 상상과도 다르다.

추체험이나 감정이입이 포함되는 대표적인 수업방식으로는 연기나 글쓰기를 생각할 수 있다. 일반적으로 연기활동에는 추체험이 많이 표현되며, 글쓰기에는 감정이입적 이해가 많이 들어가지만, 이 또한 양자를 엄격히 구분할 수 있는 문제는 아니다.

연기활동이 들어가는 역사수업의 방식으로는 극화학습이나 역할극, 시뮬레이션 게임이 있으며, 글쓰기 방식으로는 역사일기, 상소문이나 책문과 같은 논술, 선언문이나 규약문 등을 들 수 있다. 그 밖에 역사신문 만들기, 역사 모형 만들기와 같은 제작학습도 생각할 수 있다.[11]

넷째 의미의 역사인식은 가치판단을 전제로 한다. 학생들로 하여금 이런 의미의 역사를 알게 하려는 교사는 토론식 수업을 떠올릴 것이다. 교사가 역사수업을 통해서 어떤 역사적 사실에 가치판단을 부여하는 것이 바람직한가에 대해서는 논란이 있을 수 있다. 이는 학생들로 하여금 역사적 사실을 하나의 관점에서만 보게 할 우려도 있다. 그렇지만 실제 역사수업에서는 역사적 사실에 대한 교사의 가치판단이 들어가는 경우가 많다. 신채호가 묘청의 난을 가리켜

---

11. 김한종, 〈역사교육에서 내용의 조직과 학습방법〉, 전국역사교사모임(편), 《살아 있는 삶을 위한 역사교육》 2, 푸른나무, 1991, p.232; Christopher Portal, "Empathy as an Objective for History Teaching", in Christopher Portal(ed.), *The History Curriculum for Teachers*(London: The Palmer Press), pp.94~97.

'朝鮮一千年來 第一大事件'이라고 불렀다는 사실을 학생들에게 전달하는 교사는 묘청의 난에 대해 어느 정도 긍정적인 평가를 하고 있을 것이다. 반면, 묘청의 난을 부정적으로 평가하는 교사는 신채호가 그런 평가를 하였다는 사실을 알고 있더라도 학생들에게 구태여 전달할 필요를 느끼지 않을 것이다. 따라서 역사수업에서 역사적 사실에 대해 평가를 하는 것이 바람직한가 아닌가 하는 논란보다는, 학생들로 하여금 자신의 관점과 기준에서 역사적 사실에 대해 평가해보게 하는 과정 자체가 더 의미있다.

토론식 수업에는 논쟁형과 토의형(모의실험형)이 있다. 논쟁형 토론수업으로는 논쟁문제 학습법, 디베이트법 등이 있고, 토의형 토론수업으로는 역할극, 의사결정형 토론학습 등을 들 수 있다.

4. 역사수업과 역사이해의 과정

역사수업이 교수·학습활동을 통해 학생들로 하여금 역사를 인식시키는 것이라고 할 때, 수업의 내용은 곧 역사적 사실이다. 그러나 역사적 사실이 그대로 학생의 역사인식 속에 담겨지는 것은 아니다. 역사적 사실은 수업의 목적이나 수업환경에 따라 수업내용으로 변형된다. 수업내용은 또한 수업과정과 학생의 역사 이해과정에서 변형되어 학생들의 역사인식이 된다. 따라서 '실제의 역사적 사실'이 '학생들이 인식하는 역사'로 바뀌는 과정이 역사수업의 과정이라고 할 수 있다. 이러한 역사수업 과정을 도식화하면 〈그림 1〉과 같다.

앞에서 언급한 '묘청의 난'을 예로 이 과정을 설명해 보자. 묘청의

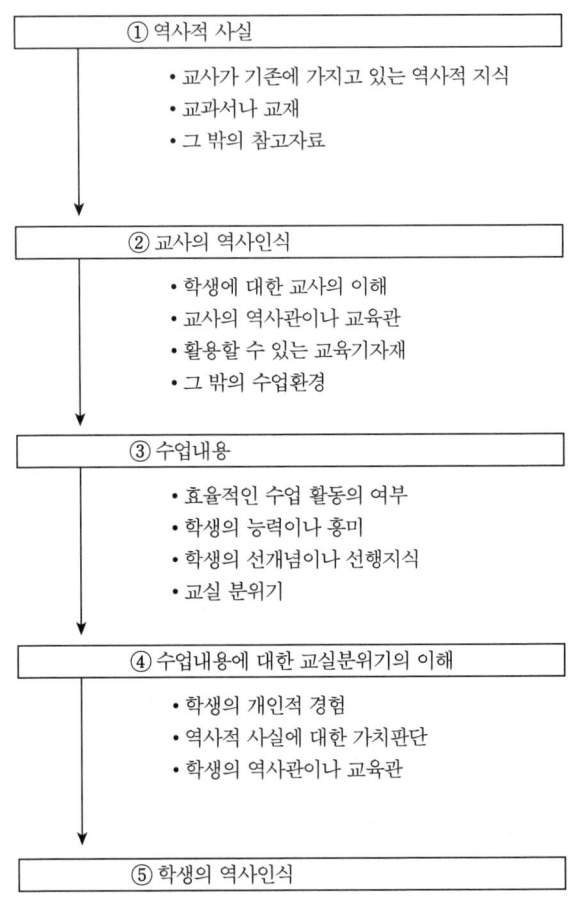

〈그림 1〉 역사수업의 과정

난과 관련된 많은 '역사적 사실들(①)'이 있다. 이 역사적 사실들은 사료에 나오는 것일 수도 있고, 역사가들이 밝혀낸 사실일 수도 있다. 묘청의 난에 대하여 수업을 하려는 교사는 자기 나름대로 관련된 사실을 이해하고 있을 것이다. 묘청의 난에 대한 교사의 지식은 기존에 알고 있던 역사적 지식에 교과서나 그 밖의 교재에 나오는 내용, 그리고 필요하다면 다른 참고자료를 조사하여 알게 된 내용이 추가된 것이다. 여기에다가 교사는 자신의 역사관이나 가치관, 역사적 판단 등을 가미하여 묘청의 난을 인식할 것이다. 이것이 '교사의 역사인식(②)'이다. 여기에서 교사는 묘청의 난과 관련된 모든 역사적 사실을 이해하는 것은 아니며, 또 그럴 필요도 없다. 다음으로 교사는 수업에서 어떤 내용을 학생들에게 전달할 것인가를 생각하게 될 것이다. 자신이 알고 있는 묘청의 난에 대한 모든 역사적 지식을 전달하려고 하지는 않는다. 어떤 역사적 사실을 수업내용으로 선택할 것인가를 판단하는 데는 교사가 파악하고 있는 학생의 흥미나 능력, 교사의 역사교육관, 활용할 수 있는 수업기자재나 그 밖의 환경 등이 고려될 것이다. 그러나 선택된 역사적 사실이 원래 형태 그대로 수업내용으로 사용되는 것은 아니다. 교사는 적절한 도구를 사용하여 역사적 사실을 수업내용으로 변형한다. 예컨대 담론으로서 내러티브라는 형식을 사용하는 역사수업의 경우, 역사적 사실의 선택과 이를 수업내용으로 변형하는 과정에는 이야기의 내용과 그에 대한 교사의 해석, 그 수업에서 교사가 가지고 있는 수업관이나 학생들에 대한 이해, 이야기를 전달하는 기법 등이 포함된다.[12] 교과내용을 수업내용으로 변환하는 이러한 기법 중 각 교과마다 다르거나 많

---

12. 김한종, 〈역사수업도구로서 내러티브의 구성형식과 원리〉, 《사회과교육학연구》 3, 1999, p.92.

이 사용하는 것이 있다. 이처럼 각 교과의 내용을 수업내용으로 변형시키는 특징적인 기법을 교수내용지식(pedagogical content knowledge)이라고 한다. 여기에는 교과내용에 관한 지식과 교과에 대한 믿음이라는 두 가지 영역이 영향을 미친다.[13] 역사수업에서 자주 보이는 교수내용지식으로는 비교(유추, 대조), 감정이입, 비유 등을 들 수 있다. 국사수업에서 흔히 볼 수 있는 한자어로 된 역사용어 풀이도 역사과에서 자주 찾아볼 수 있는 교수내용지식이라고 할 수 있다.

이와 같은 수업내용이 교수·학습의 과정을 거쳐서 학생들에게 얼마나 적절하게 전달되는가는 교수·학습활동이 얼마나 효율적이었는가, 선정된 내용이 학생들에게 적합하였는가, 학생들이 묘청의 난이나 그와 관련된 어떠한 선개념이나 선행지식을 가지고 있었는가와 그 밖의 수업환경에 따라 달라진다. 학생들은 이렇게 이해한 역사적 사실에 대해 가치판단을 하고, 이에 덧붙여 기존에 가지고 있던 묘청의 난이나 그와 같은 유형의 사건에 대한 평가, 그리고 자신의 역사관이나 교육관을 가미하여 묘청의 난에 대하여 자기 나름으로 인식하게 된다. 따라서 ①→②→③→④→⑤ 각 단계의 역사적 지식으로 바뀌어 가는 과정에 영향을 주는 요인들이 학생들의 역사 이해를 높일 수 있는 효율적인 역사수업을 만들기 위해 고려해야 하는 점들이라고 할 수 있다.

---

13. P. L. Grossman, S. M. Wilson, and L. S. Shulman, "Teachers of Substance: Subject Matter Knowledge for Teaching", in M. C. Reynolds(ed.), *Knowledge Base for the Beginning Teacher*(Oxford: Pergamon Press, 1989), pp.27~32.

5. 맺음말

　교과교육에서 내용과 방법은 분리되어 있는 것이 아니라 하나로 결합되어 나타난다. 교과교육은 교과의 내용을 통해서 이루어진다. 교과에 대한 관점이나 가르치는 목적, 교수방법은 교과내용을 토대로 하고 있으며, 교과내용에 따라 달라진다. 마찬가지로 교과 수업의 구성요소인 수업내용, 교재, 교수·학습활동도 별개로 존재하는 것이 아니라 하나의 끈에 의해 엮어지게 마련이다. 이러한 끈의 역할을 하는 것은 역사인식이다.
　역사인식은 다양한 의미를 가지고 있다. 역사인식을 간단히 '역사를 안다'는 뜻으로 사용하였을 때, 그 의미에는 구체적인 역사적 사실의 기억, 역사적 사실들 간의 관계의 파악, 역사적 행위의 이해, 역사적 사실에 대한 평가가 포함된다. 수업을 통해 이 중 어떤 의미의 역사를 인식시키고자 하는가에 따라 학생들의 사고활동과 그에 적합한 교수·학습방법이 달라진다. 구체적인 역사적 사실을 기억시키고자 하는 교사는 이를 돕기 위해 여러 가지 설명기법을 사용하며, 역사적 사실들 간의 관계를 파악하게 하는 데는 탐구식 수업이 효과적일 수 있다. 역사적 행위의 이해를 위한 수업에는 추체험이나 감정이입적 이해를 필요로 하는 학습활동이 많으며, 역사적 사실에 대한 평가에 관심을 둔다면 토론식 수업을 생각하게 된다.
　교사가 수업을 통해 학생들에게 인식시키려는 내용은 원래 형태의 역사적 사실이 아니라 교사에 의해 변형된 수업내용이다. 교사는 역사적 사실과 그에 대한 자신의 인식을 바탕으로, 수업과 관련된 여러 요건을 고려하여 수업내용을 구성한다. 학생들은 학습활동을 통해 수업내용에서 다루는 역사적 사실을 이해하는데, 여기에는 자신의 개인적 환경이나 선개념 등이 작용을 한다.

5장

역사교육의 내용조직 원리와 유형

1. 머리말 – 교수요목을 보는 관점

교육과정을 구성하고 수업을 설계하는 토대가 되는 것은 교과내용이다. 교육과정을 개발하거나 수업을 준비할 때는 내용과 관련하여 "무엇을 가르칠 것인가?"와 "어떤 순서로 가르칠까?"를 생각하게 된다. 전자는 내용선정의 문제이며, 후자는 내용조직의 문제이다. 일련의 교육과정(course)을 통해 학습해야 할 내용을 선정하고 조직하는 것, 즉 무엇을 어떤 순서로 가르칠 것인지 정하는 것이 교수요목이다. 내용의 선정에는 범위와 깊이를 고려해야 한다. 교수요목의 조직은 선정된 내용을 소재로 하는 것이므로, 학습내용에 따라 그 방식이 달라질 수 있다. 따라서 교수요목을 조직할 때는 내용선정과 조직의 원리를 모두 고려해야 한다.[1]

수업을 준비하면서 교사들은 '무엇을', '어떻게' 가르칠 것인가를

---

1. W. H. Burston, *Principle of History Teaching*(London: Methuen Educational Ltd., 1972), p.118.

생각하게 된다. 여기에서 전자는 수업내용, 후자는 교수·학습방법을 가리키는 것으로 볼 수 있지만, 사람들이 일상적으로 말하는 '어떻게'의 문제에는 내용을 체계화하거나 구조화하고, 내용에 접근해가는 방식, 즉 내용조직의 방법도 포함되어 있다. 더구나 교수·학습방법과 교수요목의 조직은 서로 밀접히 연계되어 있다. 물론 표면적으로 본다면 이 두 가지는 별개로 논의할 수 있는 문제이다. 예컨대 역사과 교수학습론이나 역사학습지도에 관한 책을 쓴다면, 이 두 부분은 별개의 장으로 다루어질 것이다. 그렇지만, 어떤 역사교사가 1학기 또는 1년간의 계획을 세워 역사수업에 임한다면, 교수요목의 문제와 수업은 별개일 수 없다. 교수요목의 조직에는 어떤 역사인식이나 역사의식을 가지고 어떤 내용을 수업에서 다룰 것인가, 어떤 학습지도 방법을 택할 것인가 하는 교사의 구상이 포함되기 때문이다. 그런 의미에서 교수요목의 조직은 교육과정이나 수업을 계획하는 데 가장 중요한 문제 중 하나이다.

각 교과의 교수요목은 그 교과내용 전반을 가르치기 위한 수업계획을 내포하고 있으므로, 교사의 입장에서는 보통 학년이나 학기 초에 교수요목을 만들어야 한다. 따라서 수업모형 또는 교수모형이 단원이나 주제, 단위시간의 수업진행에 필요한 절차나 조건을 규정하는 것이라면, 교수요목에는 교과의 내용체계와 이를 학생들에게 가르치기 위한 운영계획을 담게 된다. 교사들이 작성하는 '연간수업계획'도 그러한 의미에서 나온 것이라고 할 수 있다.

그렇지만 과연 교사들이 교수요목에 대해 고민하는 것이 현실적으로 의미있는 일일까? 대부분의 역사수업에서 교사들은 교과서를 가지고 수업을 한다. 수업의 내용은 곧 교과서의 내용이다. '무엇을', '어떤 순서로' 가르칠 것인가는 교과서에 이미 나와 있다. 교과서의 단원구성과 내용요소는 교육과정에 제시되어 있으므로, 교수요목은 사실상 교육과정에 의해 이미 결정되는 셈이다. 그렇다면 교수요목은 교사가 특별히 신경을 쓸 문제는 아닐 것도 같다. "교과서에 있는 내용을 교과서 순서에 따라 가르치는 것이 대부분의 역사수업이다"라고 할 수도 있다.

당연히 맞는 말이다. 그렇지만 이런 식으로 이야기한다면, 역사교육의 이론에 관한 논의는 별 의미가 없다. 그리고 역사교사가 아무리 교과서에 의거해서 가르친다고 하더라도, 실제로는 교과서의 내용을 상당부분 재조직해서 가르치는 경우도 많다. 한 지역의 실업계 역사교사들은 국사시간에 근·현대사와 생활사 중심으로 내용을 재구성하여 수업을 하였다. 정치, 경제·사회, 문화의 분야별로 학생들의 생활과 관련이 있으면서 관심을 끌 만한 근현대사 주제들을 선정하여, 이를 중심으로 교수요목을 조직하여 가르쳤다.[2] "학생들이 교과서에 있는 국사 내용에 별로 관심도 없고, 학생들의 수준도 낮으며, 또 입학시험의 부담도 없기 때문에 이렇게 수업을 하더라도 학생들이 뭐라고 하지 않는다. 오히려 교과서 내용을 그대로 반복하는 것보다는 학생들이 수업에 훨씬 더 큰 관심을 보인다"고 교사들은 말한다. 여기에서 교사들은 국사수업의 내용을 재구성하고 있다. 분야별 통사체제로 되어 있는 교수요목 대신 근현대 주제별 접근으로 바꾸고 있는 것이다.

이처럼 교과서나 교육과정의 교수요목을 전면적으로 재조직하지는 않더라도, 실제 수업에서 교사들이 나름대로 교수요목을 조직하는 경우는 그리 드물지 않게 볼 수 있다. 교수요목의 조직을 너무 역

---

2. 인천역사교사모임, 실업계수업연구모임(엮음),《재미있게 배우는 한국사 수업지도안》1~3, 전국역사교사모임, 2007.

사수업의 현실과 동떨어진 거창한 이론인 것처럼 생각할 필요는 없다. 일상적인 수업활동에서 역사교사는 내용을 선정하고 조직하는 데 많은 선택을 한다. 어떤 부분은 더 자세히 다루고, 어떤 내용은 시간이 없으면 그냥 한 번 읽고 지나가 버리기도 한다. 경우에 따라서는 교과서에 없는 주제나 토픽을 다루기도 한다. 이런 경우를 모두 교사가 교수요목을 조직하는 것이라고 할 수 있다. 다만 수업을 위한 교사의 이러한 활동들이 일정한 원리를 가지고 체계적으로 이루어진다면 더 좋지 않을까? 교수요목 조직의 원리나 방법들은 그 기초를 제공해줄 수 있을 것이다.

그동안 교수요목의 조직 문제는 역사교육의 주된 연구 대상은 아니었다. 역사 과목은 관련된 역사적 사실을 시대순으로 포괄적으로 다루어야 한다는 생각 때문이었다. 다만 국가교육과정의 개발 과정에서 교육과정의 내용조직 방식에 대한 논의가 있었는데, 이는 초·중·고등학교 역사교육의 계열화를 위한 것이었다. 이 때문에 내용조직의 적절성보다는 학교급별로 차이를 드러내는 데 집중하였다. 이에 따라 제4차 교육과정 이후 계속해서 초등학교는 생활사와 인물 중심, 중학교는 정치사, 고등학교는 문화사 중심의 접근을 표방하였다. 학교급별로 내용조직 방식을 달리함으로써 같은 내용을 같은 방식으로 반복해서 다룬다는 인상에서 벗어나기 위한 것이었다. 제7차 교육과정에서 중학교 국사는 정치사 중심의 통사, 고등학교 국사는 분야사적 접근 방식을 취한 것도 그 결과였다.

그러나 역사교육의 계열화를 위한 이러한 내용조직의 방식은 원래 의도하였던 성과를 거두지 못한 채 오히려 많은 비판을 받았다. 중학교 국사와 확실한 차별성을 두기 위한 목적에서 전면적인 분야사적 접근 방식을 택하였던 고등학교 국사에 쏟아진 비판이 그 단적인 사례였다.³ 이는 역사교육의 내용조직 원리에 대한 검토를 토대로 내용을 구성하지 않은 채, 단지 외형상 학교급별 내용조직 방식을 달리하는 데 급급하였기 때문이다. 이러한 문제점은 제7차 교육과정뿐 아니라 이제까지 교육과정 개발에서 계속해서 나타났다. 교육과정 개발에서 내용조직은 다양한 방식에 대한 검토 없이 기존에 논의되었던 몇몇 방식을 적당히 조합하여 사용하였다.

적절한 교수요목의 조직 방안을 이론적으로 체계화하기는 매우 어려울 것이다. 교수요목의 구성 방안에 대한 이론이 제시되더라도, 이를 국사나 세계사의 어떤 단원에 적용하여 구체적으로 교수요목을 만드는 것도 쉽지 않다. 역사교육의 교수요목 구성방안에 대한 논의가 아직까지 원론적인 수준에 머무르고 있는 것도 이 때문이라고 할 수 있다.

그러나 교수요목을 구성하는 것은 일정 기간의 수업을 위한 하나의 밑그림을 그리는 일이다. 근래 역사수업의 개선 방안 중 하나로 통사학습에서 탈피하여 새로운 접근법을 시도하려는 움직임들이 나타나고 있다. 분야사에 의한 내용조직 외에, 주제 중심이나 비교사에 의한 접근 방식, 한국사와 세계사의 통합적인 구성 방식 등이 시도되고 있다. 이렇게 해서 만들어진 교수요목은 다른 교사들이 수업계획을 마련하는 데 참고자료가 될 수 있으며, 앞으로 체계적이면서도 역사적 사실의 특성을 살릴 수 있는 역사수업이론을 개발하는 자료로 활용될 수 있을 것이다.

역사교육의 내용이 역사교과의 체계를 반영하고, 학교나 학년별로 적절하게 조직되려면, 내용조직의 원리와 그 장단점에 대한 검토

---

3. 김한종, 〈역사교육 계열화를 위한 고등학교 국사교육 내용구성〉, 《역사교육과정과 교과서연구》, 선인, 2006, pp.259~268.

가 필요하다. 이를 바탕으로 학교급별이나 학년별, 교육과정의 단계별로 내용조직의 방식이 제시되어야 한다. 다만 모든 역사교육의 내용조직 방식을 논의의 대상으로 삼을 필요는 없을 것이다. 많은 역사교육 내용조직이 기본적인 내용조직 방식을 응용하거나 여기에서 파생된 것이기 때문이다.

2. 역사교육 내용의 조직원리

교과교육에서 교수요목을 선택하는 데는 2가지 요인을 고려해야 한다. 첫째는 학생들의 흥미나 능력이다. 만일 몇 년에 걸쳐 시행되는 교수요목이라면, 그 기간 동안의 능력 발달도 염두에 두어야 한다. 둘째는 교과의 구조이다. 학생의 흥미나 능력이 모든 교과에서 공통적으로 고려해야 할 요인이라면, 교과의 구조는 각 교과마다 특성을 가진 고유 요인이라고 할 수 있다.[4] 수학과 같은 교과는 선행학습을 토대로 새로운 학습이 이루어진다. 이러한 교과의 위계적 순서는 교과의 구조에 의해 정해진다. 그렇지만 역사교과의 경우, 새롭게 배우는 학습내용이 선행학습과 연관성을 가지거나 연결되지만, 양자 사이에 위계적 관계가 명확한 것은 아니다. 따라서 역사교육의 내용조직은 교과의 구조 외에, 교사나 학생의 특성, 사회적 측면 등 그 밖에 다른 요인들을 복합적으로 고려해야 한다.

역사교육을 위한 교수요목을 구성할 때, 내용의 선정 외에도 몇 가지 선택해야 할 문제가 있다. 첫째는 역사교육에서 특정 분야의

---

4. Burston, *Principle of History Teaching*, p.11.

가치와 위상 문제이다. 일반사와 분야사 중 어떤 것을 선택해야 하는가, 분야사적 접근을 한다면 어느 분야사를 택하는가 하는 문제이다. 둘째는 역사를 어떤 규모로 학습해야 하는가의 문제이다. 지역사, 국가사, 세계사 중 어떤 규모를 단위로 내용을 조직할 것인가, 국민국가를 학습 단위로 선택하는 것이 좋은가 등은 여기에 속하는 문제라고 할 수 있다. 셋째는 학습해야 할 시대의 선택 문제이다. 어떤 시대를 학습하는 것이 다른 시대를 학습하는 것보다 더 중요하거나 가치있는지 여부가 논의의 대상이 될 수 있다.[5] 이 중 내용조직의 유형과 직접적으로 관련이 있는 것은 첫째와 셋째 문제이다. 특정 분야를 대상으로 하거나 특정 시대를 중심으로 내용을 조직하는 것은 역사의 전반적인 내용을 연대순으로 조직하는 통사나 개설사와는 기본적으로 접근 방식을 달리한다. 역사의 '포괄적'인 이해보다는 '집중적'인 이해를, '넓이'보다는 '깊이'를 선택하는 것이라고 할 수 있다.

   교수요목의 구성방식은 크게 계통학습과 문제해결학습으로 나눌 수 있다. 계통학습은 학문의 체계를 따라서 내용을 조직하는 것이며, 문제해결학습은 사회나 그 구성원의 삶이나 생각과 관련된 주제, 토픽, 쟁점 등의 문제를 중심으로 내용을 조직하는 방식이다. 물론 문제 중심의 접근이라고 해도 각 교과의 성격이 반영되게 마련이다. 예를 들어 지리교육의 내용구성 방법을 크게 지역적 방법과 계통적 방법으로 구분한다고 할 때, 지역적 방법이 사람들이 생활하면서 접하는 공간을 단위로 하는 것이므로 문제중심의 접근 방식이라면, 계통적 방법은 지리학의 개념과 원리, 이론을 토대로 계통분야

---

5. Ibid., pp.13~14.

별로 내용을 구성하는 것이다. 물론 지역이나 계통의 분류 아래 다시 주제나 토픽, 쟁점으로 재조직할 수도 있다. 이러한 지역적 방법과 계통적 방법은 지리교육의 고유한 내용조직 방식으로 받아들여진다.[6]

그렇다면 역사교육의 내용조직을 계통적 방법과 문제중심 방법으로 구분할 수 있을까? 역사교육에서 내용을 조직하는 대표적인 방법으로는 연대순에 따르는 방법과 주제나 토픽을 단위로 조직하는 방법이 있다. 분류사에 의한 조직방법을 별도로 구분하기도 하지만,[7] 각 분야별로 다시 연대순이나 주제·토픽에 의해 내용을 조직할 수 있다. 역사가 시간의 흐름에 따른 인간과 사회의 변화를 다루는 학문이며 인과관계는 역사적 사실을 설명하는 전형적인 구조라는 점에서, 연대순에 의한 내용조직법은 계통적 방법에 해당한다고 볼 수 있다. 이 밖에도 여러 형태의 내용조직 방법을 생각할 수 있지만, 이 두 가지 방법을 혼합하거나 보완 또는 변형한 것들이다.

오랫동안 역사교육에서 널리 사용되어 온 것은 연대순에 의해 역사적 사실을 포괄적으로 망라하는 개설사 형태의 내용조직이다. 그러나 이 방법의 여러 가지 문제점이 지적되면서 근래에 들어서 주제나 토픽 중심의 내용조직 방법에 대한 관심이 높아지고 있다. 물론 연대순에 따르는 방법과 주제 또는 토픽학습 중 어느 것이 역사학습에 적합한가를 일률적으로 말할 수는 없다. 그것은 학습목표와 내용에 따라 결정될 문제이다. 또한 어떤 내용에 어떤 조직방법이 적당하다고 하더라고, 그 방법이 장점만을 가지고 있기는 어렵다. 이 때문에 두 가지 기본적인 교수요목 조직 방법의 장점을 살린 혼합된

---

6. 서태열, 《지리교육학의 이해》, 한울아카데미, 2005, pp.321~337.
7. 최양호, 《역사교육의 현장》, 청년문화, 1991, p.163.

형태의 교수요목 조직도 시도되고 있다.

3. 연대순에 따른 내용조직

(1) 통사적 방법

연대순에 따라 역사적 사실을 포괄적으로 학습하는 통사적 방법은 역사교육의 전통적인 내용조직 방법이다. 많은 역사교육과정이나 교과서는 역사적 사실을 일어난 순서로 서술하는 통사 체제이다. 통사적 방법에서는 시대순에 따라 고대사를 먼저 배열하고 이어서 중세, 근대, 현대순으로 내용을 구성한다. 몇 년에 걸친 교수요목의 경우 저학년은 먼 과거를 학습하고, 상급 학년이 될수록 최근의 역사를 학습하게 된다. 이처럼 연대순에 따라 내용을 배열하는 것이 역사교수요목의 주류를 이루고 있는 것은 역사의 성격을 바라보는 다음과 같은 몇 가지 가정 때문이다.

첫째, 역사는 시간의 흐름에 따른 변화를 다루는 학문이므로 시대순에 따라 학습하는 것이 역사를 이해하는 데 쉬우며, 역사의 본질에도 적합하다. 역사는 현대 문명과 사회가 어떻게 발전해왔으며, 그 기원이 무엇인가를 다루는 학문이므로 연대기적 순서가 역사 구조의 본질이다. 역사의 발전이 교수요목의 기초이며, 지난날의 사실들이 어떻게 지속적으로 이어져 내려왔는지 생각하는 것이 역사적 사고의 필수적인 부분이다.[8]

---

8. Kathleen Davis, "The Syllabus in the Primary School", in W. H. Burston and C. W. Green(eds.), *Handbook for History Teachers*(London: Methuen

둘째, 내용이 단순한 고대사가 복잡한 근·현대사보다 다루기 쉽다. 문화기원이론(culture-epoch theory)에서는 개인의 정신적 발달은 인류의 발달과 성격을 같이 한다고 한다. 이에 따르면 인류 발달의 연속성과 단계는 개인의 발달에 상응한다. 초기 역사는 아동, 중기 역사는 청소년, 최근의 역사는 성인에 해당한다. 아동은 성장을 하면서 인류의 경험을 추체험한다.[9] 원시나 고대 같은 초기 역사는 시간적으로 현재와 멀리 떨어져 있으며 사회 성격의 차이도 크기 때문에 이를 이해하기 위해서는 역사적 상상력을 필요로 한다. 그러나 이것이 아동에게 초기 역사를 가르칠 수 없을 정도의 장벽은 아니다.[10]

셋째, 역사적 사실을 일어난 순서에 따라 가르치는 것은 역사교육의 기본적 형태이다. 역사는 학생들에게 시간개념을 길러주는 교과이다. 학생들은 연대기를 통해 현재 사회의 뿌리를 이해해야 한다. 일어난 순서대로 배열된 역사적 사실들은 과거와 현재를 이해하는 단서가 된다. 연대기는 그 자체가 역사는 아니지만, 인간의 삶에 변화와 연속성을 부여하므로 역사를 이해하는 중요한 골격이 된다.[11]

연대순에 따라 내용을 조직하면 수업이 연속성을 가질 수 있고, 학생들이 역사를 이해하는 데 혼동을 줄일 수 있다. 또한 한 시대에 일어난 사건들을 상호관련 아래 이해하며, 그 시대를 다양한 각도에서 종합적으로 파악할 수 있다. 세계사 학습에서 아시아와 유럽, 또는 아시아 내 여러 지역 등과 같이 각 지역의 역사를 비교사적으로 이해하기 쉽다. 또한 대부분의 역사교과서가 통사적 방법을 택하고

    Educational Ltd., 1972), p.61.
9. S. K. Kochhar, *Teaching of History* (New Delhi: Sterling Publishing Private Limited, 1984), p.40.
10. Davis, "The Syllabus in the Primary School", p.62.
11. Kochhar, *Teaching of History*, p.240.

있으며, 수업에 활용할 만한 책들도 시대순으로 내용을 정리하고 있으므로 참고자료를 활용하기에 용이하다.

이에 따라 역사교과서의 제작자나 역사교사들은 역사적 사실을 짜임새 있게 시대순으로 조직하는 데 신경을 쓴다. 단순히 연대를 제시하는 것이 아니라, 사건들의 상호관련성을 이해할 수 있도록 적절히 연대순으로 배열하고자 한다.[12] 연대기를 가르치기 위해 힘쓰며, 중요한 역사적 사실이 일어난 연대를 기억시키고, 사건이 지속된 기간과 사건들 간의 상호관계를 이해시키며, 변화와 계속성을 인식시킨다.[13]

그러나 통사적 방법에는 역사적 사실을 분류하여 구성하는 원리를 찾아볼 수 없다. 내용조직의 원칙은 단지 사건의 발생순서일 뿐이다.[14] 교수요목의 조직에서 학습자의 측면은 관심의 대상이 아니어서 학생들의 관심과는 동떨어지는 학습내용이 되기 쉽다.

통사적 방법은 시간의 흐름에 따라 변화가 뚜렷하며, 사건들 간의 상호관련성을 명확히 드러낼 수 있는 정치, 외교사에 초점을 맞추는 경향이 있다. 이 때문에 인간이 살아가는 구체적인 모습을 담을 수 있는 생활사나 문화사를 소홀히 다루기 쉽다.

과연 고대사가 근·현대사보다 쉬운가에 대해서도 의문이 제기되고 있다. 저학년 학생들에게는 어느 시대를 학습하는 것도 쉽지 않다. 어느 시대의 역사이건 간에 저학년 학생들이 이해하기 어려운 측면들이 내포되어 있기 때문이다. 이러한 측면들을 조사하여 교수요목에서 배제해야 연대순에 따른 통사적 학습이 가능하다.[15]

---

12. John Chaffer and Lawrence Taylor, *History and History Teacher*(London: George Allen & Unwin Ltd., 1975), p.58.
13. Leonard H. Clark, *Teaching Social Studies in Secondary School*(New York: Macmillan Publishing Co., Inc., 1973), p.191.
14. Kochhar, *The Teaching of History*, p.44.

(2) 시대중심 학습법

시대중심 학습법은 특정 시대를 택해서 그 시대를 깊이있게 학습하되, 특히 시대의 성격을 가장 잘 보여줄 수 있는 특징적인 사건이나 주제를 중심으로 내용을 조직하는 방법이다.[16] 시간개념을 기르고 역사의 연속성을 인식시키기 위해서는 연대순에 따른 내용조직 방법이 효과적일 수 있지만, 그렇다고 반드시 개론과 같은 형식으로 각 분야나 주제, 역사적 사실을 모두 포괄할 필요는 없다. 모든 시대의 역사적 사실을 다 알 필요는 없으며, 또 그렇게 하는 것도 불가능하다. 설사 개론의 형식을 택하더라도 거기에 포함되는 역사적 사실보다는 생략되는 역사적 사실이 더 많다.[17] 이에 대한 하나의 해결책은 어떤 시대를 택해서 그 시대의 사람들이 사회, 경제, 정치, 문화적으로 어떻게 생활하였는지를 상세히 학습하는 것이다. 현대의 관점보다는 그 시대의 관점에서 이해를 하고자 하는 것이다.[18]

시대중심 학습법은 역사적 사실을 시간순으로 배열하는 것이 보통이지만, 모든 시대를 학습하는 것이 아니라 상대적으로 더 중요하거나 의도한 목적을 달성하기에 적합한 시대만을 학습한다. 또한 선택한 시대 안에서는 역사적 사실이 일어난 순서대로 학습을 하지만,

---

15. Burston, *Principle of History Teaching*, p.119.
16. 이러한 내용조직 방법은 'patch method'나 'era method'라고 불린다. patch method는 흔히 '분절법'이라는 말로 번역되어 왔다(정선영 외, 《역사교육의 이해》, 삼지원, 2001, p.134). 그러나 patch method나 era method의 내용조직 방식을 명확히 보여주기 위해 '시대중심 학습법'이라는 용어를 사용하기로 한다.
17. Geoffrey Partington, *The Idea of History*(Oxford: NFFR Publishing Company, 1980), p.140.
18. Brian Garvey and Mary Krug, *Models of History Teaching in the Secondary Schools*(Oxford: Oxford University Press, 1977), p.183.

이어지는 다음 시대까지 연결시켜 학습을 하지는 않는다. 따라서 시대중심 학습법은 연대순을 따르더라도 통사와는 달리 불연속적이다. 일찍이 역사교육의 내용조직 방식으로 시대중심법을 주장한 카펜터(Peter Carpenter)는 역사적 사실을 시대별로 나누어, 선택한 시대 안에서 정치적 발전에 대한 관심과 함께 사회적 관습, 종교적 쟁점, 예술활동 등에 대해 횡적으로 분석함으로써 역사를 생생한 과거로 보여줄 수가 있다고 주장했다.[19] 이에 따라 영국사의 시대중심 교수요목을 〈표 1〉과 같이 제시하였다.

여기에서는 주로 정치적 변화를 중심으로 시대를 선택하고 있다. 역사의 흐름을 바꾼 정치적 사건들이 일어났던 시대들이 학습의 대상이 되고 있다. 이와 함께 국민문학이나 르네상스와 같이 사회에 커다란 영향을 미친 문화적 현상들도 선택되고 있다. 이러한 사건들은 당시 사회와 그 속에서 살아가던 사람들의 생활에 결정적 영향을 주었다. 시대중심 학습법을 주장하는 사람들은 중등학교 단계까지 학생들이 역사의 모든 측면이나 사회 풍조를 이해하기 어렵다고 본다. 그렇지만 적절한 시각적 자료가 제공된다면 시대의 상황을 총체적으로 학습할 수 있다고 주장한다. 그리고 시대중심 교수요목이 성공적인지의 여부는 다루는 역사적 상황이 얼마나 흥미로운 것인지에 달려 있다고 생각한다.[20] 따라서 시대중심 교수요목을 조직하는 데 '어떤 시대가 중요한가?' 와 '선택한 시대의 어떤 측면이나 주제를 학습 대상으로 삼아야 하나?' 의 두 가지 문제를 고려해야 한다.

---

19. Chaffer and Taylor, *History and History Teacher*, p.40.
20. W. H. Burston, "The Syllabus in the Secondary School", in W. H. Burston and C. W. Green, C. W.(eds.), *Handbook for History Teachers* (London: Methuen Educational Ltd., 1972), p.68.

〈표 1〉 영국사의 시대중심 교수요목

B. C.	석기시대	
	파라오 통치하의 이집트	
900		
800		
700		
600		
500	기원전 5세기의 아테네	
400		
300	로마와 카르타고	
200		1 학년
100		
100	로만 영국	
200		
300		
400		
500		
600		
700		
800	알프레드 왕의 시대	
900		
1000	노르만의 이동	
1100		
1200	중동과 극동	
1300	초서의 세계	2 학년
1400		
1500	르네상스	
1600	엘리자베스 1세의 통치	
	왕정복고	
1700	혁명의 시대: (1)영국, (2)유럽, (3)그 밖의 대륙	3 학년
1800	중기 빅토리아 시대, 남북전쟁 중의 미국	
1900	전성기의 대영제국	
A. D.	에드워드 시대 사람들의 생활, 패권 경쟁, 제3세계	4 학년
	2차 세계대전, 핵의 시대, 핵의 시대 속의 영국	

시대의 선택 원리로는 카펜터의 사례처럼 정치적 사건을 사용하는 경우가 많다. 시대중심 학습법이 선택된 시대의 사회와 사람들의 생활을 보여주는 것이지만, 정치적 사건만큼 여기에 커다란 영향을 미친 문제는 없기 때문이다. 예컨대 교통, 의복, 주택, 건강, 스포츠, 취미활동 등 20세기 사람들의 생활은 두 차례의 세계대전과 파시즘, 민족주의, 공산주의 등 정치적 문제에 깊은 영향을 받았다. 이들 사건을 통해 20세기 사회 구조의 변화와 성격을 이해할 수 있다.[21]

시대중심 학습법에서 선택된 시대에 대해 다루어야 할 문제로는 사회계급, 의식주생활, 직업활동, 레크리에이션, 교회와 정부의 역할, 교육, 작가 및 예술가의 활동 등이 지적되기도 한다.[22] 대체로 사회구성원 간의 관계, 사람들의 일상생활, 산업, 취미와 여가 생활, 종교와 정부, 예술 등이 시대중심 학습법에서 다루어지는 주요 문제라고 할 수 있다.

일반적인 통사학습에서 학생들은 시간이 부족하여 특정 시기에 대해 자세하게 공부할 수 없다. 역사교육의 중요한 목적 중 하나가 인간의 의식이나 활동이 사회에 미치는 영향에 대한 인식이라면, 구태여 모든 시대를 포괄적으로 학습하지 않더라도 그 목적을 달성할 수 있다.

시대중심 학습법으로 내용을 조직하면 어떤 시대와 관련된 주제나 역사적 사실에 대해 깊이 있게 학습할 수 있으며, 다양한 자료를 활용하여 학생들의 흥미를 유발하고 탐구 능력을 기를 수 있다. 또

---

21. Partington, *The Idea of History*, p.144.
22. 教科書硏究センタ(編), 《敎育課程の國際比較》Ⅲ (社會科編) (東京: ぎょうせい, 1984), p.57.

한 교과서의 순서에 따라 학습을 전개할 수 있으며 역사학습에서 흔히 나타나는 시간의 부족을 해결할 수 있다.

그러나 시대중심 교수요목은 역사 전반을 포괄적으로 다루는 것이 아니므로 어떤 지역이나 국가, 세계에 대한 전체적인 역사상을 이해하기는 어려울 수 있으며, 학습의 순서가 시대순을 따르더라도 흐름이 이어지지 않고 분절적이므로 각 시대의 상호 관련성이나 역사적 사실의 인과관계를 이해하기 어렵다. 따라서 어떤 시대나 역사의 흐름에 대해 어느 정도 개괄적인 이해가 있어야 효과적인 학습이 될 가능성이 높다.

4. 주제나 토픽 중심의 내용조직

(1) 주제 · 토픽학습

주제나 토픽학습은 역사적 사실을 시대순에 따라 포괄적으로 다루는 것이 아니라, 역사적으로 의미있는 어떤 문제를 선정하여 그 문제를 여러 측면에서 집중적으로 학습하는 방법이다. 엄밀한 의미에서 주제와 토픽, 쟁점은 서로 성격을 달리한다.

일반적으로 주제(theme)는 일상 대화나 학문 연구 등에서 중심이 되는 문제를 가리킨다. 교과내용의 조직과 관련해서 학문의 위계에 토대를 둔 계통적 방법에서 내용을 구분하여 묶어 놓은 항목을 보통 주제라고 한다. 따라서 항목의 규모에 따라서 대주제와 소주제로 구분이 된다.

토픽(topic)은 관심이 되는 문제, 이야깃거리를 의미한다. 그래서 토픽은 '화제'라는 말로 번역되기도 한다. 토픽은 일련의 사실을 하나의 묶음 속에 포함시켜 다루는데, 사실들을 묶는 기초가 되는 것은 일정 기간 이상 지속된 정책이다. 예컨대 '조선 전기의 유교적 사회질서 확립정책'이라는 이름 아래, 유학에 대한 연구와 교육, 유교적 사회의례의 보급과 관련된 일련의 사실들을 묶어서 다룬다면, 이를 토픽학습이라고 할 수 있다. 이러한 토픽학습은 역사수업에서 흔히 볼 수 있으며, 역사적 사고력을 훈련시키는 데도 자주 사용된다.[23]

그러나 실제의 내용조직에서 주제와 토픽은 그리 명확하게 구분되지 않는 경우가 많다. 토픽은 역사적 사실의 공통점을 표현하는 것일 수도 있지만, 그 자체가 개념이나 주제일 수도 있다. 교과내용을 구조화하면서 대항목(대주제) 아래 토픽을 소항목(소주제)으로 묶는 경우도 많다. 이 경우 주제에 의한 내용조직은 토픽을 포함하는 경우가 많기 때문에, 주제학습과 토픽학습을 구분 없이 주제·토픽학습으로 함께 다룰 수 있다.[24]

이에 반해 쟁점(issue)은 사회에서 사람들 사이에 공통적인 관심을 끌었던 것으로, 의견의 차이로 인해 논란이 되었던 문제들이다. 쟁점을 기초로 한 내용구성은 문제해결을 모색하여 의사결정에 이르는 과정을 밟거나 상호토론을 하기 위한 것이다. 역사에서 다루는 쟁점은 주로 사회적 문제이며, 현재적 문제와 역사적 사실을 연결시키는 경우도 많다. 그렇지만 역사에서 다루는 쟁점은 주로 그 시대

---

23. Burston, *Principle of History Teaching*, p.80.
24. 이처럼 주제와 토픽을 명확히 구분하지 않고, 비슷한 성격의 내용조직 방법으로 취급하는 것은 다른 교과의 경우도 마찬가지이다. 서태열, 《지리교육학의 이해》, pp.329~330 참조. 이하의 글에서는 '주제·토픽학습'을 '주제학습'으로 표현하겠다.

의 상황과 관련된 토픽들로 쟁점중심의 내용조직 또한 토픽학습과 명확히 구분되지 않는다. 이 때문에 쟁점중심의 학습을 별도의 내용조직 방식으로 분류하지 않고 토픽학습 속에 한꺼번에 포함시키는 것이 일반적이다.

역사교육의 내용을 실제로 구성하는 데 주제, 토픽, 쟁점이 명확하게 구분되지 않는다면, 이 세 가지를 별도 항목으로 내용을 구성하려고 하기보다는 하나의 내용조직 속에 관련된 역사적 사실을 같이 포함시켜 묶는 것이 효과적이다. 그래야 역사수업에서 다루어야 할 내용 전반을 체계적으로 조직할 수 있을 것이다.

주제학습에서는 무엇보다도 학습목표와 학생들에게 적합한 주제나 토픽을 선정하는 것이 중요하다. 학생들의 능력에 맞고 흥미를 끌 수 있는 것, 역사적 사실이나 해석이 너무 다양하지 않은 것, 적절한 학습자료를 구할 수 있는 것, 논의의 여지가 있는 것 등이 좋은 주제가 갖추어야 할 조건이라고 하겠다. 주제학습은 지리나 사회 등 다른 교과와 관련시켜 학습을 하기에 용이하며, 사회과학의 개념이나 주제를 도입하여 내용을 조직할 수 있다. 그런 면에서 일반적으로 초등학교보다는 중학교 상급학년이나 고등학교에서 더 효과적으로 시행할 수 있다.

주제학습은 어떤 주제에 대하여 깊이 알 수 있으며 사례를 통하여 학생들의 탐구 능력을 향상시킬 수 있다. 같은 주제라도 시대에 따라 다르게 작용한다는 가변성을 이해할 수 있으며 적절한 주제를 택하게 되면 학생들의 관심을 증대시킬 수 있다.

그러나 주어진 시대 안에서 여러 사건들 사이의 상호 관련성을 소홀히 하기 쉬우며 학습 목표와 학습자에게 적합한 주제가 무엇인지 판단하기 어렵다. 주제를 선택하는 논리적 근거가 불분명하거나 선택하는 사람의 입장에 따라 주제의 중요성이 달리 평가되는 경우가 많기 때문이다. 또한 현재 사용되고 있는 교과서를 토대로 교수요목을 구성하기 어렵다는 현실적인 문제점도 있다. 이 때문에 주제학습을 할 경우 시대의 전체적인 흐름을 알기 위해서 연표를 동시에 사용하는 것이 필요할 수도 있다.

역사교육을 둘러싼 논의들이 활발해지고 다양한 내용조직 방식이 모색됨에 따라 주제학습에 대한 관심이 높아지고 있다. 그러나 실제로 학교 역사수업을 위한 교수요목을 모두 주제 위주로 짜기는 힘들다. 주제학습에 적합하도록 만들어진 교과서는 외국에서도 찾아보기 어렵다. 이에 대한 대안으로 통사학습과 같이 연대순에 따라서 내용을 조직하되, 주제학습을 부분적으로 도입하려는 시도들을 볼 수 있는데, 대체로 다음과 같은 유형으로 나눌 수 있다.

첫째, 통사학습의 체계 속에서 필요한 부분에 주제나 토픽을 배열하는 방식이다. 전체적으로 통사학습을 시행하되, 적당한 주제를 택하여 중간 중간에 주제학습을 하는 것이다. 제7차 교육과정 고등학교 세계사에서는 각 대단원의 끝에 '탐구단원'이라는 이름으로 자료를 활용하여 그 단원과 관련된 주제나 토픽을 탐구하도록 하고 있는데, 이는 이러한 내용조직의 사례라고 할 수 있다.[25]

둘째, 정치사와 같이 사건이 일어난 순서대로 내용을 조직하는 것이 자연스럽고 이해하기 쉬운 분야는 연대순으로 내용을 조직하고, 제도사나 문화사 등과 같이 시대순에 따른 내용조직이 어려운 분야

---

25. 예컨대 '(2) 문명의 새벽과 고대 문명' 단원의 탐구단원 주제 또는 토픽은 '스파르타쿠스의 난과 고대 노예', '문자의 발명과 역사의 시작', '중국사에서의 소금과 철', '일리아드와 오디세이에 나타난 고대 그리스 세계' 이다. 탐구단원들에서는 주제와 토픽의 구분 없이 각 단원과 관련하여 탐구해야 할 문제들을 제시하고 있다.

는 주제중심으로 조직하는 방법이다. 제7차 교육과정 고등학교 국사의 내용구성에 대한 대안으로 '근·현대의 역사'라는 과목명으로 제안된 〈표 2〉의 내용조직은 이러한 예에 해당된다고 할 수 있다.

〈표 2〉에서 I 단원과 II 단원은 정치사로 연대순에 따라 접근하고 있는 반면, 사회와 문화를 다루는 III, IV, V 단원은 주제중심으로 접근을 하고 있다.

셋째, 전체적으로는 통사나 개설사의 형태로 내용을 조직하되, 필요한 곳에 주제나 토픽학습을 배치하는 방법이다. 예를 들어 삼국과 남북국까지를 통사적으로 학습하고 난 후, '설화를 통해 본 삼국민의 생활'이나 '불상에 나타난 고대의 지배세력'과 같이 설화나 미술사를 다루는 주제학습을 배치하는 방식이다. 이처럼 시대순에 내용을 조직하되 중간에 주제나 토픽을 넣는 방식은 교과서에서도 종종 볼 수 있는 방식이다.

(2) 발전계열법

발전계열법(line of development)은 주제학습을 토대로 하되 시대의 흐름을 고려한 내용 조직의 방법이다. 특정한 주제를 택하여 시대에 따라 그것이 어떻게 변화, 발전하였으며 사회에 영향을 끼쳤는가를 학습한다. 예를 들어 '교통의 발전'이라는 주제 아래 각 시대마다 교통수단이 어떻게 변화하였으며 그 원인은 무엇인가, 국가의 교통 정책은 어떠하였는가, 교통의 발전이 사회에 어떠한 영향을 끼쳤는가를 다루게 된다. 한국에서도 '연구개발형 교육과정'을 표방하였던 제4차 교육과정의 국사과목의 개발연구진에서 초등학교 고학년의 국사내용조직 방식으로 발전계열법을 제안하기도 하

〈표 2〉《근·현대의 역사》 단원구성[26]

단원	주제
Ⅰ. 근대 세계의 변화와 한국	1. 제국주의의 성립과 식민지 경쟁 2. 일본의 근대개혁과 제국주의화 3. 한국의 근대적 개혁과 갈등 4. 제국주의의 식민지 경영과 일본의 한국 지배 5. 민족해방운동의 발전과 한국의 민족운동
Ⅱ. 현대 세계의 전개와 한국의 발전	1. 냉전체제 성립과 한국의 분단 2. 동북아시아의 갈등과 한국의 정치 3. 제3세계의 등장과 세계의 다원화 4. 한국의 민주화 운동과 민주주의의 발전 5. 세계화와 한국의 대응
Ⅲ. 20세기의 전쟁과 평화	1. 세계대전 2. 냉전체제하의 전쟁-한국전쟁, 베트남전쟁 3. 전쟁이 남긴 상처-홀로코스트와 제노사이드, 민간인 학살 4. 핵의 개발과 반핵운동 5. 반전운동과 평화를 위한 노력
Ⅳ. 근·현대 사회생활의 변화	1. 전통생활과 근대적 변화 2. 산업화와 도시화의 진전 3. 의식주의 변화 4. 교통과 통신의 발달-철도·자동차·비행기, 전신·전화·휴대폰 5. 대중문화의 성장
Ⅴ. 과학 기술의 발전	1. 물리학의 발전-만유인력, 상대성 원리 2. 의학의 발전과 인간 수명의 연장 3. 우주시대 4. 생물학적 발견과 유전공학 5. 환경오염과 환경보존

---

26. 김한종, 《역사교육과정과 교과서연구》, 선인, 2006, p.282.

였다.²⁷

발전계열법은 일반적인 주제학습과 비교하여 두 가지 점에서 특성을 가진다. 첫째는 어떤 한 시대에 국한된 문제가 아니라 통시대적인 주제들을 다룬다는 점이다. 발전계열법은 서로 다른 생활분야를 여러 시대에 걸쳐 따로따로 학습하도록 구성된다. 여기에 깔려있는 가정은 예를 들면 18세기의 집과 19세기의 집, 18세기의 수송과 19세기의 수송 사이에는 논리적이거나 합리적인 관계가 있으며, 교수요목은 생활의 여러 측면이 어떻게 발전했는지 설명해 준다는 것이다. 그리고 가옥과 수송에 대한 이러한 내용구성 방식은 근현대뿐 아니라 고대까지도 거슬러 올라갈 수 있다.²⁸

둘째는 학습자에게 익숙한 주제를 다루는 것이 보통이다. 원래 발전계열법은 일반적인 통사학습에 어려움을 느끼는 학생들을 위해 개발된 것이었다. 따라서 발전계열법의 주제로 선택되는 것은 학생들이 친근감있게 접근할 수 있는 문제, 학생들의 흥미를 끌 수 있는 문제들이다. 발전계열법에서 흔히 볼 수 있는 주제는 기술이나 일상생활과 관련된 분야이다. 교통, 무역, 이동, 농업, 도구, 의복, 가정, 건축 양식, 음악, 가격과 임금, 범죄와 처벌, 음식 등이 발전계열법의 주제로 고려할 만하다. 주거, 수송, 무역, 의복, 의약품과 같은 주제는 모든 연령의 학생들에게 들어맞을 수 있으며,²⁹ 자동차, 배, 항공기와 같은 수송수단, 길, 운하, 다리, 우편 등과 같은 전달 수단, 그리고 도구와 기구의 역사는 초등학생들에게도 적합할 수 있다.³⁰

---

27. 이원순·김용만,〈학교급별 국사교육내용의 체계화에 관한 연구〉,《교육과정 및 교과용도서 개발을 위한 기초연구》2, 한국교육개발원, 1980, p.165.
28. Burston, *Principle of History Teaching*, pp.116~120.
29. Kochhar, *Teaching of History*, p.47.

따라서 발전계열법은 보통 국가적인 문제보다는 어떤 지역과 밀접하게 관련을 가진 문제들을 다룰 때 효과적이라고 한다. 그렇지만 실제로는 세계적 차원인가, 국가적 문제인가, 지역적 문제인가보다는 다루는 주제의 종류나 성격이 고려되어야 할 것이다.

발전계열법에서 선택된 주제가 학생들에게 익숙하거나 흥미를 끌 수 있는 것인지의 여부는 국가나 지역에 따라 달라질 수 있다. 학생들이 접하는 사회적 환경에서 차이가 있기 때문이다. 예를 들어 일본의 한 학자는 중학교의 발전계열법에 적합한 주제로 다음과 같은 것을 제시하고 있다.[31]

— 1학년 : •수송의 역사 •주거의 역사
— 2~3학년 : •노동조합의 역사 •의학의 역사 •전쟁과 전쟁방지의 역사

이 중 수송, 주거, 의학의 역사 등은 한국의 학생들에게도 적용할 수 있는 주제이지만, 노동조합이나 전쟁과 전쟁방지의 역사는 사회과에서 이런 문제들을 자주 다루는 일본과는 달리 한국 중학생들에게는 그리 친숙하게 다가올 것 같지 않다.

발전계열법은 어떤 주제에 대하여 깊이 다루면서도 역사적 인과관계에 대한 인식을 길러줄 수 있다. 통사와는 달리 모든 내용을 같은 정도의 깊이로 학습할 필요가 없으며 한정된 시대와 관련된 역사적 사실을 탐구함으로써 통찰력을 얻을 수 있다.[32]

---

30. Kathleen Davies, "The Syllabus in the Primary School", in Burston and Green(eds.) *Handbook for History Teachers*, p.54.
31. 教科書研究センタ(編), 《教育課程の國際比較》Ⅲ (社會科編), p.57.
32. Burston, *Principle of History Teaching*, p.146.

또한 학생들이 여러 각도에서 문제를 바라보는 폭넓은 역사적 시각을 기르는 데도 기여할 수 있다. 학생들의 흥미를 학습에 자발적으로 참여하게 만들 수 있으며 사회적인 관심을 불러일으키는 데도 효과적이다.

그러나 발전계열법은 역사교육에서 반드시 다루어야 할 주요 문제, 고유한 사건이나 대상에 대해 소홀하기 쉽다. 특히 국가나 세계 전체에 걸친 역사적 사건을 다루기 어렵다. 따라서 발전계열법은 이 자체만으로 완결된 독립적 역사교육 내용조직 방식으로 사용하기보다는, 본격적인 통사학습을 하기 전에 역사교육에 대한 관심을 높이기 위한 도입학습으로 활용하거나, 통사학습을 바탕으로 특정한 주제에 대해 체계적이고 깊이있게 학습하는 수단으로 활용되는 것이 바람직하다.

5. 맺음말

교사들은 교수요목에 따라 연간학습 계획을 세우고 실제 수업을 전개한다. 교실현장의 역사수업에는 교재나 학습방법, 학습활동 못지않게 내용의 조직방식이 커다란 영향을 미친다. 따라서 내용조직의 원리와 유형, 그 장단점 등에 대한 충분한 고민이 필요하다. 근래 포괄적인 역사적 사실을 발생한 순서대로 다루는 통사적 방법 외에, 주제학습을 비롯한 다양한 내용조직 방법이 시도되고 있는 것도 그 필요성에 대한 인식이 높아지고 있기 때문이다. 2007년 2월 개정된 교육과정의 중학교 역사에서 한국사와 세계사 영역을 같이 포함하고 있다든지, 고등학교 역사에서 세계사적 배경을 다루는 내용을 대폭 반영하고 있는 것도 이러한 분위기를 반영한 것이라고 할 수 있다.

그러나 개정교육과정의 중학교 역사가 서로 다른 내용구성원리로 만들어진 한국사와 세계사 내용을 단순히 하나의 과목 안에 묶고 있는 것에서도 알 수 있듯이, 아직까지 역사교육의 내용조직을 어떻게 할 것인가에 대한 이론적 논의나 실천적 검토는 미미한 실정이다. 한국사와 세계사 영역을 통합하여 내용을 조직하려면, 예컨대 비교사나 문명교류사 등과 같은 통합적인 내용조직 원리를 검토하여 이를 바탕으로 교수요목을 조직해야 했다. 그러나 이러한 선행작업 없이 단순히 두 영역의 내용을 하나로 묶는 데 그치고 있다.

물론 중학교 역사는 한국사와 세계사 영역을 막론하고 '정치사 중심의 통사'라는 내용구성 원리를 표방하고 있다. 그러나 한국사 영역이 이에 부합되는 내용조직을 보이고 있는 반면, 세계사 영역은 문명 간의 교류를 강조하다 보니 문화사의 비중이 상대적으로 높다. 이 때문에 두 영역의 내용조직은 서로 이질감을 느끼게 한다.

역사교육의 내용구성이 더 체계성을 갖추고 학생들에게 적합하려면 내용조직의 원리와 방법에 대한 논의가 필요하다. 초·중·고등학교를 거치는 동안 통사학습과 주제학습을 한다고 할 때 그 순서를 어떻게 할 것인지, 어떤 주제를 선택하는 것이 좋은지에 대한 고민이 필요하다.

6장
역사수업내용의 재구성 원리

1. 머리말 — 수업내용 재구성의 의미

다른 과목도 마찬가지겠지만, 역사수업은 일반적으로 교과서 내용을 토대로 전개된다. 교과서는 하나의 자료집이며, 거기에 담겨있는 내용은 성전적 지식의 대상이 아니라는 지적은 이미 오래 전부터 계속되어 왔다. 교과서에 서술되어 있는 교과내용의 범위와 깊이를 수업시간에 그대로 지킬 필요는 없으며, 교과서에만 의존하여 수업을 하는 것은 바람직하지도 않다. 그러나 수업과 평가, 그리고 입시에 이르기까지 현재의 교육상황에서 교과서가 차지하는 비중은 여전히 절대적이다. 교과서가 가지고 있는 권위, 내용재구성에 대한 교사의 부담감과 개인적 능력, 2명 이상의 교사가 한 학년의 같은 과목을 나누어 맡을 경우 동료교사와 보조를 맞추는 데 따르는 어려움 등 교사가 교과서 내용을 뛰어넘기에는 많은 제약요인들이 있다.[1]

---

1. 전국역사교사모임(편),《우리 아이들에게 역사를 어떻게 가르칠 것인가》, 휴머니스트, 2002, p.3.

이런 점들을 고려하면 실제 수업에서 교과서 내용을 재구성하여 가르친다는 것은 거의 불가능해 보이기까지 한다.

대부분의 수업이 교과서에 의거하여 이루어진다고 할 때, 수업내용의 골격을 결정하는 것은 교육과정이라고 할 수 있다. 국정도서이건 검정도서이건 간에 한국의 교과서는 국가교육과정을 토대로 만들어지기 때문이다. 교육과정에는 각 과목마다 내용체계와 영역별, 단원별 내용이 제시되어 있다. 미군정기 때 만들어진 교수요목부터 제7차 교육과정에 이르기까지 교육과정에는 각과목별로 대단원과 중단원이 구분되고, 중단원별로 내용요소가 제시되거나 들어갈 내용이 서술되어 있다. 따라서 국가교육과정의 내용은 곧 수업의 내용으로 연결된다고 할 수 있다.

그러나 국가교육과정의 내용이 실제 수업에 그대로 적용되는 것은 아니다. 국가교육과정의 내용은 일차적으로 교과서 내용으로 변형된다. 실제 수업이 토대로 하는 것은 교육과정이 아니라 교과서이다.[2] 초등학교 《사회》나 중·고등학교 《국사》와 같이 국정교과서인 경우, 교과서가 하나이므로 모든 학생들이 동일한 내용의 수업을 하는 셈이다. 설사 검정교과서라고 하더라도 국가교육과정에 따라 만들어지는 한, 그 내용에서는 커다란 차이가 없다.

그러나 교과서는 반드시 이런 관점으로만 볼 수 없는 속성도 있다. 중학교 《사회》나 고등학교 심화선택과목인 《한국근·현대사》, 《세계사》 등과 같은 검정교과서의 내용은 같은 역사적 사실을 다루

---

2. 이 때문에 학교에서 교과서가 아니라 교육과정을 가르쳐야 한다는 주장도 있다. 그렇지만 이에 대한 논의는 이 글의 주제와는 거리가 있으므로 별도로 다루지 않고, 교육과정이 아니라 교과서 내용이 수업내용에 더 직접적인 영향을 미치는 현상을 지적하는 데 그치기로 한다.

더라도 집필자의 관점에 따라 어느 정도 달라지게 마련이다. 서술의 초점이 반드시 일치하는 것은 아니며, 사례를 달리 들기도 한다. 교육이나 교과서를 보는 관점에 따라 구성요소들이 달라지며, 문체나 표현방식에서 차이가 나는 경우도 있다. 이러한 차이는 교과서를 가지고 학습하는 학생들의 역사인식에도 영향을 준다. 검정교과서보다는 덜 하겠지만, 국정교과서의 경우에도 누가 집필하는가에 따라서 내용의 구성이나 표현형식은 달라질 수 있다. 더구나 2007년 2월 23일 개정고시된 교육과정에서는 중단원이 제시되지 않은 채, 대단원만 구분하고 그 안에 들어갈 내용이 포괄적으로 제시되어 있다. 따라서 교과서 내용에서 중단원과 소단원의 구분과 그 안에 구체적으로 어떤 내용을 서술하는가는 집필자에게 위임되어 있는 셈이다. 그만큼 교육과정에 대한 해석과 재구성의 폭이 넓어져, 교과서마다 단원구성이나 서술내용의 차이가 커질 가능성이 많다.

교과서 내용은 수업과정에서 교사들에 의해 재구성된다. '재구성'이라는 말을 의식하건 아니건 간에, 교사들은 어느 정도 수업내용을 재구성한다. 흔히 '배움책'이라고 일컬어지는 수업용 교재를 개발하는 교사들은 교과서 내용을 전면적으로 재구성하여 교재의 내용을 만들기도 한다. 그렇지만 교과서 내용을 충실하게 따라서 수업을 하는 교사라고 하더라도 재구성을 하지 않는 것은 아니다. 중요하다고 강조하는 부분이 서로 다르며, 같은 분량의 교과서 내용을 다루는 데 배정하는 시간이 다르다. 설명을 위해 덧붙이는 말의 내용에 차이가 나며, 학생들의 이해를 돕기 위해 드는 예시가 다를 수도 있다. 교사나 학생활동, 질문과 대답의 분량이나 성격이 항상 같은 것도 아니다. 학생들의 관심을 이끌어내기 위해 목소리의 톤을 바꾸기도 한다. 이러한 모든 것들이 일종의 재구성이다.

이와 같은 관점에서 보면, 교사가 수업을 준비하고 전개하는 과정에는 본질적으로 재구성활동이 들어가 있다고 할 수 있다. 문제는 이러한 재구성을 의도적이고 체계적으로 할 필요가 있다는 점이다. 역사수업내용을 재구성하는 데 고려해야 할 원리를 검토하고, 이를 토대로 재구성 방안을 모색해보기로 하자.

2. 역사수업내용 재구성의 근거

 수업내용은 기본적으로 각 교과의 내용을 토대로 한다. 그러나 실제 수업내용은 국가교육과정의 단계, 교과서의 단계, 그리고 교실수업의 단계를 거쳐 결정된다. 각각의 단계별로 내용구성의 수준이 달라진다. 물론 교육내용은 국가교육과정에서 교과서, 교과서에서 교실수업의 수준으로 이행할수록 점차 구체화되는데, 국가교육과정의 내용은 교과서 집필을 통해, 교과서 내용은 교실수업에서 재구성된다.[3]

 국가수준의 교육과정에서는 교수요목의 기본적인 조직 유형이 설정되며, 그에 따라 단원이 편성된다. 그리고 각 단원별로 실제로 다룰 내용을 규정한다. 제7차 교육과정에서는 단원 내용에 어떤 사실을 다룰 것인가 뿐만 아니라 활용할 자료와 학습활동까지 제시되어 있다.[4] 이는 교과목표와 내용을 밀접하게 관련시키고 학생들이 학습

---

3. 교사가 재구성하는 수업내용이 그대로 학생이 인식하는 수업내용이 되는 것은 아니다. 따라서 더 엄밀히 구분한다면 교실수업 수준의 교육내용은 다시 교사수준의 교육내용과 학생수준의 교육내용으로 구분할 수 있다. 이 과정은 다시 언급하게 될 것이므로, 여기에서는 별도로 구분하여 논의하지 않기로 한다.
4. 예컨대 중학교 국사를 고려 부분을 보면 제6차 교육과정에서는 '음서', '국자

을 통해서 성취해야 할 능력이나 특성을 제시한 것으로, 학습성취의 기준이라고 할 수 있다.[5] 그러나 취지와는 달리 교육과정에서 제시되고 있는 역사적 사실은 포괄적이며 자료와 활동은 막연하여 실제로 구체적인 수업내용은 사실상 교과서와 수업을 거치면서 정해진다. 더구나 이처럼 국가 차원의 교육과정에서 내용제시를 상세화하는 것은 이전보다 더욱 구체적으로 교과서나 수업을 규제하는 결과를 초래할 위험성도 있다.

교과서 수준의 교육과정에서는 자료와 표현형식이 덧붙여진다. 같은 내용을 다루더라도 다른 자료를 활용할 수 있으며, 학습활동을 달리할 수도 있다. 동일한 내용을 다른 학습목표를 성취하는 데 이용하기도 한다. 지식이나 이해가 아니라 지적기능을 목표로 하는 단원의 경우, 같은 유형의 자료를 활용하더라도 자료에 들어있는 사례는 서로 다르다.[6]

감', '사학 12도와 같이 내용요소만을 나열식으로 제시하고 있는 데 반해, 제7차 교육과정에서는 "고려는 성종 때 최승로의 건의에 따라 유교를 정치이념으로 내세우고 여러 가지 제도를 정비하여 중앙 집권 체제의 기반을 마련하였음을 이해한다"와 같이 소재와 활동을 포함한 서술식으로 되어 있다. "근대 이전 동서양의 주요 교통로를 지도에서 확인하고, 동서문화 교류의 내용과 형태를 조사한다" (중학교 사회1, 〈서아시아 문화권의 형성과 발전〉)와 같이 자료까지 포함하는 경우도 있다.

5. 한국교육개발원 교육과정개정연구위원회, 《제7차 교육과정 개정에 따른 교과교육과정 개발체제에 관한 연구》, 연구보고 CR 97-36, 1997, p.40.
6. 예를 들어 7학년(중학교 1학년) 사회의 1단원(지역과 사회탐구)는 여러 가지 자료를 활용하여 지역의 지리적 환경, 역사적 변화, 지역사회의 기관과 그 기능, 지역사회 문제를 파악하는 것을 학습내용으로 하고 있다. 이와 같은 학습을 위해 교과서들이 제시하고 있는 자료는 여러 유형의 지도, 기후 다이어그램, 연표, 유적, 기관의 사진 등으로 비슷하며, 지역사회의 문제도 최근 관심의 대상이 되고 있는 환경문제를 다루는 경우가 많다. 그렇지만 탐구의 대상이 되는 사례 지역은 수원(금성출판사, 고려출판), 대전 유성구(디딤돌), 서울 송파구(중앙교육진흥연구소), 충남 태안(두산) 등으로 서로 다르다. 지역사회 문제로 인하여 구성원

수업수준의 내용구성에서 교사는 선행학습이나 학생들에 대한 이해를 토대로 수업에서 다룰 내용을 선정하며 학습활동을 조직한다. 수업내용 중에 들어있는 역사적 사실에 대한 교사의 인식이나 학생에 대한 이해, 그리고 이전에 어떤 학습경험을 하였는가에 따라서 구체적인 수업내용이 달라진다.[7] 예를 들어 역사적 사실을 다루는 초등학교 교사의 사회수업을 대상으로 한 연구에 의하면, 교사들은 교과서 내용을 단순화하여 제시하기도 하고, 반대로 정보를 덧붙여 설명하기도 한다. 교과서의 맥락적 지식을 설명하는 데 선행지식을 이용하기도 하고 연대기적 접근을 중시하기도 한다. 수업의 전개방식도 교사의 설명을 위주로 하기도 하고, 학생의 논의와 토론을 장려하기도 한다.[8] 이와 같은 교육내용의 재구성은 역사뿐 아니라 사회과의 여러 과목에서 일반적으로 나타난다.

　교과에서 다루는 지식의 성격도 수업내용을 재구성해야 하는 근거가 된다. 과학철학에서는 지식의 본질로 가변성, 잠정성, 설명성, 단편성, 선택성 등을 지적한다. 그 중에서도 역사를 포함한 사회탐구의 대상이 되는 지식은 가변성, 잠정성, 설명성의 속성을 강하게 가지고 있다.[9] 역사학습의 대상인 사회적 지식은 끊임없이 변화한다. 따라서 일단 얻은 지식이라도 완전하거나 최종적이 아니라 잠정적이거나 특수한 상황 아래에서 타당한 경우가 많다. 또한 사회적

들 사이에 일어나는 갈등의 성격도 교통과 쓰레기 문제(금성출판사), 주택과 교통, 수질문제(디딤돌), 환경문제(고려출판, 중앙교육진흥연구소), 개발과 환경보존(두산) 등으로 차이가 있다.
7. 김한종, 〈국사교육의 내용구성 원리〉, 《역사교육과정과 교과서 연구》, 선인, 2006, p.143.
8. 신희종, 〈초등 교사의 사회과 교과서 역사내용 표현 형태〉, 《청람사학》 6, 2002, pp.8~33.
9. 안천, 《신사고 사회과교육론》, 교육과학사, 1993, pp.40~41.

현상은 문자나 언어를 매개체로 한 설명을 통해 그 존재의의가 부여되는데, 이러한 설명은 명확하지 못하거나 현상을 완전히 묘사하기 어려운 경우가 많다.

중·고등학교 교과서가 검정으로 전환되어 과목별로 여러 종이 간행되면, 교과서 수준의 교육과정이 다양해져 수업내용 재구성의 필요성이 높아진다. 교과서는 교육과정을 토대로 내용을 선정하며 검정기준에 맞추어 만들어지므로, 검정교과서들의 내용이 크게 다른 것은 아니다. 그러나 구성요소들이 같지는 않으며, 자료와 탐구활동, 설명을 위해 들고 있는 사례 등에서도 어느 정도 차이가 나타나고 있다. 특히 제7차 교육과정의 교과서 제작과정에서 학생의 활동과 읽기자료 등이 강조된 것은 이러한 차이를 더욱 크게 하였다. 세계사가 포함되어 있는 중학교 사회는 1학년용(사회1)이 10종, 2학년용(사회2)이 9종, 3학년용(사회3)이 8종이 사용되고 있는데, 본문과 읽기자료, 탐구활동 등 구성요소의 비율에서 상당한 차이가 있다. 또한 읽기자료에 들어있는 내용의 성격도 서로 다르다. 예컨대 금성출판사 교과서는 본문과 〈활동〉 외에 〈시간 속으로〉, 〈공간 속으로〉, 〈사회 속으로〉, 〈도움글〉이라는 읽기자료가 있으며, 사전 모양의 아이콘을 두어 용어를 설명하고 있다. 디딤돌 교과서에는 본문과 〈탐구활동〉 외에 〈생각을 보태는 읽기자료〉, 〈도시탐험〉, 〈인물탐구〉, 〈역사 속으로의 여행〉이라는 읽기자료를 두고 있다. 고려출판 교과서는 본문과 탐구활동, 읽기자료로 구성되어 있는데, '탐구활동'이나 '읽기자료'에 명칭을 부여하는 대신 아이콘으로 처리하고 있다. 중앙교육 교과서는 본문과 〈탐구활동〉, 읽기자료인 〈도움자료〉로 구성되어 있는데, 〈탐구활동〉에는 CD-ROM을 활용하는 것도 있다. 고등학교 심화선택과목인 한국근·현대사 교과서는 6종이 사용되고 있는데, 금성출판사 교과서는 본문 못지 않게 탐구활동과 읽기 자료가 커다란 비중을 차지하고 있으며, 대한출판사 교과서는 자료 위주로 교과서 내용을 구성하고 있다. 이에 반해 두산출판사와 중앙교육진흥연구소 교과서는 상대적으로 본문 서술 비중이 높은 편이다.[10] 그동안 교과서에 서술되어 있는 내용을 사례 하나, 과제 하나 빼지 않고 그대로 가르치고 배워야 한다는 현실적인 요구는 입학시험이었다. 그러나 여러 출판사의 교과서가 사용되는 상황에서 입학시험을 위해서도 학교에서 교재로 특정 출판사 교과서의 내용만을 그대로 반복하는 것은 이전보다 효용성이 떨어진다. 다른 교과서의 서술내용이나 자료를 참고하는 것이 좋으며, 경우에 따라서는 여러 교과서의 내용을 종합하여 재정리하는 것이 오히려 효과적일 수 있다. 더구나 상대적이기는 하지만, 교과서들은 단원이나 다루는 내용에 따라서 더 낫거나 못한 편차가 있다는 지적을 받고 있다.

학교교육을 보는 관점의 변화도 수업내용 재구성의 필요성을 더 크게 한다. 전통적인 관점에서 학교는 정해진 틀에 의해 학생을 바람직한 인간으로 기르는 곳이었다. 이를 위해서는 가장 이상적인 교육 프로그램을 마련해놓고, 그에 맞추어 학생들을 가르치면 된다. 그러나 근래에는 학교교육을 하나의 문화로 보려는 경향이 강해지고 있다. 이러한 관점에서는 수업이란 관련된 구성원들, 즉 교과와 학생, 학생과 학생들 간의 상호작용에 의해 만들어지는 하나의 문화현상이며, 교실은 그 현상이 일어나는 가변적인 사회적 장이 된다. 따라서 교육과정이나 수업모형의 틀에 맞추어 수업을 준비하기보다는 교실에서 일어날 수 있는 구체적인 상황을 예측하고, 그에 대한

---

10. 김한종, 〈교과서의 내용구성과 현대사 수업〉, 김한종 외,《한국근현대사교육론》, 선인, 2005.

대응책을 모색하는 수업설계가 실제 수업에 도움이 된다.

교사가 교실상황에 잘 대처하기 위해 무엇보다 필요한 것은 수업지식이다. 수업지식은 교과지식을 수업상황에 맞춰 변형한 것이다. 교과지식은 수업을 위한 필요조건이지만, 그것만으로는 충분하지 않다. 수업지식은 교과내용에 대한 지식과 수업기법에 대한 지식과 신념, 학생에 대한 이해, 수업환경에 대한 고려 등 실제의 수업현장에 영향을 줄 수 있는 여러 요인이 종합되어 만들어지는 것이다. 그런 의미에서 수업지식은 교과를 가르치는 교사의 전문적 지식이라고 할 수 있다. 교사가 사용하는 수업지식은 어느 정도 일정한 유형을 가지고 있는 것이 보통이다. 예컨대, 중·고등학교 역사수업에서 한자어의 의미 풀이를 통해 역사개념이나 제도를 설명하거나, 유추의 기법을 활용하여 역사적 사실을 오늘날의 사실이나 학생들이 익숙한 사실을 통해 설명하는 것은 역사교사들에서 가장 흔히 찾아볼 수 있는 수업지식이다.[11]

3. 역사수업내용 재구성의 고려 요인

역사수업에서 내용을 재구성하기 위해 고려해야 할 요인으로는 어떠한 것이 있을까? 내용재구성이 수업을 잘 하기 위한 것이라고 할 때, 이는 '좋은 수업'의 요소와 맥을 같이 한다. 사회과수업에 대한 다음과 같은 설명을 생각해 보자.

---

11. 김한종, 〈국사수업에 나타난 교사의 설명 방식〉, 《사회과학교육연구》 3, 1999, pp.65~70.

사회과를 가르치는 최상의 한 가지 방법은 없다. 그렇지만 다양한 적절한 수업방법들이 있다. 문제는 "어떤 방법이 가장 좋은가?"가 아니다. 오히려 "어떤 방법이 이 집단의 학생들에게 가장 좋은가, 중요한 교육목표들을 가장 잘 성취할 수 있는가, 가르치는 내용의 본질에 들어맞는가?"라고 질문해야 한다. 그러므로 가르치는 것은 제한된 숫자의 간단명료한 아이디어를 찾는 것이 아니라, 여러 가지 변수를 고려해야 하는 사려깊은 의사결정 과정이다.[12]

잘 가르치기 위해 고려해야 하는 요소로 학생, 목표, 내용이라는 세 가지를 들고 있다. 이 세 가지 요소는 이 글뿐 아니라 수업내용 재구성에 대해 논의하고 있는 다른 글들에서도 흔히 찾아볼 수 있다. 특정 과목에 한정된 것이 아니라 내용구성을 할 때 고려해야 하는 측면들을 포괄적으로 지적하고 있는 것이라고 할 수 있다. 물론 이 세 가지 요소는 실제 수업에서 별개로 분리할 수 있는 것이 아니다. 학생, 목표, 내용은 수업에 통합적으로 작용한다.[13] 그렇지만 일단 논지 전개의 필요상 세 가지 요인을 개별적으로 검토해보기로 하자.

전통적 교육과정에서 가장 중요하게 생각해 온 요소는 목표이다. 글레이저(R. Glaser)나 한국교육개발원(Korean Educational

---

12. Tom V. Savage and G. David, *Effective Teaching in Elementary Social Studies*(4th edn.) (New Jersy: Merril Prentice Hall, Upper Saddle River, 2000), p.175.
13. 이 점을 강조하여 교과교육의 내용과 방법적 원리를 포괄하여 그 교육적 의미를 이해하려는 것을 '교과학', 내용론과 교수론이 별개로 구성되는 것을 '교과교육학'이라고 구분하기도 한다(김정호, 〈사회과교과학〉, 이돈희 외, 《사회과교과학연구》, 연구보고 RR97-176-4, 한국교육개발원). 그러나 교과의 내용과 방법적 원리가 분리되는 것이 아니라 하나의 통합적 운영원리로 작용한다는 관점에 동의하더라도, 이를 구태여 '교과학'과 '교과교육학'으로 구분할 필요는 없을 것이다. 교과교육학을 그런 관점에서 접근하면 충분하리라고 생각한다.

Development Institute: KEDI)의 교수모형에서 보듯이[14] 목표중심 교육과정에서는 목표부터 평가까지 일관성과 잘 짜여진 절차를 강조한다. 이와 같은 교육과정을 개발하기 위해서는 목표를 상세화하고 구체화해야 한다고 주장한다. 행동적 목표분류가 대표적인 예라고 할 수 있다. 그러나 실제로 수업내용을 재구성하는 데 목표는 종속변수이다. 대부분의 경우 수업목표에 따라 내용을 선정하는 것이 아니라, 내용에 맞추어 목표를 설정한다. 수업지도안을 작성할 경우, 단원 전체에 해당하는 것이건, 단위 수업시간에 해당하는 것이건 간에 목표가 가장 먼저 나오기는 하지만, 대부분의 교사들이 수업설계에서 가장 먼저 염두에 두는 것은 수업내용이다.

다음으로 학습자와 관련해서는 인지적, 정의적 특성을 떠올릴 수 있다. 학습자의 인지발달이나 정의적 특성에 적합한 내용을 선정하거나 자료의 형태를 바꾸어야 한다는 것이다. 이를 위해 이론적 근거로 가장 흔히 이용되는 것은 발달심리학의 연구결과이다. 피아제(Jean Piaget)의 인지발달론이 대표적이다. 피아제의 인지발달론을 각 교과 영역에 적용하려는 연구가 활발히 전개되었고, 이에 입각하여 역사적 사고력의 발달 단계를 밝히려는 연구들도 나타났다. 그러나 역사수업내용의 재구성을 위한 이론적 근거를 여기에 의존하는 것은 몇 가지 문제점을 가지고 있다.

첫째, 발달심리학의 이론은 학교교육이나 특정 교과와는 직접적으로 관련을 가지지 않는 총체적 발달단계론이라는 점이다. 이 때문

---

14. 글레이저는 교수모형을 '수업목표 → 출발점행동 진단 → 수업 → 성취도 평가'라는 절차로 제시하면서, 각 단계는 피드백을 거치는 것으로 본다. 한편 KEDI 모형은 '계획단계 → 진단단계 → 지도단계 → 발전단계 → 평가단계'로 구성되어 있다. 두 가지 교수모형은 모두 수업의 절차를 규정하고 있는 것으로, KEDI 모형이 글레이저 모형과 차이가 나는 것은 발전단계를 추가하고 있는 정도이다.

에 각 교과나 영역에 대한 학습능력이 아니라 일반적인 발달 경향만을 보여주고 있다. 더구나 피아제류의 인지발달론에서는 "무엇을 할 수 있는가?"가 아니라, "무엇을 할 수 없는가?"에 초점을 맞춘다. 따라서 무엇을 가르쳐야 할 것인가보다는 무엇을 가르치지 말아야 할 것인가를 정하는 데 더 유용하다.

둘째, 발달심리학에서 말하는 사고력의 성격은 보편적 인지이다. 보편적 인지이론에 따르면, 학습자는 자신이 가지고 있는 사고력을 같은 성격의 사고활동을 요구하는 모든 학습과제에 적용할 수 있다. 예를 들어 수학에서 도형문제를 분석적으로 잘 푸는 학생은 국어 문장도 잘 분석할 수 있어야 한다. 그러나 실제로 이와 같은 보편적 인지가 존재하는지는 의문이다. 사실 발달심리학자들도 같은 종류의 지적 활동을 필요로 하는 사고력이 해결해야 할 과제에 따라 다른 연령에 나타난다는 것을 발견하였다. 그러나 이들은 이를 수평적 지체(horizontal décalage)라는 개념을 사용하여 기존의 이론에 통합하였다. 그러면서도 왜 같은 종류의 사고력이 과제에 따라 다른 연령에 나타나는지 명확히 설명하지 못하였다. 이는 발달심리학자들이 말하는 영역보편적 인지의 존재에 의문을 가지게 한다.

셋째는 발달심리학자들이 말하는 발달 단계에 대한 의문이다. 대표적인 것이 구체적으로 경험할 수 있는 것과 추상적이고 경험할 수 없는 것에 대한 사고의 단계를 구분하고 있다는 점이다. 발달심리학자들의 이러한 주장은 현재 교육과정상 역사과목이 포함되어 있는 사회과 교육과정의 내용조직 원리인 환경확대법의 정당성을 뒷받침해주는 유력한 이론으로 활용되고 있으며, 교수요목의 구성에서 가장 먼저 머리에 떠올리는 이론적 토대로 사용되고 있다. 그렇지만 이러한 이론에 대해서는 이미 유력한 반론들이 제기되고 있는 상태이다. 예컨대 이건(Kieran Egan)에 의하면, 어린 아동일수록 구체적인 문제를 쉽게 이해하고 추상적인 문제를 이해하기 어려워하는 것이 아니다. 다만 성인과 이해의 방식이 다를 뿐이다.[15]

그렇지만 수업내용 재구성과 관련하여 무엇보다도 염두에 두어야 할 것은 실제로 이와 같은 발달심리학 이론에 근거하여 학습자를 파악하는 교사들이 거의 없다는 점이다. 교사들은 수업을 설계하면서 학습자의 수준을 주요 요소로 고려하여 수업내용을 구성한다. 그러나 수업내용과 관련하여 교사들이 파악하는 중요한 방식은 경험이다. 이전 수업을 통해서 느꼈던 학생들의 인지적, 정의적 특성이나 같은 내용을 가지고 수업을 전개한 다른 학급의 경험이 학생들에 대한 이해의 주요 원천이다. 발달심리학에서 말하는 단계별 학생들의 특성은 내용재구성의 별다른 요인으로 작용하지 않는 것이 보통이다.

다음으로 교과내용의 문제이다. 실제적으로 교육과정을 개발하는 데 가장 핵심적인 역할을 하는 것은 교과내용이다. 국가 차원의 교육과정에서도 마찬가지지만, 교실 수준의 교육과정에서는 더욱 그렇다. 교사들은 어떤 내용을 가르쳐야 하는가를 먼저 생각해서 수업자료를 선택하고 활동을 모색한다. 내용의 특성이 수업설계 전반을 좌우하는 것이다. 예컨대, 지식을 명제적 지식과 방법적 지식으로 구분한다고 할 때, 수업내용이 명제적 지식의 대상이라면 학생들의 이해를 촉진시키기 위한 방향으로 수업내용을 구성할 것이다. 이에

---

15. 이건은 이런 관점에서 역사적 사실에 대한 이해의 방식은 신화적 단계(mythic stage, 7세까지) → 낭만적 단계(romantic stage, 8~13세) → 철학적 단계(philosophic stage, 14~20세) → 풍자적 단계(ironic stage, 20세 이후)로 구분하였다. Kieran Egan, "Accumulating History", *History and Theory*, Beiheft 22, 1983.

반해 방법적 지식과 관련된 내용이라면 학습자의 활동을 강조할 수도 있다. 물론 명제적 지식을 습득하기 위한 방법으로 활동을 이용할 수도 있다. 그러나 방법적 지식을 단순히 학생들에게 이해시키는 것은 무의미할 수도 있다. 이 때문에 실제 수업에서 내용을 재구성할 때 집중적으로 고려하는 것은 학습해야 할 내용의 성격이다.

목표, 학습자, 내용이라는 세 가지 요소 못지 않게 수업내용에 직접적인 영향을 미치는 변수는 교사이다. 교사는 수업내용을 직접 설계하는 주체이다. 설사 학생활동을 중심으로 하거나 프로젝트 학습과 같이 학생들이 학습의 틀을 결정하는 경우라도, 실제 수업내용을 구안하는 것은 교사이다. 교사는 교육과정과 교과서를 해석하고, 교과나 교과서 내용을 변형하여 수업내용으로 만든다. 이 과정에서 교사의 인지적, 정의적 특성이 개재되기 마련이다. 특히 교사의 교과 내용에 대한 인식, 사회과 수업에 대한 관점, 주로 경험을 통해 우러나오는 학생에 대한 이해가 실제로 수업내용을 재구성하는 데 작용하는 요인이다.

4. 역사수업내용의 재구성 방안

재구성의 구체적인 작업이 무엇을 가르칠 것인가에서 출발하는 만큼, 그 방법의 이론적 토대로는 먼저 역사교육의 내용선정 원리를 생각해 볼 수 있다. 많은 학자들이 내용선정의 원리를 제시하고 있지만, 일반적인 기준들은 거의 비슷하다. 예컨대 잘 알려진 교육학자인 타바(Hilda Taba) 등은 사회과교육에서 핵심개념, 주요 아이디어, 내용 사례라는 세 수준의 지식이 ① 타당성(최신의 것), ② 유의미성

(기초적인 정보), ③ 적절성(오늘날 세계의 현실, 학생의 흥미나 관심에 들어맞는 것), ④ 관련성(학생의 필요나 발달단계에 부합되는 것), ⑤ 깊이(내용이 풍부한 것), ⑥ 범위(적용의 폭이 넓은 것), ⑦ 태도, 감정, 감수성, 사고력, 사회적 기능과 같은 다른 목표를 발달시키는 데 도움이 되는 것이라는 구체적이고 명확한 기준을 토대로 선정이 되어야 한다고 말하고 있다.[16] 한 사회과교육 개설서에서는 내용선정의 기준으로 ① 사회과학의 제개념과 원리 및 이론, ② 인간의 이해와 인간존중사상의 고취에 대한 요소, ③ 사회구성원으로서 알아두어야 할 기능적 요소, ④ 현대사회의 문제 이해 및 해결에 관한 요소, ⑤ 정치, 경제, 사회, 문화, 종교, 도덕 등 제분야에서 제기되는 논쟁점에 관한 요소, ⑥ 미래 연구에 관한 내용, ⑦ 현대사회의 이해와 다양한 탐구방법, ⑧ 사회의 광범한 분야로부터 제기되는 가치 문제, ⑨ 사회현상에 관한 다양한 분야에서 제기되는 가치 문제를 제시하고 있다.[17] 표현하는 말은 다르지만 타바 등이 제시하는 기준들과 별다른 차이가 없다. 다른 학자들이 제시하고 있는 기준들도 대동소이하다. 그런데 이 기준들은 앞서 검토의 대상으로 삼은 목표, 학습자, 내용이라는 세 가지 변수가 모두 포함되어 있을 만큼 포괄적이다. 제시된 기준들이 말과는 달리 구체적이고 명확하다는 느낌이 들지 않는다. 그렇기 때문에 이와 같은 일반적인 내용선정의 원리나 기준들은 실제로 수업내용을 재구성하는 데 별로 도움을 주지 못한다.

이보다는 구체적으로 역사교육의 내용선정 기준들이 논의되기도

---

16. Hilda Taba, et. al., *A Teacher's Handbook to Elementary Social Studies-An Inductive Approach*-(2nd edn.) (Massachusetts: Addison-Wesley Publishing Company, 1971), p.13.
17. 한면희 외, 《사회과교육론》, 갑을출판사, 1991, pp.149~150.

한다. 내용의 범위, 기본적인 역사개념, 학습자의 역사 이해 발달, 역사연구를 위한 기능, 역사적 사실의 규모, 사건이 일어난 역사적 맥락, 주변이나 지역과의 관계 등에 대해 고려해야 할 기준을 제시하고, 과거 사람들에게 중요한 것, 사건이 미친 영향이 광범위하고 크고 지속적인 것, 현대 생활과 관련성이 깊은 역사적 사실을 가르쳐야 한다고 주장한다. 역사에 커다란 영향을 미친 결정이 이루어진 중대한 시기를 학습해야 한다거나, '중요성'을 역사교육 내용선정의 기준으로 강조하기도 한다.[18] 이 기준들은 위의 일반적인 내용선정 기준보다 구체적이며, 역사교육의 내용을 어느 정도 반영하고 있다. 그렇지만 역사교사가 수업내용을 재구성하는 데 이러한 기준들을 고려하는 경우는 그리 많을 것 같지 않다. 더 구체적인 내용선정 기준을 마련한다고 해도[19], 이 기준을 적용하여 내용을 구성하는 것은 교과서를 만드는 단계이지, 교사가 교과서 내용 등을 토대로 수업내용을 재구성할 때는 아니기 때문이다. 오히려 교사의 교육관이나 학생에 대한 이해, 그리고 수업시간이나 내용분량과 같은 세부적인 문제들이 내용을 선정하는 데 훨씬 더 큰 영향을 줄 것이다.

    그렇다면 수업내용을 재구성하기 위한 출발점을 어디에 두어야 하는 것일까? 현실적으로 그것은 교과서 내용에서 찾아야 할 것 같다. 교과서는 두 가지 상반된 측면에서 수업내용 재구성의 출발점이 된다. 하나는 교과서는 수업계획을 세우는 토대로, 수업내용을 재구성하는 데 필요한 개념이나 아이디어, 일반화를 제공해준다는 점이

---

18. 역사교육의 내용선정 기준에 대해서는 김한종, 〈중·고등학교 국사교육의 내용선정〉, 《역사교육과정과 교과서연구》, 선인, 2006, pp.209~214 참조.
19. 이에 대해서는 다음의 글을 참조. 김한종, 〈국사교육의 내용구성 원리〉; 김한종, 〈중·고등학교 국사교육의 내용선정〉.

며, 다른 하나는 교과서 내용에 대한 비판적 검토가 수업내용 재구성의 출발점이 된다는 점이다.

전자의 측면에서 보면, 교사는 대체로 교과서를 재검토하여 수업에서 사용하고자 하는 주요개념이나 아이디어, 또는 일반화를 확인한다. 그리고 이를 가르치기 위해 교과서 내용을 변형시키거나 보충할 방법을 생각한다.[20]

후자의 관점은 여러 가지 형태로 교과서를 재구성하여 사용하는 교사들에게 두드러지게 나타난다. 교과서 내용의 문제점을 분석하여, 이를 보완하는 방향으로 수업내용을 재구성하는 것이다. 일례로 역사교과서에 대해서 교사들이 지적하고 있는 문제점을 옮겨보기로 하자.

> 재미없는 교과서를 인간과 인간 집단이 숨쉬는 새로운 역사교재로 재구성하기 위해서는 어떤 작업이 필요할까? 지난 수년 간 교사들이 이 문제에 관심을 가지고 교과서 내용을 재구성하고 거기에 걸맞은 수업 방법을 찾아내기 위해 다양한 연구작업을 진행하였다. 그 과정에서 현재의 교과서에는 너무 많은 사건과 인물, 사실이 등장하고 있으며, 그 사실들이 기계적으로 나열되고 있을 뿐 아니라 좀 더 선명하게 구조화되어 있지 못했음을 지적했다. 이를 대신하여 부적절하게 편성되었다고 생각되는 단원을 재구성하고, 각 분류사별로 교과서 내용을 검토하면서 그 내용에 대한 새로운 시각과 수업방법을 만들어 나갔다. 딱딱한 제도의 나열로 이루어진 정치제도사, 고정된 평가와 함께 수많은 유물들이 장황하게 소개되는 문화사, 언제나 외적에 맞서 당당히 싸우

---

20. Savage and Armstrong, *Effective Teaching in Elementary Social Studies*(4th edn.), p.184.

기만 하였던 대외관계사, 관념적인 용어들로 서술해 놓아서 어렵게만 느껴지는 사상사, 이러한 내용들을 어떻게 더 쉽게 파악하고 피부에 와닿게 만들 것인가? 어떻게 하면 학생들이 과거의 삶을 올바로 이해하고 현재 자신의 삶 속에 그것을 투영시키게 할 것인가?[21]

교사들이 지적하고 있는 문제점으로는 너무나 많은 구체적 사실, 역사적 사실들의 기계적 나열, 문화에 대한 고정된 평가, 사상에 대한 관념적 서술 등을 들 수 있다. 이에 비추어 보면 수업내용 재구성은 역사적 사실의 양을 줄이고, 이를 체계적으로 서술하는 방향으로 이루어질 것이라고 짐작할 수 있다. 그리고 학생들로 하여금 문화재나 문화현상에 대하여 스스로 평가할 수 있는 기회를 부여하며, 학생들의 이해를 돕기 위해 사상을 구체적인 용어나 사례를 들어 서술할 것이다.

그러나 선정된 내용이 원래 존재했던 형태 그대로 수업내용이 되는 것은 아니다. 교과서 안의 내용이건 교과서 밖의 내용이건 간에, 그것이 수업내용이 되기 위해서는 일정한 변형의 과정을 거친다. 교과서 내용을 토대로 한 것일 경우, 이러한 변형의 과정은 대체로 두 가지 하위 과정으로 구분된다. 첫째는 선택의 과정이다. 이 과정에서 교사들은 교육과정이나 교과에 대한 이해를 바탕으로 교과서를 분석하고 해석한다. 그리고 가르칠 내용을 결정하고, 그중 강조해야 할 중심개념과 부차적인 개념을 구분한다. 둘째는 내용의 제시방식을 결정하는 단계이다. 이 단계에서 교사는 선택된 내용을 제시하기 위해 유추, 비유, 예시, 범례, 설명 등 다양한 방식을 고려한다. 제시

---

21. 전국역사교사모임(편),《우리 아이들에게 역사를 어떻게 가르칠것인가》, p.88.

방식을 결정하는 과정에는 교실수업을 통해 얻은 교사의 경험적 지식이 투영되며, 교실상황, 학습자의 이해도, 교과내용의 인지적 수준 등에 대한 고려가 포함된다.[22]

교사의 교육관, 인지적 특성도 변형의 과정에 작용하는 중요한 요인이다. 활용할 수 있는 기자재나 그밖의 수업환경, 사회적 영향력도 수업내용 구성에 영향을 미친다. 그리고 이러한 수업내용이 얼마나 적절하게 학생들에게 전달되는가는 선정된 내용의 적합성, 교수·학습활동의 효율성, 학생들의 선개념 등에 따라 달라진다.[23]

선정된 내용을 어떻게 조직할 것인가 하는 것도 수업내용 재구성의 중요한 문제이다. 실제로 이 과정은 내용선정과 별개로 이루어지는 것이 아니라 한 덩어리로 묶여서 전개된다. 즉, 수업내용 선정은 어떻게 배열할 것인가를 동시에 고려하면서 이루어진다.

흔히 수업내용 조직의 원리로 제시되는 것이 지식의 구조이다. 교과를 가르치기 위한 수업내용의 구조화는 보통 사실, 개념, 일반화의 세 수준을 구분하고, 이를 위계적으로 조직하는 방식으로 이루어진다. 이때 구조화의 축을 이루는 것이 핵심개념 또는 아이디어이다. 여기에서 개념은 학습의 대상이 되는 사실을 분류하거나 범주화하며 체계적으로 조직하는 데 유용한 아이디어라고 할 수 있다. 따라서 개념은 일련의 사실들을 하나로 묶어주는 공통적인 속성을 가리킨다. 이에 반해 일반화는 개념과 개념, 또는 개념과 사실들 간의 관계에 대한 진술이라고 할 수 있다.

---

22. 이혁규, 〈중학교 사회과 교실수업의 일상생활 기술적 사례연구-교과 변환과정을 중심으로-〉, 조영달(편), 《한국 교실수업의 이해》, 집문당, 1999, pp.264~265.
23. 김한종, 〈역사인식과 역사교육의 방법〉, 《교원교육》 15, 한국교원대학교 교육연구원, 1999, pp.89~90 참조.

교과서나 교사가 개념이 가지는 공통적인 속성 아래 일련의 사실들을 묶는 것을 흔히 찾아볼 수 있다. 예컨대, 사회과 수업에서 '사회적 불평등'이라는 개념 아래, 봉건사회의 신분제, 교육기회의 불평등, 남녀성별에 따른 차별, 지역간의 불평등, 소득분배의 불균형 등의 사례를 묶어서 다룰 수 있다.[24] '근대화'라는 개념 아래 중국의 양무운동과 일본의 메이지유신을 비롯한 아시아 여러 나라의 개혁을 비교, 정리하는 것은 역사교과서나 수업에서 흔히 볼 수 있다.[25]

수업내용의 구조화에 효율적으로 사용될 수 있는 개념으로는 조직개념(organizing concept)을 들 수 있다. 조직개념은 교과내용을 일련의 군(群)으로 묶어서 체계화할 수 있는 끈의 역할을 한다. 예를 들어 뱅크스가 말하는 역사학의 변화, 리더쉽, 갈등, 협동, 탐험, 역사적 왜곡, 사회학의 사회화, 역할, 규범과 제재, 가치, 사회적 운동, 사회(지역사회, 이웃, 기관), 지리학의 위치, 공간적 상호작용, 도시의 내부양식, 도시의 내부구조, 문화 확산, 환경 지각 등과 같은 개념들이 조직개념에 해당한다.[26]

이와 같은 조직개념은 역사나 사회현상과 관련된 많은 사실들을 구조화할 수 있는 틀로 유용하다. 따라서 조직개념은 교육과정에서

---

24. 황재기 외,《중학교 사회 2》, 교학사, 2002, pp.149~153 참조.
25. 오경섭 외,《중학교 사회 2》, 디딤돌, 2002, p.91, p.101; 조화룡 외,《중학교 사회 2》, 금성출판사, 2002, p.98; 차경수 외,《중학교 사회 2》, 교학사, p.91; 황재기 외,《중학교 사회 2》, 2002, 교학사, p.91.
26. J. A. Banks and C. A. M. Banks, *Teaching Strategies for the Social Studies: Decision-Making and Citizen Action*(5th edn.) (New York: Longman, 1999), pp.269~272, pp.295~300, pp.409~421. 이 개정판에서 뱅크스는 이전 판과는 달리 '조직개념'이라는 용어를 사용하고 있지 않다. 그러나 제시하고 있는 개념의 사례는 이전 판과 마찬가지이며, 이 개념들의 성격 또한 역사적 방법과 관련된 개념, 간학문적 개념 등으로 동일하게 규정하고 있다. 따라서 이 글에서는 '조직개념'이라는 용어를 그대로 사용하였다.

내용을 조직하는 데 유용하게 사용할 수 있다. 그러나 실제로 교사가 조직개념을 가지고 수업내용을 구조화하는 경우는 거의 찾아볼 수 없으며, 수업에서 조직개념을 직접 가르치지도 않는다. 다만 학생들이 조직개념을 이해해야 한다는 점을 염두에 두고 수업을 이끌어가면 된다.[27] 그것은 이들 조직개념이 가지고 있는 고도의 추상성 때문이다.

뱅크스의 조직개념은 타바가 말하는 핵심개념(key concept)과 비슷하다. 타바는 독립, 협동, 문화적 변화, 사회적 통제 등을 사회과의 핵심개념으로 제시하고 있는데, 이들 개념의 성격을 고도의 추상성을 나타내는 단어라고 말하고 있다.[28] 뱅크스의 조직개념이나 타바의 핵심개념은 사회와 역사 속에서 실제로 존재하는 사실을 표현하는 개념이 아니라, 이들의 관계나 경향성을 나타내는 2차적 개념(second-order concept)이다. 수업에서 내용을 구조화하는 데 사용되는 개념은 일련의 구체적인 사실들을 공통 속성에 따라 묶는 실제개념(substantive concept)이다. 다만 사실들을 그룹으로 묶는 기준은 하나의 교과 안에서도 다를 수 있다.

일반화도 수업내용을 구조화하는 데 활용된다. 타바는 핵심개념보다는 덜 추상화된 일반화로 주요 아이디어(main idea)를 제시하고, 이를 토대로 내용을 구조화하고 있다. 타바는 초등학교 3학년 수준의 주요 아이디어 사례로 "전통은 어떤 사람들이 행동을 하는 방식에 영향을 준다"는 일반화를 들고 있다.[29] 사람들의 생활에 영향을

---

27. 강우철,《역사의 교육》, 교학사, 1974, p.179. 강우철은 이 책에서 '조직개념'이 아니라 '기본개념(basic concept)'이라는 용어를 사용하고 있다. 그렇지만 그 의미는 조직개념과 마찬가지이다.
28. Taba, et. al., *A Teacher's Handbook to Elementary Social Studies-An Inductive Approach-*(2nd edn.), p.120.

미치는 여러 전통을 이와 같은 일반화 아래 묶는 것이다.

그러나 일반화에 의한 구조화가 이론적으로는 흔히 언급되지만, 실제 교실현장에서 수업내용을 구조적으로 조직하는 틀로 일반화를 자주 이용하지는 않는다. 물론 문벌귀족, 권문세족, 양반사대부 등의 공통 속성에서 우리는 "사회적으로 우위에 서 있는 계층은 그렇지 못한 계층보다 많은 권리를 누린다"와 같은 일반화를 추출할 수 있다. 그렇지만 이는 학습하는 과정에서 학생들이 인식하는 것이지, 애초 수업내용을 조직하는 원리나 틀로 사용된 것은 아니다. 이런 점을 고려하면, 중심개념이나 아이디어를 토대로 학습내용을 구조화하는 것이 바람직하리라고 생각된다.

근래에는 교과의 목표나 내용을 조직하는 원리로 '스트랜드(strand)'라는 용어가 사용되기도 한다. 미국 사회과교육학회(National Council for the Social Studies)는 사회과를 조직하는 바탕이 되는 주제 스트랜드로 ①문화, ②시간, 연속성, 변화, ③사람, 장소, 환경, ④개인적 발달과 정체성, ⑤개인, 집단, 제도, ⑥권력, 권위, 통치, ⑦생산, 분배, 소비, ⑧과학, 기술, 사회, ⑨전세계적 연계, ⑩시민이념과 실천이라는 10가지를 제시하고 있다.[30] 미국 사회과교육학회는 이들 주제 스트랜드를 사회과 교육과정 개발의 필수적인 개념적 구성요소라고 말하면서, 각각의 스트랜드를 연관지어 학교급별 내용구성과 학교현장의 실천사례, 수행기준을 제시하고 있다. 스트랜드 중심의 교육과정 개발 방안은 우리나라 사회과 교육

---

29. Ibid., p.12.
30. Donald Schneider, et. al., *Expectation of Excellence: Curriculum Standards for the Social Studies*(Washington: National Council for the Social Studies, 1994), pp.21~30.

과정 개발에도 직접적인 영향을 미쳤다. 제7차 교육과정 사회과 국민공통 기본교육과정은 미국 사회과교육학회가 제시한 스트랜드를 부분적으로 조정하여, ①문화와 민족, ②변화와 지속성, ③인간과 환경, ④개인과 사회, ⑤시민생활과 정치, ⑥생산, 분배, 소비, ⑦과학, 기술, 사회, ⑧지구촌사회의 여덟 가지 스트랜드를 중심으로 구성하였음을 표방하고 있다.[31]

5. 맺음말

일반적으로 수업내용은 교과서 내용을 토대로 하며, 교과서는 국가교육과정에 토대를 두고 서술된다. 그런 의미에서 보면, 수업내용은 교과내용과 국가교육과정의 틀에서 벗어나지 못한다. 그러나 교과내용은 국가교육과정, 교과서, 교실수업을 거치는 동안 단계적으로 재구성된다. 국정교과서이건 검정교과서이건 간에, 집필자들은 같은 내용이라도 다른 자료를 사용하거나 사례를 달리 하여 서술한다. 의식하건 아니건 간에 교사들은 같은 교과서를 사용하더라도 자기 나름으로 이를 소화하거나 해석하여 학생들에게 전달한다. 이러한 일련의 과정이 모두 수업내용의 재구성이라고 할 수 있다. 특히 역사는 그 성격상 다른 교과에 비해 수업내용의 재구성이 더 필요하다.

---

31. 한국교원대학교 사회과교육과정 연구위원회, 《제7차 교육과정 개정에 따른 교과교육과정 개발체제에 관한 연구》 1998년도 교육부 위탁과제 81160-43의 답신보고서, 1998. 12, pp.36~37. 이 보고서에서는 '스트랜드' 대신 '영역'이라는 표현을 쓰고 있다. 그렇지만 이는 '스트랜드'라는 말이 생소하게 들리므로 익숙한 용어로 바꾼 것으로, 실제 영역의 구분은 미국 사회과교육학회가 제시한 스트랜드와 같은 성격이다.

수업내용의 재구성을 위해 고려해야 할 요소는 목표, 학습자, 교과내용의 세 측면에서 검토할 수 있다. 이 중 수업내용을 재구성하는 데 실제로 가장 커다란 영향을 미치는 것은 교과내용이며, 교사의 인지적, 정의적 특성도 중요한 요인이다. 특히 교과내용에 대한 교사의 인식, 수업에 대한 관점, 학생에 대한 이해에 따라 역사수업의 내용은 달라진다.

역사수업내용을 재구성하기 위해 먼저 고려해야 할 것은 수업에서 어떤 내용을 가르칠 것인가 하는 내용선정의 문제이다. 여기에는 내용선정의 기준, 교과서 내용의 변형 방안, 교사의 교육관이나 인지적 특성 등이 영향을 미친다. 다음으로 선정된 내용을 어떻게 조직할 것인가를 고려해야 한다. 내용조직을 위해서는 구조화의 방안을 모색해야 한다. 수업내용을 사실, 개념, 일반화로 구분할 수 있다면, 조직개념을 토대로 구조화를 하는 방안을 생각할 수 있으며, 일반화를 토대로 한 구조화 방안도 제시되고 있다. 근래에는 주제 스트랜드를 중심으로 교육과정을 구성하는 방안도 나오고 있다. 그러나 이와 같은 방안들은 대부분 일반적인 교육과정의 구성요소를 제시하는 것으로, 실제 수업내용을 재구성하는 데는 중심개념이나 아이디어가 더 많이 사용된다.

이제까지 수업내용의 재구성을 둘러싼 많은 원론적인 논의들이 오갔다. 그러나 이러한 논의들은 실제로 수업내용을 재구성하는 데 그리 커다란 도움을 주지 못한다. 많은 역사교육 연구들이 이론을 위한 이론, 현장 적용 가능성이 희박한 연구를 위한 연구라는 비판을 받아왔다. 이를 극복하기 위해 이론을 어떻게 하면 현장에 실천적으로 적용할 것인가에 초점을 맞춘 연구들이 꾸준히 전개되어 왔다. 이 연구들이 어느 정도 성과를 거두어 온 것은 사실이다. 그렇지만 이론과 현장이 겉돌고 있다는 비판은 여전히 계속되고 있다. 이를 극복하는 하나의 방법은 실제 수업현장에서 일어나는 현상을 규명하고 이를 이론화하는 길이다. 이런 관점에서 보면, 역사 수업내용의 재구성을 둘러싼 논의를 진전시키기 위해서는 수업내용이 실제로 어떤 과정을 통해 재구성되며, 거기에 작용하는 요인이 무엇인가를 밝히는 것이 필요하다.

7장
역사과 교실수업 연구의 동향

1. 머리말

근래 교과교육 연구에서 교실수업에 대한 관심이 높아지고 있다. 이러한 경향은 자연스럽고 당연한 것으로 생각된다. 교실은 교과교육의 실천이 이루어지는 현장이기 때문이다. 이제까지 교과교육 연구는 실제의 수업 현실과 거리가 있다는 비판을 받아 왔다. 교실수업에 대한 연구는 교과교육의 실천성을 강화하고, 이론과 현실의 거리감을 좁혀줄 수 있을 것으로 기대되고 있다.

사실 이와 같은 관점에서 그동안에도 교실수업은 교과교육의 중요한 연구 대상 중 하나였다. 오랫동안 교실수업과 관련된 교수·학습의 문제를 바라보는 시각을 지배하여 왔던 것은 행동주의 심리학에 토대를 둔 실증주의적 패러다임이었다. 행동주의 심리학에서는 지식이나 기능(技能)은 실천이나 적절한 보상을 통해 학습자의 머릿속에 자리잡을 수 있는 수많은 구성요소로 분석될 수 있다고 주장한다. 이에 따라 교실수업 연구도 명백하게 겉으로 드러나는 계량화할 수 있는 요소들에 초점을 맞추었다. 예컨대 교사가 하는 질문의 숫자나 유형, 교사의 지시나 칭찬 또는 피드백, 학생의 연습이나 반복의 종류나 양, 타이밍 같은 것들이 교실수업에 대한 연구에서 조사되었다 그러나 근래에는 인지심리학이나 문화인류학의 발달에 따라 교수·학습의 체제를 총체적이고 통합적이며 상호작용이라는 측면에서 바라보는 경향이 강화되고 있다.[1]

교수·학습에 대한 인식이 변하면서 수업을 보는 관점도 달라지고 있다. 오랫동안 가장 효과적인 수업은 잘 짜인 계획에 따라 진행되는 수업이라고 여겨져 왔다. 목표부터 평가에 이르기까지 하나의 일관된 과정을 중시하는 목표중심 교육과정이나, 구체적이고 평가 가능한 수업목표의 도달에 초점을 맞추고 있는 여러 수업모형들은 이를 반영한다. 그러나 근래에는 수업을 관련된 여러 구성요소들이 기계적으로 짜맞춰 진행되는 정해진 틀이 아니라, 이 요소들이 총체적으로 결합되어 한 덩어리로 나타나는 하나의 사회적 사건으로 보고, 교실을 그러한 사건이 일어나는 사회구조로 개념화하고 있다. 수업이 이루어지는 맥락이나 관련된 요소들의 결합에 따라 수시로 변화할 수 있는 하나의 문화로 보려는 것이다.

일반적으로 문화란 어떤 사람들이 장기간에 걸쳐 환경에 적응하면서 발전시킨 생활 방식을 가리킨다. 즉 문화는 집단을 구성하는 사람들에 의해 공유되는 생활양식이다.[2] 교실수업을 하나의 문화라

---

1. Beverly J. Armento, "Changing Conceptions of Research on the Teaching in Social Studies", in James P. Shaver(ed.), *Handbook of Research on Social Studies Teaching and Learning*(New York: Macmillan Publishing Company, 1991), pp.190~191.
2. Jane J. White, 〈민속학적 접근방법〉, 《사회과교육 연구에의 초대》(최병모·정태화 공역), 원미사, 1999, p.98.

고 하는 것은 관련된 사람들이 함께 경험하며 그들의 생각이나 행동이 상호작용을 거쳐 교실이라는 공간에 나타난 것이 수업이라는 의미이다. 교실수업과 직접적으로 관련된 사람은 교사와 학생이다. 따라서 교실수업의 성격에 가장 커다란 영향을 미치는 것은 교사와 학생, 학생과 학생 사이의 상호작용이다. 이러한 상호작용의 확인은 교실수업 연구의 초점이 될 것이다. 이와 함께 수업이 행해지는 환경 또한 중요한 관심의 대상이다. 여기에서 수업에 영향을 미치는 환경에는 학급당 인원이나 교육기자재와 같은 물리적 환경뿐만 아니라, 수업에 관련된 사람들의 교육이나 수업에 관한 관점, 교수·학습 능력 등 정신적 환경까지 포함된다.

교실수업에 대한 연구는 근래 사회과 교육에서 활발히 전개되고 있다.[3] 교육과정상 역사도 사회과에 속해 있으므로, 사회과 교실수업 연구의 일환으로 역사수업에 대한 연구들도 이루어지고 있다. 특히 교과서나 교과내용이 통합적으로 구성되어 있는 초등학교 역사수업에 대한 연구가 많았다. 중·고등학교 역사교육에 대한 연구에서도 점차 수업현장에 대한 관심이 늘어나고 있다. 그렇지만 역사과 교실수업에 대한 연구는 그리 많은 편은 아니다. 그나마 대부분의 연구는 역사수업과 관련된 특정 요소들을 분석한 것으로, 역사수업 전반을 대상으로 한 포괄적이고 총체적인 질적 연구는 별로 찾아볼 수 없다. 논의의 범위를 실제의 역사수업을 소재로 한 사례연구까지 넓히더라도 실제 검토 대상이 될 만한 연구는 그리 많지 않다. 이런

---

3. 이 글에서는 역사수업에 대한 연구로 그 대상을 한정한다. 그 밖의 사회과 교실수업 연구의 동향에 대해서는 다음 논저를 참조. 이혁규, 〈교실수업과정의 연구 경향 검토〉, 《사회와 교육》 20, 한국사회과교육학회 ; 조영달(편), 《한국 교실수업의 이해》, 집문당, 1999.

점들을 고려하여, 일단 수준에 관계없이 교실 역사수업 연구에 해당하는 글 전반을 검토할 것이다. 이러한 작업도 교실 역사수업에 대한 연구의 현황을 보여주리라고 생각하기 때문이다.

2. 역사수업에 대한 문화기술적 분석

교수·학습을 바라보는 인식의 변화는 교육연구에도 많은 영향을 주고 있다. 최근 사회과 수업에 대한 연구는 다음과 같은 경향을 띠고 있다.[4]

첫째, 사회과 수업 연구에 새로운 인식론적 전통이 채택되고 있다. 실증주의적 연구 패러다임뿐만 아니라 해석적이고 비판적인 분석이 활발히 행해지고 있다. 이러한 전통과 함께 인지심리학, 문학비평, 민족지학(ethnography), 사회언어학, 인문주의, 페미니즘을 비롯하여 포괄적 범위에 걸쳐 다양한 관점들이 나타나고 있다.

둘째, 교사의 역할에 대한 생각이 단일영역의 단순한 것에서 다영역(多領域)의 복합적인 것으로 바뀌고 있다.

셋째, 분석단위가 관찰할 수 있는 교수행위에 머무르지 않고 총체적인 구조와 내적 믿음, 지적 도식으로 확대되고 있다.

넷째, 수업의 초점은 교실생활의 개별적인 요소를 강조하는 것에서 여러 가지 상황적 요소뿐 아니라 학습을 설명하는 통합적인 분석으로 바뀌고 있다.

다섯째, 사회과 영역 자체가 개념화되고, 정의되고, 분석되는 방

---

4. Armento, "Changing Conceptions of Research on the Teaching in Social Studies", p.186.

식에서 변화가 일어나고 있다.

  수업연구의 이러한 동향은 자연히 그 방법에서 질적연구의 증가로 나타났다. 교실이라는 하나의 사회적 단위에서 일어나는 수업이라는 현상에 대한 철저하고 총체적인 관찰과 분석이 시도되고 있는 것이다.[5] 이러한 연구들은 수업과 관련된 요인들이 어떠한 맥락에서 상호작용을 하고 수업 참여자들에게 어떠한 의미를 주는지 이해하는 데 관심을 쏟았다. 이를 위한 대표적인 연구방법 중 하나는 민족지학적 탐구법에 토대를 둔 미시기술적 또는 문화기술적 연구이다.

  민족지학적 연구는 문화인류학에서 행해지는 현장관찰에 의한 연구방법이다. 민족지학은 참여 또는 비참여관찰, 대화, 인간집단의 문화적 특성을 연구하기 위한 정보의 사용 등을 연구방법으로 한다.[6] 민족지학은 익숙하지 않은 세계를 이해하는 데 중점을 두는 사회연구방식이다. 민족지학자들은 어떤 세계의 사회적 행위가 다른 세계의 관점에서는 어떻게 이해될 수 있는지 관심을 가지고 연구를 시작한다.[7] 그리고 어떤 인간집단의 행위를 다른 집단의 관점에서 이해할 수 있을 때까지 추론을 한다. 인류문화의 차이보다는 그 유사성을 찾고자 하는 것이다. 즉, 어떤 문화전통 속의 행동이 다른 전통을 가진 인간들에 의해서도 이해될 수 있다는 것을 확인하는 데

---

5. 교실수업뿐만 아니라 교육연구 전반에 걸쳐 질적연구에 대한 관심이 높아지고 있다. 1990년대 들어 소책자의 형태이기는 하지만 질적연구 시리즈가 출간된 것은 이러한 경향을 반영한다고 할 수 있다. Jerome Kirk and M. L. Miller 《질적연구의 신뢰도와 타당도》(이용남 역), 교육과학사, 1992; Maurice Punch 《현장연구의 정치학과 윤리학》(유재정 역), 교육과학사, 1993; Michael H. Agar, 《민족지학이야기》(이용남·노명완·박한기 공역), 교육과학사, 1993.
6. John W. Best and James V. Kahn, *Research in Education*(7th edn.) (Boston: Allyn and Bacon, 1993), p.195.
7. Agar, 《민족지학이야기》(이용남·노명완·박한기 공역), p.12.

민족지학의 방향이 있다. 그런 의미에서 민족지학 연구의 전반적 목표는 인류 문화의 유사성을 찾는 것이라고 할 수 있다.[8]

민족지학은 교육연구에도 새로운 패러다임을 제공하였다. 교실활동을 구성하는 여러 요소들을 분리해서 보는 것이 아니라 총체적으로 고려하고, 교실에서 발생하는 일상적인 문제들을 세밀하게 관찰하고 이해할 수 있게 하였다. 또한 미리 정해진 가설이나 틀에 입각하여 교육활동을 분석하는 것이 아니라, 특정 공간과 시간에 존재하는 상황에 관한 내용을 세밀히 기술하고 해석한다. 먼저 자료를 수집한 다음, 그 의미를 파악하는 귀납적인 추론 방식을 택하는 것이다.[9] 이런 점에서 민족지학적 탐구는 교실수업에 대한 연구에서도 유용한 방법으로 여겨지고 있다.

문화기술적 연구의 대표적인 방법은 관찰이다. 관찰에는 구조화된 관찰과 비구조화된 관찰이 있으며, 자연적인 환경에 대한 관찰과 인위적인 환경에 대한 관찰을 구분하기도 한다. 또한 관찰자의 활동 방식에 따라 참여관찰과 비참여관찰로 나눌 수 있다. 이 중 민족지학의 전통적인 방식은 참여관찰이다. 참여관찰에 의한 교육연구의 장점으로는 다음과 같은 점들이 지적된다.

첫째, 관찰연구는 비언어적 행위에 토대를 둔 자료를 모으려고 할 때, 실험이나 조사보다 효과적이다.

둘째, 관찰연구에서 연구자는 진행되고 있는 행위를 일어나는 그대로 파악할 수 있으며, 그 두드러진 특징에 대해 자세히 기술할 수 있다.

셋째, 사례연구 관찰은 장기간에 걸쳐 이루어지므로, 연구자는 일

---
8. 위 책, pp.46~51.
9. White, 〈민속학적 접근방법〉, 최병모·정태화(공역), pp.97~100.

반적으로 실험이나 조사연구보다 더 자연스러운 환경에서 관찰의 대상이 되는 사람들과 더 친밀하게 비형식적 관계를 발달시킬 수 있다.

넷째, 사례연구 관찰은 다른 유형의 자료수집 방법보다 거부감이 적다.[10]

물론 참여관찰에 의한 연구가 가지는 문제점도 있다. 참여관찰에서 행해지는 해석은 연구자가 느끼는 인상에 의거하기 때문에 주관적이거나 왜곡될 수 있다. 또한 연구자 자신의 관점이 아닌 연구대상 집단의 관점에서 문제를 바라볼 우려가 있다.[11] 그러나 교육의 결과가 아니라 그 행위 자체를 연구의 대상으로 하고 있으며, 교수·학습활동에서 발생할 수 있는 여러 가지 문제에 대한 통찰력을 가질 수 있다는 점에서 교실수업에 대한 연구에서 타당성이 높은 유용한 방법이라고 할 수 있다.

교실수업에 대한 문화기술적 연구에서는 비참여관찰의 방법도 흔히 사용된다. 교실 뒤에 앉아서 교사와 학생 사이의 상호작용을 구조화된 관찰 유목에 의해 기술하는 수업연구는 비참여관찰의 대표적 방식이라고 할 수 있다.[12] 그렇지만 비참여관찰에 의한 교실수업 연구도 관찰연구가 가지는 일반적인 특성을 공유하고 있다. 따라서 위에서 논한 참여관찰에 의한 교육연구의 장점은 비참여 관찰에 의한 교실수업 연구에서도 나타난다.

민족지학적 방법에 토대를 둔 교육연구에 대한 관심이 높아지고

---

10. Louis Cohen and Lawrence Manion, *Research Methods in Education*(3rd edn.)(London: Routledge, 1989), p.129.
11. Ibid., p.129.
12. Ibid., p.127.

있지만, 아직까지 역사수업을 문화기술적으로 분석한 연구는 거의 없다. 다만 현장교사들에 의해 일부 시도되고 있다. 이는 현장교사의 경우 일반적인 연구자보다 교실수업 현장에 익숙하며, 관찰의 대상을 찾기가 용이하기 때문일 것이다.

문화기술적 연구임을 표방한 역사수업 연구로는 김영택의 글을 들 수 있다.[13] 김영택은 충남 소재 6개 중학교 각 1개 학급의 사회과 수업을 각각 1시간씩, 2개 학교 각 1개 학급의 역사수업을 10시간씩 관찰하고 그에 대한 분석을 시도하였다. 이 연구에서는 수업의 핵심이라고 할 수 있는 방법이나 내용들에 대한 연구를 위해 과정-산출 연구에서 다루는 주제들을 관찰의 초점에 포함시켰다. 이에 따라 '교수단서의 제공', '교사의 질문 방법', '학생 응답에 대한 교사의 반응', '교사의 설명 방식'이라는 네 가지 분석 주제를 설정하고 있다. 그리고 이에 입각한 분석의 결과에 따라 여러 가지 방법의 역사수업을 개선할 수 있는 방안을 제시하고 있다.

그러나 이러한 관찰과 분석 주제의 설정은 결과적으로 교실수업 활동을 총체적으로 고찰하기보다는 각각의 요소들을 개별적으로 분석하는 결과를 낳고 말았다. 과정-산출연구는 기본적으로 실증주의적 연구 패러다임으로부터 나온 것이다. 실증주의적 연구에서 다루는 분석주제를 문화기술적 연구에 적용함으로써, 적절한 연구의 틀을 설정하는 데 실패하였다. 그 결과 수업의 핵심적 요소로, 민족지학적 탐구에 의한 교실수업 연구들이 흔히 초점을 맞추고 있는 교사와 학생 사이의 상호작용에 대한 기술이나 분석은 별로 이루어지지 못했다. 더구나 이 글에서 다루고 있는 주제들에 대한 관찰과 분석

---

13. 김영택, 〈중학교 사회과 역사 교수학습의 개선을 위한 연구-수업현장에 관한 문화기술적 분석을 중심으로-〉, 공주대학교교육대학원 석사학위논문, 1996. 2.

도 치밀하지 않아서, 애초 의도했던 연구의 성과에 이르지 못하고 있다. 또한 교수·학습 방법의 개선에 대한 논의에 너무 집착함으로써, 교사의 설명과 문답에 의한 수업을 탐구식 수업으로 간주하는 것에서 보듯이 관찰 결과를 무리하게 해석하고 있다. 그리고 문화기술적 연구의 결과를 강의식, 문답식, 탐구식 역사수업의 개선 방안을 제시하기 위한 틀로 삼으려고 함으로써, 연구 자체가 문화기술적 연구인지, 수업방안을 모색하고자 하는 연구인지 그 성격을 애매하게 만들고 있다.

이러한 문제점은 역사뿐만 아니라 다른 교과의 교실수업을 대상으로 한 문화기술적 연구들에서 흔히 나타난다. 문화기술적 연구라고는 하지만, 실제로는 수업과 관련된 특정 요인들을 관찰하는 데 머물고 있거나, 자신이 구안한 수업방안의 효율성에 초점을 맞추는 연구들을 많이 볼 수 있는 것이다. 이 연구들은 수업 현상 전반에 관한 세밀한 관찰과 기술, 이를 바탕으로 한 해석에는 이르지 못하는 것이 보통이다. 이러한 문제점은 기본적으로 연구자가 문화기술적 연구의 이론에 대한 이해가 부족하고 연구설계가 치밀하지 못한 데 기인할 것이다. 그러나 다른 한편으로는 교실수업을 분석하기 위한 이론적 틀이 아직까지 제대로 갖추어져 있지 못한 것도 중요한 원인이라고 할 수 있다.[14] 이는 역사교육을 비롯한 각 교과교육 이론의 개발과 함께 해결되어야 할 문제로 생각된다.

초등학교의 역사수업에 대한 문화기술적 연구도 찾아볼 수 있다. 장금주는 국사 내용을 다루는 초등학교 6학년 사회수업에 대한 자연

---

14. 사회과 교실수업 분석의 중요 개념으로 수업조직, 대화방향의 이동, 사회적 참여구조, 학습주제의 전환을 제시하고 있는 견해가 있다(조영달, 〈교과 교실수업 연구의 학문동향과 학술연구 발전 방향〉, 조영달(편), 《한국 교실수업의 이해》,

주의적 사례연구를 하였다.[15] 이 연구에서는 한 초등학교 교사의 수업을 17주에 걸쳐 22차시 동안 관찰하고, 주로 그 교사가 어떠한 방법으로 수업의 내용을 설명하는가를 분석하였다. 그 결과 역사학의 학문적 특성에 대한 이해가 부족한 상태에서 일반적 교수법적 지식이 교사의 수업에 많은 영향을 미치고 있다고 결론짓고 있다. 그러나 수업 중 일어나는 교사와 학생, 학생과 학생 간의 상호작용에 대해서는 제대로 관심을 쏟고 있지 않다. 또한 관찰한 연구자료가 상당한 분량인 데 반해, 그중 분석의 대상이 된 것은 극히 일부에 지나지 않으며, 수업 중에 일어나는 현상이나 수업에 영향을 미치는 여러 요인들에 대한 해석도 빈약하다. 이는 기본적으로 연구자가 가지는 자료 분석이나 해석 능력에 기인한다고 할 수 있다. 또한 충분한 시간을 가지고 연구를 진행하지 못하는 것도 중요한 원인일 것이다.

엄밀한 의미의 문화기술적 연구는 아니지만, 초등학교 역사수업을 관찰하고 거기에 나타나는 여러 현상들을 분석한 연구들이 있다.[16] 이 연구들은 교과서 내용, 학습자료, 교사의 역사지식 등 수업에 영향을 미칠 수 있는 요인들이 실제 수업에 어떻게 반영되고 있는가를 검토하고, 이를 통해 초등 역사수업의 문제점을 지적하고 있다. 수업에서 다루는 역사적 사실에 대한 교사의 전문적 지식 부족

---

p.13). 이러한 분석 틀은 사회과에 한정된 것이라기보다는 교실수업을 분석하기 위한 일반적으로 적용될 수 있는 것으로 보인다. 그러나 이 개념들이 역사수업을 분석하는 데 적합한 것인지, 또는 그 밖의 중요한 개념들은 없는지에 대한 검토가 필요할 것이다.
15. 장금주, 〈초등 사회과 교수내용지식에 관한 자연주의적 사례연구〉, 한국교원대학교대학원 석사학위논문, 1999. 2.
16. 민윤, 〈초등학교 역사교육의 실태-역사교실수업의 양상을 중심으로-〉, 《역사교육》 87, 2003; 김주택, 〈초등학교 근현대사 수업실태와 그 요인-교과서 내용과 교사의 지식-〉, 김한종 외, 《한국근현대사교육론》, 선인, 2005.

은 수업을 교과서나 특정 자료에 의존하게 하며, 근현대사의 경우 아직도 남아있는 이념적 논쟁의 우려감도 수업을 위축되게 한다.

자신이 개발한 모형을 적용하여 수업을 지도하고, 그 수업을 관찰, 분석하는 연구들도 있다.[17] 이러한 사례들은 참여관찰에 의한 문화기술적 연구의 성격을 띤다고 할 수 있다. 역할놀이 수업을 통해 초등학생들이 역사 내용을 어떻게 이해하는가를 분석한다든지, 역사신문 제작수업에 나타나는 학생의 사고와 활동을 문화기술적으로 분석한 연구들이 그러한 예에 속한다. 이 연구들은 주로 수업과정에서 나타나는 학생들의 역사이해에 초점을 맞추고 있다. 따라서 수업 전반에 나타나는 현상을 세밀하게 관찰하거나 기술하지는 않고 있으며, 궁극적으로는 역할놀이나 역사신문 제작이 초등학생들의 역사이해에 도움이 된다는 점을 밝히는 데 주안점을 두고 있는 인상이다. 결과적으로 교과 학습지도 방법의 개선을 내세우고 있는 종전의 실증주의적 내지 계량적 방법에 토대를 둔 교실수업 연구와 비슷한 성격을 띤다고 하겠다. 다만, 무리한 계량화나 통계 처리에 의해 교수기법을 확인하기보다는 교실현장에서 나타나는 학생들의 이해를 통해 각 수업기법의 적용가능성을 확인하였다는 점은 의미가 있다고 하겠다.

역사수업을 연구하는 방법론적인 모색도 나타나고 있다. 문화기술적 역사 방법을 도입하되 새로운 관점에서 수업을 보고자 하는 것이다. 예컨대 류현종은 예술비평의 방법을 수업연구에 도입하여 수

---

17. 심형기, 〈역할놀이 수업에 나타난 초등학생의 역사적 개념 변화〉, 한국교원대학 교대학원 석사학위논문, 1999. 2; 오만기, 〈역사신문 제작에 나타난 초등학교 학생의 역사이해 과정〉, 한국교원대학교대학원 석사학위논문, 1999. 2; 윤인발, 〈역사신문 제작을 통한 추체험 역사학습〉, 한국교원대학교대학원 석사학위논문, 2002. 2.

업을 교사가 만드는 예술로 보고 수업연구를 그에 대한 비평으로 보고 있다.[18] 이에 따르면 교사는 수업을 구상하여 다양한 표현형식으로 구현한다. 이렇게 구현된 수업을 통해 학생들과 의사소통을 한다. 그런 점에서 수업은 작가가 만든 창작품을 통해 청중과 의사소통을 하는 예술작품과 비슷하다. 자연히 수업을 연구한다는 것은 예술비평과 성격을 같이 한다. 실제로 예술비평적 관점에서 초등학교 역사수업을 분석한 후 류현종은 각각의 역사수업에는 교사만의 색깔과 독창성이 나타남을 밝히고 이를 예술비평의 '아우라'와 같은 것으로 본다. 아우라는 교사의 말, 판서, 교과서에 의해 전개되는 진부한 역사수업에서도 찾아볼 수 있었다는 것이다. 다양한 교수기법의 처방은 오히려 아우라를 상실하게 한다. 따라서 교사가 새로운 참신한 수업을 하기 위해서는 자신만의 아우라를 만들어야 하며, 교사의 새로나기는 바로 이 아우라를 만드는 과정이라고 주장한다.

3. 교사의 지식에 대한 연구

교육과 관련된 여러 변인 중에서 수업에 가장 커다란 영향을 미치는 요소는 교사이다. 따라서 교실수업과 관련된 연구 대상에서 교사가 커다란 비중을 차지하는 것은 자연스러운 현상이라고 할 수 있다. 교사가 하는 일을 무엇이라고 보느냐에 따라서 교사를 보는 관점은 매우 다양하다. 교사는 지식의 전달자로 생각되기도 하고, 의

---

18. 류현종, 〈사회과 수업비평: 예술비평적 접근〉, 한국교원대학교대학원 박사학위 논문, 2004. 2; 류현종, 〈초등학교 역사수업에서 만난 두 '아우라'〉, 《사회과교육》 43(1), 2004.

사결정자, 도덕적으로 성숙한 사람, 학문의 중개인, 지식을 변형하는 사람으로 평가받기도 한다. 전반적으로 보아서 교사를 지식을 주는 사람에서 의사결정자나 지식의 변형자로 보려는 경향으로 바뀌고 있다.[19]

교사관의 변화는 교실수업에도 영향을 주고 있다. 교과교육의 목표를 어디에 두건 간에 교실수업은 교과의 내용을 매개로 하여 전개된다. 그런데 교과내용은 모학문(母學問)이 연구하여 밝혀놓은 내용 자체가 아니며, 교실에서 다루는 수업내용도 교과내용 그대로가 아니다. 수업내용은 학문내용이나 교과내용을 기반으로 하지만, 이를 구체적 수업환경에 적합하도록 변형한 것이다. 이 과정에서 교사, 학생, 수업기자재, 물리적 환경, 교사와 학생 또는 학생들 간의 상호작용 등 다양한 요인들이 고려된다. 학문내용이나 교과내용을 수업내용으로 바꾸는 것은 대부분 교사이다. 따라서 교사가 어떻게 지식을 수업내용으로 변형하며, 그 원천이 무엇인가는 교실수업 연구의 주된 관심 중 하나이다.

가르치는 데 영향을 미치는 교사의 특성으로는 철학적 이해, 교과내용에 대한 이해, 교실에 대한 이해를 들 수 있다.[20] 이 중 철학적 이해는 교육이나 교과에 대한 교사의 관점을 뜻하며, 교과내용에 대한 이해는 교사의 학문적 지식, 교실에 대한 이해는 교실환경이나 학생에 대한 교사의 인식이라고 할 수 있다. 이들 교사의 특성은 교

---

19. Armento, "Changing Conceptions of Research on the Teaching in Social Studies", p.188.
20. Brent Kilbourn, "Philosophical, Subject Matter and Classroom Understanding: A Case of History Teaching", in Tom Russel and Hugh Munby(ed.), *Teachers and Teaching: from Classroom to Reflection*(London: The Palmer Press, 1992), p.71.

수 행위에 통합적인 영향을 미친다. 역사수업내용의 재구성이나 교수·학습활동에도 역사내용지식, 역사교육관, 학생에 대한 이해 등의 교사의 인지적 특성이 많은 영향을 미친다.[21]

교사 요인 중 교육연구의 대상으로 가장 주목을 받아온 것은 교사의 교과지식이었다. 미국에서는 많은 연구자들에 의해 교사의 교과지식에 대한 연구가 진행되었다. 그런데 이 연구들은 대부분 교사의 교과내용지식을 밝히려는 것이었다.[22] 이는 교과지식의 원천이 내용지식이라고 보기 때문이다. 물론 내용 지식은 수업내용의 원천을 이루며, 교사에 의한 변형을 거쳐서 수업내용이 된다. 그런 의미에서 교과내용에 대한 교사의 지식은 수업의 성격을 결정하는 중요한 요인이라고 할 수 있다. 그렇지만 교과지식은 내용뿐 아니라, 그 교과에 관한 여러 가지 철학적 관점에도 영향을 받는다. 예컨대 그 교과의 성격을 무엇이라고 보는가, 교사가 가르치려고 하고 학생들이 배웠으면 하는 아이디어나 개념, 사실들이 무엇인가 하는 생각들이 교과지식이나 수업실천과 직접적으로 연결된다. 교과에 대한 교사의 철학적 관점은 그 교과내용을 학생들에게 어떻게 표현하느냐, 그리고 수업의 성공을 무엇이라고 보는가에 영향을 미친다.[23] 모든 교사들은 가르치는 것과 관련된 자기 나름의 철학적 관점을 가지고 있다. 다만 그러한 관점이 겉으로 드러나지 않은 채 수업내용에 은연중 포함되거나 체계적이지 않을 수도 있으며, 반대로 명확하고 일관

---

21. 김한종, 〈역사교사의 인지적 특성이 역사수업에 미치는 영향〉, 김한종 외, 《역사교육과 역사인식》, 책과함께, 2005.
22. Susan E. Sanders, "Teacher's Understanding of Subject: A Cause for Research?", in Jane Salisbury and Sara Dealmont(eds.), *Qualitative Studies in Education*(Aldershot: Avebury, 1995), p.86.
23. Ibid., p.61.

되게 수업에 반영될 수도 있을 뿐이다.[24] 이런 관점에서 역사교사의 내용지식이 수업에 어떻게 적용되는지를 다루는 연구라고 해서 반드시 내용만이 가르치는 데 핵심이라고 보는 것은 아니다. 오히려 내용지식에 대한 면밀한 관찰은 교사가 가지고 있는 전문적 지식의 다른 측면을 꿰뚫어볼 수 있는 창의 역할을 할 것이라고 지적하기도 한다.[25]

교사의 교과지식이나 교과내용의 변형과 관련하여 근래 관심을 끄는 것 중의 하나는 슐만(Lee S. Shulman)에 의해 개념화된 교수내용지식(pedagogical content knowledge)이다.[26] 교수내용지식은 교사가 내용지식을 바탕으로 가르치기 위한 내용을 만들어내는 데 필요한 지식이다. 교수내용지식은 수업내용이 결정되는 기제를 밝혔으며, 특히 각 교과를 담당하는 교사의 전문성을 판별하는 기준을 제시해 주었다는 점에서 매력있는 개념이라고 할 수 있다.

교수내용지식의 개념은 역사교육 연구에도 적용되었다. 양호환은 역사교육에 관한 글로는 처음으로 교수내용지식의 개념을 내용지식(content knowledge), 교육과정지식(curriculum knowledge)과 비교하면서 소개한 다음, 실제의 역사수업에 대한 관찰을 통해 이를 확인하고 있다.[27] 그 결과 역사수업에서 나타나는 교수내용지식의 사례

---

24. Kilbourn, "Philosophical, Subject Matter and Classroom Understanding: A Case of History Teaching", p.71.
25. Samuel S. Wineburg and Suzanne M. Wilson, "Subject-Matter Knowledge in the Teaching of History", in Jere Brophy(ed.), *Advances in Research on Teaching* 2 (Greenwith, Connecticut: JAI Press Inc, 1991), pp. 308~309.
26. Lee S. Shulman, "Knowledge and Teaching: Foundations of the New Reform", *Harvard Educational Review* 57(1), 1987. 'pedagogical content knowledge'는 '교수법적 지식', '가르치기 위한 내용지식' 등으로도 번역되고 있으나, 여기에서는 '교수내용지식'이라는 용어를 사용하기로 한다.

로 유추와 감정이입을 지적하였다. 이 연구는 교사의 역할을 중심으로 수업내용이 정해지는 과정을 밝힘으로써 가르치는 문제에 대한 관심을 불러일으켰으며, 교과교육에서 갈등 관계에 있었던 '내용'과 '방법'의 통합 가능성을 제시하였다. 또한 이러한 교과교육이론이 실제 역사수업에서는 어떠한 모습으로 나타나는지를 검토하였다는 점에서 의미있다. 그러나 교수내용지식의 개념 자체를 명료하게 제시하지 않음으로써, 이후 이 개념에 관심을 가지고 역사교육을 공부하는 사람들이나 교실 역사수업에 대한 연구에 혼동을 불러일으켰다. 또한 글에서도 스스로 지적하였듯이 유추와 감정이입이 역사교사가 수업에서 사용하는 교수내용지식의 전형적 형태인지는 확실하지 않다. 이 글에서 교수내용지식의 방식으로 제시한 감정이입과 유추는 성격이 서로 달라서 병렬적으로 구분할 수 있는 것인지도 의문이다. 후속 연구가 이어지지 않은 까닭에 교실 역사수업에서 나타나는 교수내용지식의 유형으로 어떠한 것이 있는지에 대해서는 아직까지 구체적으로 밝히지 못하고 있는 실정이다. 그러나 교수내용지식은 역사적 사실을 실제의 수업내용으로 변형하는 중요한 요인으로 지지를 받고 있으며,[28] 역사수업에 관한 이후의 논의에 많은 영향을 주었다.

교수내용지식이 관심을 끌고 있지만, 실제 역사수업을 대상으로 한 교사의 교수내용지식에 관한 연구는 거의 없다. 교실 역사수업에서 교수내용지식이 구체적으로 어떠한 형태로 나타나는지를 밝히거

---

27. 양호환, 〈역사교과 교육이론의 가능성과 문제점-교수내용지식의 가능성과 문제점-〉, 《역사교육》 53, 1993.
28. 김한종, 〈역사인식과 역사교육의 방법〉, 《교원교육》 15, 한국교원대학교 교원연수원, 1999, p.90.

나, 수업내용을 만들어내는 데 사용된 교수내용지식을 유형화하는 작업은 현재까지 이루어지고 있지 못하다. 다만 초등학교 사회과 역사수업에서 교사의 지식이 어떻게 영향을 미치는가를 분석한 민윤의 일련의 연구가 있는 정도이다.[29] 이 연구들에서 민윤은 8차시에 걸쳐 초등학교 6학년 사회수업을 관찰하고 예비교사와 경험이 많은 교사들이 교수내용지식을 활용해 역사내용을 어떻게 변형시키는가를 비교, 분석하였다. 그 결과 예비교사들은 내용지식의 부족으로 교과서의 내용을 효과적으로 변형하지 못한 채 그대로 전달하는 데 그치고 있으며, 경력이 많은 교사들은 주로 설명과 내러티브를 사용한다는 것을 밝히고 있다. 민윤은 교수내용지식의 개념을 확대하여 볼(Doborah Ball)이 말한 교수레퍼토리(repertoire)의 개념을 토대로 초등 교사들이 역사수업에서 관련된 여러 요인들을 어떻게 반영하고 있는가를 분석하였다. 여기에서 교수레퍼토리는 수업과 관련한 요인들을 조합한 것으로 교과서 내용에 대한 평가, 활동에 대한 판단, 발문에 대한 고려, 자료의 분석 등이 포함된다. 분석의 결과 목표선정, 내용의 변환, 교수 선택의 과정에서 교수레퍼토리가 적용되며, 그 핵심을 이루는 것은 역사교과에 대한 이해와 교사의 신념, 교수 실천이라는 것을 밝혔다. 그러나 민윤의 연구에서 사용하고 있는 '설명'과 '내러티브'의 개념은 명확하지 않으며, 또 '설명'이 교수내용지식의 형태가 될 수 있는지도 의문이다.

교과내용을 수업내용으로 변형시키는 데 작용하는 것은 내용지

---

29. 민윤, 〈사회과 역사수업에 나타난 내용의 변환과 교수내용지식〉, 《사회과교육》 33, 2000; 민윤, 〈사회과 역사수업에서 초등교사의 교수내용지식에 대한 이해〉, 한국교원대학교대학원 박사학위논문, 2003. 2; 민윤, 〈초등교사의 수업기술과 역사수업의 전문성〉, 《역사교육연구》 창간호, 2005.

식, 교육과정지식, 그리고 이를 토대로 하는 교수내용지식만은 아니다. 실제 수업에서는 입시나 수업시수, 학교나 교실환경, 그리고 교사의 개인적 경험 등도 커다란 영향을 미친다. 교사는 교과내용뿐 아니라 교과 외적 요인까지 고려하여 수업내용을 구상한다. 이런 관점에서 엘바즈(F. Elbaz)가 말하는 '실천적 지식(practical knowledge)'의 개념을 사용하여 수업에 나타나는 포괄적인 교사지식을 해석하려는 연구들도 나타났다.[30] 여기에서 실천적 지식이란 교사가 자신이 가지고 있는 지식을 가치와 신념을 바탕으로 실제 상황에 맞추어 재구성한 것이다.[31] 엘바즈는 실천적 지식의 내용을 교사 자신에 대한 지식, 교수환경에 대한 지식, 교과에 대한 지식, 교육과정에 대한 지식, 수업에 대한 지식이라는 다섯 가지 범주로 구분하였다. 실천적 지식은 교사가 수업을 구상하는 데 요인들을 포괄적으로 설명하고 있다는 점에서, 수업내용 재구성에 작용하는 교사지식을 설명하는 데 유용하다. 그러나 실천적 지식은 교수내용지식보다 가리키는 범주가 훨씬 포괄적이어서, 각각의 수업사례마다 달리 나타난다. 교수내용지식이나 실천적 지식은 모두 일반화시키기 어렵지만, 실천적 지식은 수업들 사이에 공통점을 찾기가 더 어렵다. 이 때문에 교실수업을 보는 관점으로는 유용하지만 수업의 개선에 주는 시사점을 찾기 어려워 개별적인 수업사례를 이해하는 데 그칠 우려도 있다. 실제 수업에 나타나는 실천적 지식에 대한 연구는 그리 많은 편은 아니며, 실천적 지식에 초점을 맞추어 역사수업을

---

30. 홍미화, 〈교사의 실천적 지식으로 읽는 초등 사회과 수업〉, 한국교원대학교대학원 박사학위논문, 2006. 2; 김혜숙, 〈고등학교 초임과 경력지리교사의 실천적 지식 비교연구〉,《사회과교육》45(3), 2006.
31. F. Elbaz, *Teacher Thinking: A Study of Practical Knowledge*(New York: Nichols, 1983), p.5.

분석한 연구도 아직은 찾아볼 수 없다.

크게 보면 교과내용에 대한 지식이라고 할 수 있겠지만, 역사수업에 커다란 영향을 미치는 것은 교사의 역사인식이다. 수업내용을 구성하는 역사적 사실에 대한 교사의 관점과 평가는 수업과 밀접한 관련성을 가진다. 같은 역사적 사실을 다루는 수업이라고 하더라도, 그 역사적 사실에 대해 교사가 어떻게 생각하는가에 따라 수업은 크게 달라질 수 있다. 이런 현상은 사람들에 따라 평가가 엇갈리는 역사적 사실을 다루는 수업에서 많이 나타난다. 권정애는 갑신정변의 원인이나 동기, 갑신개혁안의 성격, 갑신정변의 실패 원인 등에 대해 인식의 차이가 있는 세 명의 고등학교 역사교사가 지도하는 한국 근·현대사 수업을 분석하였다.[32] 그 결과 입시나 진도 등의 문제로 교사들이 반드시 자신의 인식대로 갑신정변을 가르치는 것은 아니지만, 수업내용의 상당 부분에서 교사의 인식이 반영되고 있음을 밝혔다. 또한 교사의 역사인식이 학생들에게도 큰 영향을 미치고 있다고 해석하였다.

비판이론에 입각하여 교실 역사수업에 나타난 교사의 수업방식과 수업관을 분석한 연구도 있다. 비판이론에서는 교육이 사회계급을 고정시키고 계급 간의 차별성을 심화시키는 역할을 하는 것으로 본다. 비판이론의 관점에서 보면 교실수업은 바로 이러한 차별화의 구체적인 무대가 된다.[33] 교사가 수업 중에 하는 질문은 학생을 지배하는 하나의 방식이다. 수업은 '교사의 질문 → 학생의 응답 → 반응'

---

32. 권정애, 〈역사교사의 갑신정변 인식과 역사수업〉, 한국교원대학교교육대학원 석사학위논문, 2006. 2.
33. Mary Darmain, "Classroom Practices and Class Pedagogies", in Jane Salisbury and Sara Dealmont(eds.), *Qualitative Studies in Education*(Aldershot. Avebury), p.32.

순으로 이어진다. 학생의 주의를 집중시키고 교사와 학생이 번갈아서 대화를 주고받지만 하는 역할은 고정되어 있는 이와 같은 사이클은 수업 중에 서로의 지위를 유지시키는 기능을 발휘하며, 교사가 학생들에게 자신의 통제내용을 전달하는 통로이다.[34] 교사는 수업을 통해 자신이 가지고 있는 지적 인식이나 관점을 학생들에게 주입시키고자 한다. 수업은 기존의 사회구조 속에 존재하는 지적 틀을 재생산하는 과정인 것이다.

이러한 비판이론의 관점에서 이영효는 중학교에서 행해진 예비 역사교사들의 교육실습 수업을 분석해서 실제 수업에서 역사지식을 다루는 방식을 검토하였다.[35] 이를 통해 교사가 사용하는 교실 역사지식은 교과서에 수록된 역사적 사실을 객관적인 것으로 규정하여 학생의 역사지식을 고착화하고 역사인식을 획일화하는 내재적 기능을 할 위험을 안고 있다고 주장하였다. 이 연구는 비판이론의 입장에서 실제 수업에서 교과내용이 어떠한 형식으로 다루어지는지를 검토하였다는 점에서 의미가 있다. 다만 '교실지식'의 의미를 명확히 하지 않아서, 이것이 수업내용에 대한 지식의 개념 중 하나인지, 아니면 그 밖의 다른 어떤 개념과 관련이 있는지 혼동을 준다. 또한 수업에서 문화적 통제의 역할을 하는 것이 교실 역사지식 자체인지 아니면 교사가 이를 다루는 방식인지도 확실하지 않다.[36]

---

34. White, 〈민속학적 접근방법〉(최병모 · 정태화 공역), p.106.
35. 이영효, 〈교실 역사지식의 내용과 형식〉, 《역사교육》 59, 1996.
36. 교실지식을 교수내용지식의 한 형태로 본 글도 있다. 민윤, 〈사회과에서 교수내용지식의 가능성과 한계: 교실지식과의 관련성〉, 《사회과교육》 32, 1999. 그러나 이 글에서도 교실지식의 개념이 명확하게 제시되지는 않고 있다. 또한 교실지식을 교수내용지식의 한 형태로 볼 수 있는지는 의문이다. 좀더 구체적인 논의와 검토가 진행되어야 할 문제이지만, 교실지식을 교사가 수업에서 사용하는 지식이라고 할 때, 오히려 교수내용지식을 교실지식의 한 형태로 포함시키는 것

이어서 이영효는 중학교 역사수업에서 '우리'와 '타자'가 어떻게 다루어지는지를 교사와 학생의 의사소통을 통해 분석하였다.[37] 교실수업에서 '우리'와 '타자'를 정의하는 것은 주로 교사였다. 앞의 사례와 마찬가지로 교사의 질문과 학생의 대답이라는 형식을 취하고 있지만 실제로는 대부분 교사의 설명구도로 수업이 진행되었다. 분석대상이 된 역사수업에서는 우리, 즉 민족적 정체성을 강조한 나머지 타자의 왜곡과 배제가 일어나고, 개인의 자유와 권리도 국가나 민족을 위해 배제되었다. 이러한 분석의 결과는 1990년대 후반부터 뜨겁게 달아올랐던 민족주의, 민족중심 역사교육에 대한 비판과 맥을 같이하는 것으로, 이영효 자신도 세계사 교육의 문제점을 지적하는 글에서 언급한 것이었다.[38]

수업내용은 역사적 사실 자체나 교사가 역사적 사실을 전달하는 방식뿐만 아니라, 그 사실을 담는 교재와도 관련이 있다.[39] 즉, 교과내용이 교재라는 어떠한 그릇에 담기는가에 따라서 수업내용도 달라진다. 김민정의 글에서는 문자 외에 영상자료도 역사내용을 담을 수 있는 훌륭한 교재로 보고, 실제의 수업사례를 통해 이를 검토하였다.[40] 그 결과 영상자료를 활용한 두 교사의 수업에서 학생들은 서로 다른 이해 유형과 수준을 보이고 있음을 밝히고, 역사이해의 영역별로 실제 학생들의 이해가 어느 정도 나타나는지 분석하였다. 이

이 타당하리라고 보인다.
37. 이영효, 〈'우리'와 '타자'에 대한 역사교실담론의 분석〉, 《역사교육》 98, 2006.
38. 이영효, 〈세계사교육에서의 '타자' 읽기〉, 《역사교육》 86, 2003.
39. 근래 역사교육연구에서는 가장 중요한 교재인 교과서의 이러한 기능이나 역할에 주목하기도 한다. 양호환, 〈역사교과서의 서술양식과 학생의 역사이해〉, 《역사교육》 59, 1996, p.8.
40. 김민정, 〈영상자료를 통한 역사 이해의 유형과 특성-영화를 이용한 역사수업의 사례를 중심으로-〉, 서울대학교대학원 석사학위논문, 1998. 2.

연구는 교실수업을 대상으로 그 구체적인 모습이나 현상, 거기에 영향을 주는 요인을 검토하기보다는 이론적인 주장을 교실수업에 대한 관찰을 통해 입증하려고 하였다. 즉 연구의 목적이 아니라 수단으로 교실수업을 검토한 것이다.

4. 교사의 수업기법에 대한 연구

교사가 수업에서 사용하는 전략이나 학생의 학습활동 등 구체적인 수업 양상도 교실수업 연구에서 다루어야 할 중요한 요소이다. 이 중 교사가 가르치는 데 사용하는 기법은 수업의 구체적 전개과정을 규정한다는 점에서 관심을 모아왔다. 가르치는 것은 무엇을 학습해야 하며, 그것을 어떻게 가르쳐야 하는지에 대한 교사의 이해에서 비롯된다. 수업은 이러한 이해에 따라 학습 기회를 학생들에게 제공하는 교사의 활동을 통해 전개된다.[41] 따라서 교사의 수업기법은 수업을 보는 관점과 밀접한 연관을 가지게 된다.

역사과 교실수업 연구에서 주로 검토 대상이 된 교사의 수업기법은 설명방식이다. 그것은 많은 역사수업이 설명식 수업으로 전개되기 때문이다. 역사교사의 설명 방식을 검토하는 연구들은 설명식 수업을 지양해야 할 부정적 수업방식으로 일방적으로 비판하기보다는, 교사는 그 나름의 교육적 의도와 목적을 가지고 설명을 하는 것이라고 보고, 그 의미를 밝히는 데 중점을 둔다. 교사는 자신의 역사해석에 입각하여 설명할 내용을 선정하고 조직하며, 수업에 효과적

---

41. Shulman, "Knowledge and Teaching: Foundations of the New Reform", p.7.

이라고 생각하는 여러 가지 설명 기법을 사용한다는 입장을 취하고 있다. 어떤 수업기법이 적합한가는 수업의 내용, 목표, 환경 등을 총체적으로 고려하여 판단해야 할 문제이므로, 설명식 수업을 무조건 배척하기 보다는 실제 역사수업에 나타나는 교사의 설명방식을 검토하고 좀더 효과적인 설명방안을 모색할 필요가 있다는 것이다.[42]

김한종은 중·고등학교 국사수업을 대상으로 역사교사들이 설명을 통해 어떻게 수업을 진행하고, 학생들의 효과적인 이해를 돕기 위해 나름대로 어떠한 설명 기법을 사용하고 있는가를 구체적으로 검토하고, 그 문제점을 분석하였다.[43] 검토의 대상이 된 사례에서 역사교사들은 대부분 교과서의 내용과 서술 순서에 따라 수업을 하고 있다. 이는 수업에서 다루는 역사내용의 구조에 대한 파악이 미흡하기 때문이다. 학습내용을 조직하는 구성요소의 파악과, 이 구성요소들을 연결할 수 있는 아이디어의 부족이 수업내용의 새로운 조직을 어렵게 만들고 있다. 그렇지만 교사들은 다양한 설명기법을 동원한다. 학생들의 기억을 돕기 위해 연상의 방법을 사용하기도 하고, 좀더 쉽게 이해시키기 위해 여러 가지 유추를 제시하기도 한다. 용어나 개념의 뜻을 풀이하는 것도 교사들이 자주 사용하는 설명기법이다. 이러한 설명기법에는 학습내용에 대한 교사의 해석, 학생에 대한 이해, 그리고 설명 기법에 대한 교사의 지식이 내포되어 있다. 그렇지만 역사교사들의 이러한 설명기법에는 여러 가지 문제점도 있다. 지나친 단순화나 적절하지 않은 유추 또는 비교를 찾아볼 수 있다.

---

42. 김한종, 〈설명식 역사수업, 청산해야 할 과거의 유제인가〉, 《역사교육》 47, 전국역사교사모임, 1999, p.95.
43. 김한종, 〈국사수업에 나타난 교사의 설명 방식〉, 《사회과학교육연구》 3, 한국교원대학교 사회과학교육연구소, 1999.

표현형태도 수업기법과 관련하여 검토해야 할 중요한 연구 대상이다. 여기에서 표현형태란 단순히 수업내용의 전달형식만을 의미하는 것이 아니라, 수업내용을 담고 있는 자료와 그것의 제시 방식, 내용전달의 수단이나 내용전달을 위해 교사가 사용하는 기법이 통합되어 나타나는 수업의 모습을 의미한다. 따라서 수업의 표현형태에는 교사의 교과관이나 수업관이 커다란 영향을 준다. 만약 교사가 역사를 학습하는 앎의 방식에 중점을 두게 되면 인식론적 표현형태를 띠게 되며, 역사적 사실에 대한 이해를 강조하게 되면 맥락적 표현형태를 띠게 된다.[44] 이러한 표현형태는 역사학자와 역사교사를 구분시켜 주는 요소이기도 하다. 역사교사는 역사적 사실을 발견하거나 해석하고 새로운 역사지식을 만들어내려는 역사학자와는 달리 학생들에게 이해를 시키는 데 관심을 두어야 한다. 물론 역사교사도 역사적 사실이나 자료를 잘 알아야 하지만, 교사의 지식은 역사연구가 아니라 수업내용의 표현으로 구체화된다.[45] 교사는 자신의 역사지식을 바탕으로 학생들의 이해에 도움을 줄 수 있다고 생각하는 방식으로 수업내용을 표현한다. 이를 위해 역사적 사건이나 개념의 성격을 파악하고, 교과내용의 핵심 아이디어를 찾아내며 해석을 한다. 그리고 이를 설명, 이야기, 사례의 제시, 유추 등과 같이 다양한 형태로 표현한다. 때로는 학생들에게 시뮬레이션이나 역할극과 같은 활동을 하게 하기도 한다. 이러한 여러 가지 표현형태는 학생들의 이해를 촉진시키며, 학생들로 하여금 교사가 이해하는 방식으로 이해하게 한다.[46]

---

44. Wineburg and Wilson, "Subject-Matter Knowledge in the Teaching of History", p.333.
45. Ibid., p.335.

초등학교 역사수업에서 교사가 어떤 비유를 사용하여 수업내용을 전달하는지 검토한 연구도 그러한 예이다.[47] 4·19혁명을 다루는 역사수업을 대상으로 한 이 연구에서는 은유, 환유, 제유, 아이러니라는 네 가지 비유를 사용하여 초등교사의 역사수업을 해석하고 있다. 이 네 가지 비유 기법은 교사가 교수적 변환을 하는 데 사용한 것이다. 여기에서 수업비평은 교수적 변환에 사용한 교사의 기법을 밝히는 연구라고 할 수 있다.

신회종은 초등학교 6학년 교사 세 명의 수업을 각각 10시간씩 관찰하고, 그 교사들이 교과서의 서술내용을 어떠한 형태로 표현하고 있는지를 분석하였다.[48] 그리고 분석의 결과가 초등학교 역사수업에 주는 시사점을 다음과 같이 정리하고 있다. 첫째, 인명, 지명, 연도와 같은 단편적인 정보를 중심으로 역사적 사실을 단순화하여 반복하는 경우, 역사학습의 범위가 축소되고 아동의 흥미도 감소된다. 둘째, 교사의 내용지식 부족은 아동이 역사적 사실을 이해하는 것을 어렵게 한다. 셋째, 인식론적 서술은 수업을 다양화하는 데 효과적으로 활용될 수 있다. 넷째, 인식론적 서술을 학습방법으로 활용하는 활동과 그 활동의 결과로 얻고자 하는 역사적 사실이 상호관련 속에서 다루어져야 한다.

발문은 수업의 효율성을 좌우하는 중요한 요소이다. 실제로 수업에서 활용하는 자료의 종류나 구성형식 못지않게 교사의 발문도 수업의 성과에 커다란 영향을 미친다. 하나 하나의 발문은 수업의 구체적 전개과정이므로, 발문에는 교사의 수업구상이 드러나게 마련

---

46. Ibid., p.332.
47. 류현종, 〈역사수업 속에 나타난 네 가지 비유〉, 《사회과교육》 45(3), 2006.
48. 신회종, 〈초등 교사의 사회과 교과서 역사내용 표현 형태〉, 《청람사학》 6, 2002.

이다. 이 때문에 교사의 수업기법과 관련하여 발문은 중요한 연구대상이다. 실제 연구들에서는 설명식 수업에 대한 검토에 교사의 발문과 학생의 응답에 의한 수업전개를 포함시키는 경우도 있다.

김한종은 중등학교 역사수업에 대한 검토를 통해 역사교사의 발문이 학생들의 어떠한 역사적 사고를 유도하는가를 검토하였다.[49] 발문은 크게 인지기억적 질문, 수렴적 질문(convergent question), 확산적 질문(divergent question), 평가적 질문으로 나눌 수 있는데, 분석 대상 역사수업에서 교사의 발문은 대부분 별다른 사고활동이 필요 없는 단순한 기억을 묻는 것이었다. 간혹 사고력을 요구한다고 하더라도 수렴적 사고에 집중되고 있으며, 확산적 사고를 자극하는 질문은 거의 찾아볼 수 없다는 문제점을 밝히고 있다. 이러한 결과는 학생들의 사고활동을 유도하고, 적극적인 학생 활동을 통해 역사수업이 소기의 성과를 거두기 위해서는 다양한 발문의 모색이 필요하다는 것을 말해준다.

5. 맺음말

역사과 교실수업에 대한 실증적 연구는 그리 많지 않다. 질적연구, 특히 문화기술적 연구는 매우 빈약하여 연구동향에 대한 정리조차 어려운 실정이다. 그렇지만 역사교육연구에서도 교실수업에 대한 관심이 점차 높아지고 있다. 현장교사들에 의해 이러한 연구가 이루어지고 있는 것은 긍정적 현상이라고 할 수 있다. 그러나 아직

---

49. 김한종, 〈역사적 사고력의 구성요소와 역사수업의 발문〉, 《사회과교육》 29, 1996.

까지 연구 방법에 대한 이해의 부족이나 치밀하지 못한 연구설계 때문에 구체적이고 체계적인 수업기술이나 분석에는 이르지 못하고 있다. 연구의 결과가 역사수업에 주는 설득력 있는 시사점을 제시하고 있지도 못하다. 이러한 문제점들은 역사수업을 대상으로 한 많은 연구 사례가 쌓일 때 해소되고, 역사과 교실수업에서 나타나는 여러 현상들을 밝힐 수 있을 것이다. 그런 점에서 교실수업을 보는 새로운 관점이나 기준을 세우고, 이에 입각하여 역사수업을 분석하고 해석하는 시도들이 나타나고 있는 것은 의미있는 일이다.

이 글에서 검토한 교실 역사수업에 대한 연구 중 다수는 수업내용에 영향을 주는 교사지식과 교사의 수업기법에 관한 것이다. 교사지식에 관한 연구는 역사수업의 내용에 영향을 주는 요인과 학문이나 교과내용이 수업내용으로 변형되는 기제에 관심을 쏟고 있다는 점에서 그 의미가 있다. 이러한 연구들을 통해서 수업내용의 성격을 명확히 하고, 교사가 가지고 있는 여러 종류의 지식들이 수업내용과 어떻게 연결되는지를 체계화할 수 있다. 그러나 교실 역사수업에 대한 기존의 연구들에서는 아직까지 이러한 과정들을 구체적으로 확인하였다고 보기에는 부족한 느낌이 있다.

교사의 수업기법도 역사과 교실수업 연구의 중요한 대상이다. 특히 교사의 설명방식은 역사과 교실수업 연구의 중심 주제 중 하나이다. 이에 관한 연구들은 역사교사가 수업을 하는 데 사용하는 설명기법의 종류나 성격, 거기에 포함된 교사의 의도를 밝히고자 하였다. 그러나 이에 대한 관심에 비해, 실제 이 문제들을 본격적으로 다룬 연구는 거의 없다. 또한 교사의 수업기법을 총체적인 수업현상 속에서 검토하지 못하고 있다.

현재까지 역사과 교실수업 연구의 전반적인 문제점은 질적연구의 가장 중요한 초점 중 하나라고 할 수 있는 수업구성원들, 즉 교사와 학생 간이나 학생들 사이의 상호작용을 충분히 관찰하거나 분석하지 못한 데 있다. 또한 수업과 관련된 특정한 요인에 초점을 맞춤으로써 수업의 총체적인 모습을 드러내지 못하고 있다는 것도 지적할 수 있다. 역사과 교실수업에 대한 연구의 이러한 문제점은 수업관찰이나 분석의 틀이 제대로 세워지지 않은 영향도 크다. 따라서 역사교육 연구에서도 교실수업을 분석하기 위한 개념을 설정하고, 관찰이나 분석의 기준을 마련하는 작업이 이루어져야 할 것이다.

3부
역사적 사고력과 역사수업

8장
피아제의 인지발달론과 역사교육연구

1. 머리말

　인지발달의 문제는 심리학이나 교육심리학뿐만 아니라 교과교육에서도 중요한 연구 주제 중 하나이다. 역사교육에서도 역사적 사고력의 발달과 그 육성 방법에 대한 논의가 비교적 활발히 진행되어 왔다. 이와 관련하여 특히 관심을 끌어온 것은 피아제(Jean Piaget)의 인지발달론을 역사교육에 적용하려는 연구이다. 피아제의 인지발달론에 입각하여 역사적 사고력의 성격과 발달을 규명하려는 연구들이 상당수 발표되었다. 이 연구들은 몇가지 방향에서 이루어졌다. 첫째는 피아제의 인지발달론에서 주장하는 사고 발달의 원리와 발달 단계가 역사적 사고에도 적용될 수 있는지 밝히려는 연구이다. 피아제의 인지발달론과 역사적 사고력의 발달 사이의 관계에 대한 연구가 그 예라고 할 수 있다. 영국에서는 1955년부터 1980년 사이에 이에 대하여 24편 이상의 연구 논문이 발표되었다.[1] 둘째는 피아제의 사고 발달 단계를 그대로 적용하고 있지는 않지만 그의 인지발달 원리를 받아들여 사고를 유형화, 계열화하려는 연구이다. 도덕성의 발달에 피아제의 인지발달론을 적용한 연구라든지,[2] 역사의식을 유형화, 계열화하려는 일본의 연구 등이 여기에 해당한다. 셋째는 아동의 발달 도식과 관련된 특정 개념이 어떻게 발달하는지 밝히려는 연구이다. 알만(J.E. Alleman)과 로자엔(C.L. Rosaen)은 이러한 예로 시간, 공간과 시간관계, 정치적 사회화, 경제, 세계적 관점(global perspective)을,[3] 랭포드(Peter Langford)는 사회적 인지, 경제적 개념, 정치적 이해, 법률 연구 등을[4] 들고 있다.

1970년대 들어서면서 새로운 방향에서 역사적 사고의 개념을 정의하고 역사적 사고력의 발달을 밝히려는 연구가 활발해졌다. 이러한 연구들은 대체로 다음과 같은 경향을 띠고 있다.

첫째, 실패보다는 성공의 사례를 찾음으로써, 초·중등학교 역사교육에서 '무엇을 가르칠 수 없는가' 보다는 '무엇을 가르칠 수 있는가' 에 관심을 쏟는다.

---

1. Martin Booth, "A World History Course and the Thinking of Adolescent Pupils", *Educational Review* 32(3), 1980, p.245.
2. 대표적인 것으로는 콜버그(Lawrence Kohlberg)의 연구를 들 수 있다. 콜버그는 피아제의 인지발달론을 도덕교육에 적용하여 도덕성의 발달 단계를 '제1단계: 벌과 복종의 단계, 제2단계: 개인적, 도구적 목적과 교환의 단계, 제3단계: 개인 간의 기대, 관계, 동조의 단계, 제4단계: 사회체제 및 양심 유지의 단계, 제5단계: 권리우선과 사회계약 또는 유용성의 단계, 제6단계: 보편적 윤리적 원리의 단계' 로 구분하고 있다. 콜버그가 분류한 도덕성 발달 단계에 대해서는 다음의 책을 참조. 남궁달화, 《콜버그의 도덕교육론》, 철학과현실사, 1995, pp.29~41.
3. J. E. Alleman, and C. L. Rosaen, "The Cognitive, Social-Emotional and Moral Development Characteristics of Students: Basis for Elementary and Middle School Social Studies", in James P. Shaver(ed.), *Handbook of Research on Social Studies Teaching and Learning* (New York: Macmillan Publishing Company, 1991), pp.123~125.
4. Peter Langford, *Concept Development in the Secondary School*(London: Croom Helm, 1987), pp.31~54.

둘째, 역사적 사고에 대한 이전의 전제들에 의문을 가지면서 문제를 새롭게 정의하려고 하였다.

셋째, 역사적 사고가 순수하게 논리적 성격의 것인가 하는 점과 연령이 높아지면서 미리 정해진 단계를 거쳐 발달하는 것인가 하는 점에 대해서 의문을 가졌다.[5]

이 연구들은 피아제 이론을 역사교육에 적용하려는 연구들이 여러 가지 문제점을 가지고 있다고 비판한다. 이러한 비판은 크게 2가지로 나눌 수 있다. 첫째는 피아제의 인지발달론을 적용하는 과정에서 나타나는 연구 과제나 연구 방법상의 문제점 때문에 잘못된 연구결과가 도출되었다는 비판이다. 둘째는 피아제의 인지발달론 자체를 역사교육에 적용할 수 없다는 비판이다. 피아제가 말하는 사고는 역사적 사고를 충분히 설명할 수 없다거나, 역사적 사고와는 본질적으로 성격이 다르다는 비판이 그것이다.

이 글에서는 피아제 이론을 적용한 역사교육 연구와 이를 둘러싼 논의를 중심으로 역사교육에서 인지발달에 관한 연구 성과를 검토해 보고자 한다. 이를 위해 먼저 피아제의 인지발달론을 정리한 다음,[6] 피아제의 인지발달론에 근거한 역사교육 연구들의 내용과 성과를 살펴보고, 이에 대한 비판을 검토하기로 하겠다. 피아제의 인지발달론을 적용한 역사교육 연구의 검토는 역사적 사고력의 발달, 역

---

5. John Fines, "Children's Capacities", in John Fines(ed.), *Teaching History* (Edinburgh: Holmes McDougall, 1983), p.146.
6. 피아제의 인지발달론은 오랜 기간에 걸친 방대한 연구와 저작을 통해 이루어진 것이다. 따라서 작은 논문의 한 절로 정리하는 것은 근본적으로 무리이다. 이 글에서는 역사교육 연구와 관련된 이론만을 간략히 논의하기로 하겠다. 피아제의 인지발달론에 대한 더 깊이 있는 설명은 이 글에서 인용되고 있는 피아제 이론의 연구서들을 참조하면 될 것이다.

사의식, 개념형성의 기초가 되는 분류 능력, 시간개념에 관한 연구들을 그 대상으로 한다. 이에 대한 비판은 피아제 이론을 적용한 연구들의 연구 방법에 대한 비판과, 역사적 사고의 성격 및 본질에 대한 논의라는 2가지 방향에서 검토될 것이다.

양호환은 피아제 이론을 적용하여 역사적 사고력의 발달을 연구한 대표적 학자인 할람(R. N. Hallam)의 연구 결과를 소개하면서, 우리의 역사교육 연구에서 할람의 연구와 그에 대한 비판은 소개되었으나 그 이상의 진전은 찾아보기 어려운 형편이라는 문제점을 지적하고 있다.[7] 한편 랭포드는 피아제의 이론을 적용한 역사교육 연구들이 이제는 연구자들 사이에서 시대에 뒤떨어진 것이 되어버렸다고 말하고 있다.[8] 그러나 양호환의 지적은 피아제 이론의 적용에 대한 논의 자체가 불필요하다는 것이 아니라 오히려 할람 등의 연구 방법을 제대로 알지 못함으로써 충분한 논의와 연구의 진척이 이루어지지 못하였음을 지적하고 있는 것이라고 할 수 있다. 이 글의 검토는 역사교육에서 역사적 사고력을 연구하는 데 피아제 이론이 적합한지 아닌지 결론을 내리기 위해서가 아니라 앞으로 역사적 사고력에 대한 연구를 체계화하고 다양화하기 위한 토대를 마련하기 위한 것이다. 이를 위해 기존의 논의를 정리할 필요성이 있다는 것은 랭포드도 인정하고 있다.

피아제의 인지발달론과 역사적 사고력 사이의 관계에 대한 연구는 이전에도 종종 소개되었다. 그러나 역사적 사고력의 발달을 전반적으로 논의한 연구들을 검토하는 데 그쳤다.[9] 이는 역사교육 연구

---

7. 양호환, 〈역사교육의 연구와 방법론〉, 《역사교육》 55, 1994, pp.14~19.
8. Langford, *Concept Development in the Secondary School*, p.60.
9. 이에 대해서는 이미 다음의 글에서 부분적으로 논의한 바 있다. 김한종, 〈역사적

의 중요한 영역이기는 하지만 피아제의 인지발달론은 그 밖의 다른 영역에도 많은 영향을 미쳤다. 이 글은 시간개념의 발달이나 역사의식의 유형화와 같은 구체적인 분야까지 논의의 폭을 넓힌 것이다. 이를 통해 피아제의 인지발달론과 역사적 사고의 관계에 대해 좀더 종합적으로 밝히고자 한다.

2. 피아제의 인지발달론

피아제는 인지 변화를 사고 발달의 결과로 본다. 피아제에 따르면 사고의 발달은 조직(organization)과 적응(adaptation)의 과정으로 설명될 수 있다. 조직은 정보를 유의미(有意味)한 유형(meaningful pattern)이나 구조로 체계화하는 것으로, 피아제의 표현에 의하면 '총체성(totalities)', 즉 전체를 구성하는 요소들 사이의 '관계(relationships)'의 체계이며, 적응은 새로운 정보를 기존의 유형이나 구조에 통합시키는 것이다. 적응과 조직은 분리되어 있는 것이 아니라 동전의 양면과 같이 밀접한 관련이 있는 단일 기제(single mechanism)의 상호보완적인 과정이다. 적응은 새로운 정보를 조직에 일치시키는 것이며, 조직은 적응을 통해 만들어진다. 따라서 조직이 내적인 인지구조를 형성하는 것이라면 적응은 인지구조에 상응하는 외적 변화라고 할 수 있다.[10] 피아제는 인지구조와 관련된 현

사고력의 개념과 그 교육적 의미〉, 양호환 외《역사교육의 이론과 방법》, 삼지원, 1997.
10. John H. Flavell, *The Developmental Psychology of Jean Piaget*(New York: Van Nostrand Reinhold Company, 1963), p.47.

상을 설명하기 위하여 도식(schema)이라는 개념을 사용한다. 도식은 개인이 환경에 적응하고 환경을 조직하는 인지적, 정신적 구조로서, 생물의 적응과 비슷한 방법으로 인간의 정신 속에 일어나는 일련의 과정이다.[11] 인지구조는 연령에 따라 발달한다고 한다. 이러한 인식을 바탕으로 피아제는 인간의 발달 단계를 분류하고 전반적인 발달 유형을 연구하였다. 이 때문에 피아제의 인지발달론은 구조적 접근으로 평가되고 있다.[12]

적응이란 환경과 상호작용을 통하여 일어나는 인지발달의 과정이다. 인지발달에 영향을 주는 요인으로 성숙(maturation), 경험(experience), 사회적 상호작용(social interaction), 평형화(equilibration)의 네 가지를 들 수 있다. 성숙은 유전적인 신체적 구조, 주로 중추신경계의 성숙을 뜻한다. 신체적 성숙이 사고에 어느 정도 영향을 끼치는가는 명확하지 않다. 그러나 피아제는 어느 시점까지는 신체적 성숙이 인지발달에 광범한 영향을 준다고 믿었다. 경험이란 사물이나 사건과 상호작용을 하는 것을 뜻한다. 여기에는 사물 또는 사건과 물리적 접촉으로 생겨나는 물리적 경험과 자신의 행동에 대한 반성적 사고에서 생겨나는 논리-수학적 경험이 포함된다. 사회적 상호작용은 사람들 사이의 상호작용, 즉 사회적 경험으로, 사회적 전달(social transmission)의 역할을 한다. 아동은 사회적

---

11. Barry J. Wadsworth, *Piaget's Theory of Cognitive and Affective Development*(4th edn.) (New York: Longman, 1989), p.10.
12. 김언주, 《신피아제론》, 배영신서 169, 배영사, 1989, pp.81~82.
    인지발달 이론은 크게 2가지 유형으로 나눌 수 있다. 첫째는 아동의 인지구조가 연령에 따라 어떻게 변화하는가 하는 전반적인 발달 유형을 밝히는 데 중점을 두는 연구들이며, 둘째는 특정 과제를 해결해 가는 아동의 인지과정을 규명하는 데 중점을 두는 연구들이다. 전자를 구조적 접근, 후자를 과정적 접근이라고 할 수 있다.

상호작용을 통하여 사회에 축적되어 있는 지식을 배움으로써 인지발달을 촉진할 수 있다.[13] 평형화는 이 세 가지 요소를 통합하는 역할을 한다. 인지발달에 영향을 주는 네 가지 요소는 모두 인지발달에 필요하며 어느 한 가지로만 인지발달을 보장해 줄 수는 없지만 각 요소들 사이의 협응(coordination)과 발달의 자율조정(self-regulation)을 위해서는 평형화가 필수적이라는 것이다.[14]

적응 활동은 다시 동화(assimilation)와 조절(accomodation)이라는 두 가지 상호보완적인 과정으로 나눌 수 있다. 동화란 환경으로부터 받아들이는 자극을 기존의 도식에 맞추는 과정이고, 조절은 기존의 도식을 자극에 맞추어 바꾸는 과정이다. 따라서 동화가 단지 기존의 도식에 양적인 변화를 추가하는 것이라면, 조절은 도식의 질적인 변화라고 할 수 있다. 그러나 동화와 조절은 개념상으로는 구분할 수 있지만 구체적인 실제의 적응 활동에서는 별개로 분리되어 나타나지 않는다. 사물을 유기체에 동화시키는 것은 동시에 유기체를 사물에 조절시키는 것을 포함한다. 역으로 말하면 모든 조절은 동시에 유기체를 조절되게 만든 사물을 유기체에 동화시키는 것이다.[15] 동화와 조절이 균형을 이룬 상태가 평형(equilibrium), 불균형을 이룬

---

13. H. Ginsburg and S. Opper, 《삐아제의 지적발달론》(김억환 역), 성원사, 1984, pp.281~286.
14. Wadsworth, *Piaget's Theory of Cognitive and Affective Development* (4th edn.), p.29.
15. Flavell, *The Developmental Psychology of Jean Piaget*, pp.45~46.
  피아제는 인지적 적응도 기본적으로 생물학적인 적응과 마찬가지라고 보고 있다. 이에 따라 피아제는 동화와 조절이 실제로는 분리할 수 없는 관계라는 것을 음식물 섭취의 예를 들어 설명한다. 음식물을 섭취할 때 우리는 그 음식물을 씹어서 먹기 좋도록 잘게 부순 다음 먹는다. 동시에 이 과정에서 우리는 음식물을 입에 넣기 위해 입을 벌린다. 전자가 동화라면, 후자는 조절이다.

상태가 불평형(disequilibrium)이다. 평형화(equilibration)란 불평형의 상태에서 평형으로 옮겨가는 과정이다. 평형화를 통하여 외적인 경험은 내적 구조, 즉 도식에 통합된다. 결국 평형화란 한 가지 상태의 평형에서 다른 상태의 평형으로 옮겨가는 기제(mechanism)로, 더 높은 평형의 상태로 옮겨가는 것이 발달의 과정이라고 할 수 있다.

피아제는 이러한 사고 발달의 과정을 평형 조건과 구조 형성이라는 두 가지 별개이면서도 상호보완적인 관점에서 연구할 수 있다고 정리한다. 전자의 관점에서 보면 사고의 과정은 개개의 여러가지 형태를 통해서 점차로 안정적 평형화의 상태로 나아가는 것이다. 여기에서 문제가 되는 것은 평형 상태의 안정에 영향을 주는 요인이 무엇인가 하는 것이다. 이는 주어진 평형화에 포함되어 있는 인지 분야의 범위와 협응의 도구, 즉 어떤 특정 연령에 활용할 수 있는 인지구조의 발달 수준과 관련이 있다. 후자의 관점에서 문제가 되는 것은 인지구조가 어떻게 해서 생겨나고, 차례대로 발달하는가 하는 점이다. 이러한 인지구조의 형성은 신경체계의 성숙, 물리적 환경과의 상호작용에서 얻어지는 경험, 사회적 환경의 영향이라는 요인에 의해 정해진다.[16]

피아제 인지발달론의 두드러진 특징은 사고의 발달에는 일정한 단계(stage)가 있다는 주장이다. 단계란 지적 능력의 뚜렷한 발전적 변화를 가리키는 용어로, 아동이 육체적, 사회적, 정신적 발달에서 어떠한 점에 도달하였는가를 나타내주는 지표이다. 피아제는 인지 발달을 감각운동기(sensory-motor stage), 전조작기(pre-operational

---

16. Bärbel Inhelder and Jean Piaget(trans. by Anne Parsons), *The Growth of Logical Thinking: from Childhood to Adolescence*(London: Routledge & Kegan Paul Ltd., 1958), p.243.

〈표 1〉 피아제 이론의 인지발달 단계

단계	나이	인 지 의 특 성
감각운동기	0-2세	반사 활동. 식별은 나타나지 않음(0-1개월) 손과 입의 협응. 빨기반사를 통한 식별(1-4개월) 손과 눈의 협응. 이상한 사건의 반복(4-8개월) 2가지 도식의 협응. 사건의 연속성 획득(8-12개월) 경험을 통한 새로운 수단-잇따른 환치(換置)를 따름(12-18개월) 내적 표상. 정신적 조합을 통한 새로운 수단(18-24개월)
전조작기	2-7세	표상을 통한 문제 해결-언어의 발달(2-4세) 자기중심적 사고와 언어. 보존(conservation) 문제를 해결 못함(4-7세)
구체적 조작기	7-11세	가역성 획득. 보존 문제의 해결-논리적 조작 발달, 구체적 문제에 적용. 복잡한 언어적 문제와 가설적 문제를 해결하지 못함.
형식적 조작기	11-15세	모든 형태의 문제를 논리적으로 해결-과학적 사고, 복잡한 언어적, 가설적 문제를 해결. 인지구조의 성숙

stage), 구체적 조작기(concrete operational stage), 형식적 조작기(formal operational stage)의 4단계로 나누고 있다. 여기에서 각 단계를 구분하는 기준은 주로 아동이 물리적, 수학적 실험을 다루는 방식에 대한 관찰에서 나온 것으로, 피아제는 이 단계를 아동의 사고발달을 이해하는 수단으로 여기고 있다. 워스워드(Barry J. Wadsworth)의 정리에 따라 각 단계 아동의 인지적 특성을 보면 〈표 1〉과 같다.[17]

〈표 1〉에서 보는 바와 같이 아동의 사고 활동은 생후 18개월경(감각운동기 6기)부터 나타난다. 생후 18개월경부터 2세경까지는 아동이 감각운동에서 벗어나 사고 활동을 본격화하는 과도기적 시기라

---

17. Wadsworth, *Piaget's Theory of Cognitive and Affective Development* (4th edn.), p.145.

고 할 수 있다. 따라서 사고 발달 단계에서 다루어야 할 것은 실제로는 감각운동기를 제외한 세 단계이다. 사고의 발달은 조작(operation)의 가능성 여부에 따라 전조작적 사고와 조작적 사고로 구분할 수 있다. 피아제와 이넬더(Bärbel Inhelder)에 의하면 조작이란 다음과 같은 행동을 말한다.

첫째, 가역적 체계(reversible system)를 형성할 수 있도록 내면화되고 다른 사람의 활동과 통합된 활동

둘째, 내면화와 통합의 결과로 사물에 대한 인식과 자신의 행동 조정이 수반되는 활동[18]

사고의 가역성(reversibility) 및 내면화는 보존(conservation)의 능력을 획득함으로써 가능하다. 보존이란 물질의 양은 어떤 영역 안에서 모양이 변하더라도 일정하다는 것을 개념화한 것이다. 보존의 능력을 가지고 있으면 사물의 외형적 모습이나 어느 순간의 사건의 상태가 아니라 그 본질을 파악할 수 있다. 또한 자기 중심적 사고에서 벗어날 수 있으며, 가역적 조작을 할 수 있고, 지각과 추론 사이에서 갈등이 일어났을 때 추론을 토대로 판단을 할 수 있다. 전조작기의 아동은 변화가 일어나는 과정이 아니라 변화가 일어난 순간적인 상태에 관심을 가지기 때문에 변형을 이해할 수 없다. 그러나 조작적 사고 능력을 가진 아동은 변화의 계열이나 계속적인 상태를 관찰함으로써 변형을 이해할 수 있으며, 그 결과로 보존의 능력을 가질 수 있다. 또한 조작적 사고는 사물에 대하여 숙고하는 과정을 거치게 되므로 시행착오의 간격을 줄일 수 있다.[19]

---

18. Inhelder and Piaget(trans. by Anne Parsons), *The Growth of Logical Thinking: from Childhood to Adolescence*, p.6.
19. Wadsworth, *Piaget's Theory of Cognitive and Affective Development* (4th

⟨표 2⟩ 전조작적 사고와 조작적 사고의 비교

전조작적 사고	조작적 사고
자기 중심의 사고	환경과 상호작용
사고의 비융통성, 고정화	가역적 사고
주관적, 직관적 사고	문제해결을 위한 체계적 사고
정보의 외형에 의한 판단	내면성의 인식, 보존 능력
정보의 정적인 상태에 관심 집중	변화의 과정에 관심, 변형을 이해
인과관계를 파악하지 못함	인과관계의 파악
사건을 병렬적으로 연결	계열화 및 분류화

조작적 사고의 이러한 제반 특징은 논리적 사고가 가능하다는 것으로 종합될 수 있다. 논리적 조작은 내면화된 인지적 행위를 토대로 이루어지는 것으로, 가역성을 비롯하여, 사물을 위계적으로 구성하거나 포섭 관계를 이해할 수 있는 분류(classification), 사물의 변화에 따라 일련의 요소를 정확히 배열할 수 있는 계열화(seriation), 변화의 인과관계를 파악할 수 있는 능력 등이 포함된다.[20] 이상의 논의에 따라 전조작적 사고와 조작적 사고의 차이를 정리해 보면 ⟨표 2⟩와 같다.

조작적 사고 단계는 다시 구체적 조작기와 형식적 조작기로 나뉜다. 피아제는 구체적 조작과 형식적 조작의 차이를 크게 두 가지 측면에서 구분하고 있다.

첫째는 사고 대상의 구체성과 추상성의 차이이다. 구체적 조작은 직접 경험할 수 있는 구체적 세계를 중심으로 이루어지며, 직접적이면서도 현재 활용할 수 있는 정보만을 토대로 추리(reasoning)를 한다. 이에 반해, 형식적 조작은 직접적, 구체적 정보뿐만 아니라 장차

---

edn.), pp.70~73.
20. Ibid., pp.100~105.

활용가능한 증거도 고려하여 가능성을 검토하며, 명제와 가설을 사용하여 추리를 하는 것이다. 구체적 조작기에서는 귀납적 추리만이 가능한데 비하여, 형식적 조작기에서는 귀납적 추리뿐만 아니라 가설-연역적 추리까지도 가능하다. 가설적 추리는 일상적 경험을 넘어서 직접적으로 알지 못하는 것이나 가설적인 것을 대상으로 하는 추리이며, 연역적 추리는 전제로부터 결론에 이르거나 일반적인 것으로부터 특정한 것에 이르는 추리이다. 따라서 가설-연역적 추리는 실제로 입증된 사실이 아니라 가설인 전제에서 결론을 연역해 내는 추리이다. 형식적 조작 능력을 가진 아동은 가설적 문제에 대하여 전적으로 마음 속에서 상징적으로 추리할 수 있으며 논리적인 결론을 연역할 수 있다.[21] 피아제는 이러한 추리의 과정으로 반성적 추상(reflective abstraction)을 들고 있다.

둘째는 추리 과정에서 다룰 수 있는 요인 수의 차이이다. 구체적 조작 단계의 아동은 한 번의 조작에 하나의 요인만을 고려할 수 있다. 그러나 형식적 조작 단계의 아동은 주어진 여러 요인을 동시에 고려하며, 그것을 조합할 수 있다. 따라서 형식적 조작기의 아동은 사건이나 사물의 군(群, group)을 다룰 수 있으며, 이를 분류하거나 추상적으로 일반화할 수 있다. 피아제는 청소년기 사고의 일반적 특성을 다음과 같은 두 가지로 정리하고 있는데, 이는 곧 형식적 조작의 특징이라고 할 수 있다.

첫째, 청소년에게는 가능성이 실제를 지배한다. 따라서 청소년의 사고는 가설-연역적이다.

둘째, 청소년의 사고는 고도의 평형을 이룬 상태로, 수없이 다양

---

21. Ibid., p.117.

한 문제에 효과적으로 대응할 수 있는 정도까지 인지구조가 발달했다고 할 수 있다.[22]

피아제는 이상과 같은 발달 계열이 고정적이어서 변하지 않는다고 보고 있다. 발달의 순서는 바뀔 수 없으며, 어느 단계를 뛰어 넘는 경우도 없다. 반드시 한 단계를 거쳐야 다음 단계에 이를 수 있다. 발달은 누적적으로 진행된다. 인지발달에서 한 단계는 다음 단계를 위한 준비 과정이다. 새로운 발달 단계는 이전 단계를 기반으로 하여 성립되며, 이전 단계와 통합된다. 앞 단계의 지식은 다음 단계의 지식에 포섭됨으로써 사라진다. 여기에서 새로운 단계의 지식은 앞 단계의 지식이 확대, 발전되는 것이 아니라 앞 단계의 지식을 대치하는 것이다. 앞 단계의 지식은 다음 단계의 출현으로 사라진다. 즉, 인지발달 단계 사이에는 인식적 단절이 있게 된다.[23] 따라서 아동의 사고와 성인의 사고는 질적으로 다르다. 아동은 작은 성인이 아니라 자기 나름으로 사고하는 존재이며, 성인이 더 이상 기억하지 못하는 방식으로 사고한다.[24] 피아제는 단계의 특징을 3가지로 요약하고 있다.

첫째, 활동의 불변적(不變的) 계열이 있어야 한다. 활동이 나타나는 순서는 모든 아동에게 동일하다.

둘째, 각 단계의 특징은 아동의 표면적 행동을 결정해 주는 하나의 핵심적 체제, 즉 기본구조에 의해서 정해진다.

셋째, 각 구조는 다음에 오는 구조를 위한 길을 예비한다.[25]

---

22. Ginsburg and Opper, 《피아제의 지적발달론》(김억환 역), pp.271~272.
23. 김용선(편저), 《피아제론과 반피아제론》, 형설출판사, 1992, p.183.
24. Arthur E. Ellis, *Teaching and Learning in Elementary Social Studies* (3rd edn.) (Boston: Allen and Bacon, Inc., 1986), p.33.
25. Ginsburg and Opper, 《피아제의 지적발달론》(김억환 역), p.218.

하지만 아동들 사이에서는 광범한 발달의 차이가 존재한다. 같은 연령 집단에 속하는 아동들도 발달의 정도가 크게 다를 수 있다. 나이가 같은 아동의 사고라도 구체적 조작 단계일 수도 있고 형식적 조작 단계일 수도 있다. 피아제가 제시한 연령 범위는 표준 나이로, 전형적인 평균의 아동이 특정한 단계의 특징인 지적 활동을 할 수 있으리라고 기대할 수 있는 시기를 가리킨다. 피아제는 이와 같이 광범한 발달의 차이가 존재하는 이유를 경험적, 유전적 요인으로 인하여 생겨나는 개인차 때문으로 설명한다.

발달심리학에서 인지발달 요인의 두 가지 측면으로 논의의 대상이 되어온 것은 유전과 환경이다. 피아제에 의하면 양자 모두 인지발달에 중요한 역할을 한다. 그러나 아동의 연령이 높아지고 발달이 진행될수록 유전의 역할이 줄어들고 환경의 역할이 커진다. 따라서 피아제 이론에서 사고 발달에 영향을 끼치는 요인으로 관심의 대상이 되는 것은 환경의 문제이다. 특정한 사고 과정이 나타나는 나이는 자연적인 것이 아니라 문화적 경험의 산물이다. 아동의 성장 환경이 달라지면 성장 속도도 달라질 수 있다. 서구 사회가 아닌 다른 지역을 대상으로 한 연문화적(聯文化的) 연구(cross-cultural study)는 이를 입증하고 있다.[26]

일반적으로 언어도 성장에 영향을 끼치는 주요 요인으로 지적된다. 피아제도 언어가 사고의 범위를 넓히고 속도를 증가시킨다는 데 동의하고 있다. 그러나 언어가 논리적 사고의 발달을 위한 필요조건

---

26. 예를 들면 교육을 받은 테헤란에 사는 아동들은 지적 성취에 대한 시험에서 유럽이나 미국에 사는 아동보다 1~2년 지체됨을 보였다. 또한 조작(보존성) 측정에서 이란의 시골 아동은 도시(테헤란)에 사는 아동보다 2~3년 지체가 나타났다. 유럽에 사는 도시와 시골 아동 사이에서도 마찬가지 현상이 나타났다. (김용선(편저), 《삐아제론과 반삐아제론》, pp.63~67. 참조.)

이나 충분조건이 아니라고 주장한다. 언어는 논리적 사고의 발달을 촉진시키는 역할을 하지만 논리적 사고의 발달에 반드시 필요하지는 않다는 것이다. 이는 피아제가 언어를 사물이나 사건을 표상화(representation)하는 한 가지 형태일 뿐이라고 여기기 때문이다.[27] 피아제에 따르면 조작적 사고는 언어에 의존하지 않을 수도 있으므로 언어보다 사고가 중요하며, 사고는 언어에 의존하지 않는다. 아동은 활동을 통하여 문제를 해결한다. 언어적 표현을 필요로 하는 문제라도 처음에는 활동을 통하여 해결하다가 나중에야 언어적 수준에서 다시 학습한다. 이 때문에 언어적 사고를 필요로 하는 과제를 해결할 수 있는 연령은 다른 사고 과제를 해결할 수 있는 연령보다 늦어진다.[28]

정의(情意, affect)가 인지발달에 미치는 영향도 비슷한 관점에서 파악할 수 있다. 정의는 지적 발달을 가속화시킬 수도 있고 늦출 수도 있다. 지적 활동에 동기나 활력을 불어 넣으며, 지적 활동의 어떤 내용에 초점을 맞출 것인지 선택하게 한다. 그러나 정의는 인지구조를 변하게 하는 데 영향을 주기는 하지만 그 자체가 인지구조를 변하게 하지는 않는다.[29]

이상에서 볼 수 있는 바와 같이 피아제는 아동의 인지구조를 변화시키는 것은 환경에 대한 아동의 자발적 활동이라고 보고 있다. 그 밖의 요인들은 발달의 속도에 영향을 끼치기는 하지만 인지구조 자체를 결정하지는 못한다는 것이다.

---

27. Wadsworth, *Piaget's Theory of Cognitive and Affective Development* (4th edn.), pp.65~66.
28. Ginsburg and Opper, 《피아제의 지적발달론》(김억환 역), p.155.
29. Wadsworth, *Piaget's Theory of Cognitive and Affective Development* (4th edn.), pp.30~31.

피아제 자신은 교육의 문제에 커다란 관심을 쏟지 않았다. 피아제는 학교에서 가르치는 좁은 의미의 학습은 새로운 정보나 특수한 상황에만 국한되는 것으로 일반적으로 적용되지는 않는 것으로 보고 있다. 그에 의하면 학교 학습은 구조의 발달에 도움을 주기보다는 아동이 추론과 지식(구조)을 적용할 수 있는 내용과 기능을 획득하는 데 더 중요한 역할을 한다. 일반적 구조와 관련된 넓은 의미의 학습은 발달로, 이는 특정한 수업을 통하여 이루어지는 것은 아니다.[30] 그러나 결과적으로 피아제의 이론은 교육에 많은 영향을 끼쳤다. 1950년대 말 미국의 교육개혁으로부터 비롯된 신교육과정(new curriculum)에 내포되어 있는 학습이론은 피아제와는 관점을 달리하는 면이 많으면서도 피아제의 인지발달론을 이용하고 있다. 신교육과정의 이론적 틀을 제공한 것으로 평가되고 있는 브루너(J.S. Bruner)의 나선형 교육과정 개념이나, 어떤 교과의 구조라도 적절한 방법을 사용하면 모든 연령에서도 가르칠 수 있다는 그의 아이디어는 발달이론과 연결된다. 아동에게 제시되는 교육의 형식은 아동의 능력과 사고 방식에 적합해야 하는데, 이 발달단계를 규정하기 위한 틀로 피아제의 이론이 원용되는 것이다. 브루너 자신도 학습 준비성의 원리로서 피아제의 인지발달론을 소개하고 있다.[31]

아동의 인지발달에 관심을 가지고 있는 많은 학자들은 피아제 이론이 실제의 학습 상황에 적용되는지 여부와 인지발달이 학습에 어떠한 영향을 끼치는지에 대한 연구를 하였으며, 피아제의 이론에 입각한 교수 · 학습 방법의 개발을 시도하였다. 긴스버그와 오퍼는 피아제 이론이 교육 행위를 위한 몇 가지 원리를 제공하고 교육과정

---

30. Ginsburg and Opper, 《피아제의 지적발달론》(김억환 역), p.296.
31. J. S. Bruner, 《브루너 교육의 과정》(이홍우 역), 배영사, 1973, pp.103~110.

및 교수방법의 개발에 도움을 주었으며, 피아제의 임상적 인터뷰 방법은 교사에게 귀중한 진단적 및 평가적 도구를 제공하였다고 평가하고 있다. 이들에 따르면 피아제 이론이 학습의 원리에 주는 시사점으로는 아동 중심의 학습, 아동의 자발적 활동을 바탕으로 한 학습, 개별화 학습, 사회적 상호작용을 경험할 수 있는 학습 등을 들수 있다.[32] 이 중에서도 가장 중요한 것은 수업은 아동의 인지 기능에 적합해야 하며 수업 방식은 자기 조정 또는 구성적 과정을 촉진시켜야 한다는 것이다. 즉 아동의 자발적 활동을 촉진시키는 방향으로 수업이 이루어져야 한다는 것을 밝혀주었다.[33] 이 원리는 개별화 학습으로 포괄될 수 있다. 개별화 학습에서 아동에게 주어지는 새로운 경험은 아동의 인지적 능력에 적합해야 한다. 학습이 효율적으로 이루어지려면 학습과제는 아동이 기존에 가지고 있는 인지구조를 바탕으로 해야 하며, 낮은 수준의 이해를 바탕으로 높은 수준의 이해로 이끌어 줄 수 있는 것이어야 한다. 이를 위해서는 추상적 이해를 필요로 하는 과제라도 그 대상은 구체적일수록 좋다. 또한 경험은 적당히 새롭고 진기해야 아동의 흥미를 이끌어낼 수 있다. 경험이 너무 새로우면 아동은 자신이 가지고 있는 인지구조에 이를 동화시킬 수 없고, 너무 익숙한 것이면 힘들지 않게 동화가 되어 별로 흥미를 일으키지 못한다.[34] 이상에서 볼 수 있는 바와 같이 교육과정은 아동의 발달 단계에 맞춰 계열화, 연속화되어야 하며, 학습과제와 환경은 아동의 인지구조에 적합하고 흥미를 촉진시키는 것이어야 한다는 것이 피아제의 인지발달론이 교육에 주는 함의라고 할 수 있다.

---

32. Ginsburg and Opper, 《피아제의 지적발달론》(김억환 역), pp.300~312.
33. 김언주, 《신피아제론》, p.24.
34. Ginsburg and Opper, 《피아제의 지적발달론》(김억환 역), pp.306~310.

3. 피아제 이론을 수용한 역사교육 연구

(1) 역사적 사고력의 발달

피아제의 인지발달론을 받아들여 역사적 사고를 연구하는 데 필요한 이론적 틀을 마련한 것으로 평가 받는 사람이 필(E.A. Peel)이다. 필은 서로 관련된 두 가지 측면에서 피아제의 이론을 역사교육에 적용하고 있다. 첫째는 평형의 개념을 역사교육에 어떻게 적용할 것인가 하는 점이며, 둘째는 역사적 사고를 어떻게 분류하고, 이를 계열화할 것인가 하는 점이다.

필은 평형의 개념을 역사적 인과관계에 의하여 설명하고 있다. 즉, 필은 역사적 인과관계와 학생들의 역사적 사고는 평형에 이르는 같은 구조를 가지고 있는 것으로 본다.

> 역사적 인과관계는 두 가지 측면을 가지고 있다. 행동이 충분히 억제되지 않거나 과도하게 보상을 받을 때 관계에 변화가 일어난다. 또 폭동이 충분히 지지받지 못하거나 그에 대한 응보적 행동이 지나쳤을 경우에도 마찬가지다. 여기에서 두 群의 인간 세력 사이에 민감한 균형이 깨어지고, 통상 역사적 인과관계라고 기술되는 변화의 출발점이 되는 두 가지 변화의 하나가 생겨난다. 비슷한 예로 노사관계에서 노동자들의 임금 인상 요구가 있을 수 있다. 만약 노동자들이 상응하는 생산의 증가나 노동 시간의 연장 없이 많은 돈을 받게 된다면 작은 변화가 일어나기 시작한다. 만일 임금 인상의 요구가 작업 시간의 연장이나 더 효율적인 작업이라는 반대 급부와 맞아 떨어지게 되면, 후자의 요구는 전자에게 보상을 받게 되어 균형은 유지된다.[35]

여기에서 노동자와 고용주 사이에는 평형 상태의 유지, 그리고 변화의 발생이라는 두 가지의 기본적인 가능성이 있다. 임금 인상의 요구가 노동 시간의 연장이나 더 효율적인 작업에 대한 요구로 보상된다면 평형은 유지된다. 그러나 임금 인상의 요구만 있고 이를 보상할 만한 변화가 고용 조건에 나타나지 않으면 인과적 변화가 일어난다는 것이다. 필은 역사적 인과관계의 이 두 가지 측면을 일반적으로 성숙된 사고에 기본적으로 나타나는 구조적 특징이라고 보고 있다.[36]

필은 사고를 '내용 지배 사고(content-dominated thinking)'와 '가능성 의존 사고(possibility-invoking thinking)'로 구분하고, 어떤 사물이나 현상에 접했을 때 내용 지배 사고에 의한 반응을 '기술(記述, description)', 가능성 의존 사고에 의한 반응을 '설명(說明, explanation)'이라고 말한다. 기술이 사전에 독자적으로 획득한 경험이나 아이디어와 관계 없이 사건이나 현상의 부분들을 단순히 연결시키는 것인 반면, 설명은 현상의 세부들과 관련된 상상력과 독립적인 아이디어의 영감을 필요로 한다.[37] 필은 기술과 설명의 차이를 다음과 같은 예를 통해 밝히고 있다.

예를 들어 한 관찰자가 어떤 환경 하에서 작은 조각의 종이와 금속을 교환하는 일군(一群)의 사람들과, 그 후 그들 중의 한 사람이 다른 사람에게 물건을 주고, 받은 사람이 이를 가져가는 것을 보았다면, 그

---

35. E. A. Peel, "Some Problems in the Psychology of History Teaching", in W. H. Burston and D. Thompson(eds.), *Studies in the Nature and Teaching of History*(New York: Humanities Press, 1967), p.162.
36. Ibid., pp.186~187.
37. Ibid., p.182.

관찰자는 이윽고 그러한 양도를 금속 조각과의 교환과 관련지음으로써 이 사회에의 상품 이전을 정확히 예상할 수 있을 것이다. 그러나 그가 화폐, 매매 등의 개념을 가지고 있지 않다면 무엇이 일어나고 있는지 설명하지 못하였을 것이다.[38]

여기에서 상품의 이전을 설명하기 위하여 화폐의 관념을 이용하는 것이 설명이라면, 관찰한 금속과 종이만을 가지고 현상을 파악하는 것은 기술이라고 할 수 있다. 이어 필은 설명의 예를 다음과 같이 들고 있다.

가장 널리 유행하였고 잘 알려진 고대 사회 초기의 노예 형태는 광업, 농업, 수공업에 종사하던 노예가 아니라 집안에 딸린 노예이다. 왜냐하면 보통 인류학자들에 의하여 연구되듯이 초기 그리스, 로마에서는 가족이 사회의 기초이기 때문이다.[39]

여기에서는 일찍이 알려진 노예의 형태를 설명하기 위하여 인류학에서 연구된 가족의 개념에 의존하고 있는데, 이것이 설명이라는 것이다.

필은 평형의 개념을 기술 및 설명과 연결시키고 있다. 기술은 사건이나 현상을 경험이나 맥락과 연관짓지 못하기 때문에 상대적으로 불안정하므로 기술의 평형은 언제나 설명의 평형으로 나아가게 된다는 것이다.[40] 필은 2가지 사고를 하는 단계를 각각 기술적 사고

---

38. E. A. Peel, *The Nature of Adolescent Judgement*(New York: Wiley-Interscience A Division of John Wiley & Sons, Inc., 1971), p.27.
39. Ibid., p.27.

(describer thinking)와 설명적 사고(explainer thinking)로 표현하고, 설명적 사고가 나타나는 시기를 초기 및 중기 청소년기로 보고 있다.[41]

이상에서 살펴본 바를 종합하면 기술적 사고는 사건이나 현상의 각 부분들을 서로 연관시키기는 하지만 직접적 내용이나 주어진 자료 위주의 귀납적 방법에 의존하는 것이며, 설명적 사고는 직접적 증거 외의 아이디어, 경험, 일반화를 도입하여 상황에 영향을 미칠 수 있는 가능성까지 고려하는 연역적 과정을 포함한다. 이렇게 볼 때 기술적 사고는 피아제가 말하는 구체적 조작 단계의 사고, 설명적 사고는 형식적 조작 단계의 사고에 해당한다고 할 것이다. 설명적 사고는 '이것이 왜 이렇게 되었는가', '개념적 기초는 무엇인가', '그것의 예는 무엇인가', '그것은 어떤 상황에 적합한가'라는 질문에 대답하는 것으로, 필은 설명적 사고가 역사적 사고의 본질이라고 보고 있다.[42] 필에 의하면 설명을 하려는 사람은 문제 해결에 도달하는 데 다음과 같은 네 가지 지적 측면을 거치게 된다.

첫째, 몇 가지 가능한 설명들을 상상한다.

둘째, 학습하고 있는 문제를 설명하기 위하여 그중 하나 이상을 선택한다.

셋째, 필요하지 않은 설명을 차례대로 제외시킨다.

넷째, 문제에 관한 자료와 관련지어 가설로부터 연역을 하거나 추론을 한다.[43]

---

40. Ibid., pp.67~68.
41. Peel, "Some Problems in the Psychology of History Teaching", p.171.
    필은 다른 학자들의 연구를 이용하여 청소년의 사고 발달에서 중요한 변화가 일어나는 시기를 13~15세로 보고 있다.
42. Peel, *The Nature of Adolescent Judgement*, pp.28~29.
43. Peel, "Some Problems in the Psychology of History Teaching", p.183.

하지만 실제 역사수업에서 역사적 자료를 사용하여 역사적 사고력을 높이려고 할 경우, 이 네 가지 측면을 별개로 다루는 것이 언제나 가능한 것은 아니다. 실제로 나타나는 현상에서는 기술적 사고로부터 설명적 사고로 발달하거나, 처음에는 한 가지 설명에 의존하지만 종국에 가서는 여러가지 가능성에 토대를 둔 포괄적이고 지속적인 주장을 하거나 적절하게 그 가능성을 선택 또는 배제하는 경우를 자주 보게 된다.[44]

피아제의 사고 발달 단계가 주로 자연과학적 대상을 토대로 한 것인 데 반해 필은 역사학에서 자주 사용되는 기술과 설명이라는 개념을 통하여 이를 체계화하였다. 필의 이론은 역사적 사고력의 발달에 대한 연구의 하나의 틀이 되었으며, 필의 연구와 같이 피아제의 이론을 역사교육에 적용하기 위한 여러 연구들이 행해졌다. 피아제의 인지발달론을 역사적 사고에 적용하려고 한 연구에서는 대체로 다음과 같은 점들을 밝히려고 했다.

- 피아제가 말하는 사고 발달의 단계와 역사적 사고력의 발달은 어느 정도 관련이 있는가?
- 아동의 역사적 사고력의 발달이 피아제가 말하는 단계를 거친다면 그 발달 단계는 과학 등 다른 교과와 같은 연령에서 발생하는가?
- 역사적 사고력의 발달 단계를 가속화시키는 것은 가능한가, 가능하다면 이는 바람직한 것인가?
- 아동이 도달한 사고의 수준을 어떠한 방법으로 평가할 것인가?
- 각각의 단계에서 어떠한 학습 방법과 자료가 적절한가?[45]

---

44. Ibid., p.186.
45. Ian Steele, *Developments in History Teaching*(Exeter: A Wheaton & Co. Ltd.,

이러한 연구 중 대표적인 것으로 할람의 연구를 들 수 있다. 할람은 11~16세 아동 100명을 대상으로 세 가지 역사적 사건, 즉 '메리 튜더(Mary Tudor)', '노르만의 잉글랜드 정복', '아일랜드의 내전'에 관한 자료를 제시하고 한 자료당 10문항씩 30문항을 질문한 다음, 그에 대한 응답을 피아제의 인지발달 단계에 맞추어 분석하였다.[46] 할람이 분석의 기준으로 삼은 각 단계별 사고의 특징은 〈표 3〉과 같다.[47]

할람은 학생들의 응답을 분석한 결과 연령의 증가에 따라 아동의 전조작적 사고는 점차 감소하며, 극단적으로 예외적인 경우를 제외하고는 역사에 대한 구체적 사고는 12세경에, 형식적 사고는 16.2세~16.6세에 나타난다고 밝히고 있다. 즉, 실험집단의 학생들은 대부분 구체적 조작 수준의 역사적 사고를 한다는 것이다.[48] 할람은 이러한 연구 결과를 두 가지로 정리하고 있다. 첫째, 피아제가 아동의 사고를 구분하는 데 사용하였던 반응의 형태는 역사 문제에 대한 중등학교 학생의 반응에서도 나타난다. 둘째, 일반적으로 아동은 기대보다 낮은 수준에서 역사적 문제에 대하여 추리를 하며, 역사적 사고의 발달은 다른 영역의 사고 발달보다 늦다.[49]

피아제 이론에 입각한 다른 여러 연구들은 이러한 할람의 연구 결과를 뒷받침하고 있다. 콜담(J.B. Coltham)은 일반적으로 사용되는 6개의 역사 용어에 대해 정신연령 9.1~16.0세 아동들의 전형적인 반

1976), p.15.
46. R. N. Hallam, "Logical Thinking in History", *Educational Review* 19(3), 1967, pp.183~202.
47. Ibid., p.185.
48. Ibid., pp.191~192.
49. R. N. Hallam, "Piaget and Thinking in History", in Martin Ballard(ed.), *New Movements in the Study and Teaching of History* (Bloomington: Indiana University Press, 1970), p.164.

〈표 3〉 할람이 구분한 사고 단계의 특징

사고 단계	사고의 특징
전조작적 사고	• 질문과 주어진 정보를 관련짓지 못함 • 사고 과정 내에 있는 모순을 찾아내지 못함 • 한 가지 특징만을 틀로 삼음 • 안정적이거나 연속적이 아닌 인지 활동 • 사고의 불가역성 • 전이적(transductive), 혼합적(syncretic) 사고
전조작적 사고와 조작적 사고의 과도기	• 상황의 한가지 특징 이상을 고려. 그러나 여러 사실들을 성공적으로 연관짓지는 못함 • 판단의 불확실성 • 가역성을 시도하나 실패함
구체적 조작기	• 조작적 응답을 할 수 있으나 자료에서 곧바로 알 수 있는 것에 한정 • 이용할 수 있는 증거로부터 결과를 예상 • 한 가지 진술을 다른 진술로부터 보완하거나 진술을 부정할 수 있음. 그러나 부정과 상보성을 협응시키지는 못함
구체적 조작과 형식적 조작의 과도기	• 가설을 형성하기 위하여 주어진 자료에 나타나 있는 것 이상을 고려. 그러나 매우 성공적이지는 못함 • 여러가지 변수들을 연관짓기 시작
형식적 조작기	• 어떤 설명이 사실인지를 발견하기 위하여 여러 요소들의 불변성을 지속시키고 다른 요소들을 체계적으로 변화시킴 • 가설을 세우고 이를 자료에 의하여 확인하거나 부인 • 추상적 수준에서 함의에 의하여 추리 • 가능성 있는 다양한 함의를 깨달음

응을 조사한 결과 단지 두 개의 용어만 구체적 조작 수준에서 다루고 있으며, 형식적 조작 수준에서 반응한 것은 하나도 없었다.[50] 12~16세의 중등학교 학생을 대상으로 10개 용어의 의미를 문장의 맥락 속에서 파악하도록 하는 드실바(W.A. DeSilva)의 실험연구에서도 용어의 개념에 대한 이해 수준은 14세와 15세 사이에서 전환이 일어나며, 15세와 16세 사이에도 중요한 차이가 나타났다.[51] 이러한 연구 결과는 연령상 약간의 차이가 있으나 대체로 할람의 연구와 맥을 같이 하고 있다. 저드(M.F. Jurd)도 학생들의 역사적 자료를 다루는 능력을 검사하는 실험연구에서 각 발달 단계 사이가 불연속적인가는 확실하지 않으나 역사적 사고의 발달에는 단계가 있으며, 피아제 이론에 따른 조작적 사고의 발달에 근거하여 일련의 학습 경험을 조직할 수 있다고 함으로써 역사적 사고의 발달과 피아제가 주장한 사고의 발달 단계가 같다고 주장하고 있다.[52]

이들의 연구 결과는 크게 두 가지로 요약될 수 있다. 첫째는 피아제가 제시한 사고 발달 단계는 역사적 사고력의 발달에도 적용된다. 역사적 사고력의 발달도 전조작적 사고→구체적 조작→형식적 조작을 거친다. 이에 대하여 톰슨(Donald Thompson)은 역사적 사고력의 발달 단계를 특정 연령과 연결짓는 것은 문제가 있다고 지적하면서도, 피아제 이론에 입각한 분석의 틀은 학생들의 역사적 사고를 분류하고 평가하는 데 유용하다고 주장한다. 그러한 분석 틀은 사고의 질을 평가하는 데 사용할 수 있는 기준을 제공해 준다는 것이다.

---

50. Ibid., p.166.
51. W. A. deSilva, "The Formation of Historical Concepts through Contextual Cues", *Educational Review* 24(3), 1972, pp.175~180.
52. M. F. Jurd, "Adolescent Thinking in History-Type Material", *Australian Journal of Education* 17(1), 1973, pp.15~17.

또한 단계는 점진적 발달의 일부로 순서에 따라 일어나며, 지속적 발달이 일어나기 위해서는 평형이 확립되어야 한다는 것을 역사적 사고의 발달에서도 마찬가지라고 말하고 있다.[53]

둘째는 역사적 사고의 발달은 다른 교과의 경우보다 느리다는 점이다. 연구자에 따라 약간의 연령 차이가 있기는 하지만 16세 이전의 아동은 역사적 사고에서 형식적 조작의 수준에 도달하지 못한다는 할람의 연구 결과는 대체로 이 연구들의 지지를 받고 있다. 이 시기 아동들은 역사적 자료를 활용하고 분석하는 데 '변화', '발전', '원인', '증거'와 같은 개념을 사용하지 못하고, 역사적 사건에 대해 가설을 세우고 검증을 할 수 없으며, 특수하거나 구체적이지 않은 역사적 문제를 사고하는 데 어려움을 겪고는 한다는 것이다.[54]

역사적 사고의 발달이 다른 분야보다 느린 이유로는 다음과 같은 점들이 지적되고 있다. 첫째, 역사적 사고의 대상은 과거라는 점이다. 과거의 사건은 직접 경험할 수 없으며 남아있는 증거로부터 재생되는 것이다. 그러나 증거는 불완전하거나 왜곡되었을 가능성이 있으며 도덕적 이념이나 갈등이 포함될 수도 있는데, 초·중등학생이 이를 파악하기는 어렵다. 할람은 역사에서 사고력이 늦게 발달하는 이유를 역사에서 다루는 과거 인간의 행위는 아동이 직접 경험하는 세계와 멀리 떨어져 있으며 성인조차도 당황스러울 수 있는 추론 및 도덕적 갈등에 직면할 수 있기 때문이라고 지적하고 있다.[55]

둘째, 많은 역사적 사건에는 시간관념이 포함되어 있다는 점이다.

---

53. Donald Thompson, "Some Psychological Aspects of History Teaching", in W. H. Burston and C.W. Green(eds.), *Handbook for History Teacher*(2nd edn.) (London: Methuen Educational Ltd., 1972), pp.24~25.
54. D. Shemilt, "Formal Operational Thought in History", in John Fines(ed.), *Teaching History*(Edinburgh: Holmes McDougall, 1983), p.152.

역사적 사건에 포함되어 있는 시간의 범위는 학생들의 이해 범위를 넘어서는 경우가 많다. 또한 사건이 일어난 순서는 명확한데 반해, 각 사건을 결합하는 인과관계는 그렇지 않다.

셋째, 역사적 개념은 언어로 표현된다. 그런데 많은 역사적 개념은 추상적 어휘로 표현되기 때문에 이해하기 어렵다. 접하는 경험이 추상적이고 언어로 표상해야 하는 과제일수록, 아동은 이를 해결하기 어렵다는 점은 피아제 이론에서도 이미 지적된 것이다. 특히 형식적 조작 능력이 발달하기 이전에는 관련 사물과 직접 접해야 정확한 지식을 가질 수 있으며, 다른 사람이 쓴 것을 읽거나 말하는 것을 듣는 것만으로는 이를 획득할 수 없다고 한다.[56] 더구나 역사 용어는 학생들이 이미 알고 있거나 일상적으로 사용되는 것이라고 해도 그 의미가 학생들이 알고 있는 것과는 다른 경우가 많기 때문에 이를 이해하기 위해서는 의미의 확대가 필요하다.

넷째, 역사학습에 관련된 증거는 주로 성인의 활동을 대상으로 한 것이다. 학생들은 자신의 경험 내에서만 자료를 다룰 수 있는 경우가 많으며, 성인의 활동을 재구성할 만큼 충분한 경험을 가지고 있지 못하다.

역사적 사고력의 발달에 대한 연구가 역사교육에 주는 시사점이 무엇인지도 활발히 논의되었다. 이들의 연구 결과에 따르면 중등학교를 마칠 때까지도 학생들은 형식적 조작 단계의 역사적 사고를 할 수 없으므로 역사교육의 효과도 근본적인 한계를 지닌다. 그러나 이들 연구에서는 대체로 효과적인 교수 방법의 사용을 통하여 조작적

---

55. Hallam, "Logical Thinking in History", p.195.
56. Wadsworth, *Piaget's Theory of Cognitive and Affective Development* (4th edn.), p.23.

사고를 어느 정도 촉진시킬 수 있다고 보고 있다. 이를 위해 중등학교까지 역사를 배우는 학생들의 학습 경험은 가능하면 구체적이어야 한다는 것이다. 할람은 이에 대하여 역사학습의 가장 가치 있는 결과인 탐구정신은 추상적인 정치적, 제도적, 종교적 변화를 이해하기 보다는 가옥, 오락, 의복, 수송 등과 같은 구체적 토픽의 학습을 통하여 쉽게 기를 수 있다고 주장한다.[57] 또한 추상적인 개념이나 토픽도 가능하면 구체적 사례를 통하여 학습할 필요가 있다고 덧붙인다. 예를 들어 '혁명', '자유무역', '경제'와 같은 주제는 학생들이 그 개념을 충분히 이해할 때까지는 구체적이고 다양한 사례 속에서 설명되어야 하는데, 시각이나 청각적으로 경험할 수 있는 자료의 형태로 제시되는 것이 좋다는 것이다.[58] 할람은 또한 학생들로 하여금 대조되는 사실이나 관점에 대해 생각하고 비교하게 한다면 그들의 사고 능력을 향상시킬 수 있을 것이라고 말한다. 따라서 전조작적 사고에서 구체적 조작으로 전이가 일어나는 단계에 있는 학생에게는 평형화의 힘이 생겨날 수 있도록 역사적 인물이나 상황의 두 가지 측면을 보여주어야 하고, 형식적 조작 수준의 발달은 어떤 역사적 토픽에 대해 적어도 네 가지 관점을 제시함으로써 촉진시킬 수 있다고 주장하고 있다.[59]

필은 형식적 조작 능력을 기르는 방법으로 유추(analogy)를 제시한다. 예를 들어 청교도 혁명 당시 영국의 내전을 설명하는 데는 "찰스(Charles 1세)가 승리할 수 있는 기회는 경험이 많지만 지친 권투

---

57. Hallam, "Piaget and Thinking in History", p.170.
58. School Council History 13-16 Project, *A New Look at History* (Edinburgh : Holmes McDougall, 1976), p.37.
59. Hallam, "Piaget and Thinking in History", pp.171~172.

선수가 힘은 있으나 젊은 권투 선수와의 한판 승부에서 승리할 수 있는 기회와 같다"는 유추를 사용할 수 있다고 한다.[60] 이 사건에 대한 기술적(記述的) 대답은 두 세력 사이의 갈등 사실을 나열할 뿐이지만, 설명적 대답은 전쟁, 크롬웰의 의회 통제, 자금원, 찰스 군대의 자금 부족, 크롬웰 군대의 초창기 미숙한 경험 및 의지 부족, 찰스 기사군 및 그 무리의 더 우수한 초기 훈련과 같은 넓은 맥락에서 설명하는 것이다. 학생들은 크롬웰이 유리한 조건을 젊은 권투 선수의 장점에서, 찰스가 유리한 조건을 노련한 권투 선수의 장점에서 유추함으로써 사건의 인과관계를 사회적 맥락 속에서 파악할 수 있다고 필은 말하고 있다.

피아제도 후기 연구에서 적절한 학습을 통하여 사고가 촉진될 수 있다고 주장한다. 그러나 피아제가 학교 학습을 통하여 촉진시킬 수 있다고 한 것은 사고의 발달 단계 자체보다는 해당 사고 단계 속에서 사고의 양을 늘리는 것이다. 사고 발달 단계 자체는 형식적 학교 교육을 통하여 이루어지는 것이 아니라 환경과 상호작용을 통한 발달의 산물이라고 보기 때문이다. 이에 반해 할람이나 필의 주장은 구체적 조작 단계에 있는 아동들에게 역사학습의 대상인 추상적 과제들을 다룰 수 있는 방안을 논하고 있다는 점에서 피아제의 견해보다는 학습의 효과를 훨씬 높이 평가하고 있는 것이라고 하겠다.

하지만 이러한 연구 결과가 학교 학습이 사고 발달에 끼치는 영향에 대한 피아제의 이론의 주장에서 벗어나는 것은 아니다. 할람의 실험연구는 이를 보여 준다. 할람은 초등학교 학생(9~10세)과 중등학교 학생(12~13세)을 대상으로 역사학습을 통해 말하고 쓰는 응답

---

60. Peel, "Some Problems in the Psychology of History Teaching", p.180.

능력을 향상시키기 위해 약 9개월간에 걸쳐 역사적 자료에 대해 자신의 힘으로 의문을 가지고, 토론하고, 상상하고, 구성하고, 알아야 할 문제들을 생각해내고, 평가하고, 발견하게 하는 등 학생들의 자발적 활동을 강조한 새로운 방법으로 수업 지도를 하였다. 그리고 그 결과를 칠판이나 교과서, 교사의 이야기를 필기하거나 듣는 전통적 교수 방법으로 지도한 학생들 및 자신이 직접 지도하지 않은 학생들과 비교하였다. 평가는 일시적인 학습의 효과를 배제하기 위하여 수업 프로그램이 끝난 직후와 그로부터 두 달 후 두 번에 걸쳐 행하였다. 초등학생에게는 첫 번째 평가에서는 '고대 스파르타와 아테네', '스코틀랜드 여왕 메리', '서부를 향한 이동'이라는 세 가지 글을 읽고 학생들의 사고 능력을 묻는 질문에 답하게 하였으며, 두 번째 평가에서는 여기에다가 '토마스 모어와 헨리 8세'를 추가하였다. 중등학생에게는 첫 번째는 '고대 스파르타와 아테네', '러시아혁명', '노르만 정복'에 관한 글을 읽고 질문에 답하게 하였으며, 두 번째는 '노예제'에 관한 글을 추가하였다. 응답의 방법으로는 면담과 필답을 병행하였다. 할람이 얻은 연구 결과는 대체로 다음과 같다. 첫째, 초등학교의 경우 교사가 교수요목과 수업 방법을 고안한 이와 같은 새로운 방법의 역사수업은 전체적으로 역사적 사건에 대한 사고 능력을 전반적으로 향상시켰다. 이러한 변화는 학생들의 사고 방식이 구조적으로 바뀐 것이라고 할 수는 없으나, 결과적으로 논리적 구조의 발달로 이어질 수도 있다. 그러나 학생들이 자발적인 학습 활동을 위해 스스로 간단한 1차자료와 관련지어 교수요목이나 수업 방법을 개발할 경우, 이에 따라 진행되는 수업이 구조적 변환(structural transformation)이라는 의미심장한 변화를 일으킬 것인지는 더 연구해야 할 과제이다. 둘째, 중등학교 학생의 경우 배운 내용에 대해 사고하는 능력이 향상되었지만, 그 밖의 다른 내용에 대해서는 그렇지 못하였다. 이와 같은 교수 프로그램이 이들의 사고 능력을 가설적 사고를 할 수 있는 수준으로 향상시키는 데 적합하지 않았을 것이다.[61] 효율적인 역사수업을 받은 학생들은 배운 내용에 대한 사고 능력을 향상시킬 수 있으며, 초등학생이라도 향상된 사고 기능을 배우지 않은 내용에도 적용할 수 있다. 그러나 이것이 사고 발달 단계 자체의 변화를 의미하지는 않는다. 가설적 사고는 더 높은 연령에서 가능하다. 다만 교사가 환경을 구조화함으로써 학생들의 도식과 학습 내용 사이에 간격이 있게 하면 역사 교과에 필요한 사고 기능을 향상시킬 수 있다. 이러한 할람의 연구 결과는 피아제 이론의 틀에서 벗어나는 것은 아니다.

(2) 역사의식의 유형과 발달

일본에서는 1950년대 피아제의 인지발달론을 받아들여 역사관(歷史觀), 역사상(歷史像)을 포함한 역사의식의 심리적 측면, 역사의식의 형성에 대한 연구가 활발히 전개되었다. 여러 학자들이 역사의식의 유형을 분류하고 계열화하는 연구를 하였다. 그 선구적 역할을 한 것이 1953년에 발표된 사이토 히로시(齋藤博)의 연구이다. 사이토 히로시는 일본의 소학교와 중학교 학생을 대상으로 한 조사 연구[62] 결과, 역사의식을 금석상위의식(今昔相違意識), 변천의식(變遷意識), 역사적 인과관계의식(歷史的 因果關係意識), 시대구조의식(時代

---

[61]. R. N. Hallam, "Attempting to Improve Logical Thinking in History", *Research in Education* 21, 1979, pp.1~17.
[62]. 齋藤博, 〈地理的,歷史的意識の發達〉, 《信濃敎育會敎育硏究所紀要》 19, 1953.

構造意識), 역사의 발전의식(歷史의 發展意識)으로 구분하였다. 여기에서 역사의식의 제요소는 역사적 시간의 관념과 인과관계, 변화와 발전이라는 역사적 사고를 가리킨다고 할 수 있다. 사이토 히로시는 역사의식이 시간관념에서 인과관계나 변화와 발전을 이해하는 방향으로 발달하는 것으로 보고 있다. 역사의식의 발달 단계에 대한 사이토 연구의 결론을 요약하면 다음과 같다.

- 초등학교(소학교) 1, 2학년생이 생각하는 과거는 가까운 시기에 한정된 것으로, 할아버지나 할머니가 태어난 때 정도가 한계이다. 과거를 추상적으로 생각할 수 있는 것은 초등학교 5학년 경이 되어야 가능하다.
- 과거와 지금의 차이를 인식할 수 있는 능력은 초등학교 3~4학년에 급속히 발달한다.
- 변천(발달)을 알 수 있는 능력도 초등학교 3~4학년에 급속히 발달한다.
- 인과관계를 직접적 원인에 의해 파악하기 시작하는 것은 초등학교 4학년부터이며, 간접적 원인에 의해 파악하는 것은 중학교 1학년에 시작되어 중학교 3학년까지는 대부분의 학생들에게 가능하다.
- 시대구조에 대한 이해는 중학교 1~2학년에 나타난다.
- 역사의 발전에 대한 이해는 상당히 늦어 청소년 중기(16~18세)에 들어서야 가능하다.[63]

이 조사는 일본 長野縣 農山村의 소·중학생과 東京의 소학교 학생 1,830명을 대상으로 하였다. 시대풍속행렬전, 등불·의복·교통기관의 변천, 사과 생산고 그래프, 철도개통 포스터 등을 제시하고 질문을 던졌으며, 조사 방법은 면접법을 사용하였다.

사이토의 역사의식 발달에 관한 연구는 피아제 계통의 사고발달론을 받아들여 사회성의 발달이라는 일반적 발달 단계를 논하는 차원으로부터 구체적인 역사의식의 발달을 논하는 차원으로 역사교육 연구를 이끌어냈다는 점에서 의미가 큰 것으로 평가받고 있다.[64] 사이토의 연구는 역사의식의 발달에 대한 이후의 연구에 커다란 영향을 주었다. 사이토가 분류한 유형에 의해 역사의식이 어떻게 발달하는가를 조사한 연구들이 나타났으며, 역사의식을 유형화, 계열화하려는 연구들이 진행되었다. 그중 대표적인 것이 1955년부터 1965년까지 일본 초·중·고·대학교 약 140개교의 교사·학생 17,000여 명을 대상으로 한 일본 사회과교육연구회의 조사 연구다.[65] 일본 사회과교육연구회는 역사의식의 개념을 심리적 측면의 역사의식, 역사적 사고, 역사적 문제의식으로 구분하고 있다. 심리적 측면의 역사의식은 역사적 흥미나 관심, 시간의식, 인과관계의식, 시대구조의식, 발전의식 등을 가리키는 것으로, 그 발달단계를 학교급별로 보면 다음과 같다.

- 소학교: 변화의 의식이 나타남
- 중학교: 역사적 인과관계의 파악
- 고등학교: 시대구조와 발달의 파악
- 대학교: 역사적 개성과 역사적 의미의 통찰[66]

---

63. 藤井千之助,〈歷史敎育と歷史意識〉, 尾鍋輝彦·豊田武·平田嘉三(編),《歷史敎育學事典》, 東京: ぎょうせい, 1980, p.59.
64. 木全淸博,〈歷史意識の發達と歷史敎育〉, 加藤章·佐藤照雄·派多野和夫(編),《講座歷史敎育3: 歷史敎育の理論》, 東京: 弘文堂, 1982, pp.262~266.
65. 1950, 60년대 일본에서 역사의식 연구의 동향에 대해서는 다음의 글을 참조. 藤井千之助,〈歷史敎育と歷史意識〉, pp.58~60. 日本社會科敎育硏究會의 연구는 다음의 책으로 출간되었다. 日本社會科敎育硏究會,《歷史意識の硏究》, 東京: 第一學習社, 1971.

역사적 사고는 역사적 사물이나 사건을 보거나 고찰하는 방법을 의미한다. 역사적 사고에 들어갈 수 있는 요소로는 다음과 같은 것을 들고 있다.

- 사물의 변화를 고찰할 수 있는 능력
- 사물의 변화는 그 자체의 내적 요인에 의해 불가피하게 일어나는가, 또는 외적인 다른 요인에 의해 일어나는가를 고찰할 수 있는 능력
- 사물의 변화가 그 자체로서 완결되어 다른 사물에 영향을 주지 않는가 또는 그 변화가 다른 사물에 직접적이나 간접적으로 영향을 주는가를 구분하고, 그 영향을 살펴볼 수 있는 능력
- 사물의 변화를 거시적으로, 즉 수십 년 내지 수백 년에 걸친 하나의 시대라는 범위 속에 놓고 살펴볼 수 있는 능력
- 사물의 변화를 과거에 한정시켜서만 살펴보는 것이 아니라 과거 변화의 양상을 참고해서 금후 또는 미래의 상당히 장기간에 걸친 전망을 토대로 변화의 방향을 통찰할 수 있는 능력
- 개개 사물의 변화가 아닌 여러 사물들 각각의 변화를 종합적으로 고찰할 수 있는 능력[67]

역사적 문제의식에는 학생의 역사적 체험에서 나오는 생활의식 내지는 시대의식, 학생 자신의 주체적 문제의식, 역사적 비판의식, 역사 건설에 참여하려는 의욕 등이 포함된다. 중고등학교 학생의 역사적 문제의식의 발달 과정에 대한 조사 결과 나타난 각 학년별 특징을 보면 다음과 같다.

---

66. 木全淸博,〈歷史意識の發達と歷史敎育〉, p.269.
67. 山中壽夫,〈歷史敎育と歷史的思考力〉, 尾鍋輝彦·豊田武·平田嘉三(編),《歷史敎育學事典》, 東京: ぎょうせい, 1980, pp.68~70.

- 중1: 향토사, 인물사에 대한 관심과 흥미가 높아진다. 영웅 숭배의 경향이 있으며, 개인 도덕적 규범을 기준으로 역사를 이해하려는 경향이 높다.
- 중2: 사회의식이 싹튼다. 도덕론적, 인정론적으로 역사를 보려고 한다. 역사적 사건을 사회도덕적인 것과 결부시키려고 한다.
- 중3: 역사적 사건을 사회적 기반과 결부시켜 고찰하려고 하는 경향이 높다.
- 고1: 인간에 대한 성찰이 심화된다. 사회의식이 확대되며, 세계사에 대한 관심이 높아진다.
- 고2: 인간에 대한 이해가 심화된다. 현대의 여러 문제에 대한 관심이 높아지며, 인간과 사회에 대한 비판적 태도가 나타난다.
- 고3: 역사적 사건의 정치적, 경제적 측면을 고찰할 수 있으며, 역사를 종합적으로 이해하려고 한다. 역사적 사건이 당시에는 어떤 의의가 있었으며, 현대에 끼친 영향이 어떤 것인지 파악할 수 있다.[68]

역사의식의 발달에 대한 이러한 연구 결과들을 종합하면 〈표 4〉와 같이 정리할 수 있다.[69]

다음 쪽의 〈표 4〉에 따르면 초등학교 1, 2학년에서는 역사교육이 불가능하고, 3학년에 이르러야 초보적인 역사교육이 가능하다. 초등

---

68. 金子邦秀, 〈歷史的思考力と歷史意識の育成〉, 熊谷行次郎 외 4인(編), 《歷史教育への道》, 京都: 法律文化社, 1984, p.56.
69. 이찬희, 〈역사의식의 개념과 역사교육〉 《사회과교육》 22, 1989, pp.314~315; 藤井千之助, 〈歷史教育と歷史意識〉, p.65; 古川淸行, 〈歷史意識とその育成〉, 加藤章·佐藤照雄·派多野和夫(編), 《講座歷史教育2: 歷史教育の方法と實踐》, 東京: 弘文堂, 1982, pp.247~249; 木全淸博, 〈歷史意識の發達と歷史教育〉, pp.259~270.

〈표 4〉 역사의식의 발달 단계

학년	단계	특징
초등학교 1~2학년	시원의식	• 막연하게 옛 것을 느낌 • 자기중심적. 역사적 시간이나 사건을 주관적으로 인식 • 고금(古今)의 구별이 불명확 • 동화와 같은 이야기를 좋아함 • 현실과 허구를 제대로 구별하지 못함
3학년	고금의식	• 古今의 차이를 자기나름으로 설명 • 古今 사이의 시간의 흐름, 시간의 거리를 느낌 • 현실과 허구의 구별이 가능
4학년	변천의식	• 시간의 흐름에 따른 변천을 느낌 • 직접적 원인에 의해 인과관계를 파악하기 시작 • 연표의 사용 가능 • 영웅, 무용담에 관한 흥미가 나타남
5학년	인과의식	• 변천의식의 심화. 역사성을 느낌 • 과거와 지금의 차이를 사회생활의 의미로서 비교 • 역사적 인과관계를 초보적으로 파악하기 시작 • 주변의 현상에 대한 흥미가 커짐
6학년	시대의식 (시대구조)	• 인과의식이 강화 • 인물과 시대를 연결 • 전기, 일화에 대한 흥미
중학교 1학년		• 인과관계를 간접적 원인에 의해 파악하기 시작 • 시대 구조를 파악하기 시작 • 인물, 영웅 숭배. 개인적, 도덕적으로 인물 판단 • 인간을 시대와 사회적 배경 속에서 파악 • 향토사, 인물사에 관한 관심이 더욱 높아짐
2학년	시대의식 (시대구조, 시대관련)	• 사건들 사이의 상호관계 파악이 가능 • 사실을 시대적 배경과 관련지어 파악 • 인물의 개인도덕적 측면뿐 아니라 사회도덕적 측면에도 관심 • 역사적 사실에 대한 비판적 사고 가능 • 사회의식이 싹틈
3학년		• 사회의식의 확대. 발전의식이 싹틈 • 시대구조와 시대관련의 파악이 가능 • 역사적 사건을 사회적 기반과 결부시켜 고찰 • 역사 이해, 비판적 사고 능력 형성

고등학교 1학년	발전의식	• 발전의식의 형성 • 사회의식, 세계의식의 확대 • 세계사에 대한 관심 증대 • 역사의 동적 파악 • 인간성에 관한 성찰
2~3학년		• 인간, 사회에 대한 이해 심화. 비판의식 발달 • 역사를 종합적으로 이해하고자 함 • 사회사상에 대한 비판적, 관련적 파악 • 현대 사상에 대한 관심 증대 • 역사의 발전적 파악, 역사적 사건의 의의 통찰

학교 5학년에 이르면 인물사 중심의 통사교육을 할 수 있으며, 역사 전반에 관한 내용과 그 상호관련을 다루는 총체적인 역사교육은 중학교부터 행하는 것이 바람직하다.

일본 사회과교육연구회의 역사의식 연구 방법은 우리나라에도 거의 그대로 도입되어 초·중·고등학교의 역사의식 발달에 대한 조사 연구들이 이루어졌다. 이 연구들도 대체로 일본의 연구와 비슷한 결과를 보이고 있다.[70]

---

70. 이 조사연구들은 서로 거의 비슷한 결론을 내리고 있으며 일본의 연구 결과와도 비슷하기 때문에 그 내용에 대해서는 생략하기로 한다. 우리나라 학생들의 역사의식 발달에 관한 연구 중 중요한 것을 보면 다음과 같다.
이정인, 〈국민학교 아동의 역사의식 발달에 관한 고찰〉, 《역사교육》 7, 1964; 윤세철, 〈역사의식 발달과 학년 배정 문제〉 《학술연구회논문집》 1, 서울대교육대학원, 1965; 권승구, 〈국민학교 아동의 역사의식 발달에 관한 연구〉, 연세대학교교육대학원 석사학위논문, 1970; 강우철, 《역사연구방법과 그 교육적 접근》, 탐구당, 1975; 김정, 〈역사의식 발달에 대한 조사연구-국민학교 아동을 중심으로-〉, 《광주교대논문집》 12, 1976; 김유해, 〈고등학교 학생의 역사의식 구조에 관한 연구-국사 중심 정태적 분석-〉, 《역사교육》 21, 1977; 김정, 〈역사의식 발달에 대한 조사연구-중학생을 중심으로-〉, 《광주교대논문집》 14, 1978; 신동렬, 〈중학생의 역사의식 발달 단계 조사와 그 지도 방안〉, 《역사교육논집》 5, 1983; 오갑균, 〈국민학교 아동의 역사의식 발달에 대한 재검토〉, 《사회과교육

(3) 분류 능력

타바는 사고를 위한 3가지 인지과제는 첫째, 개념형성, 또는 모은 정보를 군(群, group)이나 유(類, class)로 분류하는 묶는 것, 둘째, 자료의 해석, 추론, 조직화, 셋째, 알려진 개념, 일반화, 자료를 가설을 세우거나 이론을 만드는 데 적용하는 것으로 나눈다.[71] 여기에서 개념형성은 다른 인지과제의 토대가 된다. 타바는 개념형성의 절차를 다음 〈표 5〉와 같이 제시하고 있다.[72]

〈표 5〉 개념형성의 과정

명시적 활동	암시적 정신작용	유도 질문
1. 열거(enumerating or listing)	식별(differentiation)	너는 무엇을 보았느냐? 들었느냐? 알아차렸느냐?
2. 그룹핑(grouping)	공통 성질의 확인, 추상화	무엇이 같은 類에 속하는가? 어떤 기준에서인가?
3. 명명(labelling), 유목화, 포섭	항목의 위계적 순서 결정, 상·하 종속 관계	이 群을 무엇이라고 부르는가? 무엇이 무엇 아래 속하는가?

여기에서 볼 수 있는 바와 같이 개념형성은 분류에 의하여 이루어진다. 피아제는 조작적 분류(operational classification)의 특징인 사물을 유(類)로 분류하여 외연(外延)을 결정지을 수 있는 능력은 8세 경이 되어야 가능하다고 보고 있다.[73] 이에 따라 사회과에서 아동의 인

연구》 3, 1983; 신동렬, 〈고등학생의 역사의식 발달 단계와 그 지도 방안〉, 《역사교육논집》 13·14, 1990.
71. Hilda Taba, "Implementing Thinking as an Objective in Social Studies" in Jean Fair and F.R. Shaftel(eds.), *Effective Thinking in the Social Studies* (Washington: NCSS, 1967), p.33.
72. Ibid., p.35.

지 능력을 밝히려는 초기 연구는 주로 아동의 분류 능력을 밝히는 데 힘을 기울이게 되었다.

시겔(Irving E. Sigel)은 분류의 기준을 그 형식에 따라 기술적(記述的) 방법, 관계적-맥락적 방법, 유목적-추론적 방법으로 나누고 있다. 기술적 방법은 예를 들면 인간을 크기, 형태, 피부색 등의 기준에 따라 분류하는 것과 같이 외형에 의해 사물을 분류하는 것이며, 관계적-맥락적 방법은 말과 마차를 같은 군(群)으로 구분하는 것과 같이 기능적 상호관련성에 따라 사물을 분류하는 것이며, 유목적-추론적 방법은 사과를 과일로, 말을 동물로 생각하는 것과 같이 추론된 사물의 속성이 기준이 된다. 아동은 연령이 높아질수록 관계적-맥락적 방법을 덜 사용하고, 기술적 방법이나 유목적-추론적 방법을 더 많이 사용한다. 이는 점차로 자신의 주관적 경험이 아닌 사물의 객관적 속성을 토대로 자료를 다루는 능력으로 옮겨감을 의미한다.[74]

사회과에서 사용되는 주된 분류의 방법은 유목적-추론적 방법이라고 할 수 있다. 사회적 사건은 속성에 의하여 사례가 분류되기 때

---

73. Bärbel Inhelder and Jean Piaget, 《삐아제의 아동심리학》(김재은 역), 익문사, 1972, p.107.
    외연이라는 말은 다음과 같이 설명될 수 있다. 어떤 개념이 있을 때 이 개념이 가지고 있는 일반적 특성이나 정의를 개념의 내포(intension), 이 개념을 구성하는 사례의 집합을 개념의 외연(extension)이라고 한다. 예를 들어 '귀족'이라는 개념의 경우, 귀족이 가지고 있는 속성의 결합을 귀족이라는 개념의 내포라고 한다면, 공작·후작·자작 등 귀족을 구성하고 있는 사례의 집합이 외연이다.(김한종, 〈역사적 개념의 학습 방법과 '정의'의 활용〉《역사교육》41, 1987, pp.4~5. 참조.) 따라서 여기에서 외연이라는 말은 類를 구성하고 있는 사례들의 집합을 가리킨다.
74. Irving E. Sigel, "Social Strategies Derived from Some Piagetian Theories", in Peter H. Martorella(ed.), *Social Studies Strategies: Theory into Practice*(New York: Harper & Row Publishers, Inc., 1976), pp.75~76.

문이다. 사회적 사건에 대한 아동의 분류 능력은 세 단계를 거친다. 첫 번째는 사례가 여러 측면의 속성을 가지고 있다는 것을 아는 단계이며, 두 번째는 한 가지 속성을 토대로 분류를 하는 단계이며, 세 번째는 두 가지 이상의 속성을 토대로 분류를 하는 단계이다. 두 가지 이상의 속성을 토대로 사례를 조합하거나 재조합하는 것을 다중분류(multiple classification)라고 한다. 많은 사회적 사건들을 나누는 데는 다중분류가 사용된다. 예를 들어 미국혁명, 남북전쟁, 1812년의 전쟁을 '미 대륙에서 일어난 전쟁'이라는 유(類)로 분류할 수 있으며, 이 중 남북전쟁을 제외한 미국혁명, 1812년 전쟁을 '미-영 사이의 전쟁'이라는 유(類)로 분류할 수 있다.[75] 다중분류의 능력은 추상적으로 사고할 수 있는 능력을 위한 필수적인 전제 조건의 하나이다.

  다중분류를 할 수 있는 아동은 보존 능력을 가질 수 있다. 보존능력이란 사물이나 사건이 외형적으로 변형되더라도 그 성격은 변하지 않는다는 것을 파악할 수 있는 능력을 의미한다. 이를 위해서는 가역성(reversibility)과 상보성(reciprocity)을 가지고 있어야 한다. 가역성이란 본질의 변화 없이 어떤 상태나 분류를 외형적으로 바꾸기 위해 자료나 관념을 재조직하는 정신조작으로, 예를 들어 화폐를 다른 나라 화폐나 액면 가치가 다른 화폐로 교환하는 것을 이해할 수 있는 능력이다. 상보성이란 두 가지 사물 사이의 상호작용을 이해하는 능력으로 예를 들어 관세와 무역 사이의 상호관계를 이해할 수 있는 능력이다.[76] 시겔은 분류화 능력에 관한 피아제 이론이 사회과에 주는 잠정적 결론을 다음과 같이 정리하고 있다.

  ① 사례(사물, 사건, 개인)는 다차원적이며, 많은 개별적인 속성을

---

75. Ibid., pp.72~75.
76. Ibid., pp.77~78.

가지고 있다.

② 개별적 속성이건, 집합적 속성이건 간에 속성은 유목화(classification)의 기초로 사용될 수 있다.

③ 단일 속성에 토대를 둔 분류는 여러 속성에 토대를 둔 분류보다 쉽다.

④ 적절한 교수 전략과 그 제시를 통하여 아동은 이러한 단일 속성을 새로운 하위류(下位類)를 구성하기 위해 조합할 수 있다는 것을 배울 수 있다.

⑤ 가역성과 상보성은 ④를 달성하는 데 필요한 중요한 인지적 조작이다.

⑥ ④와 ⑤의 능력이 있으면 아동은 보존능력을 가질 수 있다.

⑦ 발견의 과정을 통해서 속성을 통합 또는 협응시킬 수 있다.

⑧ 어떤 종류의 명칭(label)은 유용한데, 그 명칭이 유용한가 여부는 해결해야 할 문제에 의해 좌우된다.

⑨ 아동에 의해서 선택된 명칭은 그들의 선호를 반영한다. 그러나 그러한 선호가 어느 정도 수정될 수 있는지는 앞으로 밝혀져야 할 문제이다.[77]

다중분류는 사회과 교육에 요구되는 지적 기능 중의 하나로 사회과 학습의 주요 방법으로 이용되고 있다. 학생들로 하여금 여러가지 사물이나 현상에 대해 분류하게 함으로써 사물이나 현상들 사이의 다양한 관계를 인식시킬 수 있으며, 그 속성을 알게 할 수 있다. 이런 측면에서 학습자의 다중분류 능력은 사회과 교육과정을 구성하는 준거의 하나로 이용되고 있다. 때문에 사회과와 관련된 개념의

---

77. Ibid., pp.81~82.

발달에 대한 많은 연구에서는 다중분류의 능력을 중요한 기준으로 취급하고 있다.

(4) 시간개념

시간개념은 다양한 의미로 사용되고 있으나 역사교육에서 말하는 시간개념에는 대체로 다음과 같은 것이 포함된다고 할 수 있다. 첫째로 시간표현개념을 들 수 있다. 이는 개인이 구체적으로 느끼는 시간이 아니라 사회적인 약속에 따라서 사람들이 그대로 받아들이는 하나의 표식으로, 머리 속에서 이해하고 받아들이는 추상적 상징으로서의 시간을 의미한다.[78] 시간을 표현하는 용어는 그 형태에 따라 〈표 6〉과 같이 일반적 시간표현(general designation), 대강의 시간표현(proximate designation), 특정한 연대(specific date)로 나눌 수 있다.[79]

시간표현 용어는 역사에서만 사용되는 것이 아니며, 이를 이해하는 것 자체를 역사교육의 목적이나 목표로 삼는 경우는 거의 없다. 그러나 시간표현 용어들을 모르거나 이에 대한 고려 없이 역사학습을 진행할 수는 없으며, 이를 아는 것이 역사의 이해를 촉진한다.[80]

둘째는 연대개념(chronological concept)이다. 연대개념은 역사의 흐름 속에서 어떤 사건의 위치를 파악하는 것을 뜻한다. 연대개념에는 다음과 같은 영역이 포함된다.

---

78. 교육학사전편찬위원회(편),《교육학대사전》, 교육출판공사, 1980, p.573.
79. S. K. Kochhar, *Teaching of History*(New Delhi: Sterling Publishers Private Limited, 1984), p.242; Jonathon C. McLendon, *Social Studies in Secondary Education*(New York: The Macmillan Company, 1965), p.109. 참조.
80. Peel, "Some Problems in the Psychology of History Teaching", p.161.

〈표 6〉 시간표현의 형태

일반적 시간표현	대강의 시간표현	특정한 연대
오래 전에	1920년대	1950년 1월 28일
최근에	1760년경	1914년 6월 28일
여러 해 동안	기원전 2세기	1869년 10월 2일
결과적으로	10년 동안	100년
옛날에	16세기 전에	A.D. 43년 이후
초기에	1526~1857년에	50살부터
대체로	아소카 시대	10년
비슷한 시기에	르네상스 시대	세기

- 위치(location): 연대기적 순서 속에 사건을 배열하는 것
- 거리(distance): 두 인물, 사건 사이에 존재하는 시간상의 차이
- 지속(duration): 어떤 이념, 종교, 철학, 운동이 구체적 형태를 띠고 있는 기간
- 동시성(simultaneity): 다른 국가나 지역에서 동시에 발생한 유사한 사건의 인식[81]

셋째는 시대개념(period concept)을 들 수 있다. 역사에서 시대는 물리적 시간을 기계적으로 분할한 것이 아니라 사회 기능의 한 분야에 대해 어떤 시기가 갖는 공통적 속성에 의해 구분된다.[82] 톨젠(Trygve R. Tholfsen)은 시대개념의 속성을 다음과 같이 제시한다.

- 특별한 시간과 장소에 고유한 서로 다른 문화적 형태의 존재
- 그 문화 내에서 행위의 고유한 형태가 서로 구별
- 커다란 전체적 맥락 속에서 그 일부분을 이루고 있는 개개의 현상에 대한 이해의 필요성[83]

---

81. S.K. Kochhar, *Teaching of History*, pp.241~242.
82. 김한종, 〈역사적 개념의 학습방법과 '정의'의 활용〉, p.9.

아동의 성장에 따라 시간개념이 어떻게 발달하는가에 대한 정설은 없다. 그러나 일반적으로 시간표현개념이 가장 먼저 발달하고 연대개념이 그 다음, 시대개념이 가장 늦게 발달하는 것으로 밝혀져 있다. 마토렐라(P.H. Martorella)는 어린 아동들이라도 시간의 경과에 따라 어떤 사건이 먼저 일어나고 나중에 일어났는가를 이해하며, 조금 연령이 높아지면 상당한 기간동안 사건과 행위자 사이에 일어났던 상호관계를 이해하며, 이러한 과정을 거쳐 결과적으로 모든 시간단위의 추상성과 임의성을 이해하게 된다고 말하고 있다.[84] 클라크(L.H. Clark)도 시간개념의 발달을 세 단계로 나누어 현재와 여기(here and now)에 토대를 둔 개념은 초등학교에서 발달하며, 숫자상으로나 수학적으로 배열할 수 있는 연대개념은 초등학교에서 시작되어 중등학교까지 계속하여 발달하며, 연대에 사회적 의미를 부여하거나 시간의 계속성이나 지속성에 대한 이해는 앞의 두 단계에 토대를 두고 이루어지는 것으로 중등학교에 들어서 시작된다고 보고 있다.[85] 김정은 국민학생 및 중학생을 대상으로 한 조사연구를 통해 시간의식은 시원(始原)에 대한 의식→장단(長短)에 대한 의식→세기(世紀)에 대한 의식→순서(順序)에 대한 의식의 순서로 발달한다는 결과를 제시하고 있다.[86] 이러한 연구들은 아동들이 성장하면서 시간표현 용어들을 먼저 이해하고 이를 토대로 연대개념을 갖게 된

---

83. Trygve R. Tholfsen, *Historical Thinking*(New York: Harper & Row Publishers, 1967), p.262.
84. P. H. Martorella, *Elementary Social Studies*(Boston: Little, Brown, and Company, 1985), p.157.
85. L. H. Clark, *Teaching Social Studies in the Secondary Schools*(New York: Macmillan Publishing Co., Inc, 1973), p.190.
86. 김정, 〈역사의식 발달에 대한 조사연구-국민학교 아동을 중심으로-〉; 김정, 〈역사의식 발달에 대한 조사연구-중학생을 중심으로-〉 참조.

다는 것을 보여준다고 할 수 있다. 대체로 시간표현개념은 구체적 조작 단계에서, 연대개념 및 시대개념은 형식적 조작 단계에서 가지게 된다.

시간개념의 발달에 대한 연구는 발달심리학의 입장에서 이루어진 것이 많다. 그 중에서도 시간표현개념에 대한 연구는 피아제를 비롯한 발달심리학자의 연구에 토대를 두고 있다. 이들에 의하면 다른 개념과 마찬가지로 시간개념의 발달도 연령 및 주변 환경과의 상호작용, 즉 경험과 밀접한 관련을 가진다. 피아제는 아동은 이미 감각동작기(0~2세)에 시간과 접촉을 하지만 이 시기의 시간에 대한 인식은 자기중심적이고 극히 지엽적인 것에 지나지 않으며, 그 이후가 되어야 객관적인 시간 인식이 가능하다고 말하고 있다.[87] 여러 학자들의 연구를 종합하면 시간개념의 발달은 대체로 〈표 7〉과 같이 정리할 수 있다.[88]

발달심리학자들의 견해대로 시간개념은 대체로 연령의 성장에 따라 발달한다는 것이 대부분의 학자들이 동의하고 있는 연구 결과이다. 특히 정신 연령과 일반 지능이 자연 연령보다 시간개념의 발달과 더 밀접한 관련이 있다. 또한 사회적 적응(social adjustment)도 시

---

[87]. Jean Piaget(trans. by A. J. Pomerans), *The Child's Conception of Time* (New York: An Intext Publishers, 1971), pp.279~284.
[88]. Carl G. Gustavson, *A Preface to History*(New York: McGraw-Hill Book Company, Inc., 1955), p.19; Peel, "Some Problems in the Psychology of History Teaching", p.164; Steele, Developments in History Teaching, p.19; *Geoffrey Partington, The Idea of Historical Education*(Oxford: NFFR Publishing Company, 1980), p.224; S. J. Thornton and Ronald Vukelich, "Effects of Children's Understanding of Time Concepts on Historical Understanding", *Theory and Research in Social Education*, 16(1), 1988, pp.71~75.

〈표 7〉 시간개념의 발달

연령	특 징
~2세	시간개념은 거의 없음. 현재에 대해서만 관심. '지금', '오늘', '잠깐만'과 같은 단어 사용 시작.
~5세	과거, 현재, 미래를 구분하는 단어의 사용 시작. 어제 · 오늘 · 내일의 인식. 하루의 활동을 순서대로 말할 수 있음.
~7세	지나간 사건을 시대순으로 배열하기 시작. 날짜 · 요일 · 월 · 계절을 순서대로 파악. 특정 시각 파악
~9세	월, 계절, 년과 같은 시간표현개념을 인식. 일반적 시간표현 용어 사용. 약 100년과 같은 특정한 숫자가 들어가는 연도를 사용. 중요 인물이나 사건을 연대와 연결시키기 시작.
~11세	하루의 시간 변화. 1년 · 계절 속에서 일어난 사건의 변화 파악. '식민지 시대', '내전의 시대'와 같이 역사적 사건명에 의해 시대를 표현.
~13세	연대를 적절한 역사적 사건, 인물, 시대와 연결. 성인이 사용하는 시간 어휘나 개념, 세기, 세대 등의 용어를 사용.

간의 이해와 밀접한 관련이 있다. 초등학교 저학년 아동들은 시간 이해에서 대단히 제한적이다. 자기 자신과 직접 관련이 있거나 경험할 수 있는 범위의 시간개념에 대해서 먼저 이해하고 경험을 넘어서거나 추상적인 시간개념에 대해서는 늦게 이해한다. 이 때문에 일반적 시간을 표현하는 용어를 사용하기도 하지만 그 의미를 제대로 이해하고 사용하는 경우는 많지 않다. 실제로는 특정한 연대의 이해가 가장 빠르며, 그 다음에는 대강의 시간표현을 이해하게 된다. 특정한 시간의 이해에서도 시간이 가리키는 범위가 작을수록 이해가 빠르며, 광범한 시간을 나타내는 용어에 대한 이해는 상대적으로 늦다. 개념이 사용되는 맥락 속에서 일반적 시간표현에 대한 이해는 늦게 나타난다. 흔히 사용되는 '곧', '과거에', '몇 세기 전'과 같은 부정확한 시간을 표현하는 용어들의 개념은 초등학교 상급학년에

이르러야 잘 파악할 수 있다.[89]

아동은 역사적 시간을 직접 경험할 수 없다. 이 때문에 역사적 시간에 대한 개념은 일반적인 시간표현개념보다 더 늦게 발달한다. 엘킨드(David Elkind)에 따르면 아동들은 먼저 시계에 나타나 있는 시간들을 이해하며 그 후 요일, 월, 년, 연대 등 달력에 표시되는 시간을 이해한다. 그러나 역사적 시간에 대한 이해는 8, 9세까지는 나타나지 않으며, 청소년기에도 역사적 시간을 제대로 이해하지 못하는 경우가 많다.[90] 또한 아동들은 일반적으로 미래보다 과거를 이해하기 더 어렵다고 한다. 과거를 나타내는 단어보다 미래를 나타내는 단어를 먼저 사용하며 현재나 자기 자신과 밀접하게 관련지어 시간의 계속성을 거의 이해하지 못한다.[91] 어린 아동들에게는 기본적으로 현재까지 일어난 모든 일이 과거이다. 초등학교 단계까지 아동들은 과거 사건이 시간의 흐름에 따라 어떠한 변화를 거쳐 현재 사건이 되었는지 이해할 수 없다. 연표(time line)를 사용해도 초등학교 상급학년까지는 역사적 연속성(historical sequence)이나 연대기, 그리고 시대를 명확하게 규정하지 못한다.[92]

연대개념은 일반적으로 초등학교 상급 학년 또는 중학교(11, 12세)에 들어가는 시기부터 크게 발달한다. 브래들리(N. Bradley)에 의하

---

89. E. D. Wesley and S. P. Wronski, *Teaching Social Studies in High Schools*(5th edn.) (Boston: D.C. Heath and Company, 1966), pp.440~442.
90. David Elkind, *A Sympathetic Understanding of the Child: Birth to Sixteen*(2nd edn.) (Boston: Allyn and Bacon, 1978), p.107.
91. Findlay C. Penix, "Teaching Social Studies in Elementary Schools", in B. G. Massialas and F. R. Smith(eds.), *New Challenges in the Social Studies*(Belmont: Wadsworth Publishing Company, Inc., 1965), pp.67~68.
92. John U. Michaelis, *Social Studies for Children in a Democracy*(2nd edn.) (Englewood Cliffs, NJ: Prentice Hall, Inc., 1956), p.84.

면 학생들은 역사적 시간을 이해하는 데 어려움을 느끼나 11세에 이르면 4분의 3이 역사적 연대가 함축하고 있는 기본적 의미에 대해서 이해하게 된다고 한다. 특히 역사적 기원을 다룰 때는 현재와 가장 멀리 떨어져있는 시기에 대해서 가장 쉽게 구별한다. 왜냐하면 대부분의 학생들은 가장 오래된 시기와 현재를 비교하여, 과거를 부정적으로 인식하기 때문이다.[93] 구스타브슨(Carl G. Gustavson)은 이 연령의 아동들에게는 시간에 대한 개인적 관념이 확대된다고 한다. 사건이 일어난 시점을 깨닫고 연대를 규정할 수 있으며 주어진 시점 이전에 일어난 사건과 이후에 일어난 사건을 파악할 수 있다. 이 연령대 대부분의 아동들은 세분된 역사의 시기나 일련의 연속된 시기를 확대하거나 사건들을 시각화하여 이해할 수 있다.[94] 이러한 견해들을 종합해 보면 연대개념이 일반적으로 발달하는 시기는 중학교 단계라고 할 수 있다.

그러나 이 연령의 학생들에게서 연대개념의 발달은 일반적, 포괄적이기보다는 개별적인 경향을 띤다. '광범한 역사 영역'이나 '시대의 경과에 따른 인류 발전의 모습'에 대한 뚜렷한 인식은 나타나지 않는다. 이에 대한 인식은 연대기의 중요한 의미를 받아들일 수 있는 고등학생 단계에 들어서야 비로소 가능하다.[95] 하지만 일반적으로 고등학생 단계까지도 연대를 비교하여 시간의 크기를 파악하거나 '세기'와 같은 개념에 내포되어 있는 역사적 시간을 올바로 이해하지 못한다는 것은 많은 연구들이 밝히고 있는 사실이다.

---

93. Hallam, "Piaget and Thinking in History", p.167.
94. Gustavson, *A Preface to History*, p.13.
95. Jonathon C. McLendon, *Social Studies in Secondary Education*(New York: The Macmillan Company, 1965), p.112.

시대개념은 종합적인 역사개념이며 다른 시간개념보다 훨씬 고차적인 의식이라고 할 수 있다. 따라서 역사에서 시대개념은 다른 시간개념과는 달리 역사의 종합적인 이해에 의해서 획득될 수 있으며, 시간개념 중 가장 늦게 발달한다. 시대개념은 중학생부터 나타나지만 역사적 시대개념을 제대로 가지는 것은 고등학교 단계가 되어야 가능하다.[96]

4. 피아제 이론의 적용에 대한 비판

(1) 연구 과제 및 방법상의 문제점

피아제 이론에 입각한 역사교육 연구의 문제점으로 흔히 지적되는 것은 연구 과제나 방법상의 문제점이다. 피아제의 이론적 틀을 지나치게 단순화하여 협소하게 적용하였다는 비판이 대표적이다. 심지어는 제노아 학파가 단계와 조작적 사고의 개념을 갈수록 정교하게 사용하였으며, 실제 교육에서는 피아제 이론을 극히 제한적으로만 적용해야 한다고 했지만 이를 간과하였다고 비판한다. 이를 테면 할람이 연구에서 사용한 자료는 시기상으로 동떨어져 있는 별개의 사건들을 다룬 것인데, 그 내용들은 학생들이 배웠거나 배우고

---

96. 김정은 중학생을 대상으로 한 역사의식 조사에서 시대의식은 중학교에 들어서야 나타나며 중학교 1학년에서 3학년까지 소박한 시대의식이 점차 발달하지만 시대의 특질 및 구조를 전체적, 관련적으로 의식하는 엄밀한 의미의 시대의식은 거의 발달하지 못하고 있다고 말하고 있다.(김정, 〈역사의식 발달에 대한 조사연구-국민학교 아동을 중심으로-〉; 김정, 〈역사의식 발달에 대한 조사연구-중학생을 중심으로-〉)

있는 역사와는 관련이 없으며 너무 짧아서 그 시대를 잘 알고 있지 못한 학생들은 질문에 의미있는 대답을 할 수가 없다는 것이다.[97] 또한 연구의 결과가 밝히고 있는 것이 아동이 성취할 수 있는 역사적 능력인지, 역사학습의 결과 성취한 것인지 확실하지 않다는 문제점도 지적되고 있다.[98] 한편으로 이는 피아제가 자신의 이론을 교육적으로 적용하는 데 대하여 별다른 관심을 쏟지 않았기 때문이기도 하다. 피아제 이론의 교육적 함의가 무엇인가에 대한 확실한 결론이 없기 때문에 이를 교육에 적용한 많은 연구에서는 피아제 이론을 해석하는 데 가지고 있는 선입견이 반영되어 있다.[99]

연구의 양과 연구 대상 학생들이 적어서 일반화가 곤란하다는 점도 지적되고 있다. 이는 역사적 사고를 밝히는 데 사용된 피아제 이론 자체의 문제점으로 지적된 것이기도 하다. 피아제의 단계 개념이 유용성을 가지려면 각 단계에 속하는 대부분의 아동들이 하는 행동 사이에는 상당한 공통성이 있어야 한다. 그러나 피아제 이론을 적용한 실제 연구들은 같은 인지양식을 가진 과제를 달성하는 아동들의 연령 사이에는 상당한 차이가 있음을 밝히고 있다. 피아제는 이를 수평적 지체(horizontal dêcalages)로 설명하고 있다. 그러나 단계 사이에 이와 같이 통합성이 없고 각 단계에 이르는 연령 사이에 그렇게 많은 변수가 있다면 단계의 개념은 별 의미가 없다는 비판이 대두되고 있다.[100]

---

97. Martin Booth, "Ages and Concepts: A Critique of Piagetian Approach to History Teaching", in Christopher Portal(ed.), *The History Curriculum for Teachers*(London: The Palmer Press, 1987), pp.24~25.
98. Thompson, "Some Psychological Aspects of History Teaching", p.32.
99. D. G. Watts, *The Learning of History*(London: Routledge & Kegan Paul, 1972), p.18.

역사적 사고는 형식적 조작을 할 수 있어야 가능하다는 주장의 문제점도 지적되고 있다. 영국 학교교육심의회 역사분과(School Council Project History 13-16)에서는 전통적인 개론이나 통사적 교수요목이 아니라 역사적 자료의 활용을 중심으로 하는 3년 과정의 비연대기적 교수요목을 개발하였다. 이 교수요목은 ①역사란 무엇인가(역사의 본질에 관한 도입 과정), ②우리 주변의 역사(선택된 토픽에 대한 현장 조사 학습), ③심층 탐구(《영국 1815~1851 Britain 1815~1851》, 《미국 서부와 엘리자베스 시대의 영국 The American West and Elizabethan England》으로부터 뽑은 한가지 토픽), ④현대세계 연구(공산 중국의 성립, 유럽 통합의 움직임, 아랍과 이스라엘의 갈등, 아일랜드 문제 중의 하나), ⑤발전에 관한 학습(의학의 역사) 등 5가지 부분으로 구성되어 있다. 심의회는 이 교수요목을 13~16세 학생들에게 가르친 후 그 결과를 전통적인 교수요목에 의해 학습한 통제집단과 비교하였다. 새로운 교수요목에 따라 학습한 학생들도 역사를 수학과 같은 다른 과목보다 어렵게 여겼으며, 충분한 역사적 이해의 수준에 도달하지 못한 것은 피아제 이론에 입각한 연구들이 밝힌 것과 같다. 그러나 실험집단은 통제집단에 비해 역사적 자료의 활용 능력이

---

100. Booth, "A World History Course and the Thinking of Adolescent Pupils", p.246.
    아동들은 같은 논리구조를 가지고 있는 과제들이라도 다른 연령에 해결한다는 것이 연구 결과 밝혀졌다. 예를 들어 수 보존은 5, 6세에, 부피보존은 11세경에 성취된다. 피아제는 이와 같이 동일 논리구조가 발달 시기를 달리하여 다른 과제에 적용되는 현상을 '수평적 지체'라고 부르고 있다. 하지만 피아제의 이론으로는 수평적 지체 현상을 설명하기 어렵다. 이러한 현상은 피아제가 말하는 논리구조(logical structure) 개념의 문제점을 보여준다. 같은 논리구조를 가진 두 과제 중 한 과제를 해결할 수 있는 아동은 다른 과제도 해결할 수 있어야 한다.(김언주, 《신피아제론》, pp.26~28. 참조.)

높아졌으며, 대담하고 활발한 사고를 하였다. 또한 역사의 개념이나 이미지 등 역사의 본질에 대한 인식이 크게 높아졌으며, 역사를 능동적인 탐구와 문제해결을 필요로 하는 교과로 여기게 되었다.[101] 이는 새로운 교수요목으로 학습한 결과 학생들의 역사적 이해력이 상당히 향상되고 정교해졌음을 보여주는 것으로, 피아제 이론과는 차이가 있다. 한편 '역사적 발전'이라는 개념에 대한 학생들의 이해를 연구한 결과 학생들의 역사적 개념화도 두드러지게 향상되었다. 역사적 개념은 구체적 조작 수준에서도 이해할 수 있고 전통적인 강의식 학습을 통해서 발달하였으며, 특히 실험집단에서는 현저한 발달을 보였다. 실험집단의 학생들은 높은 수준의 개념을 사용하거나 명제에 의해 역사를 사고할 수 있는 능력이 통제집단보다 높아졌다. 또한 중등학교 학생들은 구체적 조작뿐만 아니라 형식적 조작에 의해서도 인과관계를 파악하고 있다. 다만 아직까지 형식적 조작을 성공적으로 하지는 못한다. 이런 점에서 보면 중등학교 학생들과 전문적 역사가들의 차이는 형식적 조작에 의해 사고를 하느냐 아니냐가 아니라, 형식적 조작을 성공적으로 하느냐 아니냐에 달려 있다.[102] 이는 결국 역사적 사고는 형식적뿐만 아니라 구체적으로도 조작할 수 있으며, 학생들의 형식적 조작 능력도 종전의 연구보다 일찍 나타난다는 것을 말해주고 있다.

  이러한 연구들은 종전에 생각되어 오던 것보다 이른 시기에 역사학습을 시행할 수 있다는 것을 시사해 준다고 할 수 있다. 웨스트(John West)의 실험연구는 이를 보여준다. 웨스트는 6세의 파일럿

---

101. School Council History 13-16 Project(evaluated by Denis Shemilt), *History 13~16 Evaluation Study*(Edinburgh: Holmes McDougall, 1980), pp.1~25.
102. Shemilt, "Formal Operational Thought in History", pp.153~155.

집단(pilot group)을 대상으로 10세까지 4년간 이야기(story), 박물관의 전시품(museum object), 그림 슬라이드(picture-slide) 등의 역사적 자료를 사용하는 역사수업을 시행하였다. 그 결과 역사적 증거와 증거의 신뢰성, 연대에 대한 인식, 역사적 사건의 배열, 차이 및 변화에 대한 개념 등과 같은 역사적 사고 능력이 어떻게 발달하는가를 통제집단과 비교하였다. 웨스트의 연구 결과는 대체로 다음과 같다. '역사적 사물에 대한 관찰의 힘은 6~8세에 높아지며, 연역의 힘은 10~11세에 정점에 달하고, 6~11세 아동은 과거에 대해 상당히 높은 정도의 감정이입과 호기심을 가지고 있다. 7, 8세 아동은 광범한 종류의 전형적인 역사적 사물에 대해 인식할 수 있다. 그림 형태로 제시된 역사적 사물에 대해서는 실험집단과 통제집단 모두 상당히 잘 인식하고 있다. 실험집단은 역사적 사물을 연대적으로 배열하고 계열화할 수 있는 능력이 상당히 향상되었다. 7~11세 아동은 역사적 사건을 순서대로 배열하는 연대기적 능력을 가질 수 있는데, 이는 수학적 기능에 많이 좌우된다. 시간개념, 과거를 인식하고 증거에서 간단한 연역을 할 수 있는 능력은 7세 아동에서도 상당히 발달할 수 있는데, 이를 위해서는 역사수업을 통해 아동의 이러한 사고능력을 향상시킬 수 있다는 교사의 낙관적 믿음이 필요하다. 아동은 또래집단과 토론을 하거나 의견을 교환함으로써 역사적 사고에 필요한 언어 기능이나 연역의 능력을 발달시킬 수 있다.'[103] 이와 같은 웨스트의 연구 결과는 초등학교 저학년에서도 역사수업이 가능하며, 역사수업을 통해 역사적 사고력을 향상시킬 수 있다는 주장을 뒷받침해 주는 것이라고 할 수 있다.

---

103. John West, "Young Children's Awareness of the Past", *Trends in Education*, Spr. 1978, pp.8~15.

초등학교 2학년(피아제의 기준으로는 구체적 조작 단계의 시작), 4학년(구체적 조작 단계의 중간), 6학년(구체적 조작 단계에서 형식적 조작 단계로 이행기) 각각 8명씩, 24명을 대상으로 역사적 이해 능력을 조사한 레브스틱(L.S. Levstik)과 파파스(C.C. Papas)의 연구에서도 비슷한 결과가 나왔다. 2, 4, 6학년 학생들은 각각 역사를 연대기와 연결시킬 수 있다. 2학년의 경우는 "과거(the past)", "옛날에(long ago)", "오래전에(before a long time)"와 같은 막연한 시간 범주를 사용하지만, 4학년의 경우는 이를 더 정교하게 사용하며, 6학년은 "잉카제국"이나 "미국 혁명의 시기"와 같은 구체적 예를 통해 역사를 연대와 연결한다. 또한 학년이 올라감에 따라 역사적 이해의 패턴은 달라지지만 2학년이 사용한 이해의 범주가 상급 학년에서 항상 새로운 범주로 대체되는 것은 아니다. 이는 역사적 이해의 종류가 달라지는 것이 아니라 정도가 달라지는 것으로, 이해의 종류는 같지만 좀더 다양한 방식으로 반응하고, 정교하게 이해한다는 것을 의미한다.[104]

이러한 연구 결과들은 형식적 조작 단계에 있는 학생들만이 역사에서 연대개념을 가질 수 있으며, 새로운 사고 패턴은 그 이전의 사고 패턴을 대체한다는 피아제 입장에 입각한 연구와는 다른 결과라고 할 수 있다. 톰슨은 역사학습은 초등학교 저학년부터 시작할 수 있으며, 교수의 방법은 그것이 역사 이해에 기여하는 바가 무엇인가에 따라 평가되어야 한다고 주장한다. 피아제의 견해대로 감각적 지식은 인지적 지식에, 기술적 사고는 분석적 사고에, 구체적 사고

---

104. L. S. Levstik and C. C. Papas, "Exploring the Development of Historical Understanding", *Journal of Research and Development in Education* 21(1), 1987, pp.1~15.

는 추상적 사고에 선행한다는 것을 인정하지만 감각적 지식, 기술적 사고, 구체적 사고도 역사적 이해 방식에 포함될 수 있다는 것이다.[105]

일본에서 행해진 역사의식 발달 연구에 대해서도 연구 과제나 방법상의 문제점이 지적되고 있다. 사이토의 연구는 역사의식을 정태적, 고정적으로 파악하여 학생들의 현재 발달 수준이나 연령 단계의 발달 경향을 기술하는 데 그쳤으며, 발달 수준을 높일 수 있는 힘이나 조건, 발달 과정 등에 대해서는 언급하지 못하였는 비판을 받고 있다. 또한 역사의식과 역사적 사고를 구분하지 않은 채 정형화하여 병렬적으로 사용하였으며, 양자의 관계나 어느 한쪽에서 다른 한쪽으로 이행이나 발달 조건을 고찰하지 못하였다는 점도 지적되고 있다. 이로 인해 실제의 교육 활동에 유용한 방법을 제시하지 못한 채 역사적 인과관계, 시대구조, 발전 등 법칙적 인식과 관련된 논리적, 추상적 발달 문제에 접근하는데 그친 한계를 가지고 있다는 것이다.[106] 이러한 비판은 사이토의 연구 방법을 이어 받은 이후의 연구에도 대체로 해당하는 것이라고 할 수 있다.

---

105. Thompson, "Some Psychological Aspects of History Teaching", p.34.
106. 木全淸博, 〈歷史意識の發達と歷史敎育〉, pp.265~266.
    역사의식과 역사적 사고력의 관계에 대해 필자는 역사의식을 심리적 역사의식과 역사적 문제의식으로 구분하여, 심리적 역사의식은 역사적 사고력을 기르기 위한 역사학습의 목표와 내용을 정하는 토대를 제공하는 것으로, 역사적 문제의식은 역사적 사고력을 기름으로써 획득될 수 있는 역사에 대한 관심, 역사적 판단력, 비판의식 등으로 규정할 것을 제안한 바 있다. 이에 대해서는 다음의 글을 참조. 김한종, 〈역사적 사고력의 개념과 그 교육적 의미〉, pp.321~323.

(2) 역사적 사고의 성격과 본질

피아제의 인지발달론을 역사교육에 적용한 연구들에 대한 더 근본적인 비판은 피아제가 말하는 사고의 개념은 역사적 사고와는 다르다는 주장이다. 이러한 입장에 서 있는 사람들은 우선 피아제가 다루고 있는 사고의 성격으로는 역사적 사고를 충분히 설명할 수 없다고 주장한다. 피아제는 사고를 너무 논리적, 합리적으로만 규정하여 역사나 문학 등과 같은 교과에서 나타나는 그 밖의 인지적 절차를 무시하고 있다는 비판이 그것이다.[107] 사실 이러한 비판은 역사교육 연구와 관련된 논의 이전에 피아제의 이론 자체에 대해서 가해졌던 것이다. 피아제의 인지발달론은 논리와 가설-연역적 사고에 집착한 나머지 다른 인지 양식들을 배제하고 있다는 비판을 받아 왔다. 이 때문에 무의식적이거나 상상적 사고, 창의적 사고 등을 전적으로 무시하였다는 것이다.[108] 이건도 피아제 이론은 형식적인 논리-수학적 지식을 다루는데, 이는 아동의 지적 활동 중 한 부분에 지나지 않는다고 비판한다. 아동이 이해를 하는 데는 논리뿐만 아니라 태도, 감정, 감각도 중요한 역할을 하며, 연역적 사고 못지 않게 직관이나 상상에도 의존한다는 것이다.[109]

와츠(D.G. Watts)는 사고의 이러한 두 측면을 좀더 체계적으로 제시한다. 와츠는 사고를 수학이나 물리학과 같은 자연과학에서 사용되는 논리적 사고(logical thinking)와 상상, 직관, 창조력을 사용하는

---

107. Watts, *The Learning of History*, p.19.
108. D. Cohen, 〈피아제 이론의 문제점〉(이용남 역), 《교육심리학의 최근 동향-인지와 교육-》(노희관 외 3인 편역), 교육과학사, 1988, pp.117~120.
109. Kieran Egan, *Education and Psychology*(London: Methuen & Co. Ltd., 1983), pp.129~134.

연합적 사고(associative thinking)로 구분하고 역사적 사고에는 두 측면이 모두 있다고 보고 있다. 와츠에 의하면 논리적 사고는 '초보적 지각과 인지적 행동(primitive perception and cognitive activity)→감각운동적 사고(sensori-motor thinking)→구체적 조작(concrete operation)→형식적 조작(formal operation)→의식적인 논리적 사고(conscious logical thinking)→판단(judgement)'의 단계로, 연합적 사고는 '초보적 지각과 인지적 행동→꿈과 백일몽(dream and daydream)→상상(imagination)→연합(association)→창조력(creativity)→판단'의 단계로 발달한다. 역사적 사고의 가장 발달된 단계인 '판단'은 사고의 두 측면이 상호 작용을 하여 종합된 결과이다. 그런데 피아제 계통의 학자들은 사고를 너무 논리적, 합리적으로만 규정함으로써 논리적 사고 이외의 다른 인지과정을 무시하고 있다는 것이다.[110]

이에 따라 일반적인 사고와는 다른 역사적 사고의 본질이 무엇인가에 대한 논의가 활발하게 진행되었다. 이 논의들은 역사적 사고에 대한 연구에서도 필요한 것은 일반적인 사고 도식에 맞추어 역사적 사고를 분석하는 것이 아니라 역사적 사고가 무엇을 의미하는지를 검토하고 그 의미에 따라 역사적 사고의 수준을 분석해야 한다는 데 초점을 맞추고 있다. 피아제의 인지발달론을 역사교육에 적용하는 것을 비판하는 사람들이 피아제가 말하는 사고와 구분되는 역사적 사고의 본질로 가장 중시하는 것은 역사는 인간의 행위를 다룬다는 점이다. 디킨슨(P.J. Dickinson)과 리(P.J. Lee)는 자연과학과 역사의 대상은 근본적으로 다르기 때문에 피아제가 행한 연구의 방법은 역

---

110. Watts, *The Learning of History*, pp.19~21.

사에는 적당하지 않다고 말한다. 피아제의 실험은 자연 현상 내의 규칙성을 발견하는 것인 반면, 역사는 과거 행위자의 행동 이유를 밝혀야 한다. 이를 위하여 역사는 특정한 시간 및 장소에서 일어난 특정한 사건에 대하여 검토해야 한다. 그러므로 자연과학에서 만들어진 사고의 분류 기준은 역사에는 적용될 수 없으며, 피아제가 행한 연구의 방법은 역사에는 부적합하다는 것이다.[111] 피아제의 이론은 근본적으로 논리적이고 연역적인 사고에 초점을 맞추고 있는 반면, 역사적 사고는 과거 인간의 행동에 대하여 가장 믿을 만한 해석을 하는 것이기 때문이다. 이러한 점에서 역사적 사고는 법칙의 창조나 검증에 있는 것이 아니라 과거에 대해 신뢰성 있는 해석을 하는 것이다. 여기에는 논리적 사고뿐만 아니라 상상이나 감정이입이 포함되며 이 점이 바로 역사적 사고의 특성이라고 할 수 있다.[112] 이와 같이 역사적 사건은 행위자의 의도와 목적을 포함하고 있으며, 역사적 사고는 이에 대한 해석, 즉 행위의 합리적인 이유를 밝히는 것이다. 따라서 역사적 서술은 기술적이라고 하더라도 이미 설명적이라고 할 수 있다. 그러므로 역사적 사고를 자연과학에 적합한 논리적, 연역적 사고에 맞춰 분석할 수는 없으며, 필의 구분과 같이 기술적 사고와 설명적 사고의 단계로 구분하는 것도 문제가 있다는 것이 이들의 비판이다.

영역고유 인지이론(domain-specific cognition theory)의 입장에서 역사적 사고의 본질에 대한 논의도 활발해지고 있다. 영역고유 인지란 사고의 전략과 기술은 지식 내용에 의해 정해진다는 지식 중심

---

111. A. K. Dickinson and P. J. Lee, "Understanding and Research", in A. K. Dickinson and P. J. Lee(eds.), *History Teaching and Historical Understanding*(London: Heinemann, 1978), pp.96~97.

(knowledge-based)의 인지 개념이다. 이 이론에 따르면 각 교과는 서로 다른 특정 내용으로 구성되어 있기 때문에 다른 인식론적 배경에 기초하고 있으며, 적용되는 논리도 다르다. 교수 방법이나 수업 전략 또한 교과에 따라 달라져야 하며, 모든 교과에 적용되는 일반적인 사고 방식이나 성격이 있는 것이 아니라 사고 대상에 따라 달라져야 한다.[113]

부스(Martin Booth)는 형식적 조작이 어떤 문제에도 적용될 수 있는 인지적 기능이라는 견해에 의문을 표하면서 일반적인 인지구조를 탐색하는 대신 특정한 교과의 영역에 적합한 인지구조를 선정하는 데 중점을 두는 대안적 모델을 모색하였다. 부스는 역사적 탐구가 '엄격한 논리적 노력' 보다도 '상식적 판단'에 훨씬 많이 의존한다는 점에서 연역이 아니며, 증거의 외면에 나타나 있는 사실만이 아니라 내재하는 사상 및 의미(significance)를 추출하는 것이라는 점에서 귀납도 아니라고 보고 있다.[114] 이러한 입장에서 부스는 피셔(D.H. Fischer)가 사용한 개념을 받아들여 역사적 사고의 독특한 양식을 인증적 사고(adductive thinking)라고 규정하고, 인증적 사고는 잃어버린 세계(lost world)에 대하여 상상적으로 가장 신뢰성있게 해

---

112. M. T. Downey and L. S. Levstik, "Teaching and Learning History", in James P. Shaver(ed.), *Handbook of Research on Social Studies Teaching and Learning: A Project of the National Council for the Social Studies* (New York: Macmillan, 1991), p.402.
113. 역사적 사고와 관련하여 영역고유 인지이론의 내용에 대해서는 다음의 글을 참조. 이영효, 〈인지과정으로서의 역사적 사고와 교수 적용〉《사회과학연구》3, 광주대학교 사회과학연구소, 1993, pp.358~362; 김한종, 〈역사학습에서의 상상적 이해〉, 서울대학교대학원 박사학위논문, 1994, pp.123~125.
114. Martin Booth, "Skill, Concepts and Attitudes", *History and Theory*, Beiheft 22, 1983, p.106.

석하는 것이라고 설명하고 있다.[115] 부스에 의하면 인증은 논리적으로 확실한 결론을 내리려고 하는 것이 아니라 개연성을 밝히는 것이다. 인증적 사고는 관련된 사건을 개연성에 따라서 어떤 일정한 범주, 즉 콜링우드(G. G. Collingwood)가 말하는 역사적 사고의 특징인 상상적 망(imaginative web)으로 끌어모으는 것이다. 역사적 사고 능력을 밝히기 위해서는 미리 정해진 어떤 총체적 틀에 의한 평가보다는 사고를 구성하는 인지적, 정의적 요소를 기술하는 것이 더 적절하다. 역사 연구에서 인증적 사고 능력은 바로 증거를 분석하여 사실을 밝히고, 자료를 토대로 과거 사건이나 토픽의 전체적 상을 만들며, 이를 위해 일련의 개념, 태도, 이해를 이용할 수 있는 능력을 말한다.[116] 부스는 역사적 사고 능력의 발달을 알아보기 위해 초등학교 4~5학년(9.0~12.0세) 학생들을 대상으로 17개월간의 종적 연구(longitudinal study)를 실시하였다. 그 결과 역사적 자료를 사용하고 탐구와 토론 등의 활동을 중시하는 역사수업을 받은 학생들은 역사적 증거의 본질 및 사용에 익숙해지며, 역사적 개념을 이해하는 능력이 현저히 증가하고 역사학습에 의욕을 가지게 되었다. 그림으로 된 자료의 경우 71퍼센트 이상의 학생들이 두 가지 이상의 증거를

---

115. Martin Booth, "A Recent Research Project into Children's Historical Thinking and Its Implications for History Teaching", in Jon Nichol(ed.), *Developments in History Teaching: Perspectives 4*(Exeter: School of Education, University of Exeter, 1980), p.3.
  피셔는 추리(reasoning)를 가설에서 유도되는 필연적 추리인 연역(演繹), 이론에 대한 실험적 검증인 귀납(歸納), 설명적 가설을 만들어 가는 과정인 외전(外轉)으로 나누고, 인증을 외전적인 것과 귀납적인 것의 조합으로 보고 있다(D. H. Fischer, *Historian's Fallacies* (New York: Harper & Row Publishers, 1970), p.xv).
116. Booth, "Skill, Concepts and Attitudes", pp.106~107.

연결시키거나 상상적으로 종합할 수 있으며, 인용문의 경우는 58퍼센트의 학생이 두 가지 이상의 증거를 토대로 자료를 분류하여 관련된 것을 군(群)으로 묶을 수 있었다. 또한 역사적 사고의 본질이 인증적 사고이며, 14~16세의 학생들도 다양한 인증적 사고 능력을 획득할 수 있음을 보여주었다.[117]

영역고유 인지이론에 근거하여 역사적 사고는 설득력있는 이야기의 재구성이라고 주장하는 내러티브 이론도 근래 강하게 제기되고 있다. 레브스틱과 파파스는 과학이나 수학의 논리적 구조는 역사와는 다르므로 피아제 이론을 역사적 사고를 측정하는 데 도입하는 것은 서로 다른 구조를 측정하는 것이라고 비판하고, 역사 이해에 대한 전통적 연구는 비이야기적 장르, 실험적으로 구성된 텍스트이기

---

117. Booth, "A Modern World History Course and the Thinking of Adolescent Pupils", pp.245~257.
　부스가 행한 연구의 방법은 대체로 다음과 같다. 연구 대상은 2년 과정의 근대 세계사 수강생(남 23명, 여 30명)이었으며, 연구 기간은 1975년 9월부터 17개월 간이었다. 실험학급의 학생들에게는 역사적 자료를 적극 활용하면서 탐구나 토론 등을 통해 학생들의 적극적인 참여를 유도한 역사수업을 하였다. 역사적 사고 능력에 대한 평가에서는 다음과 같은 도구를 사용하였다. 증거의 사용 능력은 1956년 헝가리혁명에 대한 상반된 평가를 담은 자료를 제시하고 이를 해석하게 하였다. 개념에 대한 이해 능력은 인종주의(racism), 파시즘, 고립주의, 자본주의, 공산주의, 냉전, 총력전(total war), 제국주의, 경기부진(slump), 민족주의의 10가지 개념을 제시하고 이를 이해하는가를 조사하였다. 역사에 대한 태도의 조사에는 질문지를 사용하였다. 학생들이 가지고 있는 역사적 사고의 본질 및 구조를 조사하는 데는 인터뷰 방법을 사용하였는데, 19세기 후반부터 20세기 사이의 주요 인물이나 사건의 사진이나 그림 12개와, 유명 연설이나 문서에서 뽑은 12개의 짧은 인용문을 제시하고 이를 분류하게 하였다. 평가에서는 역사수업의 진행에 따라 학생들의 역사적 사고 능력이 어떻게 변화하는가를 추적하는 종적 연구를 하였으며, 학습이 끝난 시점에서는 통제집단과 비교도 실시하였다. 연구에서는 남녀 간의 차이에 대한 조사도 시행되었으나, 이 글의 주제와는 거리가 있으므로 여기에서는 소개하지 않기로 한다.

때문에 청소년기 이전의 역사 이해의 증거가 되지 못한다고 지적하고 있다. 그들에 의하면 다양한 형태의 이야기가 역사를 구성하는 데 중요한 역할을 한다. 그렇기 때문에 이야기를 통해서 역사적 이해를 발달시킬 수 있다. 이야기는 경험을 이해할 수 있게 만드는 한 가지 형태의 해석이다. 이야기는 의도와 행동, 양자의 결과를 다루며, 모든 사람이 아니라 특정 시기와 특정 장소라는 주어진 환경 하에 있는 특정 사람을 다룬다. 이야기와 역사는 "사실, 즉 일련의 사건들"의 열거(recount)나 수집이 아니라 이러한 사실들을 설명해주는 원인의 기술이나 해석이다.[118]

영역고유 인지이론에서 사고의 종류나 수준에 가장 큰 영향을 미치는 것은 사고의 대상인 지식의 내용이다. 따라서 역사적 사고의 능력이 일반적인 사고 발달이나 전체적인 발달 단계에 의해 제약을 받는다는 주장을 부인한다. 영역고유 인지이론에서도 전문가들의 역사적 사고 방식이 초보자들과는 다르다는 점을 인정한다. 전문가들의 개념적 체계나 도식에는 초보자들보다 많고 다양한 개념들 간의 관계를 내포하고 있으며, 초보자들의 역사적 지식은 직접 접할 수 있는 특정 사물을 중심으로 조직되는데 반해, 전문가들의 역사적 지식은 그런 사물들을 포섭하는 원리나 추상화에 의해 조직된다는 것이다. 그러나 영역고유 인지이론에서는 이러한 차이가 일반적인 발달 단계의 차이에서 비롯되는 것이 아니라고 주장한다. 학생들이 역사적 과제를 해결하는 데 어려움을 느끼는 것은 정보처리 능력 자체가 부족하기 때문이 아니라 전문 지식과 같이 그 과제를 해결하는

---

118. L. S. Levstik and C. C. Pappas, "New Directions for Studying Historical Understanding", *Theory and Research in Social Education* 20(4), 1992, pp.374~377.

데 필요한 지식 기반이 충분하지 못하는 데서 오는 것이라고 보기 때문이다. 따라서 이들의 입장에서 보면 배경 지식을 많이 가지고 있을수록 역사적 과제를 해결할 수 있는 사고 능력도 높아진다.[119]

5. 맺음말

피아제의 인지발달론을 역사교육에 적용하는 것이 타당한가에 대한 논의는 결과적으로 역사적 사고의 본질에 대한 관심을 높였다. 역사적 사고의 성격과 본질이 무엇인가는 이들 논의의 중점이었다. 피아제 이론의 틀에 입각하여 역사교육을 연구하려는 입장에서는 역사적 사고와 과학적 사고의 본질은 기본적으로 같다고 보고 있으며,[120] 피아제 이론의 적용을 비판하는 입장에 서 있는 연구들은 과학적 사고와 역사적 사고는 본질적으로 다르다고 주장한다. 양편의 주장에서 나타나는 바와 같이 역사적 사고는 두 측면을 가지고 있다. 따라서 논쟁이 되고 있는 것은 이러한 두 측면 중 어느 것이 역사적 사고의 본질적 측면인가 하는 점이라고 할 수 있다. 이러한 입장의 차이는 역사적 사고가 무엇인가에 대한 역사철학적 관점의 차이에서 기인한다. 학생들로 하여금 역사의 본질이 무엇인가에 대해

---

119. Downey and Levstik, "Teaching and Learning History", pp.403~404.
120. 역사교육에 피아제의 인지발달론을 적용한 자신의 연구에 대해 많은 비판이 있었지만, 할람은 1970년대 말 발표한 논문에서 여전히 역사적 지식과 과학적 지식은 모두 귀납적이고 가설-연역적 추리를 사용하여 類(class)와 그들 간의 관계의 논리성을 이해하는데 달려 있으며, 두 분야 모두 본질적으로 확실성보다 가능성을 다룬다는 점에서 피아제의 인지발달 기준은 역사교육에도 적합하다고 말하고 있다. (Hallam, "Attempting to Improve Logical Thinking in History", p.1.)

생각하게 하고 그에 대한 인식을 가지게 하는 것은 역사교육의 중요한 목적 중 하나라고 할 수 있다. 그러나 역사교육이 학생들을 역사철학자로 만드는 데 주안점을 두는 것이 아닌 이상, 역사적 사고의 두 측면 중 어느 하나만을 전적으로 강조하거나 무시하는 것은 바람직하지 못하다. 역사교육의 입장에서는 어느 한 측면을 역사적 사고의 본질로 보더라도, 다른 측면에 대한 연구도 아울러 필요하다. 이는 또한 역사적 사고력의 개념과 그것이 포괄하고 있는 사고 기능의 요소에 대한 연구와 논의의 필요성을 제기해 주기도 한다.

다음으로 역사교육에서 학습자에 대한 이해의 중요성을 더욱 부각시켰다는 점을 들 수 있다. 다른 교과와 마찬가지로 역사학습의 경우도 학습 목표의 효율적인 달성을 위해서는 학습 과제가 학생들의 능력이나 흥미에 부합되어야 한다. 특히 학습자의 인지 능력에 적합한지 여부는 수업의 성패를 결정하는 가장 중요한 요인이라고 할 수 있다. 이에 따라 학생들의 역사적 사고 발달 단계를 규명하려는 연구들이 활발히 진행되었다. 이러한 경향은 피아제의 인지발달론을 역사교육에 적용하려는 학자들뿐만 아니라 이를 비판하는 학자들의 경우도 마찬가지다. 사료의 상상적 해석이나 감정이입적 이해의 단계에 대한 연구[121]나 역사 이해 방식의 발달에 대한 연구[122]가 대표적이라고 할 수 있다.

학생들의 역사적 사고력을 신장시키기 위한 다양한 수업 방법의 모색도 이 연구들이 가져다 준 중요한 성과 중의 하나이다. 할람이

---

121. Asalyn Ashby and Peter Lee, "Children's Concepts of Empathy and Understanding in History", in Christopher Portal(ed.), *The History Curriculum for Teachers*(London: The Palmer Press, 1987), pp.64~84.
122. Kieran Egan, "Accumulating History", *History and Theory, Beiheft* 22, 1983, pp.73~79.

나 부스의 연구에서 볼 수 있는 바와 같이 피아제 이론에 입각하여 역사적 사고를 연구한 학자들은 그들 나름대로 학생들의 사고 발달을 촉진시키거나 형식적 사고, 즉 가설-연역적 사고 능력을 기르기 위한 수업 방법의 모색에 힘썼으며, 피아제 이론의 틀을 적용하는 것을 비판한 학자들도 어떤 수업 방식이 역사적 행위에 대한 이해나 사료의 취급 능력을 기르는 데 효과적인가를 검토하기에 힘썼다. 사료와 그 밖에 학생들이 구체적으로 접할 수 있는 자료의 활용, 학생들의 자발적이고 능동적인 학습 활동의 강조 등은 이 두 입장의 연구들이 모두 권장하고 있는 역사수업 방법이다. 한편 이러한 연구들에 비추어 볼 때 역사학습 전반에 효율적인 수업 방식이 무엇인가에 대한 연구 외에도, 실제 수업에서 다루는 구체적 학습과제나 내용에 필요한 역사적 사고력이 무엇이며, 이를 기르기 위해서는 어떤 자료와 수업 방식이 효율적인가에 대한 연구도 필요하다.

9장

역사적 사고력의 구성 요소와
역사 수업의 발문

1. 머리말

 역사적 사고력의 육성은 역사 수업의 주된 목표 중 하나로 강조되고 있다. 탐구, 추체험이나 감정이입, 역할극이나 시뮬레이션, 토론 등 다양한 학습활동, 사료, 역사지도와 연표, 멀티미디어 등 학습자료의 활용, 인물학습이나 개념학습 등 학습내용의 다양화나 체계화에 대한 논의에는 으레 '역사적 사고력의 신장을 위해서'라는 말이 따르고는 한다. 여기에서 역사적 사고력이라는 말은 별다른 구분 없이 역사 내용을 다루는 사고 능력을 총칭하는 용어로 사용되어 왔다. 역사적 사고력이 어떠한 교육적 능력들을 의미하는지에 대해 구체적으로 논의되지 않았기 때문에 어떤 수업 방법이 역사적 사고력을 기르는 데 유용하다는 연구의 경우, 마치 그 수업 방법이 모든 역사적 사고력을 신장시킬 수 있는 것처럼 주장하고는 하였다. 그러나 역사적 사고력이라는 말 속에는 다양한 종류의 사고 능력들이 포함되어 있다. 어떤 특정한 수업 방법이 역사적 사고력을 구성하는 모든 능력을 향상시킬 수는 없으며, 역사적 사고의 성격이 일괄적으로 다른 교과의 사고와 같다거나 다르다고 말하기는 어렵다. 따라서 이러한 연구들이 이론적으로 체계화되고 교실현장에 실천적으로 적용되기 위해서는, 역사수업을 통해 기르고자 하는 역사적 사고력이 무엇인지를 명확히 해야 한다. 이는 결국 역사적 사고력의 개념을 명확히 하고, 구성요소를 분석하는 문제라고 할 수 있다. 이 글에서는 역사적 사고력의 성격에 대한 논의 및 역사적 기능에 관한 제견해의 검토를 통해 역사적 사고력의 구성 요소를 추출해 보기로 한다.

  실제의 수업 현장에서 학생들의 사고를 자극하는 수단으로 가장 자주 사용되는 방법이 교사의 발문이다. 수업이란 곧 교사가 학생들에게 사고해야 할 문제를 체계적으로 제시하고 그에 대한 학생들의 답을 듣는 의사소통 과정이라고 할 수 있기 때문이다. 교수·학습자료보다 교사의 발문기법이 수업의 결과에 더 큰 영향을 미친다고 알려져 있다. 따라서 역사 수업에서 발문을 어떻게 할 것인가에 대한 검토는 학생들의 역사적 사고력을 신장시킬 수 있는 방안을 모색하는 데 중요한 시사점을 줄 수 있을 것이다. 이 글에서는 역사적 사고력의 요소들을 검토하고 교실 수업에서 교사의 발문이 어떤 사고력을 유도하고 있는지를 검토함으로써 바람직한 역사학습의 발문을 모색해보고자 한다. 다만 이 글의 분석은 역사 교사의 발문에 대한 대체적인 경향성을 살피는 데 그치기로 하겠다.[1]

---

1. 역사 교사의 발문에 대한 분석은 1993년부터 1996년 사이 중·고등학교 국사 수업을 녹음한 테이프(20시간 분량)를 이용하였다.

2. 역사적 사고의 본질에 대한 제견해

역사적 사고력에 어떤 능력이나 기능이 포함되는지에 대한 견해는 역사적 사고의 본질이 무엇이라고 보는가에 따라 달라진다. 우선 역사적 사고를 과학적 사고와 본질적으로 같다고 보는 입장을 생각해 볼 수 있다. 피아제가 말하는 사고의 개념을 역사적 사고에 그대로 적용하려는 시도가 대표적이다. 이러한 입장에서는 역사적 사고의 성격을 조작적 사고(operational thinking)[2]로 보고, 역사적 사고의 단계를 구체적 조작, 즉 직접적이고 귀납적인 사고와 형식적 조작, 즉 가설-연역적 사고로 구분한다. 진정한 역사적 사고는 형식적 조작 단계에 이르러야 비로소 가능하다고 생각한다. 필은 사고를 사건이나 현상을 자신이 사전에 가지고 있는 개념이나 아이디어와 관련을 짓지 못하고 단지 직접적인 경험에 의해서만 파악하는 기술적 사고(describer thinking)와 사건이나 현상을 상상력과 독립적인 아이디어를 사용하여 파악하고 여러 가지 가능성까지 고려하는 설명적 사고(explainer thinking)로 구분한다.[3]

필이 말하는 기술적 사고는 피아제의 구체적 조작, 설명적 사고는 형식적 조작에 해당한다고 할 수 있다. 필은 설명적 사고를 본

---

2. 조작적 사고의 특징은 환경과의 상호작용, 가역적 사고, 문제해결을 위한 체계적 사고, 내면성의 인식, 보존 능력, 변화의 과정에 대한 관심 및 변형의 이해, 인과관계의 파악, 계열화 및 분류화 등을 들 수 있다(이에 대해서는 이 책 8장 〈피아제의 인지발달론과 역사교육연구〉, pp. 225~229 참조).
3. E. A. Peel, "Some Problems in the Psychology of History Teaching", in W. H. Burston and D. Thompson(eds.), *Studies in the Nature and Teaching of History*(New York: Humanities Press, 1967); E. A. Peel, *The Nature of Adolescent Judgement*(New York: Wiley-Interscience A Division of John Wiley & Sons, Inc, 1971).

질적인 역사적 사고라고 본다. 할람 또한 일련의 연구를 통해 비슷한 결론을 내리고 있다. 진정한 역사학습을 위해서는 수학이나 과학에서 나타나는 가설-연역적 사고, 즉 피아제가 말하는 형식적 조작을 할 수 있어야 하며, 역사적 사고의 발달도 피아제가 말하는 사고 발달 단계를 거친다고 한다. 다만 역사적 사고의 발달은 피아제가 제시한 일반적인 사고 발달보다 늦게 이루어진다는 것이다.[4]

둘째로 역사는 인간의 내면을 다루기 때문에 역사적 사고는 과학적 사고와 본질적으로 다르다는 입장을 들 수 있다. 역사적 사고의 본질적 성격은 논리적이거나 가설-연역적 사고 대신 상상(imagination), 추체험(re-enactment), 감정이입(empathy) 등으로 설명된다. 이러한 견해는 관념론이나 해석학적 입장과 맥을 같이 하는 것이라고 할 수 있다. 대표적인 관념론자로 평가받는 콜링우드는 역사적 행위자의 내면, 즉 행위의 동기나 이유를 아는 것이 역사적 이해라고 말한다. 이를 위해서는 역사가가 재사고(re-think)를 통해 행위자의 사상을 추체험하는 길뿐이라고 주장하는데, 이것이 곧 콜링우드가 말하는 역사적 사고의 본질이라고 할 수 있다.[5] 밍크(Louis O. Mink) 역시 역사가는 사건을 탐구하는 데 상상 속에서 재생하거나 재창조하는 것이 필요하며, 이러한 역사가의 행위를 통찰(insight)이

---

4. R. N. Hallam, "Logical Thinking in history", *Educational Review* 19(3), 1967; R. N. Hallam, "Attempting to Improve Logical Thinking in History", *Research in Education* 21, 1979.
5. R. G. Collingwood, *The Idea of History*(Oxford: Clarendon Press, 1961), p.215.
6. Louis O. Mink, "The Autonomy of Historical Understanding", *History and Theory* 5(1), 1966, p.36.

나 직관(intuition)이라고 부를 수 있다고 한다.[6] 디킨슨(A. K. Dickinson)과 리는 자연과학과 역사는 연구 대상이 다르기 때문에 피아제의 연구를 역사에 그대로 적용할 수 없다고 주장한다. 이들에 따르면 피아제의 이론은 기본적으로 자연과학에서 만들어진 논리적이고 연역적인 사고에 초점을 맞추고 있는 반면, 역사적 사고는 과거 인간의 행동에 대한 가장 믿을 만한 해석을 하는 데 관심을 둔다. 이를 위해서 상상이나 감정이입을 하게 되는데 이것이 곧 역사적 사고의 본질이라는 것이다.[7]

역사적 사고를 논리적 사고와 상상적 사고가 혼합된 결과로 보는 견해도 있다. 논리적 사고와 그렇지 못한 사고를 단순히 이분법적으로 파악하거나 관련이 없는 것으로 여기는 데 반대하고 이 두 가지 사고의 상호작용을 강조하는 것이다. 와츠는 역사적 사고는 초보적인 지각적 인지적 활동에서 출발하여 논리적 사고 또는 합리적 사고(감각운동적 사고→구체적 조작→형식적 조작→의식적인 논리적 사고)와 연합적 사고(꿈과 백일몽→상상→연합→창조력)의 두 측면에서 발달하며, 이 두 측면의 사고가 혼합되어 판단 능력을 가지게 되는데 판단을 가장 높은 수준의 본질적인 역사적 사고로 본다.[8] 와츠가 말하는 논리적 또는 합리적 사고는 과학과 같이 논리적 체계에 초점을 맞춘 사고 방식이며, 연합적 사고는 상상적 사고에 해당한다고 할 수 있다.

과학적 사고와는 다른 역사적 사고의 독자성에 대한 논의가 활발

---

7. A. K. Dickinson and P. J. Lee, "Understanding and Research", in A. K. Dickinson and P. J. Lee(eds.), *History Teaching and Historical Understanding*(London: Heinemann, 1978), pp.96~97.
8. D. G. Watts, *The Learning of History*(London: Routledge & Kegan Paul, 1972), pp.16~24.

해짐에 따라 모든 영역에 적용할 수 있는 일반적인 사고 방식은 존재하지 않으며, 사고는 영역마다 고유한 성격을 가지고 있다는 영역고유 인지이론이 역사교육 연구에서도 관심을 끌게 되었다. 영역고유 인지이론에 따르면 각 교과는 특수한 내용으로 구성되어 있기 때문에 서로 다른 인식론적 배경에 기초하고 있으며, 적용되는 논리도 다르다. 따라서 교수 방법이나 수업 전략도 교과에 따라 달라져야 한다. 이 입장에서는 사고의 방법 못지 않게 사고의 대상을 중시하며, 교과의 내용이 사고 방식이나 성격을 규정한다고 본다. 피셔는 역사의 고유한 사고 방식을 인증적 사고(adductive thinking)라고 규정한다. 인증이란 설명적 가설을 만들어 가는 과정인 외전(abduction)과 가설의 경험적 검증 과정인 귀납의 조합이다.[9] 즉 인증적 사고란 자료를 토대로 가설을 만들되, 자료에 비추어 논리적으로 모순이 없는 사고란 의미이다. 부스도 이를 받아들여 역사의 독특한 사고 양식을 인증적 사고라고 규정하고, 인증적 사고는 잃어버린 세계에 대하여 상상적으로 재창조하고 가장 신뢰성 있게 해석하는 것이라고 말한다.[10] 여기에서 잃어버린 세계에 대해서 상상적으로 재창조하는 것이 피셔가 말하는 외전, 가장 신뢰성 있게 해석하는 것이 귀납에 해당한다.

영역고유 인지이론에 근거하여 역사적 사고를 설득력 있는 이야

---

9. D. H. Fischer, *Historian's Fallacies*(New York: Harper & Row Publishers, 1970), p. xvi.
10. M. B. Booth, "A Recent Research Project into Children's Historical Thinking and Its Implications for History Teaching", in Jon Nichol(ed.), *Developments in History Teaching: Perspectives 4*(Exeter: School of Education, University of Exeter, 1980); M. B. Booth, "Skill, Concepts and Attitudes", *History and Theory*, Beiheft 22, 1983.

기의 재구성이라고 주장하는 내러티브 이론(narrative theory)도 관심을 끌고 있다. 이야기는 사건을 시간의 흐름에 따라 연결한다. 따라서 이야기 속에 포함된 사건들은 시간상으로 전후관계를 형성하고 있는데, 이 전후관계는 곧 인과관계를 가지고 있는 것으로 간주된다. 이와 같은 이야기의 구조가 가장 적합한 역사적 사고의 형태라는 것이다.

역사적 사고의 본질이 무엇인가에 대한 이러한 논의들은 역사적 사고의 두 가지 측면 중 하나에 주목한 것이라고 할 수 있다. 첫째는 논리적 사고, 조작적 사고 등으로 일컬어지는 과학적 사고의 성격이다. 피아제가 말하는 사고의 성격을 역사적 사고에 그대로 적용하려는 연구라든지 와츠가 말하는 논리적 사고의 계통은 역사적 사고의 이러한 측면을 가리키는 것이라고 할 수 있다. 둘째는 상상, 감정이입, 추체험 등으로 불리는 상상적 이해의 측면이다. 와츠가 말하는 연합적 사고는 여기에 해당한다고 할 수 있다. 부스가 말하는 인증적 사고의 경우, 잃어버린 세계를 재창조한다는 것은 자료에 겉으로 뚜렷이 드러나 있지 않은 역사적 행위자의 내면을 밝힌다는 점에서 감정이입적 요소를 가지고 있다.[11] 한 연구에 따르면, 내러티브 이론에서 중시하는 이야기도 인간 행위의 의도와 동기를 부각시키고 상상력과 감정이입을 자극하는 데 효과적이라고 한다.[12] 이런 점에서 영역고유 인지이론에서 말하는 역사의 고유한 사고방식도 상상적 이해와 관련이 있다.

---

11. David Stockley, "Empathetic Reconstruction in History and History Teaching", *History and Theory*, Beiheft 22, 1983, p.54.
12. B. VanSledrighy and J. Brophy, "Storytelling, Imagination and Fanciful Elaboration in Children's Historical Reconstruction", *American Educational Research Journal*, 29(4), 1992.

역사적 사고의 본질이 무엇이고, 역사적 사고를 이처럼 두 가지 측면으로 구분하는 것이 타당하며 과연 이 두 측면을 모두 역사적 사고에 포함시킬 수 있을 것인지 논의가 계속되고 있다.[13] 역사적 사고는 이 두 가지 측면의 사고가 혼합되어 독특한 또 하나의 사고 체계를 구성하는 것이라는 주장도 검토해야 할 문제이다. 또한 역사적 사고의 본질을 둘러싼 대립적인 견해를 함께 수용하는 포괄적인 해석도 나오고 있다.[14]

역사수업에서는 역사적 사고의 두 측면을 모두 다룰 필요가 있다. 역사의 본질이 무엇인가를 인식시키는 것은 역사교육의 중요한 목적이지만, 그렇다고 역사적 사고력이 여러 요소를 가지고 있다는 것을 무시할 필요는 없다. 학생들에게 길러주고자 하는 사고력은 수업 내용이나 학습목표에 따라 달라져야 하며, 이를 위해 적절한 자료나 교수방법을 선택해야 하기 때문이다. 따라서 역사적 사고의 두 측면이 각각 어떠한 사고 요소를 포함하고 있는지에 대한 논의가 필요할 것이다.

---

13. 역사적 사고력을 크게 역사적 탐구기능과 역사적 상상력으로 구분한 김한종과는 달리, 최상훈은 역사적 사고력의 하위요소를 연대기 파악력, 역사적 탐구력, 역사적 상상력, 역사적 판단력의 네 가지로 구분하였다(최상훈, 〈역사적 사고력의 학습 및 평가 방안〉, 서울대학교대학원 박사학위논문, 2000.2 ; 최상훈, 〈역사적 사고력의 하위범주와 역사학습목표의 설정 방안, 《역사교육》 73, 2000). 김한종이 역사적 탐구기능의 구성요소로 본 연대기 파악력과 역사적 상상력의 구성요소로 본 역사적 판단력을 독립적인 역사적 사고력의 요소로 분류한 것이다. 이러한 최상훈의 견해는 검토해볼 만한 가치가 있다고 생각된다. 다만 연대기 파악력과 역사적 판단력이 역사적 사고력의 구성요소에 들어가며, 각각 탐구기능과 역사적 상상력의 성격을 가지고 있다고 본다는 점에서 보면 근본적인 견해의 차이라고 생각되지는 않는다. 이에 대한 구체적인 논의는 이 글의 범위를 벗어나는 것이므로, 일단 김한종의 견해대로 역사적 사고력을 구분하기로 한다.
14. 양호환, 〈역사교육의 연구와 방법론〉, 《역사교육》 55, 1994.

3. 역사적 사고력의 구성 요소

(1) 사고의 종류와 일반적 요소

사고의 종류는 다양한 형태로 분류할 수 있다. 인간의 사고를 주요 연구 대상으로 삼고 있는 심리학에서는 사고의 종류를 연합적 사고, 문제해결 사고, 논리적 사고, 창조적 사고 등으로 나누는데, 연합적 사고에는 환상이나 백일몽, 꿈이 포함되며, 문제해결 사고는 다시 기계적 문제해결 사고, 이해적 문제해결 사고, 통찰적 문제해결 사고로 나뉜다.[15] 교육학에서는 사고를 비판적 사고(critical thinking)와 창의적 사고(creative thinking), 분석적 사고(analytical thinking)와 직관적 사고(intuitive thinking), 수렴적 사고(convergent thinking)와 확산적 사고(divergent thinking)의 두 측면으로 나누는 경우도 많다. 비판적 사고와 분석적 사고, 수렴적 사고가 하나의 사고 계통이라면, 창의적 사고와 직관적 사고, 확산적 사고가 이와 대비되는 또 다른 사고 계통이다. 길포드(J. P. Guilford)는 사고를 수렴적 사고, 확산적 사고, 평가적 사고(evaluation thinking)의 세 가지로 분류한다. 수렴적 사고는 주어진 정보에 의해서 한 가지 '옳은 답'을 찾는 것, 확산적 사고는 몇 가지의 '답'이 가능한 과제에 대해 주어진 정보에서 하나의 답뿐 아니라 또 다른 다양하고 참신한 답을 도출하는 과정이다. 평가적 사고는 정보 또는 결론의 적절성, 정확성, 가치를 결정하는 과정이다.[16] 또한 사고를 성향에 따라 창의적 성향의

---

15. 정양은, 《심리학통론》, 법문사, 1976, pp.312~318.
16. Chalotte Crabtree, "Supporting Reflective Thinking in the Classroom", in Jean Fair and F. R. Shaftel(eds.), *Effective Thinking in the Social Studies*

사고, 비판적 성향의 사고, 논리적 성향의 사고로 분류하기도 한다. 창의적 성향의 사고에는 영감적 사고, 확산적 사고, 생산적 사고, 비판적 성향의 사고에는 평가적 사고, 윤리적 사고, 변증법적 사고와 같은 수렴적 사고, 논리적 성향의 사고에는 사실적 사고, 과학적 사고, 분석적 사고 등의 합리적 사고가 포함된다.[17]

여러 학자들이 제시하고 있는 사고의 요소들은 이러한 영역들을 두루 포함하고 있다. 사고의 일반적 요소로 지적하고 있는 여러 견해를 살펴보면 〈표 1〉과 같다.

라스(L. E. Rath) 등이 제시하고 있는 열네 가지 사고작용은 사고를 강조할 때 자주 언급되는 개념들로, 사고의 요소를 의미한다. 각각의 사고작용은 분리되어 개별적으로 인간행위에 영향을 주기도 하지만 결합되어 나타나는 경우도 많다. 이 중 해석은 기술(記述)과 설명을 하는 것이고, 비평에는 판단, 분석, 평가 등의 사고 작용이 포함된다. 라스 등은 이 밖에 의사결정은 사고 작용에서 가치의 중요성을 인정하는 것이며, 사고를 강조하는 가장 일반적인 방법은 사실과 원리를 새로운 상황에 적용하는 것이라고 보고 있다.

미카엘리스(John U. Michaelis)가 제시하고 있는 사고의 요소는 블룸(B. S. Bloom)의 교육목표분류학 중 인지적 영역에다 다른 요소들을 보완한 것이다. 여기에서 A의 절차를 탐구를 위한 예비 단계라고 한다면 B는 본격적인 탐구의 단계이다. 따라서 미카엘리스가 말하는 학습을 통해 개발해야 하는 사고의 요소는 곧 탐구기능을 의미한다고 할 수 있다. 미카엘리스는 이러한 사고 절차가 문제해결 과정

(Washington: NCSS, 1967), p.28.
17. 남상준 외, 〈사고력을 기르는 중학교 사회과 교수-학습방법 연구-이론편〉, 경남: 경상남도 교육연구원, 1991, pp.47~54.

〈표 1〉 사고의 일반적 요소

Rath, et. al.[18]	Frankel[19]	Michaelis[20]		남상준 외[21]
사고작용	사고작용	사고의 요소	문제해결의 과정	문제해결의 과정
• 비교 • 요약 • 관찰 • 분류 • 해석 • 비평 • 가정 • 상상 • 자료의 수집과 조직 • 가설 설정 • 사실과 원리를 새로운 상황에 적용 • 의사결정 • 프로젝트의 설계와 조사 • 부호화	• 관찰 • 기술 • 개념의 개발 • 식별 • 가설 설정 • 비교와 대조 • 일반화 • 예측 • 설명 • 대안의 제시	A. 단순한 기억 절차 • 기억, 관찰 • 정의, 해석 • 비교/대조, 분류/위계화, 일반화 B. 더 복잡한 지적 절차 • 분석, 종합 • 추론, 가설, 예언 • 평가	① 학습을 인도하는 질문과 문제를 정의 ② 정보를 회상하고 기억 ③ 절차의 단계를 명확히 하기 ④ 정보를 발견하고, 해석, 평가, 분류 ⑤ 일반화와 필요한 정보의 추가 처리 ⑥ 절차와 결과의 평가	① 정보를 탐색하고 자료를 해석하는 탐색능력 ② 중심개념을 빨리 파악하는 능력 ③ 증거를 평가하고 결론에 도달하는 능력 ④ 가설을 빨리 형성하는 능력

에 통합적으로 나타난다고 보고, 위의 〈표 1〉과 같이 제시하고 있다.

남상준 등이 말하는 문제해결의 과정도 사고력이 흔히 문제해결력이라고 불리어진다는 점을 인정하고 그 요소를 지적하고 있는 것

---

18. L. E. Rath, et al. *Teaching for Thinking*(2nd. edn.) (New York: Teacher's College, Columbia University, 1986).
19. Jack R. Frankel, *Helping Students: Think and Value*(Englewood Cliffs, N.J.: Prentice-Hall, Inc., 1973).
20. John U. Michaelis, *Social Studies for Children: A Guide to Basic Instruction*(7th edn.) (Englewood, Cliffs, N.J.: Prentice hall, Inc., 1980).
21. 남상준 외, 〈사고력을 기르는 중학교 사회과 교수-학습방법 연구-이론편〉.

이다. 이에 따르면 사고력을 갖는다는 것은 자료를 해석하고, 논리적으로 생각하며, 논의에서 가정이 무엇인지 이해하고, 가설을 세우며, 증거에 따라 결론을 내리고, 원칙을 새로운 환경에 적용할 줄 알게 된다는 것을 의미한다. 이러한 능력들은 탐구 과정을 수행하는 데 필요한 요소들이다. 곧 이와 같은 견해 역시 사고력을 탐구 능력으로 보는 것이라고 할 수 있다.

사고력의 요소에 대한 이상의 논의에서 볼 수 있듯이 일반적으로 사고력의 개념은 문제해결력의 의미로 많이 사용되고 있으며, 그 요소로 지적되고 있는 것들은 탐구를 하는 데 필요한 능력들이다. 따라서 사고력의 일반적 요소들은 곧 탐구 기능의 요소를 의미한다고 할 수 있다.[22]

(2) 역사적 사고력의 요소

사고력은 학습을 하는 데 필요한 능력이면서 그 자체가 학습의 목표가 되기도 한다. 그런데 교육의 목표를 지식(이해), 지적 기능, 태도(가치)로 구분할 때 사고력은 지적 기능에 속한다. 따라서 사고력의 구성 요소는 역사학습의 지적 기능 목표의 형태로 제시되기 마련이다. 이를 통해 역사적 사고력의 구성 요소를 추출해 보기로 하자. 여러 기관이나 학자들이 제시하는 역사학습의 목표 중 지적기능에 해당하는 것을 보면 〈표 2〉와 같다.

---

22. '탐구'라는 말은 계획된 모형에 따라 가설을 세우고, 자료를 모아 검증을 하고, 그 결과를 일반화하는 학습절차를 가리키는 협의의 개념으로 사용되기도 하고, 자료를 이용하거나 신중한 사고활동을 통해 문제를 해결하는 행위를 포함하는 광의의 개념으로 사용되기도 한다. 여기에서는 후자의 개념으로 사용한다.

〈표 2〉 역사학습의 지적 기능 목표

기관·학자	영역	구성요소
콜담과 파인즈[23]	A. 학문의 본질	1.정보의 본질(a. 1차사료, b. 2차사료) 2.조직절차 3.결과
	B. 기능 및 능력	1.어휘획득 2.참조기능 3.기억 4. 이해 5.번역 6.분석 7.삽입, 8.종합 9.판단 및 평가 10. 전달기능
영국 교육과학부[24]	A. 일반적 기능	1.참조 및 정보 발견 능력 2.관찰, 청취, 기록 능력 3.의사소통 4.번역 기능 5.분석 및 종합 기능, 6.정보의 회상 능력
	B. 역사적 기능	1.연대기적 능력 2.역사적 증거의 활용 능력 3.감정이입적 판단 능력 4.역사적 개념 및 아이디어의 사용 능력
	C. 역사적 기능이나 관점(역사에 대한 흥미나 지식의 육성)	1.증거의 본질에 대한 인식 2.변화 및 계속성에 대한 인식 3.인과관계에 대한 이해 4.역사적 감정이입 5.역사적 의문을 가질 수 있는 능력 6.연대 및 시간에 대한 감각
영국 학교교육심의회 역사분과[25]	A. 아이디어	1.증거 2.변화와 계속 3.원인과 동기 4.시대착오
	B. 능력	1.분석 2.판단 3.감정이입
	C. 역사적 기능 (B에 포함)	1.정보의 발견 2.정보의 기억 3.증거의 이해 4.증거에 대한 평가 5.추론과 가설의 설정 6.종합
스코틀랜드 평가위원회[26]	A. 정보	1a.기억된 사실 1b.추출된 사실 2.전문용어 3.아이디어 4.역사적 관점
	B. 탐구 기능	1.증거의 파악 2.증거의 기록 3.증거의 분류
	C. 해석 기능	1.이해를 하면서 읽기 2.관련자료의 선택 3.증거로부터 연역 4.증거의 분석 5.내적 모순이 없는지 비판 6.자료를 기억하고 있는 사실과 연관짓기 7.증거의 중요성에 대한 평가
	D. 재구성 기능	1.이야기 2.설명 3.비교 4.주장
니콜[27]	A. 지적 기능	1.정보의 발견 2.정보의 전달 3.자료의 해석 4.정보의 평가 5.정보의 조직 6.가설의 설정 및 검증
	B. 사회적 기능	1.소집단에 참여할 수 있는 능력 2.사회의 중요 집단에 대한 인식 3.개인과 집단의 관련성에 대한 이해 4.집단의 활동에 참여하려는 의지 5.감정이입 능력

〈표 2〉에서 볼 수 있는 역사학습의 지적기능 목표가 무엇인지 제시하고 있는 여러 견해들을 토대로 역사적 사고력의 구성 요소를 살펴보는 데 다음의 몇 가지 점을 염두에 두어야 한다.

첫째, 역사적 사고력의 요소를 역사적 탐구기능과 역사적 상상력으로 구분하고자 한다. 〈표 2〉의 목표들은 지적기능을 역사적 탐구기능과 역사적 상상력을 별도로 나누어 제시하고 있지 않다. 따라서 앞에서 고찰한 역사적 사고의 특성에 비추어 이를 구분해 보자. 역사적 탐구기능이 주로 논리적 사고에 초점을 맞추는 과학적 사고와 같은 성격의 것이라면, 역사적 상상력은 직관, 통찰, 연합적 사고와 같은 상상적 이해에 관한 요소들이다. 역사적 탐구기능과 역사적 상상력은 사고 기능을 가리키는 용어의 차이가 아니라 실제 사고의 성격 차이에 의한 구분이다. 예를 들어 삽입(extrapolation)은 천문학과 같은 과학에서도 사용되고 역사학에서도 사용되는 개념이지만, 역사 연구나 이해를 위한 삽입은 과학적 사고로서 삽입과는 달리 상상의 행위가 들어가게 된다.

둘째, 사고 기능에 따라서 역사적 탐구기능과 상상력의 두 가지 성격을 모두 가지고 있는 것으로 보이는 것이 있다. 예를 들어 '판단'의 경우 학자들에 따라서 탐구기능적 성격을 강조하기도 하고, 상상

---

23. J. B. Coltham and John Fines, *Educational Objectives for the Social Studies*(London: Historical Association, 1971).
24. Department of Education and Science, *History in the Primary and Secondary Years: An HMI View*(London: HMSO, 1985).
25. School Council History 13-16 Project, *A New Look at History* (Edinburgh: Holmes McDougall, 1976).
26. Scottish Certificate of Education Examination Board, *Testing Skills in History*(Dalkeith, Midlothian: S. C. E. Examination Board, 1980).
27. John Nichol, *Teaching History*(London: Macmillan Education Ltd, 1984).

적 측면을 강조하기도 하며, 또는 두 가지 요소가 혼합된 결과로 보기도 한다. 그러나 역사적 상상이란 역사적 사실을 바탕으로 자료에 빠져 있거나 직접적으로 나타나 있지 않은 것에 대한 사고라는 점에서 보면 이는 역사적 상상력으로 구분해도 무방하다고 하겠다.

셋째, 역사적 탐구 기능에 속하는 요소들 중에는 순수한 탐구 절차에 관한 기능이 있고, 역사적 사실이나 개념의 성격을 반영한 경우가 있다. 전자는 모든 교과에 공통적인 탐구 기능이므로 일반적 기능으로, 후자는 역사교육과 직접 관련있는 기능이므로 역사적 기능으로 다시 구분할 것이다. 예컨대 사전이나 인터넷, 도서관에서 자료를 검색할 수 있는 능력을 의미하는 참조기능은 기본적으로 모든 교과에 공통되는 일반적 기능으로, 자료의 성격을 시대의 성격에 비추어 파악하고 자료를 시대순으로 배열할 수 있는 시간개념은 역사적 기능으로 구분할 수 있을 것이다.

콜담과 파인즈는 블룸의 교육목표 분류를 토대로 역사교육의 목표를 분류하였다. 〈표 2〉에 나타나 있는 것은 그중 인지적 영역의 목표들이다. A영역에 속하는 목표는 역사적 자료와 방법에 대한 지식으로 엄밀한 의미에서 사고 기능이라고 할 수는 없다. 그러나 역사적 사고를 위한 기반이 되는 것들이다. B의 기능과 능력은 블룸의 지적 영역 요소를 준용한 것으로 일반적인 탐구 기능의 요소들이라고 할 수 있다. 하지만 역사에서 삽입과 판단은 과학과는 다른 성격을 지닌 사고로 역사적 상상력의 요소로 보는 것이 타당할 것이다.[28]

---

28. 콜담과 파인즈는 역사학습의 목표로 〈표 2〉에서 제시한 인지적 영역 외에 '역사학습에 대한 태도' 라는 정의적 영역과 '학습의 교육적 결과' 라는 인지적·정의적 영역을 두고 있다. '역사학습에 대한 태도' 중 하나로 상상(imagining), '학습의 교육적 결과' 중에 통찰(insight)을 제시하고 있는데, 이들이 말하는 상상과 통찰은 감정이입적 이해에 해당하는 목표라고 할 수 있다. 따라서 콜담과 파

영국 교육과학부의 A영역은 일반적인 탐구 활동에 필요한 지적 기능, B영역과 C영역은 역사적 개념이나 역사적 방법론에 관한 기능이다. 그중 'B3 감정이입적 판단'이나 'C4 역사적 감정이입'은 역사적 상상력의 요소, 나머지 기능은 역사적 탐구능력(역사적 기능)의 요소라고 할 수 있다.

영국 학교교육심의회 역사분과의 A영역의 요소는 역사의 조직개념에 대한 인식을 의미한다. 조직개념에 대한 이해는 역사적 사고력의 토대이다. B와 C영역의 요소 중 B2와 B3은 역사적 상상력, 나머지 요소는 역사적 탐구기능에 속하는 요소라고 할 수 있다. 다만 C영역의 요소들이 B영역의 능력에 포함되어 나타난다고 함으로써 역사적 기능이 역사적 사고에 개별적으로 영향을 미치는 것이 아니라 함께 또는 복합적으로 작용하는 것으로 파악하고 있다.

스코틀랜드 평가위원회의 A영역 목표들은 역사적 사실이나 개념, 관점에 대한 이해를 의미한다. 이 자체는 역사적 사고력은 아니나 역사적 사고의 기반이 되는 지적 능력이다. B와 C영역의 목표들은 탐구 능력에 관한 목표들인데, B는 일반적 기능, C는 역사적 기능과 밀접한 관련이 있다. D영역의 각각의 기능들은 각각 역사적 탐구 능력과 역사적 상상력 두 측면의 사고를 포함하고 있다. D1은 다시 'D1a 이야기', 'D1b 상상적 이야기', D3은 'D3a 비교'와 'D3b 상상적 비교', D4는 'D4a 주장', 'D4b 평가적 주장', 'D4c 기억에 토대를 둔 주장', 'D4d 상상적 주장'이라는 하위 기능으로 구성되어

인즈의 역사교육 목표분류에서 상상과 통찰은 정의적 목표가 아니라 지적기능에 해당하는 목표로 분류되어야 할 것이다(김한종, 〈역사학습에서의 상상적 이해〉, 서울대학교대학원 박사학위논문, 1994. 8, pp.86~93). 그렇지만 〈표 2〉에서는 이들이 인지적 영역의 목표로 분류한 것만을 대상으로 하였다.

있다. D1b, D3b, D4d는 역사적 상상력에 속하는 사고 기능이라고 할 수 있다.

니콜의 A영역의 요소들은 탐구에 필요한 일반적인 사고기능이다. B영역의 기능은 사회구성원으로서 자신의 역할을 고려하고 사회 집단 및 사회적 문제에 능동적으로 참여할 수 있는 능력으로 그중 '5. 감정이입 능력'은 역사적 상상력에 해당하는 사고 요소라고 할 수 있다.

이상과 같은 논의를 바탕으로 역사적 사고력의 구성 요소를 추출해 보면 다음과 같다.

A. 역사적 탐구기능
  Aa. 일반적 기능
    Aa1. 문제의 인지: 문제의 소재, 가설 설정, 가설에 대한 탐색
    Aa2. 자료의 수집: 참조기능, 정보의 회상, 자료의 소재 파악, 자료의 선택
    Aa3. 자료의 처리: 번역, 해석, 분석, 비교/대조, 분류
    Aa4. 결론의 도출: 정보의 종합, 가설 검증
    Aa5. 일반화: 결론을 다른 문제에 적용, 원리의 도출
  Ab. 역사적 기능
    Ab1. 역사적 개념의 사용: 계속성/변화, 인과관계, 발전, 시간 개념, 유사성/차이점, 일반성/고유성 등의 개념에 대한 이해 및 적용
    Ab2. 역사적 자료의 활용: 1·2차 사료, 사료비판, 정보의 중요도 평가, 역사지도·연표 등의 활용
    Ab3. 역사 연구의 수행: 연구절차의 계획 및 조직, 연대기 능

　　　　력, 역사적 편견 인식
　　B. 역사적 상상력
　　　　B1. 구조적 상상: 관련 정보에 의해 증거의 간격을 메움, 증거에
　　　　　　대한 새로운 해석
　　　　B2. 감정이입적 이해: 역사적 행위의 동기나 이유, 역사적 인물의
　　　　　　사상이나 감정 파악, 과거인의 관점에서 역사적 사건을 인식,
　　　　　　과거 사회의 관습과 생활 방식에 대한 이해
　　　　B3. 역사적 판단: 역사 연구 방법과 자료의 선택, 자료의 용도에
　　　　　　대한 직관적 선택, 탐구 결과의 상상적 서술

4. 역사수업의 발문과 역사적 사고력

(1) 발문의 유형과 역사적 사고력

　발문의 유형은 다양한 기준에 의해 분류할 수 있다. 하지만 발문을 판단하는 가장 중요한 기준은 교사가 생각하는 수업 목표라고 할 수 있다. 발문과 사고력과의 관계도 교사가 질문에 의해 학생들의 어떠한 사고를 유도하고자 하느냐에 의해 구분할 수 있다. 질문의 유형에 관한 여러 학자들의 견해를 통해 이에 대해 검토해 보자.
　하이만(Ronald T. Hyman)은 질문을 정의적 질문(definitional question), 경험적 질문(empirical question), 평가적 질문(evaluative question), 형이상학적 질문(metaphysical question)으로 분류한다.[29]

---

29. Ronald T. Hyman, 〈좋은 수업을 위한 질문법〉(곽병선 · 김홍원 · 서혜경 옮김), 교학사, 1986.

정의적 질문은 응답자가 어떤 단어나 용어, 구의 개념에 대하여 답을 해야 하는 질문이다. 경험적 질문은 사실의 기억, 사실의 비교와 대조, 사건의 설명, 사실에 근거한 결론, 단순한 사실을 넘어선 추론 등을 요구하는 질문이다. 평가적 질문은 응답자 자신의 개인적 의견과 그 의견의 타당성 입증을 요구하는 질문이다. 형이상학적 질문은 응답자 자신의 형이상학적 신념이나 신학적 신념을 진술하게 한다. 하이만의 사고 유형 분류는 포괄적이기는 하지만, 응답자의 사고 작용보다는 사고 내용을 분류의 기준으로 삼고 있다. 이 때문에 경험적 질문에는 서로 다른 사고 작용을 요구하고 있는 질문들이 함께 들어가 있으며, 평가적 질문과 형이상학적 질문과 같이 사실상 응답자의 같은 사고 작용을 요구하는 질문을 별개 유형의 질문으로 구분하고 있다.

프란켈(Jack R. Frankel)은 교사가 학생들의 어떠한 사고 작용을 유도하려고 하느냐에 따라 사회과에서 교사의 질문을 기억 질문(recall question), 기술적 질문(descriptive question), 설명적 질문(explanatory question), 종합화 질문(synthesizing question), 판단 질문(judgemental question), 개방적 질문(open-ended question)의 6가지 유형으로 분류하였다.[30] 기억 질문은 응답자가 사실 자체에 대한 정보를 가지고 있는지를 알아보고자 하는 질문이고, 기술적 질문은 응답자가 수집한 사실을 편집, 조직하고 자료에서 직접적으로 어떤 의미를 파악할 것을 요구하는 질문이다. 설명적 질문은 추론, 원인과 결과의 파악, 자료의 분석을 요구하는 질문이며, 종합화 질문은 자료의 각각의 내용을 조합하고, 관련짓고, 연계시키는 사고를 요구하는 질문이다. 판

---

30. Jack R. Frankel, *Helping Students: Think and Value*, pp.177~182.

단 질문은 두 가지 이상의 해결책 중 어떤 것이 가장 적합한지를 판단하는 것이며, 개방적 질문은 응답자 스스로 가장 적절한 응답을 찾아낼 것을 요구하는 질문이다.

가비(Brian Garvey)와 크룩(Mary Krug)은 역사수업의 현장에서 실제로 사용되는 질문을 의례적 질문(routine question), 기억 질문(recall question), 이해 질문(comprehension question), 해석 질문(interpretation question), 삽입 질문(extrapolation question), 창의성 질문(invention question), 평가적 질문(evaluation question)으로 구분하고 있다.[31] 의례적 질문은 학습 내용이 무엇이건 간에 수업 현장에서는 으레 나타나는 질문이다. 예를 들면 교사가 수업의 도입 부분에 학생들의 주의를 환기시켜 수업분위기를 조성하기 위한 질문이라든지 선행학습 경험을 묻는 질문이 여기에 속한다. 기억 질문은 특정한 사실이나 개념들을 알고 있느냐를 묻는 질문이다. 이해 질문은 학생들로 하여금 자신이 보고 읽은 것을 다른 형태로 표현하거나 기록 자료를 읽고 거기에 나타나 있는 역사적 사실의 모습을 떠올려보도록 하는 질문이다. 해석 질문은 자료를 외부 지식과 비교하거나 연관짓도록 요구하는 질문이며, 삽입 질문은 가설, 추론, 상상적 추측을 거쳐 결론을 도출할 것을 요구하는 질문이다. 창의성 질문은 자신을 역사적 상황 속에 몰입시켜 생각하도록 하는 질문이며, 평가적 질문은 신뢰성과 타당성에 대한 검토를 요구하는 질문이다. 가비와 크룩의 분류도 교사가 유도하고자 하는 학생들의 사고 작용을 기준으로 한 것이다.

니콜(John Nichol)은 이를 더 세분하여 ① 자료기억 질문, ② 명칭 질문(naming question), ③ 관찰 질문 ④ 추리 질문(reason question), ⑤ 숙고 질문(speculative question), ⑥ 감정이입 질문, ⑦ 가설설정

질문(hypothesis generating question), ⑧ 문제해결 질문, ⑨ 증거인식 질문(evidence questioning question), ⑩ 종합화 질문, ⑪ 통제 질문(control question), ⑫ 폐쇄적 질문(closed question)으로 구분하고 있다.[32] 여기에서 ①과 ②는 가비와 크룩이 말하는 기억 질문, ③은 이해 질문, ④는 해석 질문, ⑤는 삽입 질문, ⑥과 ⑦은 창의성 질문, ⑧과 ⑨는 평가적 질문, ⑪과 ⑫는 의례적 질문에 해당한다고 할 수 있다.

프란켈이나 가비와 크룩, 니콜의 분류는 개개의 사고 기능이 곧 질문의 종류를 구분하는 기준으로, 질문보다는 사고 작용을 분류한 것이라고 할 수 있다. 이러한 분류는 모든 질문을 포괄하기 어려우며, 실제 수업에서 질문은 2가지 이상의 사고 기능을 요구하는 경우가 많은데도 이를 별개의 질문 유형으로 구분할 가능성이 많다. 또한 가비와 크룩의 의례적 질문이나 니콜의 통제 질문과 폐쇄적 질문은 사고 기능과 직접적인 관련이 없다. 따라서 개개 사고 기능이 아니라 사고력의 성격에 따라 질문들을 구분하고 이를 유형화하는 것이 필요하다고 생각된다. 바스(James L. Barth)의 분류는 여기에 해당한다고 할 수 있다. 바스는 교사의 질문을 인지기억 질문(cognitive-memory question), 수렴적 질문(convergent question), 확산적 질문(divergent question), 평가적 질문(evaluative question)으로 구분하고 있다.[33] 인지기억 질문은 사실 정보를 기억하고 있는가를 확인하는 질문으로 한 단어나 짧은 절로 응답할 것을 요구하는 것이 보통이

---

31. Brian Garvey and Mary Krug, *Models of history teaching*(Oxford: Oxford University Press, 1977), p.46.
32. John Nichol, *Teaching History*, p.47.
33. James L. Barth, *Methods of Instruction in Social Studies Education* (Washington: University Press of America, 1979), pp.150~155.

다. 수렴적 질문은 사실과 아이디어의 관계를 수립하고 여러가지 가능한 응답 중 가장 올바르거나 적절한 답을 추출하는 것이다. 설명, 비교, 대조, 관련짓기, 연상 등이 수렴적 질문이 요구하는 사고 작용이다. 확산적 질문은 여러가지 답이 가능한 질문으로 학생들의 독창적, 창조적 반응을 요구한다. 예측, 가설 설정, 창조적 반응 등이 이에 필요한 사고 기능이다. 평가적 질문은 판단, 가치, 선택과 관련된 질문으로 사상과 지식을 조직하고 결정을 하고 이를 정당화하는 것을 말한다. 인지-기억 질문은 응답자의 지식을 알아보는 질문, 평가적 질문은 가치판단에 해당한다고 할 수 있다. 따라서 역사적 사고력과 관련된 것은 수렴적 질문과 확산적 질문이라고 할 수 있다. 프란켈이 분류한 기술적 질문, 설명적 질문, 종합화 질문, 판단 질문이나 가비와 크룩의 이해, 해석, 평가 질문, 니콜의 관찰, 추리, 숙고, 문제해결, 증거인식 질문은 수렴적 질문에, 프란켈의 개방적 질문과 가비와 크룩의 삽입, 창의적 질문, 니콜의 감정이입, 가설설정 질문은 확산적 질문에 해당한다고 볼 수 있다.

   대체로 역사적 사고력의 두 영역 중 역사적 탐구기능을 유도하기 위해서는 수렴적 질문, 역사적 상상력을 유도하기 위해서는 확산적 질문이 효과적이다. 다만 가설설정 기능은 탐구기능에 속하지만 이를 자극시키는 데는 확산적 질문이 효과적이다. 그러나 실제의 역사수업에서는 역사적 탐구기능이나 역사적 상상력 중 한 쪽 영역의 사고만 자극하는 수업이 행해지는 경우는 별로 없다. 따라서 역사 수업에서는 네 가지 형태의 질문이 모두 필요하되, 이것이 상호 밀접한 관련을 가져야 한다. 이를 위해서는 한 가지 형태의 질문이 다른 형태의 질문으로 이어져야 한다. 예를 들어 평가적 질문은 확산적 질문으로, 인지기억 질문은 수렴적 질문으로 이어지는 것이 바람직하다. 이는 교사의 질문이 체계적으로 조직되어야 한다는 것을 의미한다.

(2) 역사교사의 발문과 학생의 사고 작용

분석의 대상이 된 역사 수업에서 교사들의 질문은 대부분 학생들의 역사적 사고력을 자극하지 못하였다. 교사가 학생에게 질문을 하고 학생들의 응답에 따라 수업을 진행하는 형식을 취하고 있더라도 실제로는 교사의 일방적인 강의에 의해 진행하는 것과 다름없는 경우가 많다. 중학교 3학년 국사 시간에 나타난 다음과 같은 질문과 응답은 이를 보여 준다.

- 교사: 강화도 조약 결과 부산항이 개항했다. 그 전부터 부산은 우리와 일본의 무역 중심지이다. 나머지 두 군데를 더 선정해서 항구를 개항한다고 했어. 사료 몇 번에 있니?
- 학생: 5관
- 교사: 제5관. 어디에서 선택하지?
- 학생: 경기도, 충청도, 전라도 ······
- 교사·학생: 경기, 충청, 전라, 경상, 함경 5도
- 교사: 자, 5도의 연해 중 통상에 편리한 항구 두 곳을 택하여 지정한다. 강화도 조약 결과 개항한 항구가 전체 몇 개?
- 학생: 세 개
- 교사: 세 개. 부산항은 처음부터 개항했고, 나머지 두 항구를 선택해서 개항한다고 했어. 그 두 항구가 어느 항구냐, 인천 하나, 또 하나는? 인천하고 어디?

-학생: …… 원산
-교사: 원산, 인천하고 원산 두 항구를 개항했어.

  이 수업은 교사가 학생들에게 사료를 나누어 주어 읽게한 다음 질문을 하고, 학생들은 사료를 보면서 교사의 질문에 답하는 형식으로 진행되고 있었다. 이 부분의 수업에서 교사는 학생의 응답을 그대로 받아서 수업을 이어가고 있다. 사료 활용의 의미를 살리는 수업에서 학생들은 사료의 내용을 분석하거나 해석해서 주어진 질문에 대한 응답을 하게 된다. 이와 같은 사고를 유도할 때 교사의 질문은 자료 처리(Aa3)와 결론의 도출(Aa4)을 요구하는 질문이 될 수 있다. 그러나 위의 수업에서 교사는 사료에 나타나 있는 내용을 그대로 질문하고 학생들은 사료 내용에 따라 교사가 원하는 대답을 기계적으로 하고 있다. 그러면 교사는 다시 학생들의 대답을 받아서 그대로 설명을 반복한다. 교사와 학생 사이의 의사소통이 실제적으로 이루어지고 있다고 보기는 어려운 상황이다. 따라서 이 수업은 문답의 형식을 취하고 있으나 실제로는 교사가 사료를 보고 설명하는 것과 마찬가지이다. 다만 교사의 질문에 대한 학생의 응답이라는 형식을 취하고 있을 뿐이다. 이 수업에서 교사의 질문은 학생들의 역사적 사고력을 자극할 수는 없다. 더구나 학생들이 사실 정보를 가지고 있느냐에 대한 질문도 아니므로 역사적 사실을 기억하고 있는지 확인할 수도 없다.

  학생들의 역사적 사고를 자극하지 못하는 또 다른 유형으로는 단순 지식을 알고 있는가를 묻는 질문을 들 수 있다. 중학교 2학년 국사 시간 도입 부분에 주고받은 교사와 학생의 질문과 응답을 보자.

-교사: 교과서 91페이지에서 배웠던 것인데, 중앙 정치기구의 중심이 된 것은 뭐였죠?
-학생: 3성 6부
-교사: 그 다음에는 회의기관이라고 해서 중서문하성과 중추원의 고관들이 모여서 국가의 중요 시책을 의논하던 회의기관은 뭐였죠?
-학생: ……
-교사: 잘 모르겠어요? 어제 배웠잖아요. 도병마사죠.
-교사: 92페이지에 보면 어제 배웠던 군사조직이 있죠. 그 중에서 중앙에는 뭐가 있었다고 되어 있어요?
-학생: 2군 6위
-교사: 2군 6위가 있었고, 그 다음에 지방군은?
-학생: 주현군
-교사: 주현군으로 되어 있었어요.

여기에서 교사는 지난 시간에 배웠던 여러 가지 사실을 학생들이 기억하고 있는가 질문을 하고 학생들은 그에 대해 대답을 하고 있다. 학생들은 자신이 기억하고 있는 역사적 사실을 대답하면 될 뿐 별다른 사고를 필요로 하지는 않는다. 사실을 기억하고 있는지 묻는 질문이라도 그것이 역사적 사고를 유도하는 질문으로 이어진다면 학생들의 사고 활동을 도울 수 있다. 정보를 떠올리는 것은 자료수집 기능(Aa2)의 하나이기 때문이다. 그러나 많은 경우 이러한 질문들은 단순히 학생들이 사실을 기억하고 있는가를 확인하는 데 그치고 있다.

학생들의 역사적 사고를 자극하는 질문 중에는 확산적 질문보다 수렴적 질문을 더 많이 사용하고 있다. 그 중에서도 가장 많은 것은 학생들의 이해(번역이나 해석)를 유도하는 질문이다. 다음은 고등학교 2학년 국사 시간에 교사가 학생에게 던진 질문이다.

- 교사: 김대문이 문화를 주체적으로 의식하는 경향을 보여 주었다고 했는데 이것이 어떤 뜻이라고 생각합니까?
- 학생: ……
- 교사: 잘 모르겠습니까? 여기서 문화를 주체적으로 해석하였다고 하는 것은 이제까지 한문학이라고 하는 것이 (이하 생략)

여기에서 교사는 '주체적'이라는 말의 의미를 묻고 있다. '주체적'이라는 용어의 정의를 묻고 있다기보다는, 학생들이 이해한 것을 다른 말로 제시해볼 것을 요구한다. 그런 의미에서 이 질문은 자료에 대한 번역이나 해석을 요구한 것으로, 자료의 처리(Aa3)에 해당한다고 할 수 있다. 이처럼 학생들의 이해를 자극하는 질문 중에는 교과서 서술 내용의 의미를 묻는 질문이 많다. 그러나 실제 수업에서 이런 유형의 질문은 대부분 문자로 써 있는 역사적 사실을 단순히 말로 옮기는 번역 기능을 요구하는 질문이 대표적이다. 이러한 질문은 학생들의 문제인지 능력(Aa1)을 높이는 데 도움을 줄 수 있다. 그렇지만 자료를 처리해서(Aa3) 결론을 내리는(Aa4) 사고활동을 유도하지는 못한다. 그 밖의 역사적 탐구기능을 유도하는 교사의 질문은 거의 찾아보기 힘들다.

역사 교사들이 학생들에게 확산적 질문을 하는 경우는 드물다. 외형적으로 확산적 질문의 형식을 취하고 있더라도 실제로는 수렴적 질문이 되는 경우가 많다. 다음은 고등학교 2학년 국사 시간에 교사와 학생들이 주고받은 질문과 응답이다.

-교사: 골품제의 모순을 해결하고 그럼으로써 신라 사회를 유지시킬 수 있는 방안은 무엇일까?

-학생1: 골품제에서는 6두품의 승진에 한계가 있으니까 6두품이 승진할 수 있는 길을 열어 준다.

-교사: 그런데 어떻게 열어 줄까, 무엇을 통해서? …… 어디까지나 기준이 필요하다. 이러한 기준은 무엇을 통해서 만들겠느냐? (다른 학생에게) 골품제와 같은 모순을 해결할 수 있는 방안이 뭘까?

-학생2: ……

-교사: 분명히 최치원은 중국에서 공부를 하고 중국의 정치 제도를 보고 온 사람이다. 중국에서는 골품제도가 있었는가, 당시 당나라에서?

-학생2: 없었다.

-교사: 그러면 중국에서 관리를 임명할 때 어떠한 제도에 의해서 관리를 뽑을까?

-학생2: 과거제도

-교사: 바로 그것이다. 골품제도는 사실 자신의 능력과 관계없이 사회적 신분에 따라 지위가 결정되기 때문에 신라의 가장 근본적인 사회적 모순이었다. 과거제도는 이를 해결하는 방법의 하나가 될 수 있다.

이 문답에서 교사는 골품제도의 모순을 해결할 수 있는 여러 가지 방안을 질문함으로써 외견상 확산적 질문의 형태를 취한다. 주어진 질문에 대해 하나의 해결책 외에 또 다른 해결책을 생각해보게 하고 있다. 이와 같은 질문은 증거에 대한 새로운 해석(B1)을 유도하는 데 효과적일 수 있다. 그러나 위 수업에서 문답의 과정은 결국 '과거제도와 같은 능력의 평가를 통한 관리선발' 이라는 교사가 가장 적합하다고 생각하는 해결책으로 학생들의 사고를 유도하고 있다. 따라서 실제의 질문 과정은 학생들의 수렴적 사고를 요구하고 있다. 결론의 도출(Aa4)과 일반화(Aa5)에 가까운 것이다.

그렇지만 경우에 따라서는 수렴적 사고와 함께 확산적 사고를 유도하는 질문을 찾아볼 수 있다. 다음은 고등학교 2학년 국사 시간에 나타난 발문과 응답이다.

-교사: 당시 신라 하대 사회의 모순 중 가장 근원적이고 심각했던 모순은 무엇일까?
-학생: 진골 귀족의 횡포, 골품제도
-교사: 골품제도다. 그러면 하나 더 들어보면?
-학생: 토지 문제
-교사: 토지 문제다. 그러면 하나 더 들어보면?
-학생: 왕권 약화
-교사: 왕권 약화 문제이다. 또 하나 들어보면?
-학생: ……
-교사: 되었다. 여러가지 모순이 있을 수 있는데 우선 가장 심각한 것, 그리고 신라 사회의 모순이 나오게 되는 가장 근본적인 배경이라고 할 수 있는 것이 바로 골품제의 모순이다.

교사는 첫 번째 질문에서 가장 적합한 하나의 대답을 요구함으로써 수렴적 사고를 유도하고 있다. 그러나 이어 교사는 다른 대안을 생각하게 함으로써 확산적 사고를 요구한다. 여기에서 교사는 가장 적합한 해결책과 그보다 중요도는 떨어지지만 다른 대안을 생각할 것을 요구함으로써 학생들의 수렴적 사고와 확산적 사고를 동시에 유도하고 있다고 할 수 있다. 증거에 대한 새로운 해석을 통해 구조적 상상(B1)을 하고 있는 것이다. 하지만 마지막에 가서 그 해결책 중의 하나를 교사가 지적함으로써 학생들의 확산적 사고를 제한하고 있다.

학생들의 확산적 사고를 자극하는 질문 중 가장 전형적인 것은 감정이입(B2)을 요구하는 질문이다. 다음은 중학교 3학년 국사 시간에 학생들의 역사적 감정이입을 요구하는 질문과 그에 대한 학생들의 응답이다.

- 교사: 여러분들이 한번 이 당시에 살고 있었던 사람이라고 생각해 봅시다. 이렇게 한번 생각해 보세요. 우리 앞에서 산미증산계획이라든지 토지조사사업 배웠죠. 그게 뭐하는 거예요?
- 학생: 우리나라 땅을 다 빼앗았어요.
- 교사: 네, 우리 농민들의 토지를 빼앗아서 일본 사람들 자기들이 가진거죠. 그리고 우리 농민들이 지은 쌀을 자기들이 갖고 간 거예요. 그렇다면 일제 36년 동안 우리나라 농민들이 얼마나 헐벗고 굶주린 생활을 했겠어요. 알겠죠, 거기에 대해서. 자, 그러면 이쪽 분단 학생들은 광복될 당시에 논에서 막 작업을 하고 있었어요. 그런데 동네 사람들이 막 뛰어와서 광복이 되었다고 알려 주었어요. 그때 기분이 어떨까? 그걸 한번 생각해 보세요. 둘째 분단은 우리 앞에서 징용 당한 선조들에 대해서 배웠죠. 거기에 얼마나 비참한 생활을 하고 있는지 나와 있죠. 자, 여러분들이 지금 일본에서 산간에서 막 석탄을 캐고 있어요. 그런데 우리나라가 광복이 되었다는 거예요. 그럴 때 기분이 어떨까?

이 문답에서 교사는 학생들에게 해방 당시 농민 또는 징용노동자라고 생각하고, 해방을 맞는 기분이 어떨까 생각해 보라는 질문을 하고 있다. 이는 당시 농민이나 노동자가 해방을 어떻게 생각했는지 추론하는 감정이입적 이해를 요구하는 질문이다. 그리고 산미증산계획이나 토지조사사업, 징용노동자의 생활에 대한 설명은 역사적 감정이입을 하는 데 필요한 맥락적 지식이라고 할 수 있다. 이 밖에 이 수업에서는 첫째와 둘째 분단 이외의 나머지 분단 학생들에게는 일본군 위안부, 친일파의 입장에서 해방을 맞이한 감회를 말해 볼 것을 요구하고 있었다. 이러한 질문을 받은 학생들은 당시 사람들의 입장이 되어 해방에 대해 생각해 볼 수 있다. 이 경우 이 수업처럼 해방을 맞이하는 데 따르는 환희나 갈등을 느끼게 하는 데 초점을 맞출 수도 있지만 각 계층의 사람들이 해방 당시 어떤 생각을 가지고 어떻게 행동하였는지 이해하는 인지적 측면의 감정이입도 가능하다. 인지적 측면의 경우 교사의 한 번의 질문에 그칠 것이 아니라 학생의 응답에 대해 교사가 재차 발문을 함으로써 수업을 이어가는 것이 좋다.

 학생들의 역사적 판단(B3)을 요구하는 발문은 찾아보기 힘들다. 이는 학생들 스스로 자료의 가치를 평가해서 선택을 하고, 탐구의 결과를 자신이 선택한 방식대로 전달하기는 어렵다는 교사의 생각 때문일 것이다. 특히 사료와 같이 역사에서 주로 사용하는 자료들은 학생들이 스스로 소화하기 어렵다고 평가된다. 그래서 사료를 학습자료로 사용하는 역사수업에서도 학생들이 직접 자료를 선택하기보다는 교사가 준비하는 경우가 많다.

5. 맺음말

역사적 사고력에 관한 연구가 체계화되고 실제 수업에 적용할 수 있는 실천적인 성과를 거두기 위해서는 연구 대상으로 삼고 있는 사고력이 무엇을 의미하는지를 구체화하고 명확히 할 필요가 있다. 이 글에서 역사적 사고력의 구성 요소를 추출하고, 이를 토대로 역사수업의 발문 유형 및 실제 역사 교사의 발문을 검토해본 이유도 여기에 있다.

역사적 사고력은 크게 역사적 탐구기능과 역사적 상상력으로 나뉘며, 역사적 탐구기능에는 일반적 기능과 역사적 기능이 포함된다. 일반적 기능으로는 문제의 인지, 자료의 수집, 자료의 처리, 결론의 도출, 일반화, 전달 능력을 들 수 있으며, 역사적 기능으로는 역사적 개념의 사용, 역사적 자료의 활용, 역사적 연구 방법의 수행이 포함된다. 역사적 상상력에 해당하는 요소로는 삽입, 감정이입적 이해, 역사적 판단이 있다.

역사수업에 사용될 수 있는 발문의 형태로는 인지기억 질문, 수렴적 질문, 확산적 질문, 평가적 질문이 있는데 이 중 역사적 사고력과 관련이 있는 것은 수렴적 질문과 확산적 질문이다. 수렴적 질문은 역사적 탐구기능을 자극하는 데, 확산적 질문은 역사적 상상력을 자극하는 데 효과적이다.

실제 역사수업에 대한 분석 결과 역사 교사의 질문 중 학생들이 역사적 사고력을 자극하는 것은 그리 많지 않았다. 문답의 형식을 취하고 있으나 실제로는 교사가 설명하는 것과 마찬가지이거나, 학생들의 사고를 자극하는 것과는 별다른 관계가 없는 단순히 사실 정보를 알고 있는가를 묻는 질문이 대부분이었다. 학생들의 역사적 사고를 유도하는 질문 중에는 수렴적 질문이 확산적 질문보다는 많았다. 수렴적 질문 중에는 이해(번역)를 요구하는 질문이 상대적으로 많았다. 이러한 형태의 질문은 학생들의 문제인지 능력을 높일 수 있으리라고 생각된다. 하지만 그 밖의 역사적 탐구기능을 유도하는 질문을 찾아보기는 어려웠다. 언뜻 보기에 확산적 사고를 요구하는 듯하지만 실제로는 수렴적 사고를 필요로 하는 질문도 있었다. 확산적 사고를 유도하는 질문으로는 학생들의 역사적 감정이입을 자극하는 질문이 대표적이었다.

10장
감정이입적 역사이해의 원리와 학습방안

1. 머리말

감정이입은 다른 사람이나 집단의 행위를 이해하는 과정이며, 자신의 입장에서 다른 사람을 더 잘 이해하기 위한 수단이라는 점에서 역사이해의 방식으로 중시되어 왔다.[1] 근래 포스트모던적 입장에서 감정이입으로 역사를 이해하는 것이 불가능하다는 주장이 제기되기도 하지만,[2] 전체적으로 보아 역사이해에서 감정이입의 필요성 자체

---

1. 이민호, 〈역사학과 역사교육〉, 《역사교육》 34, 1983, pp.8~9.
2. Keith Jenkins, *Re-Thinking History*(London: Routledge, 1991), pp.39~47. 젠킨스(Keith Jenkins)는 이 책에서 감정이입적으로 역사를 이해하는 것이 가능하지 않은 이유로 다음의 네 가지를 제시하고 있다. ①오랫동안 절친하게 지내오던 사람의 마음속이라고 해도 들어가는 것은 가능하지 않다. ②모든 의사소통에는 반드시 번역행위가 내포되어 있으며, 발언은 '사생활 사이의 해석'이다. ③역사가는 모든 종류의 방법론적, 인식론적, 이데올로기적 가정 아래 연구를 하고 있으며, 역사를 만드는 데 주말작업, 일에서 오는 압박감, 출판사, 문체 등과 같은 여러 문제들을 마음 속에 새기고 있는데, 이를 제거하고 어떻게 '과거'를 '과거답게' 생각하게 할 수 있겠는가? ④역사수업에서 우리가 감정이입하는 것은 실제로는 수업을 하는 교수의 마음뿐이다. 이 글은 감정이입이 역사를 이해하는 하

가 부정되는 경우는 별로 없었다. 역사교육에서도 역사이해의 한 가지 방식으로 감정이입을 주요 목표로 다루고 있으며, 감정이입적 이해의 과정이 포함된 역사학습의 효용성에 대한 논의도 계속되고 있다.[3]

근래 우리나라 교육과정이나 수업현장에서도 역사적 사고 방식의 하나로 감정이입의 문제가 관심을 모으고 있다. 이러한 경향은 다양한 역사학습 방법의 모색과 함께, '역사를 역사답게' 가르치고 배우게 해야 한다는 움직임과 밀접한 관련이 있다. 역사는 인간의 행위를 다룬다. 따라서 역사적 행위에 들어있는 인간의 사고를 추적하는 것은 가장 기본적인 역사이해의 방식일 수 있다. 감정이입적 이해가 포함된 역사수업은 학생들로 하여금 역사적 행위를 하게 만든 사고의 과정을 밟게 함으로써, 역사의 본질을 이해하고 생생하고 구체적으로 역사적 사실을 학습하는 데 도움을 준다. 이에 따라 감정이입과 관련된 문제들이 역사교육 연구의 대상이 되고 있다. 학습자료나

나의 유력한 수단이며, 역사수업에도 유용하게 활용될 수 있다는 관점을 전제로 하고 있다. 그러나 감정이입적 역사이해의 근거를 밝히는 데 그 목적이 있지 않으므로, 이를 둘러싼 논란을 다루거나 젠킨스의 견해에 대한 반론을 제시하지는 않겠다. 다만, 앞으로 논의 과정에서 이에 대한 견해들은 부분적으로 나타날 것이다.

3. 역사이해 및 역사교육에서 감정이입적 이해의 가능성을 둘러싸고 영국에서 벌어진 논쟁에 대해서는 다음의 글을 참조. 조승래, 〈역사교육에서 감정이입의 문제-영국에서의 논의를 중심으로-〉, 《역사교육》 73, 2000.
4. 김민정, 〈영상자료를 통한 역사이해의 유형과 특성-영화를 이용한 역사수업의 사례를 중심으로-〉, 서울대학교대학원 석사학위논문, 1998.2; 서용희, 〈비문자 자료를 통한 역사이해와 역사학습-예술작품을 중심으로-〉, 서울대학교대학원 석사학위논문, 1998.2; 최소옥, 〈내러티브를 통한 중학생의 역사이해〉, 서울대학교대학원 석사학위논문, 2000.2.
5. 오만기, 〈역사신문 제작에 나타난 초등학생의 역사이해 과정〉, 한국교원대학교 대학원 석사학위논문, 1999.2.

내용구성이 감정이입적 역사이해에 미치는 영향에 대해 논의하거나,[4] 역사수업에 나타난 학생들의 감정이입적 이해의 양상에 대한 분석[5]과 같은 것이 그러한 예이다. 또한 학생들의 역사적 감정이입을 증진시킬 수 있는 학습방안도 제시되고 있다.[6]

그러나 아직까지 역사교육에서 감정이입적 이해가 주는 의미나 감정이입적 이해를 통한 역사수업의 방안 등에 대한 논의는 정리되지 못한 채 혼란스러운 느낌을 주며, 앞뒤가 맞지 않는 경우도 눈에 띈다. 그것은 다른 교과나 학문의 감정이입과 구분되는 역사적 감정이입의 개념이나 성격에 대한 이해가 충분하지 못하며, 감정이입적 역사이해와 다른 역사적 사고방식의 차이를 제대로 파악하지 못했기 때문이다.[7] 한편 역사적 감정이입에 대한 체계적인 논의가 없는 것도 이러한 문제점을 가져온 하나의 원인이라고 할 수 있다. 이 글에서는 감정이입적 역사이해의 원리를 고찰하고, 이를 역사수업에 적용할 수 있는 방안에 대해 검토하고자 한다. 이를 위해 다른 학문 분야의 감정이입과는 구별되는 역사적 감정이입의 특성을 살펴보고, 감정이입적 역사이해의 과정을 단계별로 분석하기로 하겠다. 그리고 감정이입적 이해를 역사수업에 적용할 수 있는 방안을 내용과 교수·학습방법의 측면에서 검토할 것이다. 이러한 작업을 통해 역사수업에서 감정이입적 이해에 대한 이론적 정립을 모색하고자 한다.

---

6. 이동원, 〈사회과 역사수업에서 글쓰기를 통한 역사적 감응의 신장〉, 《사회과교육》 31, 1998.
7. 예를 들어 역사적 감정이입을 정의적 성격을 지닌 사고방식으로 취급한다든지, 감정이입의 과정에 나타나는 각 단계의 역사이해를 발달심리학에서 말하는 사고 수준의 차이로 서술하는 것을 볼 수 있다. 그러나 이와 같은 견해는 역사적 감정이입을 인간의 정서 상태와 동일시 하거나 심리학이나 미학에서 말하는 감정이입과 구분하지 않은 데서 오는 것이다. 역사적 감정이입을 이와 같이 보는 견해의 문제점은 앞으로 이 글의 논의를 통해 충분히 밝혀질 것이다.

2. 감정이입적 역사이해의 개념

 일상생활이나 여러 학문에서 감정이입은 다양한 의미로 사용된다. 다른 사람의 생각이나 행동을 이해하거나 받아들이려는 태도나 성향을 가리키기도 하고, 상상이나 새로운 생각을 할 수 있는 힘을 의미하기도 한다. 미학에서는 감정이입을 자연현상이나 예술작품에 감정이나 정서를 투사하여 자신과 인식의 대상을 하나로 융화시키는 것을 감정이입이라고 한다. 그러나 사회과학이나 심리학에서는 감정이입을 다른 사람의 행위나 사회현상을 이해하기 위한 수단으로 여긴다. 즉 어떤 사람의 행위를 그의 입장에서 이해하거나, 사회현상의 의미를 그 현상이 일어났던 당시 사회의 관점에서 파악하는 것이 감정이입이다.[8]

 이처럼 감정이입을 이해의 방식이나 수단이라고 하였을 때, 거기에는 인지적 요소, 정의적 요소, 의사소통적 요소가 있다. 인지적 요소가 다른 사람의 입장에서 상황을 이해하기 위해 그의 정서적 상태를 식별하고 관점을 파악할 수 있는 능력이라면, 정의적 요소는 다른 사람의 감정 상태를 경험할 수 있는 능력을 말한다. 의사소통적 요소는 카운슬러와 내담자 사이에 이루어지는 정신치료과정과 같이 감정이입적 이해를 주고받는 것이다.[9] 역사적 행위를 이해하기 위해서는 그것이 발생한 상황에 대한 맥락적 이해와 행위자 개인의 사상

---

8. 김한종, 〈역사학습에서 상상적 이해의 방안〉, 양호환 외, 《역사교육의 이론과 방법》, 삼지원, 1997, pp.285~286.
9. Kathryn P. Scott, "Achieving Social Studies Affective Aims: Values, Empathy and Moral Development", in James P. Shaver(ed.), *Handbook of Research on Social Studies Teaching and Learning*(New York: Macmillan Publishing Company, 1991), p.359.

이나 감정, 동기에 대한 이해라는 양면이 필요하다. 역사적 행위에 대한 이해의 이 두 가지 측면은 밀접한 관련을 가지고 있어 분리할 수 없다. 상황에 대한 객관적 지식을 바탕으로 하기 때문이다.[10] 따라서 역사적 감정이입은 역사적 사실이 일어난 상황에 대한 맥락적 이해를 바탕으로 하는 상상적 이해 방식이다. 다만, 자료를 통해 명확히 알 수 없는 개인의 정서나 감정을 상상한다는 측면에서 정의적 성격도 포함하고 있다고 할 수 있다.

영국 런던대학 교수로, 역사교육에서 감정이입의 문제에 대한 여러 논문을 발표한 바 있는 리는 감정이입을 힘(power), 성취(achievement), 과정(process), 성향(proposition)으로서 감정이입이라는 네 가지 형태로 구분한다.[11] '힘으로서 감정이입'은 역사적 행위를 증거와는 관련이 없거나, 적어도 증거에서 추론할 수 없는 어떤 특별한 권위(힘)에 의해 이해하려는 것이다. 예컨대 고대사회의 모든 제의(祭儀)를 하늘에 대한 믿음, 종교, 관습 등으로 인해 일어났다고 보는 것이 여기에 속한다. '성취로서 감정이입'은 역사적 행위를 한 사람이 믿거나 가치있다고 여기는 것, 행위를 통해 얻으려고 했던 것이 무엇인가 하는 관점에서 그 행위를 바라보는 것이다. '성취로서 감정이입'의 관점에서는 과거 사람들이 역사적 행위를 통해 무엇인가를 성취하려고 했다는 생각을 가지고 그들의 행위를 이해하는 것으로, 과거의 행위를 합리적이라고 받아들인다. 이를 위해 행위자의 믿음을 추론하고, 그의 정서나 감정이 행위에 어떤 영향을

---

10. P. J. Rogers, *The New History: Theory into Practice*(London: The Historical Association, 1978), pp.12~13.
11. P. J. Lee, "History Teaching and Philosophy of History", *History and Theory*, Beiheft 22, 1983, pp.35~37.

미쳤는지를 고려하기도 한다. '과정으로서 감정이입'은 과거의 행위자가 믿고 있던 사실이나 가치가 무엇인지를 아는 과정을 감정이입이라고 보는 것이다. 즉 감정이입을 다른 방법과 구별되는 특별한 발견 수단으로, 하나의 심리학적 절차로 여기는 것이다. '성향으로서 감정이입'은 자신이 가지고 있는 것과는 다른 관점을 고려하려는 성향을 감정이입이라고 보는 것이다.

감정이입을 보는 이와 같은 네 가지 관점 중, '힘으로서 감정이입'과 '과정으로서 감정이입'은 역사적 사실을 증거에 나타나 있는 상황에 비추어 맥락적으로 이해하려고 하지 않는다는 점에서 역사적 이해와는 거리가 멀다. 따라서 역사적 이해와 관련이 있는 것은 '성취로서 감정이입'과 '성향으로서 감정이입'이다. '성취로서 감정이입'은 감정이입의 인지적 측면, '성향으로서 감정이입'은 감정이입의 정의적 측면이라고 할 수 있다. '성향으로서 감정이입'은 역사를 감정이입적으로 이해하기 위한 필수적인 전제조건이다. 역사적 감정이입을 위해서는 과거 사람이 합리적인 믿음과 목적을 가지고 행위를 하였다는 것을 인정하는 태도가 전제되어야 하는데, 이것이 '성향으로서 감정이입'이다.[12] 그러나 '성향으로서 감정이입'은 감정이입적 역사이해를 위한 전제조건이지, 그 자체가 역사이해는 아니다. '성향으로서 감정이입'의 관점을 가지고 있다고 해도 역사적 맥락에 대한 지식이나 이해가 수반되지 않을 경우, 맥락적 역사이해가 가능하지 않기 때문이다. 따라서 감정이입에 의한 역사이해의 본질적 성격에 해당하는 것은 '성취로서 감정이입'이다.

---

12. Ibid., p.40.

3. 감정이입적 역사이해의 과정

(1) 감정이입적 역사이해의 단계

감정이입이 역사이해의 한 방식이라고 할 때, 감정이입적 이해에 도달하기 위해서는 일련의 사고과정을 거쳐야 한다. 그리고 이 사고과정은 일정한 단계로 나뉘어지게 마련이다.[13] 각 단계에서는 특정한 사고활동이 이루어진다. 앞에서 논한 바와 같이 역사적 감정이입이 상황에 대한 맥락적 이해를 바탕으로 동기나 믿음, 감정, 사상과 같은 행위자의 내면을 이해하는 것이라고 할 때, 다음과 같은 사고활동이 감정이입적 역사이해의 과정에 포함된다.

① 역사적 사실의 재현: 역사적 사실이 왜 일어났는가에 대해 특별히 생각하지 않은 채 사실 자체를 충실하게 재구성한다.
② 상황의 맥락적 재구성: 역사적 사실을 당시의 상황에 비추어 파악하고 재구성한다. 역사적 사실이 일어난 이유를 맥락적으로 이해할 수 있다. 그러나 그 사실을 일으킨 행위자의 내면에 대한 고려는 포함되지 않는다.
③ 관점의 감정이입적 재구성: 역사적 행위를 한 과거 사람의 관점을 재창조하고 설명하려고 한다. 믿음이나 동기와 같은 행위자의 내면을 이해하려고 하지만, 그와 같은 행위가 일어나게 된 역사적 상

---

13. 이는 사고과정을 체계화하여 제시하고 있는 대표적 견해인 듀이(John Dewey)의 반성적 사고(reflective thinking) 모형을 보면 잘 나타난다. 듀이는 반성적 사고의 과정을 문제인식(suggestion) → 지식화(intellectualization) → 가설 설정(hypothesis) → 논증(reasoning) → 가설검증(testing the hypothesis)의 단계로 구분하고, 각 단계에 해당하는 사고활동을 제시하고 있다.

황에 대한 맥락적 이해는 충분하지 않다.

④ 역사적 사실의 감정이입적 재구성: 역사적 상황에 대한 맥락적 재구성과 행위자의 관점에 대한 감정이입적 재구성을 바탕으로 역사적 사실을 감정이입적으로 이해한다.

위의 사고활동 중 ①은 ②~④에서 행해지는 이해의 대상이 되는 역사적 사실을 명확히 하는 것이다. 그리고 ④는 ②와 ③의 활동을 종합하여 이루어지는 것이라고 할 수 있다. 이렇게 보면 ①~④는 서로 연결되는 일련의 사고과정으로, 이는 곧 감정이입적 이해의 과정이라고 할 수 있다. 기존의 연구들을 종합하여 감정이입적 이해의 과정을 정리하면 다음과 같이 다섯 단계로 나눌 수 있다.[14]

[단계 1] 감정이입적 이해를 하지 않으려는 단계

과거 사람들이 왜 그런 행위를 하였는지를 그들의 입장에서 이해하려고 하지 않는다. 자신의 견해나 관점과는 다른 과거의 사실이나 행위를 불합리한 것으로 여긴다. 과거인들의 사고방식에는 결함이 있다고 생각한다. '과거인들은 어리석어서', '오늘날만큼 학문이나 과학이 발달하지 못해서', '미신을 믿었기 때문에'와 같은 식으로 처리한다.

---

14. 다음의 글들을 종합하여 정리하였다. 김한종, 〈역사학습에서 상상적 이해의 방안〉; P. J. Lee, "Explanation and Understanding in History", in A. K. Dickinson and P. J. Lee(eds.), *History Teaching and Historical Understanding*(London: Heinemann, 1978); D. Shemilt, "Beauty and Philosopher: Empathy in History and Classroom", in A. K. Dickinson, P. J. Lee and P. J. Rogers(eds.), *Learning History*(London: Heinemann, 1984); Asalyn Ashby and P. J. Lee, "Children's Concepts of Empathy and Understanding History", in Christopher Portal(ed.), *The History Curriculum for Teachers*(London: The Palmer Press, 1987).

[단계 2] 고정관념에 의한 감정이입

역사적 행위나 현상을 감정이입적으로 이해하려고 한다. 그렇지만 그 시대나 사회에 대해 기존에 가지고 있던 고정관념에 의해 이해를 한다. 이 때문에 자기중심적 사고에 머물러서, 합리적 이해를 하지 못할 수도 있다. 관습, 종교, 자연현상 등이 이 단계의 역사이해에서 자주 나타나는 고정관념이다.

[단계 3] 일상적 감정이입

역사적 행위나 제도 등을 상황과 관련된 증거에 비추어 이해한다. 그러나 근거가 되는 증거는 이해하고자 하는 역사적 사실뿐 아니라 비슷한 성격의 다른 사실들에도 전반적으로 적용할 수 있는 것으로, 해당 사건이 일어난 시대나 장소 등 구체적인 상황을 고려하지는 못한다. 따라서 일어난 시기나 장소가 서로 다른 일련의 역사적 사실들을 같은 방식으로 이해한다. 특히 현재의 관점으로 지난날의 역사적 사실들을 이해하는 경우가 많다. 이러한 감정이입적 이해에서는 우리가 역사적 사실을 보는 방식과 당시 사람들이 보는 방식, 우리가 아는 것과 당시 사람들이 아는 것을 구분하지 않는다. 이 때문에 시대착오적 이해가 나타날 수 있다.

[단계 4] 제한적인 역사적 감정이입

증거를 토대로 당시 상황을 고려하여 역사적 행위나 제도를 이해한다. 당시 사람들의 믿음이나 목적, 가치 등과 같은 요인들을 고려하여 그들의 행위를 합리적으로 이해한다. 그렇지만 다양한 요인들을 종합적으로 고려하지 못하고 특정 요인에 초점을 맞춘다. 따라서 당시 상황을 종합하여 역사적 사실을 맥락적으로 이해하는 데는 한계가 있다.

[단계 5] 맥락적 역사적 감정이입

역사적 행위나 제도를 과거 사람들의 관점과 당시의 상황에 비추어 이해한다. 상황에 대한 맥락적 이해와 과거 사람들의 내면에 대한 고려가 동시에 이루어지는 것이다. 당시 상황에 영향을 미치는 여러 요인을 종합하여 광범한 맥락 속에서 이해를 한다. 어떤 상황에 대해 오늘날과 과거 사람들의 인식이 다르다는 것을 알고, 자신의 관점을 바꾸려고 노력한다.

위에서 제시한 다섯 단계 중 실제로 감정이입적 이해를 위한 사고활동이 나타나는 것은 [단계 2]부터 [단계 5]까지 네 단계이다. 이러한 감정이입적 이해의 단계를 위에서 언급한 사고활동과 연결지어 보도록 하자. [단계 1]은 감정이입적 이해와 관련된 특별한 사고활동을 하지 않는 단계이다. 그러나 [단계 1]에서도 역사적 사실의 재현은 일어날 수 있다. [단계 2]의 사고를 하는 학생들도 역사적 행위가 일어난 당시의 사회상황에 대한 지식을 가지고 있을 수 있다. 그렇지만, 이를 역사적 행위의 동기나 목적과 연결시켜 행위자의 내면을 이해하지는 못한다. [단계 3]에서는 행위자의 관점이나 행위의 동기에 관심을 가지므로 관점의 감정이입적 재구성은 가능하지만, 이를 당시 상황에 비추어 해석하는 상황의 맥락적 재구성에 이르지는 못한다. 따라서 상황과 관점을 종합하여 이해하는 역사적 사실의 감정이입적 재구성은 [단계 4]와 [단계 5]에서 이루어진다. 이 중 [단계 5]는 당시 상황을 바탕으로 행위의 여러 요인들을 고려하는 설득력있는 감정이입적 이해라고 할 수 있다.

이와 같은 단계는 사고능력의 수준 차이보다는 감정이입적으로 이해를 하는 과정이라고 할 수 있다. 감정이입적 역사이해가 모두 이러한 단계를 밟는 것은 아니지만, 대체로 각 단계의 이해는 다음 단계의 이해를 위해 거쳐야 하는 과정이다.[15] 고정관념에 의한 이해는 맥락적 역사이해를 저해할 수도 있다. 그러나 어느 정도 역사적 지식을 가지거나 교사에 의해 적절한 지도에 의해 다음 단계의 이해로 이어질 수 있다. 일상적 감정이입은 학습의 초기 단계에서도 필요하다. 흔히 학생들은 선지식이나 친숙한 경험 등에서 감정이입적 이해를 이끌어내는 경우가 많기 때문이다. 따라서 일상적 감정이입은 감정이입적 이해의 활동을 요구하는 수업을 통해 역사적 감정이입으로 연결될 것이다.

(2) 감정이입적 역사이해의 양상

앞에서 설정한 단계별로 실제 학생들의 감정이입적 역사이해의 양상이 어떻게 나타나는가를 구체적인 사례를 통해 살펴보도록 하자. 중, 고등학생들에게 역사적 사실을 설명하는 글을 주고, 왜 이러한 행위가 일어나게 되었는지에 대한 이해를 요구하는 질문을 하였다. 글의 내용과 질문은 다음과 같다.

> 고려사회에서는 정부나 왕실이 앞장서서 하늘이나 조상에게 제사를 지내는 경우가 많았다. 가뭄이나 홍수가 들거나, 병충해를 입었을 때, 보지 못하던 별이 나타났을 때, 호랑이가 사람을 물어 가는 사건이 발생했을 때, 왕자가 태어나지 않고 있을 때 등 여러 경우에 유명한 산이나 큰 강, 바다, 종묘 등에서 제사를 지내고, 재해를 없애거나 소원

---

15. 김한종, 〈역사학습에서의 상상적 이해〉, 서울대학교대학원 박사학위논문, 1994, pp.149~150.

을 들어달라고 빌었다. 이 제사에는 많은 인원이 동원되고 커다란 비용이 들었다. 높은 관리들이 제사에 동원되기도 하였고, 무당 250명을 궁중에 한꺼번에 불러들인 적도 있었으며, 제사가 6일간이나 계속된 경우도 있었다. 제사를 지내도 효과가 없을 때는 다시 제사를 지내기도 하였다. 예를 들어 1091년(선종 8)에는 비가 오지 않자 5월과 6월 사이에 4차례나 비가 오기를 비는 기우제를 지냈다.

(질문)
제사를 지내도 실제로는 별 효과가 없었을 것인데도 계속하여 많은 비용을 들이면서 제사를 지내는 이유가 무엇이었을까?

오늘날에도 소원을 들어주거나 좋지 않은 일을 없애달라고 제사를 지내는 경우가 종종 있다. 그렇지만 국가 차원에서 이러한 제사를 지내지는 않는다. 위의 글에서 제시하고 있는 역사적 사실은 오늘날 우리의 관점에서는 어리석은 행위일 수 있다. 그러나 당시 통치자들이 이러한 국가적 행사를 벌인 데는 그 나름의 이유가 있을 것이다.

위의 역사적 사실을 이해하기 위해서는 먼저 고려사회의 상황에 대한 맥락적 이해가 필요하다. 국왕을 정점으로 한 귀족사회, 농업이 사회에서 차지하고 있는 비중과 적절한 강수량의 중요성, 자연현상에 대한 두려움, 사회 저변에 광범위하게 깔려 있는 민간신앙, 불교나 풍수지리사상의 보급 등이 고려해야 할 요인일 것이다. 한편 위의 역사적 사실을 이해하기 위해서는 국왕이나 조정에서 하늘에 대해 제사를 지낸 이유가 무엇인지를 생각해야 한다. 이들은 자기 나름의 목적을 가지고 제사를 지냈고, 실제로 제사를 통해서 그런 목적을 어느 정도 달성했기 때문에 이러한 행위를 계속하였다는 입장에서 접근해야 한다.

위에서 제시한 감정이입적 역사이해의 각 단계에 해당하는 학생들의 실제 반응을 보면 다음과 같다.[16]

[단계 1]

당시 고려사회에서 제사를 지낸 이유를 이해하려고 하지 않거나, 그런 행위를 과학적 지식이 없어서 미신을 믿었기 때문에 그렇다고 생각한다. (1-3)과 같은 응답이 이러한 전형적인 사례라고 할 수 있다. (1-1)과 (1-2)와 같이, 사실상 질문을 되풀이하거나 질문의 내용과는 상관없는 대답도 볼 수 있다. 이러한 응답은 질문 자체를 이해하지 못하거나 제대로 읽지 않음으로써 발생한다.

(1-1) 어떻게 해서든 바라던 일을 이루어야 하기 때문에. (중1, 남)
(1-2) 제사를 지낸다는 것은 조상님들께 감사하다는 표현이다. 만약 조상님들이 안 계셨다면 우리는 어떻게 살 수 있으며, 이렇게 잘 살 수 있었을까? 사람들은 그 은혜에 보답하기 위해 1년에 몇 번 없는 명절에 돈을 들여서 감사하는 표현을 하는 것이다. 나는 그러한 행사가 잘된 것이라고 생각이 된다. 조상님께서 알지 못한다고 해도 그런 생각부터가 바람직하기 때문이다. (중3,

---

16. 이 조사는 1993년 6월에 행해졌다. 그렇지만 학생들의 이해수준을 조사하기 위한 것이 아니라 어떠한 방식으로 이해하는가를 알아보기 위한 것으로, 그 이해의 양상이 조사 시기에 따라 크게 달라질 것으로 생각되지는 않는다. 인용 뒤에 제시한 것은 해당 응답을 한 학생의 학년과 성별이다. 그러나 이는 구분을 하기 위해 편의적으로 제시한 것으로, 학년이나 성별이 응답의 단계와 어떤 관련성이 있는가는 검토의 대상이 되지 않았다.

여)

(1-3) 우리 조상들은 미신을 잘 믿었다고 생각한다. 잘못된 생각이라고 생각한다. 왜냐하면 제사를 지내나 안 지내나 별은 뜨는데 돈을 버려서까지 제사를 왜 지내냐? (고1, 여)

[단계 2]
학생들이 제사에 대해 가지고 있는 고정관념은 종교적 행위와 신에 대한 믿음이라고 생각하는 것이다. 그렇지만 역사적 사실을 이해하는 데 이 두 관념을 별개가 아니라 동시에 적용하는 경우가 많다. (2-1) 과 같은 응답이 그러한 사례이다. (2-2)에서 보듯이 자연현상을 신이 일으키는 것이라고 생각하였기 때문에 여기에 빌었다고 응답하는 경우도 많다. 이와 관련하여 옛 사람들은 신과 인간을 연결시켜주는 것이 무당이었다고 믿었을 것이라고 생각한다.

(2-1) 어느 나라든지 다 종교를 갖게 마련인데, 그 당시에는 불교, 유교 등 아무 종교도 없었다. 그래서 의지할 수 있는 신은 하늘이나 조상이라고 생각했다. 하지만 효과가 없자 그러는 이유를 하늘이나 조상이 노했기 때문이라고 생각했기 때문에 계속 더 정성을 들여 제사를 지내는 것이다. (중1, 여)
(2-2) 그때 당시에는 신이라면 하늘, 달이 있을 것이다. 그 때 당시 옛날 사람은 무당이 하늘의 신과 대화할 수 있다고 믿었다. 그리고 그때는 병충해나 보지 못한 별에 관한 지식이 부족했으니, 그들도 저녁 때 그릇에다가 물을 담아서 달에게 빌었을 것이다. (중3, 남)

〔단계 3〕

오늘날에도 사람들은 제사를 지낸다. 대부분의 사람들이 정례적으로 지내는 조상에 대한 제례 외에도 소원을 빌거나 재해를 막아달라는 제사를 지내는 것을 종종 볼 수 있다. 예를 들어 연초에 풍년제나 풍어제를 지내는 모습은 비교적 흔히 볼 수 있다. 또 가뭄이 극심할 때 기우제를 지내는 경우도 있다. 그런데 오늘날 지내는 이런 제사는 소망을 나타내는 상징적 행위이거나 심리적 안정을 목적으로 하는 경우가 많다. (3-1)이나 (3-2)에서 볼 수 있는 바와 같이 오늘날의 관점에 의해 고려사회의 제사 행위에 대해 이해하는 것이 이 단계에 해당하는 감정이입적 이해이다.

(3-1) 그 당시에는 효과가 있었을 것이라고 생각했고 또 운으로 몇 번 있었으니 믿고 지낸 것이라고 생각한다. 요즘도 제사를 많이 지내니 나도 그 땅에 있었더라면 그렇게 했을 것이다. (중2, 남)

(3-2) 지성이면 감천이라고 열심히 지내면 비가 온다고 믿었겠지만 진짜 이유는 다른 데 있다. 요즘도 자동차를 사면 제사를 지내고, 비가 안 오면 제사를 지낸다. 그것은 미신을 믿어서가 아니다. 결국 고려 때도 왕이 민심을 수습하고 마음의 위안으로 삼기 위해 제사를 지냈을 것이다. (고2, 여)

〔단계 4〕

위 질문에 대한 응답을 하기 위해 학생들이 당시 사회의 상황 중 가장 많이 고려하는 요인들은 고려사회가 농업사회였다는 것과 토속신앙, 풍수지리설과 같이 당시 널리 퍼져있던 사상들이다. 이 단계의 역사 이해에서는 이 요인들 중 어느 하나를 택해서 고려사회에서 제사가 행해진 이유를 이해한다. 이러한 이해에는 당시 사람들의 행위가 합리적이었다는 생각이 전제되어 있다. (4-1)과 (4-2)는 그러한 예이다. 그렇지만 사회의 상황에 대한 여러 요인들을 종합해서 이해하지는 못하고 있다.

(4-1) 고려시대 때는 아무래도 농경사회였기 때문에 비가 오길 바라는 마음이 간절했을 것이다. 5월과 6월 사이에는 한 해 농사를 위해서 비가 꼭 와야 했기 때문에 몇 번이고 반복하여 지냈다. (중3, 여)

(4-2) 고려시대 때는 사람들이 불교와 도교, 풍수지리설을 믿어 크게 발전하였다. 이때의 사람들은 풍수지리설에 입각한 땅의 입지, 산의 형태에 따라 길흉화복이 일어난다고 믿었기 때문에 약간의 어떠한 불행이 있으면 조상 또는 자연들에게 제사를 지낸다든지 굿을 하였다. (고3, 여)

[단계 5]

고려사회의 성격이나 사회상황에 비추어 제사를 지낸 이유를 이해한다. 사회에 영향을 미치는 여러 요인을 종합적으로 고려하여 당시 사람들이 제사를 지낸 데는 그들 나름의 이유가 있었음을 인식한다. 이러한 이해는 고려사회에 대한 선행지식이나 이해를 바탕으로 한다. (5)는 그러한 응답의 사례이다. 그러나 이 단계의 이해를 보여주는 응답은 별로 보이지 않는다. 이는 고려사회에 대한 맥락적 지식이 부족한 것도 중요한 이유이겠지만, 그 못지않게 하나의 답을 요구하는 질문에 익숙해져 있기 때문에, 위의 역사적 사실에 대해서도 한 가지 요인에 의해 이해하려고 했기 때문일 것이다.[17]

(5) 옛날 사회에서 제사는 하나의 국가행사였을 것이다. 농업사회이므로 비가 오지 않았을 때나, 왕자를 얻는 문제는 옛날에는 가장 중요했다. 그러니까 왕이 직접 참가했다. 그러므로 아무리 많은 비용이 들더라도 온갖 정성을 다했을 것이다. 왕이 하늘에 잘못을 빌고, 앞으로 정치를 잘 하겠다고 다짐함으로써 실제 정치를 잘할 수 있었을 것이다. 유명한 산이나 큰 강에서 제사를 지낸 것도 정성을 나타내기 위한 것이었다. 원래 민간신앙에서는 그런 곳을 성지로 여기고 정성을 빌 때는 그런 곳에서 지냈는데, 고려 때는 그만큼 토속신앙이 널리 퍼져 있었으며, 풍수지리설도 유행했으니까. 고려 때도 정치를 하는 데는 유교를 따랐다고 배웠다. 종묘에 제사를 지낸 것은 그 때문이다. (고3, 남)

이상에서 살펴본 학생들의 감정이입적 이해 양상에서 우리는 역사학습에 몇 가지 시사점을 얻을 수 있다. 첫째, 역사적 상황에 대한 맥락적 지식의 필요성이다. 이를 위해서는 구체적이고 단편적인 사실보다는 사회의 성격이나 흐름을 전반적으로 학습하는 것이 필요하다. 둘째, 과거의 역사적 사실을 합리적으로 이해하려고 해야 한다. 과거 사람들도 그들 나름의 동기나 목적을 가지고 행동을 하였으며, 자신들의 행동이 그 목적을 달성하기에 적절하다고 생각할 만한 이유가 있었다는 것을 받아들여야 한다. 그래야 역사가 의식적이고 능동적인 인간활동의 산물이라는 것을 깨달을 수 있다. 셋째, 다

---

17. 역사수업에서 행해지는 발문의 경우, 그 질문이 역사적 사실에 대한 단편적인 지식을 가지고 있는지를 확인하기 위한 것이 아니라 학생들의 사고를 유도하기 위한 것이라고 하더라도, 가장 적당한 하나의 해결책을 찾기 위한 수렴적 사고를 요구하는 경우가 대부분이다. 이에 대해서는 이 책 9장 〈역사적 사고력의 구성요소와 역사수업의 발문〉 참조.

양하고 창의적인 사고를 유도할 수 있는 학습방안이 모색되어야 한다. 이를 위해 맞고 틀리는 정답이 정해져 있거나 하나의 답을 요구하는 발문보다는, 여러 가지 대안적 답안이 가능한 발문을 통해 수업을 전개하는 것이 좋다. 이런 방향으로 수업을 전개하기 위해서는 학생들이 스스로 여러 요인을 종합하여 활동 방식을 결정할 수 있도록 수업설계가 이루어져야 한다.

4. 감정이입적 이해에 의한 역사수업 방안

(1) 내용의 선정과 구성

교과교육의 입장에서 볼 때, 인식의 방법이나 사고논리, 교수방법은 다루는 내용에 따라 달라진다. 감정이입이 역사를 이해하는 하나의 방식이라고 할 때, 이와 같은 이해방식이 교과내용에 적절한지가 우선 검토되어야 한다.

감정이입적 이해가 특히 요구되는 학습내용으로 먼저 생각할 수 있는 것은 학생들의 감정이입적 욕구를 자극할 수 있는 역사적 사실이라고 할 수 있다. 그것은 감정이입적으로 이해를 하려는 태도가 역사적 감정이입의 전제조건이기 때문이다. 감정이입을 자극할 수 있는 내용으로는 학생들에게 피부에 와 닿거나 상대적으로 쉽게 떠올릴 수 있는 역사적 사실을 생각할 수 있다. 예를 들어 가족사나 학생들과 직접적으로 관련이 있는 지역사 토픽 등이 이러한 사실로 제시되기도 한다.[18]

학생들의 감정이입을 자극하기 위해서는 동기나 목적이 겉으로 너무 명확히 드러나지 않는 역사적 행위를 학습내용으로 선정하는 것이 좋다. 동기나 목적이 너무 명확할 경우 학생들은 정해진 답을 손쉽게 찾아내어 더 이상 사고를 하려고 하지 않기 때문이다. 이러한 성격에 적합한 학습내용으로는 오늘날의 사고방식이나 관점과는 다른 역사적 사실을 들 수 있다. 여러 가지 이유를 떠올릴 수 있어서 감정이입적으로 혼란을 느낄 수 있는 역사적 사실이나, 오늘날과는 정반대의 관점을 가지고 있는 역사적 사실과 같은 것이 여기에 해당한다.[19]

이와 함께 서로 다른 견해를 가진 사람들의 의사결정과정이 포함되어 있는 역사적 사실도 감정이입적 이해가 요구되는 역사학습 내용으로 적합하다. 의사결정은 처한 상황과 주어진 조건에 대해 행위자가 판단한 결과이다. 비슷한 상황 아래에서 일어난 동일한 문제에 대해 다른 결정을 내린다면, 이는 주어진 조건을 달리 해석하거나 행위자 의도나 목적, 경우에 따라서는 성격 등에서 차이가 있기 때문일 것이다. 즉 감정이입적 역사이해에서 고려해야 할 두 가지 측면인 맥락적 이해와 개인의 내면에 대한 이해 중, 전자는 같은 반면, 후자는 다르기 때문이다. 일상생활에서 이와 같은 사실에 접했을 경

---

18. Christopher Portal, "Empathy as an Objective for History Teaching" in Christopher Portal(ed.), *The History Curriculum for Teachers*(London: The Palmer Press, 1997), p.95.
19. D. Shemilt, "Beauty and Philosopher: Empathy in History and Classroom", pp.76~78. 이 글에서는 감정이입적으로 혼란을 느낄 수 있는 사례로 "13세기 영국 사람들은 왕이 환자에게 손을 대면 병이 낫는다고 믿었다"는 역사적 사실을 들고 있다. 한편 오늘날과 정반대의 관점을 가지고 있는 역사적 사실로는 "19세기 초 사람들은 기차여행이 마차여행보다 두 배나 빠르다는 것을 바보 같은 생각이라고 여겼다"는 사례를 들고 있다. 이러한 사례를 제시하고, 당시 사람들이 그렇게 생각한 이유를 묻는 질문은 학생들의 감정이입을 자극하는 데 효과적일 수 있다는 것이다.

우, 우리는 행위자의 목적이 무엇인지 궁금해한다. 역사교육에서도 이런 사실을 학습내용으로 택한다면 감정이입적으로 이해하려고 하는 학생들의 의지를 자극할 수 있다. 예를 들어 신라말 사회모순의 과정에서 서로 다른 노선을 택한 지식인이나 진골귀족을 상정하고, 그들이 그런 행동을 한 이유를 생각하게 한다든지, 문벌귀족중심 사회라는 고려사회의 성격 속에서 묘청이 하였던 주장이나 그의 행동을 놓고 실제 의도와 목적이 무엇인지 상상하게 할 수 있을 것이다. 또한 조선 후기의 그림이나 음악, 문학 등을 다루는 문화사 수업에서 예술활동 속에 포함되어 있는 민중의식을 추론하게 할 수도 있을 것이다.

이와 같은 역사학습의 경우 역사적 인물의 의사결정에 대한 평가가 상반되는 경우가 많다. 여기에서 의사결정의 결과가 달리 나타나는 것은 행위의 의도나 목적, 나아가서는 행위자의 가치관에 차이가 있기 때문이다. 우리는 이를 바탕으로 하는 역사적 행위에 대해 옳고 그르다는 가치판단을 한다. 특히 사람에 따라 상반된 평가가 가능한 역사적 사실의 경우 학생들의 능동적 사고활동을 적극적으로 유도할 수 있는 학습내용의 조직이 필요하다.

예를 들어 내러티브식으로 학습내용을 조직하는 것도 효과적일 수 있다. 내러티브에는 역사의 흐름 속에서 활동했던 개인과 그들의 선택이 부각된다. 발단과 전개, 갈등, 결말로 이어지는 내러티브의 흐름 속에서 학생들은 역사적 인물이나 그들이 선택했던 행위의 동기에 대해 자기 나름의 판단을 하고 통찰력을 가지게 된다. 특히 갈등을 중심으로 전개되는 플롯 구조에 따라 내러티브를 읽다 보면 역사적 상황의 순간순간에 어려운 선택을 해야 했던 사람들의 입장에 대해 생각하게 된다. 이를 통해 역사가 단순한 연대기적 서술이 아

니라 믿음이나 목적에 의거한 인간의 고뇌와 선택의 결과라는 것을 알 수 있다.[20]

시청각자료와 같은 비문자자료에 의한 역사표현도 감정이입을 자극하는 데 효과적이다. 시청각자료는 문자자료에 비해 인간의 정서를 표현하기에 적합하다. 또한 하나의 자료에 다양한 해석이 가능한 여러 가지 내용요소를 담을 수 있다. 따라서 비문자자료의 형식에 의한 역사표현은 학생들로 하여금 역사적 인물에 대해 자기 나름의 감정이입적 이해를 할 수 있는 기회를 제공한다.[21] 최근 역사교과서에도 사진은 물론 그림이나 만화 같은 시각자료가 들어가고 있으며, 컴퓨터의 보급과 인터넷의 확대는 다양한 시각자료나 영상자료를 역사수업에 활용하는 것을 용이하게 만들었다. 따라서 비문자자료에 의한 내용구성도 학생들의 감정이입적 이해를 자극하기 위한 방안으로 검토해볼 만하다. 다만, 이러한 자료에 의한 감정이입은 역사에 대한 맥락적 이해보다는 정서적 측면에 치중될 가능성이 많다. 따라서 문자자료와 적절히 연결짓거나 맥락적 이해에 이를 수 있도록 체계적이고 구체적인 수업설계가 요구된다.

(2) 역사수업의 기법

학생들의 감정이입적 이해를 유도할 수 있는 역사수업의 방법은 다양하다. 영국 맨체스터대학교 교육학부 교수로 여러 논문에서 역사적 감정이입에 대해 체계적인 논의를 하고 있는 포털(Christopher

---

20. 최소옥, 〈내러티브를 통한 중학생의 역사이해〉, pp.24~25.
21. 서용희, 〈비문자자료를 통한 역사이해와 역사학습-예술작품을 중심으로-〉, p.18.

Portal)은 학생들의 감정이입을 자극할 수 있는 역사수업의 방법으로 시뮬레이션, 현장답사, 극화학습, 예술활동, 비형식적 집단학습 등을 제시하고 있다.[22] 한편, 영국의 학교교육심의회 역사교육분과(School Council History 13-16) 평가위원이었던 셰밀트(D. Shemilt)는 역사수업에서 감정이입을 가르치고 평가하기 위한 방안으로 ①역사인물에 대한 전기 쓰기, ②역사인물 역을 맡아서 드라마 연기하기, ③투사활동(projective exercise), ④상상적 추체험(on-site re-enactment), ⑤상상적 재구성, ⑥게임과 시뮬레이션, ⑦의사결정학습, ⑧문화와 경제의 연결활동, ⑨경험적 추체험(experimental re-enactment), ⑩부당성 입증 활동, ⑪감정이입적 딜레마, ⑫과거와 현재 사이의 구조화된 대조 등을 제시하고 있다.[23] 이 중 ④의 상상적 추체험은 "당신이 ~이었다고 가정하고, ~을 하시오"와 같은 형태의 활동을 말하며, ⑤의 상상적 재구성은 이와는 달리 참여자가 아닌 관찰자로서 자신을 어떤 상황에 집어넣는 것이다. ⑨의 경험적 추체험은 현장 추체험과 유사하지만, 재생해야 할 장면이 아니라 "석기시대 유적을 당시 사용했던 연장을 이용해서 만드시오"와 같은 해결해야 할 과제를 제시하는 방식이다. ⑪과 ⑫는 앞에서 살펴본 바와 같이 감정이입에 적합한 내용의 문제라고 할 수 있다.

 이상과 같은 교수방법에서 나타나는 두드러지는 특징은 학생들의 사고과정과 그 결과를 실제의 활동을 통해 드러내는 형태가 많다는 점이다. 이러한 수업의 대표적인 형태가 역할극과 시뮬레이션 게임이다.

---

22. Portal, "Empathy as an Objective for History Teaching", p.95.
23. Shemilt, "Beauty and Philosopher: Empathy in History and Classroom", pp.66~78.

역할극은 학습자가 연기를 통해서 인간이 부딪히는 문제를 탐구하고, 그 연기에 대해 추후 토론을 함으로써 문제를 해결해가는 학습법이다. 역사교육에서 역할극은 개인적 문제보다는 사회적 쟁점을 다루는 사회극의 형태를 띠는 것이 보통이다. 학습자는 학습의 소재인 역사적 상황과 인물의 역할을 맡아서 연기를 하게 된다.[24]

시뮬레이션 게임은 학습자가 실제로 발생한 문제 상황에 직면했던 역사적 인물의 역할을 맡아서 정해진 절차 및 규칙에 따라서 어떤 결정에 도달하는 학습활동이다. 시뮬레이션 게임에서 학습자는 정해진 틀에 맞춰 역사적 사실이나 상황과 관련된 정책을 수립하거나 이를 집행한다. 이러한 활동을 통해 인간의 행위에 영향을 주는 요인을 인식할 수 있으며, 역사적 상황 속에서 어떤 행위를 한 인물이나 집단의 성격을 파악할 수도 있다.[25] 시뮬레이션 게임은 실제의 역사적 사실을 소재로 하지만, 이를 게임화하는 과정에서 사실을 단순화하거나 어느 정도 변형시킬 수도 있다. 시뮬레이션 게임이 제3자의 입장에서 문제를 해결하는 것인 데 반해, 순수한 시뮬레이션은 행위자의 입장이 되어 역사적 상황을 재현하는 데 초점을 둔다. 그런 의미에서 시뮬레이션은 추체험 활동이라고 할 수 있다.

"당신이 ~이었다고 가정하고, ~을 하시오"와 같은 상상적 추체험 활동이 들어가는 수업도 감정이입적 이해를 증진시키는 데 유용하다. 이러한 수업방식 중 가장 흔히 사용되는 것은 글쓰기이다. 상상적 글쓰기나 묘사적 글쓰기, 역사일기나 연설문, 논문, 편지쓰기, 극화학습이나 역할극, 시뮬레이션의 대본쓰기 등이 여기에 해당한다. 글쓰기 외에 원자료를 통해 과거 사람의 생활방식에 대한 추론

---

24. 김한종, 〈역사학습에서의 상상적 이해〉, pp.174~175.
25. 위 글, pp.188~189.

이나 재현, 그들의 관점이나 정서에 대한 토론, 이를 다른 시대에 응용하는 등의 수업방식도 사용할 수 있다. 이와 같은 여러 가지 수업기법은 학습자의 감정이입을 활성화하는 데 효과적이다. 그러나 역사적 인물의 행위에 공감을 표함으로써 고정관념에 의한 감정이입에 사로잡히거나 자신을 역사적 인물과 동일시함으로써 일상적 감정이입에 머물게 될 우려가 있다. 또한 수업의 결과가 학생들의 역사이해보다 글쓰기나 연기 능력에 좌우될 가능성도 있다.[26] 따라서 학생들이 적극적인 역사이해를 추구할 수 있도록 구체적이면서 다양한 응답이 가능한 상황의 설정과 자료의 활용이 필요하다. 또한 교사는 적절한 발문을 통해서 학생들의 적극적이고 체계적인 사고활동을 유도해야 할 것이다.

5. 맺음말

감정이입적 이해는 기본적으로 역사적 행위를 한 사람들의 사고과정에 대한 추적을 통해 역사적 사실을 이해하는 것이다. 이를 위해 우리는 역사적 행위가 일어난 상황을 고려하여 역사적 인물이 가지고 있는 믿음이나 행위의 동기, 목적 등을 추론한다. 역사수업에서 이와 같은 감정이입적 이해의 과정을 밟게 되면, 역사는 기본적으로 인간의 주체적 활동이라는 것을 인식할 수 있다. 그리고 이러한 활동을 역사적 상황에 대한 자기 나름의 판단을 바탕으로 자신이 가지고 있는 의지를 관철시켜 나가는 능동적인 사고의 결과로 받아

---

26. Ian Colwill and Maureen Burns, *History: Planning and Assessment*(London: Hodder & Stoughton, 1989), pp.44~46.

들이게 된다. 이를 통해 역사적 사실에 대한 문제의식과 비판력을 가지고, 역사적 결정에 능동적이고 적극적으로 참여하려는 의지를 기를 수 있다.

역사교육에서 감정이입적 이해 방식의 도입은 다양하고 흥미있는 역사수업을 가능하게 한다. 역사적 사실을 행위자와 연관시켜 구체적으로 다룸으로써 역사를 생생하게 학습할 수 있게 한다. 역사가 인간의 의지에 바탕을 둔 활동이라는 것을 알게 함으로써 주체적 역사의식을 기르는 데 효과적일 수 있다. 또한 역사적 인물이나 자신과는 다른 생각을 가진 사람들의 입장에서 역사적 사실을 바라봄으로써 폭넓고 다양한 관점이나 사고, 결정을 받아들이는 포용성을 기를 수 있다.

이러한 이유 때문에 근래 감정이입적 이해에 의한 다양한 역사수업 방안들이 모색되고 있다. 글쓰기나 연기활동이 포함된 여러 형태의 학습들이 그것이다. 그러나 감정이입이 역사적 사실을 이해하는 유일한 수단은 아니다. 따라서 어떤 역사적 사실을 학습할 때 감정이입적 이해의 과정이 포함된 학습이 유용하며, 그 경우 효과적 수업기법이 무엇인지 검토되어야 한다.

11장
국사수업에 나타난 교사의 설명방식

1. 머리말

 설명식 수업은 바꾸어야 할 대표적 수업 방법으로 오래 전부터 비판을 받아 왔다. 하지만 아직도 많은 역사수업은 교사의 설명을 매개로 이루어진다. 이는 현실적인 여건 때문이기도 하지만, 다른 한편으로는 설명이라는 방식이 가지고 있는 효율성 때문이라고 할 수 있다.
 역사수업에서 설명이 역사적 사실을 단순히 주입식으로 전달하는 것만은 아니다. 교사는 자기 나름으로 효율적인 설명의 방식을 사용한다. 자신이 생각하는 수업의 틀에 맞추어 설명을 하며, 자신이 해석한 역사적 사실을 설명 내용 속에 담는다. 교사의 설명에는 그 교사가 파악하고 있는 역사적 사실이 내포되어 있으며, 교사가 생각하는 역사관이나 교육관도 반영되기 마련이다. 따라서 역사 교사의 설명은 교실 현장에서 이루어지고 있는 역사수업의 현황을 잘 보여준다.

이 글은 실제 국사수업에서 교사가 어떤 방식으로 설명을 하고 있는지를 분석한 것이다. 이를 통해 설명식 수업에서 나타나는 교사의 수업 전개 방식과 설명 기법을 밝혀보고자 하였다. 설명식 수업이라고 하더라도 교사들은 수업 중에 학생들에게 질문을 하는 경우가 많다. 교사가 하는 질문 중에는 학생들에게 별다른 사고활동을 요구하지도 않고 역사적 사실을 아는가, 모르는가를 확인하기 위한 것도 아닌 경우가 많다. 이 질문들은 대체로 학생들의 대답을 듣고 그것을 받아서 설명을 계속하기 위한 발문들이다. 이와 같은 발문에 의한 수업 진행은 설명의 한 가지 기법이라고 할 수 있다. 따라서 이 글의 분석 대상에는 교사가 혼자서 일방적으로 진행하는 설명 외에 이러한 성격을 지닌 문답도 포함되어 있다.

분석 대상 수업이 행해진 시기는 1993년부터 1999년에 걸쳐 있다. 따라서 제5차 교육과정에 의거한 교과서를 사용한 경우도 있고, 현행 제6차 교육과정 교과서를 사용한 수업도 있다. 이 글에서 인용하고 있는 수업의 사례는 다음의 〈표 1〉과 같다.[1]

〈표 1〉 인용된 수업 일람

일련번호	수업일시	학교급별	학교소재지	수업내용(주제)
①	1993. 9	중학교	서울	고려의 정치와 군사조직
②	1993. 9	중학교	서울	고려의 교육과 과거제도, 토지제도
③	1993. 9	고등학교	서울	고대문화의 성격, 사상의 발달
④	1993. 9	고등학교	서울	고대의 경제생활
⑤	1993. 9	고등학교	서울	일제의 문화정책과 저항

---

1. 이하 글의 중간이나 인용문 다음 괄호 속의 네모 안에 들어가 있는 숫자는 〈표 1〉에 제시된 해당 번호의 수업을 가리킨다.

⑥	1993. 9	고등학교	서울	해방과 분단
⑦	1996. 5	중학교	충북 청주	고려후기의 문화
⑧	1996. 5	중학교	충북 청원	병인양요, 신미양요, 개화사상의 형성
⑨	1996. 5	중학교	충북 청원	개항
⑩	1996. 6	중학교	충북 보은	통일 신라의 예술
⑪	1997. 5	중학교	충북 청주	조선의 중앙정치제도, 지방행정조직
⑫	1998. 5	중학교	충북 청원	삼국의 고분벽화
⑬	1998. 5	고등학교	울산	통일신라의 전제왕권
⑭	1998. 7	고등학교	울산	조선의 정치체제 확립
⑮	1998. 10	고등학교	충남 논산	무신정권, 고려의 대외관계
⑯	1998. 10	고등학교	충남 논산	고려의 대외관계
⑰	1999. 6	중학교	대전	후삼국의 성립, 고려의 건국과 민족의 재통일

이 글의 분석은 다음과 같은 제한적인 조건 아래에서 이루어졌다.

첫째, 이 글은 일종의 사례 분석에 해당한다고 할 수 있다. 이 글에서 분석 대상으로 삼은 수업은 계획적으로 수립된 것이 아니다. 따라서 분석한 결과가 역사수업에서 나타나는 일반적인 양상이라고 하기는 어렵다.

둘째, 수업의 분석은 언어를 통한 교사의 수업 진행과 교사와 학생 간의 의사소통에만 한정하였다. 교사의 목소리나 교실환경 같은 수업의 또 다른 요인은 검토에서 제외하였다. 여기에서 분석 도구로 삼은 것은 수업을 녹화 또는 녹음한 테이프이다. 해당 수업을 직접 참관한 것도 있고 그렇지 않은 것도 있기 때문에, 수업에서 나타나는 여러 변수들까지 세밀히 관찰하여 분석하는 문화기술적 방법은 사용하지 않았다. 또한 그러한 방법은 이 글을 쓰는 주제와는 좀 다른 문제이기도 하다.

셋째, 이 글의 분석은 어떤 체계적인 틀이나 기준에 의해 행해진 것은 아니다. 그저 수업의 내용을 꼼꼼히 보거나 듣고 느낀 점들을 기록한 후, 이를 바탕으로 공통적인 현상들을 분류하여 정리한 것이다. 때문에 이론상 분석되어야 할 요소들이 빠졌을 가능성도 있다.

이러한 제한점이 있기는 하지만, 이 글은 역사수업에서 행해지고 있는 설명의 방식을 있는 그대로 보여 주고 그 의도를 검토함으로써, 역사 교사가 수업에서 설명하는 데 어떠한 점들을 고려하고 개선해야 하는지를 확인할 수 있는 기회를 제공할 수 있을 것이다. 나아가서는 역사수업에서 효율적인 설명의 방안에 대한 시사점을 얻을 수 있으리라고 기대한다.

2. 역사 설명의 해석적 성격과 원리

설명이라는 용어는 다양한 의미를 가지고 있다. 하지만 수업에서 설명은 보통 '다른 사람에게 어떤 의미를 이해시키려는 시도'라는 뜻으로 사용된다. 설명에는 설명을 하는 사람, 설명하는 문제, 설명을 듣는 사람이라는 세 가지 구성요소가 상호관련을 가지고 작용한다. 설명을 하는 사람의 진술은 설명을 듣는 사람에 의해 이해되고, 그 진술은 설명을 듣는 사람을 위한 문제의 해결로 귀결되어야 한다.[2] 설명은 여러 가지 상황에서 행해지며, 여러 가지 형태를 취할 수 있다. 예컨대 브라운(G. A. Brown)과 암스트롱(S. Armstrong)은 설명을 해석적 설명(interpretive explanation), 기술적 설명(descriptive

---

2. Louis Cohen and Lawrence Manion, *A Guide to Teaching Practice* (3rd edn.) (London: Routledge, 1989), p.148.

explanation), 이유 부여 설명('reason giving' explanation)의 세 가지 유형으로 구분하였다. 여기에서 '해석'은 용어의 의미를 명확히 하거나 예증하거나 해석하는 것을 포괄하는 의미로, '무엇인가?'라는 질문에 대한 대답의 성격을 띤다. '기술'은 과정이나 구조를 서술하는 것으로, '어떠한가?'나 '어떻게 하는가?'에 대한 대답에 해당한다. '이유 부여'는 현상의 이유나 원인, 발생에 대해 알려주는 것으로, '왜 ……인가?'에 대한 응답이라고 할 수 있다.[3] 이 중 어떤 종류의 설명을 하려고 하는가에 따라 설명의 요소, 준비와 설계, 구조가 달라진다.

그러나 역사에서 설명은 이처럼 명백히 구분되지는 않는다. 역사적 설명이 일반 설명과 다른 것은 설명 속에 포함되어 있는 요소들 사이의 관계를 하나의 단일 과정으로 인식한다는 점이다.[4] 실제 역사수업에서 행해지는 교사의 설명 중에는 기술과 해석, 이유 부여가 구분되어 나타나지 않는 경우가 많다. 예컨대, ①과 ⑭에서 교사는 조선의 정치체제가 정비되는 과정을 '중앙집권'이라는 말로 설명하고 있으며, ⑯의 교사는 이자겸의 난, 묘청의 난, 무신정변의 원인을 '문벌귀족사회의 모순과 폐단'으로 설명하고 있다. 여기에서 조선이 중앙집권적 정치제도를 확립하였다든지, 고려 문벌귀족사회의 모순으로 이자겸의 난이나 묘청의 난, 무신정변이 일어났다는 설명은 역사적 사실을 반영하는 것이지만, 그 사실이 왜 일어났으며, 성격은 무엇인가 하는 의미 부여가 포함되어 있다. 역사적 사실, 그 원인의 분석, 성격 부여 등이 함께 작용해서 이러한 설명으로 나타나는 것이다. 이는 역사적 해석의 결과이다. 물론 여기에서 예로 든 역

---

3. Ibid.
4. Maurice Mandelbaum, 《역사지식의 해부》(임희완 역), 집문당, 1987, p.147.

사적 해석은 교사 스스로 한 것이 아니라, 교과서나 그 밖의 역사책들에 나오는 것이기는 하지만, 교사의 설명 자체에는 어쨌든 역사적 해석이 포함되어 있으며, 또한 교사가 이와 같은 해석을 받아들인다는 의미로 볼 수도 있다.

교사들은 자료를 단순화하고, 적절한 선택을 하고, 학습활동을 계획하고, 내용을 재조직하고, 신뢰할 만한 예시를 만들어내고, 새로운 유추를 탐색하고, 적절한 문제와 사례를 찾는다. 이러한 활동은 모두 해석을 위한 교사의 활동이다.[5] 따라서 해석이란 학습과제에 들어있는 의미의 정확한 이해에 그치는 것이 아니라 하나의 새로운 이해라고 할 수 있다. 즉, 해석은 학습자의 이해 수준과 교사에 의해 표현된 새로운 의미 사이에 '지평의 통합(fusion of horizon)'이다. 의미의 새로운 통합은 수업이 성공적으로 이루어졌음을 보여 주는 것으로, 내용과 교수법의 단순한 종합 이상의 하나의 새로운 이해이다.[6]

역사적 사건은 여러 가지 원인이 복합적으로 작용하여 일어나는 것이 보통이다. 하나의 역사적 설명에 모든 원인을 다 포함시킬 수는 없다. 그러한 설명은 가능하지도 않으며, 바람직하지도 않다. 역사적 설명은 그 원인 중의 일부를 택하여 이루어지는 부분적 설명이다.[7] 실제 교사의 설명도 그러한 형태를 띠는 경우가 많다. 예를 들어 15에서 교사는 무신집권기에 천민의 난을 이의민의 경우와 같이 사회적 혼란 과정 중에서 일부 천민들의 신분이 상승된 데 자극을

---

5. Hunter McEwan "Teaching and the Interpretation of Texts". *Educational Theory* 42(1), Winter 1992, pp.63~63.
6. Ibid., p. 66.
7. Michael Stanford, *A Companion to the Study of History*(Oxford: Blackwell, 1994), p.212.

받아서 일어났다고 설명하고 있다. 이 시기 민란의 발생은 지배층의 수탈, 집권 지배층간의 정권 다툼 등 고려사회의 여러 모순이 겉으로 드러난 것이라고 할 수 있다. 이 수업에서 교사가 설명하고 있는 것은 무신집권기 일어난 민란의 발생 원인 중 일부인 것이다. 더구나 보는 사람에 따라서는 이 교사가 설명한 것을 민란의 주요 원인이라고 여기지 않을 수도 있다. 그러나 이 수업의 교사는 지배층의 수탈이나 정권 다툼은 통상적으로 있어 왔던 것이기 때문에 이 시기 민란의 원인에 대한 설명으로는 충분하지 않으며, 특히 농민뿐만 아니라 천민까지도 봉기한 사실을 제대로 설명해 주지는 못한다고 생각하고 있다. 결국 교사의 설명에는 무신집권기 민란에 대한 자신의 해석이 포함되어 있으며, 이에 따라 학습과제의 성격이 정해진다. 역사 교사가 이야기를 하거나, 역사적 이슈를 소개하거나, 그 이슈를 학습자의 사고와 관련시키는 방식에 따라 학습과제의 성격이 달라진다. 교사의 이야기는 학습과제의 의미와 관련성을 밝히고, 과거에 대한 학생들의 해석적 이해를 뒷받침한다.[8] 이것이 좋은 설명이 되기 위해서는 역사적 사건을 설명하는 데 적절한 요인을 선택해야 하며, 이를 통해 그 사건의 흐름이나 전체적인 모습을 그려낼 수 있어야 한다. 역사적 설명은 실제 일어난 사실에 바탕을 둔 것이기는 하지만, 그에 대해 설명하는 사람의 인식 체계가 반영되어 있다. 설명하는 사람의 인식체계가 실제의 역사적 사실을 충실하게 해석할 수 있을 때 좋은 설명이 가능하다.[9]

성공적 설명에는 여러 가지 등급이 있으며, 당연히 성공적 설명을

---

8. Chris Husbands, *What is History Teaching* (Buckingham, Philadelphia: Open University Press, 1996), p.91.
9. Stanford, *A Companion to the Study of History*, pp.212~213.

위한 준거도 있다. 낮은 수준의 설명은 일련의 사실이나 알아야 할 간단한 사실을 제시하는 것이며, 높은 수준의 설명은 사실을 넘어서 사실들 간의 관계를 고려하며, 이유, 동기, 원인을 제시하는 것이라고 할 수 있다.[10] 설명은 어떤 사람으로 하여금 개념, 원인과 결과, 절차, 목적과 목표, 관계, 과정 등을 이해하도록 돕는 것이다.[11]

효과적인 설명을 위해서는 무엇보다도 설명하려고 하는 내용 속에 포함되어 있는 구성요소와 그것들 사이의 관계를 확인하여야 한다. 설명의 대상, 사건, 과정, 일반화와 같은 구성 요소를 확인하고, 그것들 간의 인과적 관계, 정당화, 해석, 기계적 관계(mechanical relationship) 등을 확인하여야 한다. 설명이 성공적으로 이루어지기 위해서는 이러한 요소들 간의 관계를 명확히 제시하여야 한다. 그러면서도 설명을 듣는 사람의 생각을 자극하고 받아들일 수 있도록 개방적이어야 한다.[12] 설명 속에 포함되어 있는 이러한 구성 요소와 그것들 간의 관계가 구조(structure)이다. 효과적인 설명을 위해서는 적절한 구조를 제시하여야 한다.

이와 같은 구조는 학습자의 측면에서 더욱 필요하다. 대체로 학생들은 교사보다 정보처리 능력이 떨어진다. 이 때문에 교사가 너무나 많은 정보를 한 번에 제시하여 학생들의 단기 기억에 부담을 주면, 학생들은 정보를 무시하거나 부분적으로만 처리할 가능성이 많다. 이에 반해 교사가 새로운 정보를 짜임새 있게 구조화하거나 계열화하고, 학생들의 능력에 맞추어 제시한다면, 학생들은 그 계열성에 따라 정보를 잘 처리할 수 있을 것이다.[13]

---

10. Cohen and Manion, *A Guide to Teaching Practice*, p.147.
11. E. C. Wragg and George Brown, *Explaining*(London: Routledge, 1993), p.3.
12. Cohen and Manion, *A Guide to Teaching Practice*, pp.147~148.

수업에서 설명이 학생들로 하여금 이해를 하게 하는 데 목적이 있다고 할 때, 교사는 학생들에게 학습하는 내용에 관한 몇 가지 핵심적 구성요소를 제시할 수 있다. 예컨대 조선 초의 정치적 변화에 대하여 학습한다고 하자. 교사는 이 시간의 수업 내용이 가지고 있는 몇 가지 특징, 예를 들면 '왕권 강화', '유교적 통치이념', '행정조직의 체계화' 등과 같은 아이디어를 머리에 떠올린다. 그런 다음 이를 어떻게 연결하여 설명할 것인가를 생각할 것이다. 이와 같은 아이디어의 계열성이 설명의 방안을 결정하는 데 직접적 영향을 주며, 효율적인 설명의 여부를 결정하게 된다. 물론 경우에 따라서는 이러한 핵심적 구성요소는 "조선 초에는 왕권 강화를 둘러싸고 왕실과 재상들 사이에 갈등이 일어났다", "조선 정부는 사회 전반에 유교 이념을 퍼뜨리고자 하였다", "조선시기에 들어와서는 전국적으로 자연 촌락까지도 국가의 행정조직 내에 편성되었다"와 같은 일반화나 원리가 될 수도 있을 것이다.

　설명의 구조를 결정하는 것은 교과내용과 교사의 스타일이다. 먼저 교과내용의 특성은 설명의 계열을 결정하는 데 직접적 영향을 준다. 예를 들어 수학에서 '두 숫자의 곱하기', '제곱 계산', '원의 면적 계산'이라는 세 가지 조작이 있을 때, 반드시 '두 숫자 곱하기'를 먼저 하고, 다음에 '제곱 계산', 그리고 마지막으로 '원의 면적 계산'을 해야 한다. 그것은 원의 면적을 계산하는 데는 앞의 두 조작이 포함되어 있기 때문이다. 수학은 교과의 성격상 이러한 종류의 논리적 계열성을 필요로 한다.[14] 그러나 역사의 경우는 이와는 다르다.

---

13. L. M. Anderson, "Classroom Instruction" in M. C. Reynolds(ed.), *Knowledge Base for the Beginning Teacher*(Oxford: Pergamon Press, 1989), p.103.
14. Wragg and Brown, *Explaining*, p.17.

앞의 예에서 조선 초의 정치적 변화를 설명하는 데, 반드시 '왕권 강화를 둘러싼 갈등 → 유교적 통치 이념의 확산 노력 → 행정조직의 전국적인 재편성'이라는 순서를 따라야 하는 것은 아니며, 그렇다고 꼭 다른 순서로 편성해야 하는 것도 아니다. 역사에서 가장 흔히 사용되는 계열성의 방법은 사건을 일어난 순서에 따라 조직하는 것이지만, 반드시 연대순을 따라야만 하는 것은 아니다.

만약 상상을 필요로 하는 교과라면, 흥미로운 문제를 이끌어낼 수 있는 설명이 바람직하다. 교사가 미리 너무 많은 것을 제시하면 학습자나 교사의 상상력을 저해하게 된다. 그러나 적절한 양의 설명과 탐색은 상상력을 자극하는 데 오히려 필요하다.[15]

교사가 적절한 연결 아이디어를 가지고 수업을 조직할 수 있는가는 학습하거나 관계되는 내용에 대한 교사의 지식이 커다란 영향을 미친다.[16] 교사가 교과의 내용에 능통하다고 하여 반드시 명쾌한 설명을 할 수 있는 것은 아니지만, 내용, 즉 가르쳐야 할 것을 잘 파악하고 있다면 적절한 전략, 즉 토픽을 어떻게 가르쳐야 할 것인지를 결정하는 데 상당한 도움을 얻을 수 있다. 교사가 해당 교과에 대하여 능통하기 위해서는 중요한 교과 지식을 가지고 있어야 하며, 내용의 중심이 되는 주요개념과 교과의 구조를 이해해야 한다.[17] 학습자의 입장에서도 관련 지식이 필요하다. 특히 어떤 개념이나 아이디어를 성공적으로 설명하기 위해서는 관련 지식을 정확히 제시하는 것이 좋다. 관련 지식을 적절히 설명할 경우 학생들이 부정확한 정보나 의미없는 아이디어를 학습하거나 낮은 수준의 사고 활동만으

---

15. Ibid., p.32.
16. Anderson, "Classroom Instruction", p.104.
17. Wragg and Brown, *Explaining*, pp.31~32.

로 수업시간을 채우지 않게 된다.[18]

설명의 구조는 교사의 스타일과도 관련이 있다. 어떤 교사들은 수업에 앞서 가급적 치밀한 계획을 세우고, 그에 맞추어 수업을 한다. 이 경우 당연히 교사는 구조를 미리 정하고, 자신이 세운 합리적 계획에 따라 이를 학생들에게 전달하게 된다. 이에 반해 어떤 교사는 세세한 계획을 세우지 않은 채 수업을 하며, 그때그때 상황을 고려하여 수업을 조정한다. 이 경우 교사는 학생들의 반응에 따라 수업의 구조나 계열성을 결정하기도 한다.[19] 수업의 효과에는 교사, 수업의 내용, 학생이라는 요소가 복합적으로 작용하므로 이 중 어느 편이 더 나은 방식이라고 할 수는 없다. 다만 미리 정해진 설명의 구조와 계획에 따라 수업을 진행할 경우 학생과 교사 간에 상호작용을 할 수 있는 기회가 줄어들 가능성이 있다. 특히 학생들의 학업성취도에 대한 기대감이 낮은 교사에게는 다음과 같은 문제점들이 나타나고는 한다.

첫째, 학생들이 대답하도록 기다리는 시간이 짧다.
둘째, 학생이 제대로 대답을 못했을 경우, 단서를 주기보다는 답을 제시하거나, 다른 학생에게 질문한다.
셋째, 학생 다수의 반응에 대해서 피드백을 하지 않는다.
넷째, 학생의 응답을 필요로 하는 질문을 적게 한다.
다섯째, 질문에 대한 피드백을 간단히 하거나 정보가 적게 들어간 피드백을 한다.[20]

---

18. Ibid., p.30.
19. Ibid., p.18.
20. Anderson, "Classroom Instruction", p.105.

교사들은 학습 내용의 구조를 설명하기 위해 여러 가지 기법을 사용한다. 질문은 교사가 자주 사용하는 하나의 설명 기법이다. 실제 교사가 구조에 대해 하는 질문들은 교수 전략과 밀접한 관련이 있다. 교사가 어떤 식으로 질문을 하는가는 그 교사의 설명 형태에 대한 단서를 제공한다. 예컨대 '누가'라는 질문을 한 교사는 관련 요소들 간의 관계에 대한 설명을 한다. 반면 '어떻게'라는 질문을 한 교사는 과정에 대한 평가를 유도하며, '왜'라는 질문을 하는 교사는 목적이나 목표에 대한 학생들의 이해를 유도하고 있는 것이다. 하지만 경우에 따라서는 '왜'라는 질문도 '어떻게'라는 질문과 같이 과정을 유도하는 질문이 되기도 한다.[21]

새로 접하는 학습내용을 이해하는 데 필요한 단서를 제공하는 것도 흔히 사용하는 설명 기법이다. 특히 수업이 시작할 때 제공되는 선행조직자(advanced organizer)는 이후 수업에서 제시되는 새로운 개념을 이해하는 토대가 된다. 교사는 선행조직자를 제공해서 학생들로 하여금 설명 속에 들어있는 아이디어들 사이의 관계를 알고, 내용을 예측하게 함으로써 정보를 능동적으로 처리할 수 있게 한다.[22]

3. 설명을 통한 수업 진행 방식

거의 모든 교사들은 교과서를 주교재로 삼아 수업을 진행한다. 하지만 교과서를 주교재로 하는 수업이라고 하더라도 그 진행 방식은 크게 두 가지로 나눌 수 있다. 하나는 교과서의 내용과 순서를 자기

---

21. Wragg and Brown, Explaining, p.10.
22. Anderson, "Classroom Instruction", p.103.

나름대로 재구성하는 것이고, 다른 하나는 대체로 교과서의 순서와 내용을 따르는 것이다.

일제 식민통치기간을 다루는 5를 예로 들어보자. 교사는 일제의 문화정책과 한국인의 문화운동을 '일제의 문화정책과 저항'이라는 이름 아래 다루고 있다. 교사는 수업에서 '·청년운동 → ·소년운동 → ·문맹퇴치운동 → ·형평운동 → ·일제의 민족말살정책 → ·일제의 교육정책과 민족교육운동 → ·식민사학 → ·민족주의사학' 순서로 설명을 하였다. 이 수업에 해당하는 교과서 내용은 '(1) 국학운동의 전개' 중 〈청소년운동〉, 〈문맹퇴치운동〉과, '(2) 교육과 종교활동' 중 〈식민지 문화정책〉, 〈한글진흥운동〉, 〈한국사연구〉, 〈민족교육〉, 〈종교활동〉이다. 교사는 교과서의 서술 순서에 구애됨이 없이 자신의 역사인식에 따라 역사적 사실을 설명하고 있는 것이다. 이러한 수업에서는 다루는 내용도 교사 자신이 수업설계에 따라 첨삭과 편집을 하는 것이 보통이다. 이 수업에서도 청소년운동에 관한 교과서의 서술 내용은 대부분 생략한 반면, 식민사학이나 민족주의사학에 대해서는 교과서보다 훨씬 자세히 다루고 있다. 또한 형평운동은 교과서에는 나오지 않는 사실이다.[23]

이 교사는 8·15 해방 이후의 역사를 다루는 6에서도 '(1) 대한민국의 수립'이라는 소단원 아래 '·건국준비활동 → ·민족의 광복 → ·국토의 분단'이라는 제재로 되어 있는 교과서 구성을, '해방과 분단'이라는 제목으로 바꾸어 '·해방의 의미 → ·해방의 외적 조건 → ·해방의 내적 조건 → ·남북분단의 원인 → ·해방 후 남북의 정치적 상황 → ·한국전쟁의 발생'이라는 순서로 다루고 있

---

23. 형평운동은 제6차와 제7차 교육과정기 교과서에는 나오지만, 이 수업 당시 사용했던 제5차 교육과정에 의한 교과서에는 서술되어 있지 않다.

다. 수업에서 다루는 내용은 교과서 서술보다 훨씬 자세하다. 이 교사가 보기에 해방 이후의 역사에 대한 교과서 서술은 양적으로 충분하지 못한 것이다. 이러한 재구성의 과정에서 교사는 자연스럽게 자신이 생각하는 해방 이후의 역사상을 수업내용에 담는다. 수업내용으로 추가된 것도 교사 자신이 중요하다고 생각되는 역사적 사실이다. 이처럼 교과서의 내용과 순서를 교사가 자기 나름으로 재구성하는 수업의 경우, 교사의 역사인식이 그 수업에 반영되는 것이 보통이다.

그러나 대부분의 수업은 교과서의 내용과 서술 순서에 따라 이루어지고 있다. 가장 전형적인 수업 진행은 '전시학습의 확인 → 본시 수업 소개 (그리고 학습목표의 제시) → (교과서 읽기) → 교과서의 내용에 대한 교사의 설명 및 학생과의 문답 → (본시 수업의 정리 또는 형성평가)'의 순이었다.[24] 이와 같은 수업은 교사가 교과서의 정보를 어떻게 다루느냐에 따라 다음 세 가지로 나눌 수 있다.

① 교과서에 실린 정보를 생략하고 요지를 중점적으로 설명하는 수업
② 교과서에 실린 정보의 범위와 양에 따르는 수업
③ 교과서에 실린 정보의 범위를 넘어서는 수업

---

24. 수업 진행이 이러한 과정을 밟고 있음은 다른 연구에서도 이미 확인된 바 있다. 예컨대 조영달은 한국의 중학교와 고등학교에서 교실 수업이 지니는 조직을 수업의식의 단계, 확인단계, 교수학습단계, 교수마감단계, 수업종료단계로 나누었다(조영달, 〈교과 교실수업 연구의 학문 동향과 학술연구 발전 방향-질적 연구를 중심으로-〉, 조영달(편), 《한국 교실수업의 이해》, 집문당, 1999, p.27). 이러한 수업조직은 표현은 다르지만 이 글에서 제시한 단계와 마찬가지이다. 다만 이 글에서는 수업의식의 단계와 수업종료의 단계는 분석의 대상에서 제외하였을 뿐이다.

이 글에서 분석한 수업에서 ①과 같은 수업은 거의 없었다. 다만 ⑯의 경우가 여기에 해당한다고 볼 수 있는데, 이는 먼저 배운 내용을 다시 정리하는 시간이었기 때문이다. 이 수업에서 교사는 "전체적인 흐름을 파악하는 것이 중요하다"고 미리 강조한 다음, 고려의 대외관계 변화를 '·· 고려의 건국 → ·· 11세기 거란족(요)과 충돌 → ·· 12세기 고려와 여진의 접촉 → ·· 12세기 문벌귀족의 모순과 폐단(이자겸의 난, 묘청의 난, 1170년의 무신정변) → ·· 100년간의 무신정권(몽골과의 항쟁) → ·· 몽골간섭기 → ·· 공민왕의 개혁(신진사대부)'의 순으로 설명하였다. 대외관계를 국내의 정치적 흐름과 연결지으면서 설명하고 있는 것이었다.

대부분의 수업은 ②에 해당하였다. 다만 몇몇 수업은 ②와 ③이 혼용된 진행을 택하고 있었다. 역사 교사가 수업에서 교과서 내용 이외의 정보를 다루는 경우, 그 정보는 대체로 자신이 잘 알고 있는 사실이다. 고려 후기의 문화를 다루는 ⑦에서 교사는 교과서에 나오는 봉정사 극락전, 부석사 무량수전과 조사당, 수덕사 대웅전의 배흘림 양식을 다룬 다음, 이어서 주심포와 다포 양식을 간단한 그림과 함께 설명하였다. 이 교사는 건축양식과 미술사에 대하여 상당한 지식을 가지고 있었다.

그러나 ②에 해당하는 수업이라고 하더라도 엄밀한 의미에서 교과서의 내용만을 그대로 다루는 경우는 찾아보기 어렵고, 약간의 역사적 사실이 덧붙여지는 것이 보통이다. 수업의 내용을 교과서 원문과 비교해 보자.[25]

---

25. 이 글에서 인용하고 있는 교사의 설명이나, 교사와 학생들 사이의 문답은 그들 자신의 표현을 그대로 옮긴 것이다. 하지만 말을 하는 과정에 들어가는 군소리나 반복적인 말투 등은 제외하였다.

(교과서 원문)

견훤은 본래 상주 지방 농민의 아들로서, 신라군에 들어가 서남해 방면에서 활약하다가, 각지에서 농민들이 봉기하자 지금의 광주인 무진주를 점령, 이어서 완산주에 도읍하여 후백제를 세웠다(900). 그는 전라도와 충청도의 대부분을 점령하고, 남중국의 오월, 일본과 외교 활동을 활발히 전개하였다. 그리고 경주에까지 쳐들어가는 등 신라에 압박을 가하였다. (교육부,《중학교 국사》상, 1996, p.92.)

(2-1)

-교사: 견훤의 출신 성분은 어때요?

-학생들: 농민, 농민의 아들……

-교사: 농민의 아들이죠. 그 다음에 자, 견훤은 어디에서 활약했어요?

-학생들: 서남해.

(중략)

-교사: 그래서 서남해 방면에서 활약하고 농민봉기를 일으키고 농민봉기를 일으켜서 어디를 점령해, 어디를? 광주를 지금의 광주, 무진주를 점령한다고 그랬죠? 그리고 완산주에다가 후백제를 성립시키죠. 그 완산주가 지금의 어디니?

-학생들: 전주.

-교사: 전주. 몇 년도에?

-학생들: 900년도.

-교사: 900년도에 완산주에다가 후백제를 세운다. 그 다음에 발전을 보면 거기에서 완산주에서 세력을 키운 후백제를 도읍한 견훤은 어디로 넓혀가요? 전라도와 충청도 대부분을 점령하죠? 그 다음에 또 중국의 어느 나라와?

-학생들: 오월.

-교사: 오월. 일본, 일본과 외교관계를 전개하고, 그 다음에 신라를 공격해요. 그래서 어디를 침략하느냐, 경주까지 침략해요. 또 거기 들어가서 누굴 죽이고 나와요?

-학생들: 경애왕.

-교사: 경애왕을 죽여요, 경애왕. 신라 경애왕을 죽이고 다시 돌아오죠. (17)

   이 수업에서 교사는 교과서의 서술 순서에 따라 학생들과 문답을 하면서 교과서 내용을 충실히 설명하고 있다. 그러나 끝에 가서 후백제가 경주를 침입해서 '경애왕을 죽였다'는 교과서에는 나오지 않는 내용이 덧붙여지고 있다. 이는 수업시간에 교과서 내용을 그대로 다룬다고 하더라도 설명의 흐름상 자연스러운 일일 것이다. 여기에서 '경애왕'은 중요한 지식이라기보다는 교사에게 익숙한 지식이라고 할 수 있다. 이러한 지식은 대체로 이야기 등을 통해 많이 듣는 것으로, 교사의 입장에서는 학생들이 반드시 기억해야 한다고 생각하기보다는 한번 이야기해 준다는 정도의 의미이다. 그러나 다른 수업내용이 교과서에 그대로 있는 것이기 때문에, 학생들은 새로 추가된 내용도 다른 내용과 같은 비중으로 기억해야 한다고 생각할 가능성도 있다.

   교과서에 나오는 사실과 관련된 지역사 내용이 새로운 정보로 들어가는 경우도 있다. '통일신라의 문화'를 수업하는 10에서 교사는 김생과 요극일이 신라의 명필이라고 설명한 후, "김생은 우리 보은과도 굉장히 밀접한 인물이에요"라는 말로 학생들의 관심을 유도하고서 삼년산성 내 바위에 쓰여 있는 김생의 글씨인 '아미지(蛾眉池)'

에 대하여 소개하였다.

  교사가 교과서 외에 보충자료로 사료를 활용할 경우 자연히 사료에 담겨 있는 내용이 수업에 도입된다. ❾에서는 학생들에게 미리 나누어 준 자료인 〈오세창 회고담〉을 읽은 후 교사와 학생들은 다음과 같은 질문과 대답을 주고받고 있다. 이 수업의 과정을 보면 자료에 담겨있는 교과서 내용 이외의 정보들이 수업에 자연스럽게 도입되고 있음을 알 수 있다.

(교과서 원문)
그들(박규수, 오경석-인용자)은 일찍부터 중국을 통해서 소개되는 서양 문물에 깊은 관심을 가지고 있었으며, 특히 서양의 과학기술이나 지리에 관한 내용이 담긴 서적들을 돌려보면서 서양에 관한 많은 지식을 얻고 있었다. 그들은 서양과 통상을 하여 서양기술을 도입하는 것이 우리나라가 부강해지는 데 도움이 될 수 있다고 믿었다. 그리고 유능한 젊은이들을 가까이 하면서 자신들의 생각을 가르치기도 하였다. (교육부, 중학교 《국사》 하, 1990, p. 53.)

(2-2)
-교사: 앞에서 개항을 주장한 사람이 누구였지?
-학생들: ……
-교사: 개항을 주장한 사람?
-교사·학생: (함께) 박규수, 오경석, 유대치.
-교사: 자, 그 중에서 유대치로부터 공부를 배운 사람이…… 김옥균, 박영효, 이런 사람들이에요. 그래서 우리 사료에서 유대치에 관계된 사료가 있었지, 어디 있었니?

(중략)

-교사: 사료 제일 끝 부분에서 우리 한 번 봤지? 끝에서 다섯 번째 줄. 자, (교사가 사료를 읽는다.)

"오경석이 중국에서 얻은 신사상은 유대치에게 전하여지고, 유대치는 이를 김옥균에게 전하여, 이에 김옥균의 신사상을 낳기에 이른 것이다. 오경석은 한국 개조의 예언자이며, 유대치는 그 지도자이다. 김옥균은 그 담당자이다."

-교사: 그러면 우리 순서가 정해져 있지? 앞에서 우리 개화사상 뭐를 이어받은 거?

(중략)

-교사: 개화사상에서 파가 나뉘었지? 초기 개항을 주장한 사람이? …… 박규수, 오경석, 유대치. 그 다음에 이어 받은 사람이, 누구?

-학생들: ……

-교사: 김옥균, 했잖아. 김옥균, 박영효, (학생들과 함께) 서광범. 이런 식으로 이어지게 되어요. (**9**)

교사가 사료를 학습자료로 활용하는 과정에서 자연스럽게 사료의 내용에 포함되어 있는 '김옥균', '홍영식', '서광범', '유대치' 라는 정보를 학생들에게 제공하였고, 개화파가 나뉘어졌다는 사실, 개화사상의 전파 과정과 개화파의 계보까지 자연스럽게 소개하고 있다. 이 중 '김옥균', '홍영식' 은 교과서의 다른 부분에 나오지만, '서광범' 과 '유대치' 는 교과서에서는 다루어지지 않는 개화파 인물이다.

②의 진행방식을 택하고 있는 대부분의 교사들은 교과서의 서술에 충실하여 그 내용을 풀이하고 학생들에게 그 의미를 이해시키는 데 노력한다. 가장 단적인 예로 **14**에서 교사는 학생들에게 교과서의

중요 용어에 동그라미나 네모를 치고, 중요한 서술에 밑줄을 긋게 하면서 설명을 하고 있다. ⑮의 교사는 학생들로 하여금 교과서를 한 단락 한 단락 읽게 한 다음, 거기에 나온 내용을 설명하는 방식으로 수업을 진행하고 있었다. 그러나 이보다 흔히 볼 수 있는 것은 교사가 교과서 내용을 쭉 훑어가면서 설명하는 다음과 같은 방식의 수업이다.

(2-3)
중서성은 원래 뭘하는 기관이었어요? 정책을 결정하는 기관이었어요. 어떤 중요한 정책이 있으면, 그 중요한 정책을 이번에 이걸 만들자, 이걸 어떠한 방향으로 이렇게 추진해 나가자, 이런 것들을 의논하는 심의기관이었죠. 그리고 문하성은 뭐였어요, 원래는 결정하는 기관이었어요. 그러니까 귀족들이 모여서, 이 정책이 귀족들한테 해가 되지나 않을까, 어떤 일들이 있을까, 보고 결정을 내리는 기관이 문하성이었는데, 중서문하성이니까, 심의와 결정을 동시에 하는 기관이었어요. 그 다음에 상서성이 있는데, 상서성은 원래 어떤 일을 했을까요? 6부의 행정을 분담했었지요? 그러니까 내무부, …… 지금의 내무부나 외무부와 같은 여러 가지 부서가 있잖아요. 그런 부서에 외무부에선 이런 일을 하고, 내무부에선 이런 일을 하고, 이렇게 일을 나누어서 맡기는 역할을 하는 것이 바로 상서성이에요. (①)

이 수업에서 교사가 다루는 정보의 범위는 교과서에 실려 있는 것과 거의 일치한다. 교사는 학생들에게 교과서 내용을 그대로 설명하고 있다. 다만 학생들의 이해를 돕기 위해서 단어의 뜻을 풀이하거나 부연설명하고 있을 뿐이다. 예컨대 '심의'라는 말을 '이걸 어떠한 방향으로 이렇게 추진해 나가자, 이런 것들을 의논하는' 이라고, '결정' 이라는 말을 '이 정책이 귀족들한테 해가 되지 않을까, 어떤 일들이 있을까 보고 결정을 내리는' 이라고 설명하는 식이다.

여기에서도 짐작할 수 있듯이 교사들이 교과서 내용을 학생들에게 이해시키기 위해 흔히 사용하는 방법은 교과서에 나오는 개념이나 용어 자체에 대한 뜻풀이다. 다음의 두 가지 예를 보자.

(2-4)
-교사: 그리고 특징이 하나 있어요. 통일신라 미술의 특징? 뭐라고 쓰여 있나, 특징?
-학생: (중간중간에서 '사실적이고……, 생동감있고……, 조화의 미가 있다' 는 교과서의 서술 내용을 대답한다)
-교사: 사실적이고 생동감이 있다, 이렇게 얘기했죠, 그죠? 생동감이 뭐예요, 생동감이?
-학생: (뭐라고 뭐라고 대답한다)
-교사: 살아있는 것 같다. 주로 돌을 많이 이용했는데, 돌을 깎고, 돌을 다듬고, 돌로 만들고 했는데, 마치 살아 움직이는 것 같다, 이런 느낌이죠. '그런 특징이 통일신라 미술에서 보인다' 라고 얘기했어요. '사실적인 기법에다가 생동감이 흘러 넘치고 거기에다가 신라의 특징인 조화의 미가 가미되어 있다' 라고 했죠. (**3**)

(2-5)
교과서에 보면 삼국시대에 왕토사상이라는 게 있었다고 되어 있습니다. 왕토사상의 뜻이 뭐야? 왕의 땅이라는 의미, 왕토사상이란 왕의 땅이라는 사상입니다. 그리고 민전이 있었습니다. 민전이라는 것은 뭐야? 백성의, 이게 뭐야, 전자입니다. (중략) 이때 전자는 보통명사야. 토지를 나타내. 반드시 해석할 때는 토지. (중략) 그래서 백성의 토지. 이 당시 백성들이 자신의 땅을 소유할 수 있었어, 없었어? 다 있었죠. (④)

(2-4)의 수업에서는 '생동감'이라는 일상 생활에서 흔히 사용하면서도 명확한 의미를 규정하기 어려운 용어의 풀이를 통해 교과서 내용을 풀어서 설명하고 있다. 이에 반해 (2-5)의 수업에서는 '왕토사상'과 '민전'이라는 역사 개념의 의미를 설명함으로써 학생들의 이해를 돕고자 한다. 이처럼 개념에 붙여진 명칭의 의미를 풀이함으로써 그 개념을 이해시키려고 하는 것은 역사수업에서 교사들이 흔히 사용하는 설명 방식이다. 이에 반해 다음의 사례와 같이 교과서에 간략히 서술되어 있는 개념이나 용어에 대해 더 자세히 설명하거나 보충 설명함으로써 학생들의 이해를 돕고자 하는 경우도 있다.

(2-6)
이 당시 귀족들이 토지를 많이 소유할 수 있었던 것은 여러 가지 이유가 있습니다. 우선 생각해 볼 수 있는 게 이 당시 귀족들은 전쟁에 나가서 공을 세우면 국가로부터 토지나 노비를 지급받는데, 특별히 국가를 위해서 공을 세웠을 때 지급받는 토지를 우리는 식읍이라고 얘기합니다. 그리고 이들은 기본적으로 벼슬살이를 하죠, 지배층이기 때문에. 권력을 차지해서 관직을 가지고 있습니다. 국가를 위해서 일을 하는데 국가에서 일만 시키는 게 아니겠죠? 그들에게 국사이니까 일한 대가를 지불해야 되겠지? 국가를 위해 일을 하는 게 귀족들이니까 귀족들을 위한 대가로 지불되는 토지가 있습니다. 그 토지를 우리는 녹읍이라고 합니다. 그러니까 이 당시 귀족들은 식읍과 녹읍을 통해서 많은 토지를 가질 수가 있습니다. (④)

(2-6)에서 교사는 "전쟁에 공이 있는 장군이나 귀족들에게는 식읍이나 녹읍의 명목으로 많은 토지와 포로들을 주었고, 그 결과 귀족들이 사적으로 소유하는 토지와 노비가 증가하였다"(교육부, 고등학교 《국사》 상, 1990, p.56.)라고 교과서에 간략히 서술되어 있는 녹읍과 식읍의 개념을 풀어서 설명함으로써 학생들에게 쉽게 이해시키려고 하고 있다.

이와 같이 교과서에 서술되어 있는 정보를 학생들에게 충분히 이해시키는 데 주안점을 두고 있는 교사는 이를 위해 교과서에 수록되어 있는 삽화나 지도 등의 자료를 활용하기도 한다. 다음은 ①에서 교사가 고려의 양계에 대해 설명하는 내용이다.

(2-7)
-교사: 92쪽 지도를 한번 보세요. (중략) 동계는 길게 생겼죠? 완전 동해안을 쭉 따라 내려오면서 그렇게 생겼죠? 동계는 그러면 북경지대는 북경지대인데, 누구를 막기 위한 국경지대일까요?
-학생들: 일본이요.
-교사: 일본, 왜구를 막기 위한 국경지대예요. 또 북계는 북쪽에 있죠? 이거는 어느 나라를 막기 위한 거요?
-학생들: 여진족요.
-교사: 여진족과 또?
-학생들: 거란. (①)

(2-7)에서 교사는 교과서에 실려있는 지도의 동계와 북계의 위치를 학생들에게 살펴보게 함으로써 동계가 왜구, 북계가 여진과 거란에 대비하여 설치한 군사지역이라고 설명하고 있다. 이에 앞서 교사는 현종 때 3경 4도호부 8목을 설치하였음을 설명하면서, 지도에 나오는 8목의 이름을 학생들로 하여금 일제히 읽게 하였다. 물론 8목의 이름을 외우게 하는 것이 수업의 목적은 아니었다. 다만 8목을 낭독함으로써 현종 때 8목을 두었다는 사실을 학생들의 머릿속에 강하게 남게 하려는 의도였다.

한편 이런 유형의 수업에서는 교과서의 정보를 학생들에게 충분히 이해시키려고 하는 과정에서 그 정보에 대해 교과서 서술보다 좀 더 깊이 있고 자세히 설명하는 경우가 많다. 다음의 두 가지 사례를 보도록 하자.

(2-8)
-교사: 유학을 가르치는 데도 그 이름이 좀 다르죠. 경서와 문예를 똑같이 가르치지만, 관리의 등급에 따라서 이름을 다르게 정했어요. 원래 자기 아버지, 우리 아버지가 3품 이상이면 뭐예요? 책에는 나와 있지 않죠? 책에 뭐라고 나와 있어요? 뭐뭐뭐로 나뉜다고 되어 있어요?
-학생들: 국자학, 태학, 사문학.
-교사: 국자학, 태학, 사문학이라고 되어 있잖아요, 국자학, 그 다음에 태학, 그 다음에 사문학, 이렇게 나뉘는데요, 이렇게 세 가지는 뭐에 따라서 나뉘는거냐면 자기 아버지가 얼마나 높은 관리인가에 따라서 국자학에 들어갈 수 있느냐, 태학에 들어가야 되느냐, 아니면 사문학밖에 못 들어가느냐 구분이 있는 거예요. 국자학은 3품 이상 관리의 자제들, 태학은 5품 이상 관리의 자제들, 사문학은 7품 이상의 관리의

자제들만이 들어가게 되는 거예요. (②)

(2-9)
-교사: 요새 텔레비전에 자주 나왔죠, 사리장치. 5월, 6월 요즘에 계속 나온 건데, 우리 교과서 80쪽에 나와 있죠, 사진이. 사리장치란 사리를 넣는 함을 얘기하는 거죠? 요게 어디서 나왔느냐, 어디서 나왔다고 그랬어?
-학생들: 감은사…… 감은사지……
-교사: 감은사는 누구를 위해 지은 절이라고 그랬죠?
-학생: ……
-교사: 감은사지 삼층석탑 안에 있던 청동으로 만든 함이죠, 사리장치. 문무왕의 덕을 기리기 위해서, 문무왕. 여러분들 지난번에 우리 문무왕에 대해 읽은 적이 있죠? 나는 죽어서 무엇이 되겠다?
-학생들: 용.
-교사: 왜?
-학생들: 나라를 지키기 위해서.
-교사: (학생들 대답과 거의 동시에) "나라를 지키기 위해서, 신라를 지키기 위해서 용이 되겠다"라고 그랬죠. 바로 그를 기리기 위해서 세운 그 절이 감은사입니다. 감은사는 없고요, 감은사터가 남아 있죠. 거기에 삼층석탑이 두 구가 있죠. 그 속에서 사리함이 나왔는데, 그 사리함의 정교한 솜씨가 물론 놀랍고, 또 그 안에서 귀중한 문화재들이 얼마 전에 또 다시 확인이 됐어요. 그래서 주목을 받은 예술품, 뛰어난 공예품 중의 하나입니다. (⑩)

(2-8)의 수업에 해당하는 교과서 서술에서는 "국자감에는 유학의

경서와 문예를 가르치는 국자학, 태학, 사문학과……"(교육부, 중학교《국사》상, 1990, p.93)라고 하여, 국자학, 태학, 사문학이라는 이름만이 나오는데, 교사는 그 차이를 부연 설명하고 있다. 여기에서도 교사가 의도하는 것은 국자학, 태학, 사문학에 각각 3품, 5품, 7품 이상 관리의 자제가 입학한다는 사실을 알게 하려는 것이 아니라, 국자감에서 관리의 품계에 따라 자식의 입학 자격이 달라진다는 것을 구체적으로 소개함으로써, 학생들로 하여금 고려시대 국자감의 성격을 좀더 확실하게 기억하게 하려는 것이다. 이러한 수업 진행은 관련된 사실을 알게 되면 역사적 이해에 도움이 된다는 원리를 염두에 둔 교사의 설명 방식이라고 할 수 있다.

(2-9)의 경우도 이와 같은 맥락으로 이해할 수 있다. 교과서에는 "공예품으로는 범종과 사리장치 등이 있다. (중략) 사리장치로는 감은사지 삼층석탑에서 나온 것이 유명한데, 화려하면서도 안정감을 주고 있다"(교육부, 중학교《국사》상, 1996, p.79)라는 서술과, 그 사리장치의 사진이 실려있는데, 교사는 이를 감은사 창건 설화와 연결시키고 있으며, 또한 수업 당시 신문에서 보도되는 것을 상기시킴으로써 학생들로 하여금 교과서에 실린 정보에 관심을 쏟도록 유도하고 있다.

4. 교사의 설명 기법

역사 교사들은 교과서에 실려 있는 정보를 학생들에게 효율적으로 전달하고 학생들의 이해를 돕기 위해 다양한 기법을 사용하여 설명을 하고 있다. 교사들이 가장 흔히 사용하는 기법 중의 하나는 새로 배우는 역사적 사실을 기존에 이미 배웠던 사실과 비교하는 것이다. 특히 제도사의 경우 거의 예외 없이 이 방법을 사용하고 있다. ②에서 교사는 고려의 교육제도를 설명하기 위해 고구려의 태학과 경당, 신라의 국학을 상기시키고 있으며, ⑭에서는 조선의 경저리 제도를 설명하면서, 신라의 상수리 제도와 고려의 기인제도를 연결 짓고 있다. 이 중 ⑭의 사례만을 들어보기로 하자.

(3-1)
-교사: 유향소에서 경재소로 파견한 이 경저리의 성격을 잘 봐야 되겠습니다. 여러분들 우리가 통일신라, 고려를 공부하면서 인질제도란 게 있어, 인질제도. 자, 통일신라, 뭡니까, 이거?
-학생들: 상수리제도.
-교사: 상수리제도죠, 상수리제도. 고려는?
-학생들: 기인제도.
-교사: 기인제도. 조선에서 이와 같은 인질의 성격을 가진 게 있었으니 이게 바로 경저리란 것입니다. (⑭)

교사들은 경우에 따라서는 학생들로 하여금 새로 배우는 사실을 기억하게 하는 데 과거에 배운 사실을 이용하기도 한다. ②의 수업에서도 그러한 예를 찾아볼 수 있다. 교사는 고려 때 중앙에 설치한 국립대학이 국자감이라고 설명하면서 다음과 같이 말하고 있다.

(3-2)
중앙의 국립대학이 바로 국자감이었어요. 우리 저번에 당나라에 유학을 갔다, 이런 얘기했었죠. 그때 당나라의 국립대학도 바로 이름이 똑

같았어요. 국자감이었죠.(⑫)

'학생들이 이전 (아마도 전 해) 사회 시간에 당나라의 국립대학이 국자감이라는 것을 배웠으니까, 그 이름을 기억하고 있을 것이다. 따라서 고려의 국립대학이 무엇인지는 당나라와 이름이 같다는 것만 알고 있으면 저절로 기억하게 될 것이다' 라는 것이 이 교사가 택하고 있는 설명 기법이라고 할 수 있다.

이 사례에서도 쉽게 짐작할 수 있듯이 역사 교사의 설명 중에는 학생들이 역사적 사실을 잘 기억하게 만들기 위해 힘을 기울이는 경우가 자주 눈에 띈다. 이러한 역사수업은 사실의 암기에 치중하는 수업이라는 비판을 받기도 한다. 그러나 역사적 사실을 알게 하려는 것이 학생들의 역사인식을 돕고, 역사적 사고를 촉진시키기 위한 의도라고 할 때, 이러한 수업 방식은 그 나름대로 의미를 가진다고 할 수 있다.[26] 역사수업의 과정에서 교사들이 학생들의 인지기억을 되살리기 위해 자주 사용하는 방법은 다음의 사례에서 찾아볼 수 있다.

(3-3)
- 교사: 자, 그러면 11세기 전후에서 이러한 거란족과의 항쟁 과정에서 우리가 일단 생각나는 인물하면 누구, 누구, 누구가 있지?
- 학생들: 서희, 강감찬, 양규.
- 교사: 크게 성종 때부터 현종 때까지 세 번에 걸친 거란족의 침입을

---

26. 물론 이 경우 학생들이 기억하였으면 하고 교사가 원하는 역사적 사실이 어느 정도 중요성을 가지는가 하는 점이 문제가 될 것이다. 또한 이 점은 역사수업의 내용선정 기준이 될 수 있을 것이다. 이와 관련된 역사교육 내용선정의 문제에 대해서는 정선영, 〈역사교육에서의 내용선정 기준〉, 양호환 외, 《역사교육의 이론과 방법》, 삼지원, 1997. 참조.

받게 되는데, 그때마다 공을 세웠던 대표적 인물하면 일단?

-학생들: 서희("강감찬"이라는 말도 들림).

-교사: 첫 번째 서희를 생각할 수 있고…… 그 다음에 또 거란족의 2차 침입 시에 공을 세운 이는 누구라고 했어?

-학생들: 강감찬.

-교사: 강감찬이 아니라…… 강감찬이 아니라 양규라고 했어. 그 다음에 세 번째로는?

-학생들: 강감찬.

-교사·학생들: (함께) 강감찬. (⑯)

이 수업에서 서희, 양규, 강감찬은 거란족의 침입을 물리치는 데 기여한 인물이라는 공통점을 가지고 있다. 그러나 그중 한 사람의 이름을 기억하는 것이 다른 사람의 이름을 기억하는 데 별로 도움이 되지는 않는다. 그러나 교사는 서희와 양규, 강감찬이라는 이름에 대한 기억을 연결짓고 있다. 이는 연상에 의해 기억을 유도하는 것이다. 이 경우 연상은 앞뒤 두 사실 간에 어떤 관계나 단서에 의한 것이 아니라 단지 거란의 침입이라는 주제 속에서 같이 배웠다는 인접한 사실이라는 점에 의한 것이다. 이를테면 '너희는 기억할 수 있다'는 암시적인 방법이라고 할 수 있다.[27]

한편 교사들은 새로운 역사적 사실을 설명하기 위해 현대의 사실이나 현재 경험할 수 있는 것들과 비교하는 경우도 많다. 그것은 학

---

27. 이와 같이 역사수업에서 학생들의 기억을 유도하기 위한 설명기법으로 연상이 흔히 사용되고 있음은 예비교사들의 수업을 분석한 다른 연구에서도 이미 지적된 바 있다(이영효, 〈교실 역사지식의 내용과 형식〉, 양호환 외, 《역사교육의 이론과 방법》, pp.109~111).

생들이 지금 사회에서 흔히 듣거나 경험적으로 접한 일, 익숙한 사실과 비교할 경우 쉽게 이해할 수 있으리라는 기대감 때문일 것이다. 이를 위해 교사들은 보통 같은 속성을 가진 사실을 비교하는 유추(analogy)의 방법을 사용한다. 다음의 두 가지 사례를 보기로 하자.

(3-4)
-교사: 자, 지금 〈용의 눈물〉 봤지? 〈용의 눈물〉에 보면 지금 누가 전제왕권을 누리고 있지?
-학생: 이방원이요.
-교사: 태종 이방원. 지금 내용을 선생님도 잠깐 보니까, 예전에 한두 달 전쯤 해서는 자기의 처남인 누구를 죽이고? …… 민무질과 민무구를 죽이고, 그 다음에 셋째와 넷째를 얼마 전에 또 죽였지, 민무회하고 민무휼. (중략) 정도전은 신하들의 권한, 즉 신권이 강화되는 그런 체제를 만들려고 하다 보니까 두 세력이 부딪혀서 결국 정도전이 제거되는 그런 사태가 벌어지고 말았습니다. (⑬)

(3-5)
"이렇게 여섯 가지 부서인데요. 이부는 지금의 인사관리를 맡는 내무부에 해당하는 거예요. 호부는 지금의 재무부와 비슷한 거고요, 예부는 지금의 문화부 정도에 해당하겠지요, 병부는 지금의 국방부, 형부는 지금의 뭘까요. 경찰청이 그 정도에 해당할 거예요. 공부는 지금의 건설부나 동력자원부에 해당할 거예요." (❶)

(3-4)에서 교사는 통일신라 신문왕이 전제왕권을 강화하는 과정을 조선 태종이 왕권을 강화하는 과정을 통해 설명하고 있다. 교사

가 이러한 방법을 택한 이유는 수업을 하였을 당시 TV에서 조선 태종의 왕권 강화과정을 다룬 〈용의 눈물〉이라는 프로그램이 상당한 인기를 끌며 방영되고 있었기 때문이다. 따라서 교사로서는 조선 태종의 왕권강화 과정이 학생들의 경험에 상당히 익숙하리라고 판단하고 있는 것이다.

(3-5)는 고려의 6부를 다루는 역사수업에서 가장 전형적으로 볼 수 있는 설명일 것이다. 교사는 오늘날의 행정부서의 기능을 통해 6부의 기능을 유추하고 있다. 교사가 이러한 유추의 방법을 사용하는 것은 학생들이 내무부, 재무부, 문화부[28] 등의 행정 부서를 익숙하게 알고 있을 것이라고 생각했기 때문이다. 즉 '단순히 이부는 관리의 인사권을 담당하는 부서이다' 라고 설명하는 것보다는, '이부는 오늘날의 내무부에 해당한다' 는 설명이 학생들에게 더 쉽게 다가갈 수 있으리라고 기대하고 있는 것이다. 이와 같은 수업에서 교사는 자신이 가지고 있는 교과내용에 관한 지식을 유추를 사용해서 수업내용으로 바꾸고 있다. '교과내용을 어떻게 변형하면 학생들이 역사적 사실을 더 쉽게 이해할 수 있을까' 하는 사고 과정을 거친 것이다. 여기에서 수업내용은 교사의 내용지식(subject matter knowledge)에다가 학생에 대한 지식이나 교육과정지식(curriculum knowledge)이 합쳐져서 나온 것이다. 여기에서 교과내용을 수업내용으로 변형하는 데 사용된 유추는 교수내용지식(pedagogical content knowledge)이라고 할 수 있다.[29]

---

28. 이 수업이 행해졌을 당시의 행정부서 명칭으로, 현재는 '행정자치부', '재정경제부', '문화관광부' 로 이름이 바뀌었다.
29. 교과내용지식, 교육과정지식, 교수내용지식의 개념에 대해서는 양호환, 〈역사교과 교육이론의 가능성과 문제점〉, 양호환 외, 《역사교육의 이론과 방법》, 삼지원, 1997) 참조.

앞에서도 보았듯이 개념이나 용어의 의미를 풀이함으로써 역사적 사실을 설명하는 것도 역사 교사가 흔히 사용하는 설명 기법 중의 하나이다. 특히 한자의 뜻풀이를 통해 용어나 개념을 설명하는 것은 국사수업에서 종종 볼 수 있는 모습이다. 다음의 인용은 이러한 수업 사례를 보여준다.

(3-6)
-교사 : 경종과 목종과 문종, 세 왕 때 전시과가 실시돼요. 그러니까 처음으로 실시됐다, 바꾸었다 해서 시정전시과, 개정전시과, 다시 바꾸었다 해서 경정전시과 이렇게 부르는데요. 이 경종과 목종과 문종 때 실시된 고려의 아주 대표적인 토지제도를 우리가 뭐라고 불러요?
-학생들 : 전시과.
-교사 : 그렇죠, 전시과라고 해요. 그런데 전이란 게 뭐죠? 선생님이 한자로 한번 써볼게요. 밭 '전(田)' 자예요. 밭이니까 농사지을 수 있는 땅을 주는 거죠. 그러니까 전지와 시지를 주는데요, 전지는 농사지을 땅이겠죠. 그 다음에 시지라는 건 땔감 있잖아요, 땔나무 '시(柴)' 자예요. 그래서 땔감이 나는 그런 산이나 아니면 임야 있잖아요, 나무가 많이 나는 임야. (중략) 전지와 시지로 나누어서 전지 얼마, 시지 얼마 이렇게 나누어 줬어요. 이걸 그래서 합쳐서 전지와 시지를 줬으니까 전시과, 이렇게 불렀어요. (**9**)

(3-6)의 수업에서 교사는 '시(始)' 자와 '개(改)' 자, '경(更)' 자의 풀이를 통해 전시과의 명칭을 설명하고, 다시 '전(田)' 자와 '시(柴)' 자의 풀이를 통해 전시과에 대해 설명하고 있다. 전시과에 대한 이러한 설명 방식은 이 글에서 인용하지 않은 다른 수업에서도 그대로

나타나고 있다.

  교사들은 경우에 따라서는 단지 한자어의 뜻풀이뿐만 아니라 한문의 해석을 통해 역사적 사실을 설명하기도 한다. (3-7)은 그러한 사례인데, 이 역시 이 글의 분석 대상이 아닌 다른 수업에서도 관찰할 수 있었다.

  (3-7)
-교사: 척화비에 담긴 내용을 한번 볼까?
('洋夷侵犯 非戰則和 主和賣國'이라고 칠판에 쓴다.)
(학생들이 위 내용을 필기한다.)
(중략)
-교사: 척화비에 있는 것을 중심으로 해서 척화비에 담겨 있는 사상을 한번 살펴보자. 한번 볼까? '양이', 서양 오랑캐야. '양이침범' 쳐들어오는데, '비'자는 이거 무슨 비?
-학생들: 아닐 비.
-교사: 아닐 비. 부정어지. 아닐 비, 싸울 전자. 자, 서양 오랑캐가 쳐들어오는데, 싸우지 않으면, 즉 화지, 곧 즉, 곧 화해하는 것이오, 화해를 주장하는 것은 나라를 파는 것이다. 해석이 되니? 다시 한번 할게. 서양 오랑캐가 쳐들어오는데, 싸우지 아니하면, 즉 화해하는 것이오, 화해를 주장함은 나라를 파는 것이다. 자, 여기서 외국과 통상하고 외국과 화해하자고 주장하는 것은 곧 어떻다는 사람?
-학생들: 나라를 팔아먹는……
-교사: 나라를 팔아먹는 사람. 매국노란 얘기지. (**8**)

  다른 과목에서도 그렇겠지만 역사 교사들 역시 수업에서 학생들의 흥미를 끌기 위해서 여러 가지 궁리를 한다. 이 경우 역사 교사들이 가장 흔히 사용하는 방법은 이야기를 해주는 것이다. 전쟁과 같은 사건사나 문화사 등에 관한 수업이 역사 교사들이 학생들에게 이야기를 해주는 빈도가 높은 수업이다. 특히 인물이나 사건과 관련된 설화는 역사 교사들이 가장 즐겨 사용하는 이야기 소재일 것이다. ⑩에서 교사는 김대성 설화를 다음과 같이 수업에 도입하고 있다.

(3-8)
-교사: 불국사를 지은 사람이 누구라고 그래요?
-어떤 학생: (작은 소리로) 김대성
-교사: 김대성이라고 그러죠. 김대성이라는 인물은 본래 경주 신라의 귀족이었어요. 진골 귀족. 그 본래의 전생의 김대성은 신분이 천민이죠, 아주 미천한. 그런데 모량리라는 동네에 살고 있었어요. 어머니와 함께 가난하게. 그래 가지고 남의 집일을 해주며 근근히 먹고살았죠, 귀족의 집일을 해주며 그 집에서 일을 잘 하고 그러니까 쪼그만 밭을 내줬어요. (중략) 그리고 석굴암은 전생의 어머니, 나를 과거에 낳아줬던 그 어머니 있죠, 그를 위해서 지었다, 이렇게 얘기합니다. 그래서 불국사와 석굴암은 우리 시대에도 예술적인 가치가 높은 그런 예술품으로 자리를 잡게 되죠. (후략) (⑩)

이 수업에서 교사는 학생들의 흥미를 끌고 역사적 사실에 대한 이해에 도움을 주기 위해서 김대성 설화를 소개하고 있다. 이 중에서도 교사가 김대성 설화를 수업에 도입한 것은 학생들의 흥미를 유도함으로써 수업의 효과를 높이려는 데 더 큰 목적이 있었던 것으로 보인다. 김대성 설화 이야기는 45분의 수업 중 무려 7분이나 계속되었다. 교사는 매우 잘 아는 듯한 자신만만한 태도로 김대성 설화의 내용을 이야기하고 있다. 또한 일반적인 설명보다는 목소리의 고저, 장단 등을 섞어서 이야기에 흥미를 불어넣으려는 태도를 보였다. 이 부분에 이어서 교사는 성덕대왕신종을 설명하면서도 에밀레종 설화를 현대의 본차이나 그릇과 비교하면서 소개하고 있다. 이 수업의 교사는 한국사의 설화들을 많이 알고 있는 듯 했으며, 또 수업시간에도 자주 설화를 이야기해 주고 있는 것 같았다.

그러나 이 교사가 수업에 설화를 도입하는 것이 단순히 학생들의 흥미 유도만을 위한 것이 아님은 이 부분에 이어서 석굴암의 원래 이름에 대해 다음과 같이 설명하고 있는 데서 알 수 있다.

> 그런데 석굴암은 사실, 그 바른 이름이 아니죠? 원래 이름은 '석불사'죠. 그러면 왜 석굴암이라고 이름을 표현했느냐, 이건요 사실 우리가 붙인 이름이 아니고 일제 때 일본놈들이 붙인 이름이라고 그러죠. 그러니까 똑바르게 부를 수 있어야 해, 인제 중학교 2학년 됐으니까. (⑩)

흔히 사용하고 있는 '석굴암'이라는 명칭이 잘못된 것임을 학생들에게 알게 하려는 것이다. 그리고 이를 통해 현재 우리의 문화재가 잘못 알려져 있는 경우가 많음을 인식시키려는 의도도 가지고 있는 것으로 생각된다. 여기에서 보듯이 수업시간에 교사가 설명을 위해 도입하는 이야기의 내용이나 성격에는 그 교사가 역사수업을 통해 학생들에게 심어주려는 역사인식이 포함되는 경우도 많다.

이상에서 살펴본 역사 교사들의 설명에는 몇 가지 문제점도 나타나고 있다. 먼저 눈에 띠는 것은 여러 가지 사실들을 서로 연관짓지 않고 나열적으로 설명하고는 한다는 점이다. ②에서도 공음전, 내장전, 공해전, 사원전 등을 각각 따로따로 설명하고 있었다. 마찬가지로 ⑪에서 교사는 3정승, 6조, 3사 그 밖의 승정원, 의금부, 춘추관 등의 기능이 무엇이라는 것을 나열식으로 설명하였다.

또 하나 눈에 띠는 것은 역사적 사실을 너무 단순하게 해석하여 설명함으로써 자칫 잘못하면 편협한 역사인식을 하게 할 우려가 있지 않을까 하는 점이다. 역사적 해석의 단순화는 학생들에게 역사적 사실을 명료하면서도 쉽게 설명하기 위한 경우와, 교사 자신의 역사인식이 그 바탕에 깔려 있을 경우 흔히 나타난다. (3-9)와 (3-10)의 경우를 보자.

(3-9)
백제는 어떻다고 되어 있어요. 우아하고 세련되었다고 했는데, 우아한지, 세련되었는지 확인해 보면 되겠죠. (중략) 백제가 이렇게 될 수밖에 없었던 하나의 시대 분위기를 생각한다면, 백제는 어때요? 평야지대에 자리잡고 출발했기 때문에 당연히 다른 나라보다는 여유가 있었죠. 침략이 거의 없었어요. 따라서 평화롭고 여유가 있는 생활 속에서 무엇을 준비할 수 있었겠죠. 그러기 때문에 다른 나라보다도 멋있고 풍취있는 우아한 우리가 흔히 말하는 귀족적인 문화 모습을 띨 수가 있는 거죠. (중략) 신라는 어때요? 신라는 지역적으로 한쪽 편으로 치우쳐 있죠. 또 산이 많죠. 그래서 일찌감치 백제와 고구려로부터 문물을 받아들이죠. 중국과 교역이 자주 안되죠. 아무래도 문화의 수준이나 방식은 좋게 얘기하면 소박한 거고 나쁘게 얘기하면 촌스러운 거지. (③)

(3-10)

-교사: 자, 이와 같이 쇄국정책을 강화했는데, 쇄국정책에 대한 평가, 후세 역사가들의 평가는 두 갈래로 나눠어요. 하나는 자주적인 성격을 띤다. (중략) 여기에서 봤을 때 이건 자주적인 성격이라고 볼 수 있어요. 그런데, 그때 하루가 다르게 시대가 어떻게?

-학생들: 변해 가요.

-교사: 변해 가지. (중략) 근데 조선 후기에 와서 일본이 먼저 개항해서 외국의 것을 많이 받아들여서 배우는데 우린 어때? 외국하고, 외국하고 통상하지 않겠다. 외국 걸 안 배워. 그 안 배우는 기간에 일본은 벌써 저만큼 앞서 가요. 다시 말해서 우리나라의 근대화가 늦어지는 계기가 됐던 게 바로 뭐냐, 대원군의 쇄국정치. (중략) 따라서 흥선대원군에 잘못된 정책을 들어라 하면?

-교사, 학생: (함께) 경복궁 중건, 천주교 박해, 쇄국정책.

-교사: 그 중에 대외 정책하면, 쇄국정책. (**8**)

(3-9)의 수업에서 교사는 삼국의 문화적 특징이나 차이와 이를 가져온 요인을 지리적 환경에서 찾고 있다. 이를 통해 삼국의 문화적 특성을 학생들에게 쉽게 이해시키려고 한 것으로 보인다. 하지만 삼국의 문화가 다른 성격을 가지게 된 요인을 단순히 지리적 환경 탓으로만 한정시킴으로써 학생들의 역사인식의 폭을 좁히고, 문화적 특성의 차이를 문화 수준의 차이로 서열화할 우려가 있다.

(3-10)의 경우, 교사는 처음에는 쇄국정책에 대한 상반된 평가가 있음을 소개함으로서 제3자적 입장에서 사건을 바라보는 듯한 자세를 취하고 있다. 하지만 이윽고 '쇄국정책 → 외국과 통상의 단절 → 근대화의 지체'라는 도식에서 쇄국정책을 대원군의 대표적인 잘못

된 외교정책이라고 강조함으로써 한쪽 관점을 학생들에게 반복해서 전달하고 있다.

역사 교사들의 설명 중에서는 학생들이 이해하기에 어려울 것이라는 생각이 드는 것도 종종 있다. 예컨대 교사가 별다른 의식없이 자신에게는 익숙하지만 학생들에게는 낯선 용어를 사용하여 설명을 하는 경우 학생들은 교사의 설명을 어려워한다. 이러한 사례는 대체로 다음과 같은 두 가지 유형으로 나눌 수 있다.

(3-11)
승정원은 국왕의 비서기관이에요. 국왕의 비서기관으로 왕명의 출납을 담당했어요. 그러니까 그 왕이 내리는 교서나 교지나 밑에서 임금에게 올리는 글, 이런 것은 모두 승정원을 거쳐서 올려지고 내려지고 그랬어요.(⑪)

(3-12)
수도에 아주 커다랗게 무덤을 만들었는데, 그 이유가 그런 영혼불멸 사상, 내세에서도 똑같이 부귀영화를 누리면서 살겠다, 그런 이유로 고분을 만들었고, 또 한 가지 이유가 당시 백성들에게 자기의 권위라든가 그런 걸 높이기 위해서 수도에 커다란 고분을 만든 거예요. 그러니까 피지배층 백성들에게 자신의 위세, 권위 그런 걸 내세우기 위해서 아주 큰 고분을 만든 거예요. (⑫)

조선의 제도를 다루는 중학교 수업인 (3-11)에서 교사는 승정원을 설명하기 위해 '교서', '교지' 라는 용어를 사용하고 있다. 교사의 설명이 따로 없었으므로, 아마 학생들은 교서나 교지가 무엇인지를 잘 모르고 있을 것으로 생각된다. 물론 교사도 교서나 교지가 무엇인지를 학생들이 아는지 모르는지에 대해서는 별다른 의미를 부여하고 있지 않다고 생각된다. 하지만 어쨌든 이 용어들에 대해 모른다면 교사의 설명을 학생들이 충분히 이해하기 어려울 테고, 또 만약 교서나 교지가 무엇인지를 알고 모르는 것이 별다른 의미가 없다면 구태여 그런 용어들을 사용해서 승정원을 설명할 필요는 없을 것이다.

이에 반해 삼국의 문화 중 고분미술에 대해서 다루는 (3-12)의 수업에서는 학생들이 특별히 모르거나 낯설어 할 역사적 사실을 나타내는 용어를 사용하고 있지 않다. 그러나 교사의 설명이 무슨 의미인지 명확하지 않거나 학생들이 제대로 이해하지 못하였을 가능성은 여전히 있다. 그것은 '영혼불멸사상', '내세', '피지배층', '위세', '권위'와 같은 용어가 자주 사용되는 말이면서도 그 의미가 추상적이고 다양하기 때문이다. 더구나 이 용어들도 교사에게는 익숙하지만 학생들에게는 별로 그렇지 않을 수 있다. 이 때문에 영혼불멸사상에 따라서 내세에서도 똑같이 부귀영화를 누리면서 살기 위해 커다란 고분을 만들었다고 설명하더라도, 학생들은 그 의미가 무엇인지 알아야 할 과제를 여전히 가지게 된다. 이 경우 교사는 좀더 구체적인 용어를 사용하거나 사례를 통해 설명을 할 필요가 있다.

교사들이 학생들의 지적 수준을 제대로 파악하지 못하는 데서 오는 설명의 문제점도 종종 눈에 띈다. 교사 자신의 입장에서 학생들의 지적 수준을 판단함으로써, 교사는 쉽게 설명한다고 했지만 학생들은 정작 교사의 설명을 제대로 이해하지 못하거나, 수업 현장에서 당장은 알아들었지만 머릿속에 지속시키지는 못하는 현상으로 나타난다. 앞에서 논의한 개념이나 용어의 의미를 풀이함으로써 학생들에게 역사적 사실을 이해시키려는 설명의 기법도 실제로 교사의 의

도만큼 학생들의 역사 이해에 도움이 되었을지는 의문이다. 그것은 학생들은 교사가 생각하는 것만큼 한자 뜻풀이에 의해 역사적 사실을 이해하는 작업에 익숙하지 않기 때문이다. 즉, 역사적 용어의 의미를 풀이함으로써 역사적 사실을 이해하는 학습 방식은 교사의 학습문화이지, 학생의 학습문화는 아닌 것이다. (3-6)의 경우 학생들은 역사적 사실의 이해 외에 '시(柴)'자라는 한자의 의미 파악이라는 두 가지 과제를 동시에 접하는 부담을 안아야 한다. (3-7)과 같이 한문의 풀이인 경우는 더욱 그렇다. 교사는 쉽게 풀이한다고 했지만 학생들에게는 교사가 생각하는 것만큼 쉬운 것이 아니다.

수업 내용에서 담고 있는 역사적 지식의 문제도 마찬가지다. 식민사학의 내용 중 임나경영설에 대한 고등학교 교사의 설명을 보면 다음과 같다.

(3-13)

그런 가운데 4세기 후반, 신공황후가 쳐들어와서 신라를 정벌하고 그 이후에 신라, 가야, 백제 지방을 200년동안 일본이 지배했다는 거야. 임나일본부설. 이런 걸 주장해요. 그리고 칠지도, 이건 뭐냐? 옛날에 식민지 국가에서 갖다 바친 거다. 그 다음에 뭐, 광개토왕비에도 그렇게 나와 있다. 그렇게 조작하고, 자기나라 가짜 역사책, 일본서기 같은 것을 뭐 갖다대고 이런 식으로 막 해요. 그리고 나름대로 근거를 찾기 위해서 가야 고분을 발굴하는데, 발굴해 보니까 그렇게 나와, 안 나와? 안 나오니까 이들이 어떻하느냐, 옛날 유물을 발굴하면 당연히 뭘 남겨야 돼? 보고서를 과학적으로 남겨야지? 한번 발굴해 버리면 원형이 훼손되어 두 번 다시 원형을 못 알아보니까 보고서를 과학적으로 다 남겨야 돼요, 철저하게. 그런데 일본애들은 보고서를 안 남겼

어요. 그걸 봐도 역사 조작이란 걸 알 수 있지. (**5**)

여기에서 교사는 학생들이 당연히 임나일본부설과 광개토왕비 조작설에 대하여 알고 있고, 칠지도라는 칼과 일본서기에 대해서도 들어보았을 것으로 생각하고 있다. 물론 학생들이 이전 국사 수업에서 임나일본부 문제에 대하여 얼마나 배웠는지는 이 수업만으로는 확인할 수 없었다. 하지만 설사 이전에 임나일본부설을 둘러싼 여러 가지 논란을 다루었다고 할 지라도, 여기에서 '칠지도', '광개토왕비를 조작하고', '가짜 역사책인 일본서기'라는 표현만으로, 교사가 설명하는 내용을 제대로 이해할 것 같지는 않다.[30]

5. 맺음말

설명식 수업이 역사적 사실을 단순히 전달하는 것만은 아니다. 설명에는 교사의 교육관이나 역사관이 반영되어 있으며, 역사 교사는 자신이 이해하고 파악한 역사적 사실의 의미를 설명을 통해 전달한다. 그러므로 역사적 설명이란 하나의 역사적 해석이라고 할 수 있다. 교사는 자신의 해석에 입각하여 설명의 내용을 선정하고 조직한다. 교사의 설명은 교과서의 내용과 순서를 그대로 반복하기도 하지만, 경우에 따라서는 교과서를 재구성하기도 하고, 교과서의 내용을

---

30. 이 밖에 교사의 설명 내용 자체가 역사적 사실과 맞지 않는 경우도 종종 눈에 띄었다. 이는 교사가 평소부터 가지고 있던 잘못된 역사 지식, 즉 일종의 오개념(misconception)이거나, 별다른 생각없이 무의식적으로 행하는 습관적인 설명으로 인해 일어나는 문제라고 생각되지만, 구체적인 사례는 생략하기로 한다.

대폭 생략하거나 첨가하기도 한다. 이 글의 분석 대상이 된 수업이 대부분 교과서의 내용과 서술 순서를 따르고 있는 것은 수업에서 다루는 역사 내용의 구조에 대한 파악이 미흡하기 때문이라고 할 수 있다. 학습내용을 조직하는 구성요소의 파악과, 이 구성요소들을 연결할 수 있는 아이디어의 부족이 수업내용의 새로운 조직을 어렵게 만드는 것으로 보인다.

교사는 역사수업에서 다양한 기법을 사용하여 설명을 한다. 학생들의 기억을 돕기 위해 연상의 방법을 사용하기도 하고, 좀더 쉽게 이해시키기 위해 여러 가지 유추를 제시하기도 한다. 특히 학생들에게 익숙한 경험을 통하여 설명을 하는 경우가 많다. 용어나 개념의 뜻을 풀이하는 것도 교사가 자주 사용하는 설명 기법이다. 수업시간에 사용되는 설명 기법은 교사 스스로 학생들이 그 내용을 가장 잘 이해할 수 있을 것이라고 믿는 방법이다. 교사의 설명 방식에는 학습내용에 대한 교사의 해석, 학생에 대한 이해, 그리고 설명 기법에 대한 교사의 지식이 내포되어 있다.

그러나 역사 교사의 설명이 그리 효과적이지 못하거나 문제가 있는 경우도 상당히 눈에 띈다. 그것은 교사가 학생들의 사고나 역사인식의 폭을 좁히는 설명을 하거나, 학습 내용에 적합한 설명 기법의 선택에 실패하는 데서 오는 경우가 많다. 또한 교사와 학생 간의 학습문화의 차이나 학생에 대한 교사의 이해 부족 등도 성공적인 설명을 가로막는 주요 요인이라고 할 수 있다. 그 밖에 선택한 설명 기법을 능숙하게 사용할 수 있는 교사의 능력 또한 성공적인 설명을 위해 반드시 필요한 요인이다. 이러한 점들은 앞으로 역사수업에서 효율적인 설명의 방안을 탐색하는 데 고려되어야 할 것이다.

| 이 책에 실린 글들의 출처 |

1부 역사교육과 역사수업이론

1장 역사교육의 담론과 역사교육학
 →〈역사교육의 담론과 학문적 가능성〉,《역사교육》97, 2006. 3.
2장 역사변화의 인식과 역사교육의 역할
 →〈역사변화의 인식과 역사교육의 역할〉,《시대전환과 역사인식》(윤세철교수정년기념 역사학논총 1), 솔, 2001. 10 (부분적으로 수정)
3장 역사수업 이론의 재인식
 →〈역사수업이론의 재개념화〉,《역사교육연구》5, 2007.6.

2부 역사수업의 원리

4장 역사인식과 역사수업의 방법
 →〈역사인식과 역사교육의 방법〉,《교원교육》15, 한국교원대학교 교육연구원, 1999. 12. (상당 부분 수정)
5장 역사교육의 내용조직 원리와 유형
 → 이 책을 위해 새로 쓴 글
6장 역사수업내용 재구성의 원리

→ 〈사회과 수업내용 재구성의 원리〉, 《사회과학교육연구》 6, 한국교원대학교 사회과학교육연구소, 2003. 2. (상당 부분 수정)

7장 역사과 교실수업연구의 동향

→ 〈역사과 교실수업연구의 동향과 과제〉, 《사회과학교육연구》 4, 한국교원대학교 사회과학교육연구소, 2001. 2. (원래 발표 이후에 나온 연구들에 대한 검토를 보충)

3부 역사적 사고력과 역사수업

8장 피아제의 인지발달론과 역사교육

→ 〈피아제의 인지발달론과 역사교육연구-피아제 이론의 적용을 둘러싼 논의를 중심으로-〉, 《사회과학교육연구》 창간호, 한국교원대학교 사회과학교육연구소, 1995. 12.

9장 역사적 사고력의 구성요소와 역사수업의 발문

→ 〈역사적 사고력의 구성요소와 역사수업의 발문〉, 《사회과교육》 29, 1996. 8.

10장 감정이입적 역사이해의 원리와 역사학습

→ 〈감정이입적 역사이해의 원리와 학습 방안〉, 《전농사론》 7, 2001. 3.

11장 국사수업에 나타난 교사의 설명방식

→ 〈국사수업에 나타난 교사의 설명방식〉, 《사회과학교육연구》 3, 한국교원대 사회과학교육연구소, 1999.8.

■ 찾아보기

ㄱ

가능성 의존 사고 235
가비(Garvey, Brian) 304~306
가설-연역적 추리 228
가역성 226, 256
감각동작기 261
감각운동기 224
감정이입 124, 200, 288, 291, 313, 314, 319~325, 336, 343
감정이입적 딜레마 340
감정이입적 역사이해 321, 325, 329, 331, 337
감정이입적 이해 119, 120, 125, 280, 302, 315, 320, 321, 325, 326, 328, 329, 336, 341~343
감정이입적 재구성 328
개념 175, 176, 180
개념형성 254
개방적 질문 303, 304
경험 222
경험적 질문 302, 303
경험적 추체험 340
계통적 방법 135, 136, 144
계통학습 135
고정관념 329, 332
고정관념에 의한 감정이입 327, 342
과정-산출연구 192
과정으로서 감정이입 323, 324
관계개념 59
관찰연구 191
교과지식 198, 199
교과학 83
교수내용지식 97, 98, 124, 199~202, 377
교수레퍼토리 201
〈교육과정 2000〉 66
교육과정지식 199, 202, 377
교육내용중심적 교과교육학 83
교육방법중심적 교과교육학 81, 82
구스타브슨(Gustavson, Carl G.) 264
구조적 사고 313
구조적 상상 302
구체적 사고 270
구체적 조작 230, 237, 239~241, 244, 267, 268
구체적 조작기 225, 227, 240
국난극복사관 25
권정애 203
귀납적 추리 228
글레이저(Glaser, R.) 166
기술 235, 236, 238
기술적 사고 236~238, 274
기술적 설명 350
기술적 질문 303, 306
기억 질문 303~305
긴스버그 232
길포드(Guilford, J. P.) 293
김대성 설화 380, 381
김민정 204
김영택 192
김정 260
김한종 58, 207, 210

ㄴ

나선형 교육과정 232
남상준 295
내러티브 59, 338
내러티브 이론 291
내용 지배 사고 235
내용지식 96, 97, 99, 198, 199, 201, 202, 209, 377
논리적 사고 272
니콜 297, 301, 304, 305

ㄷ

다니엘스(Daniels, Robert V.) 70
다원인(多原因) 60

다중분류 256~258
단계 224, 265
대조 124
도식 222, 223
《동국사략》 60
동화 223
드실바(DeSilva, W. A.) 241
디킨슨(Dickinson, A. K.) 289
디킨슨(Dickinson, P. J.) 273

ㄹ
라스(Rath, L. E.) 294
랑케(Ranke, Leopold von.) 59
랭포드(Langford, Peter) 218, 220
레브스틱(Levstik, L. S.) 270, 277
로자엔(Rosaen, C. L.) 218
류현종 195
리(Lee, P. J.) 273, 289, 323

ㅁ
마토렐라(Martorella, P. H.) 260
맥락적 이해 330, 337
명제적 지식 89, 169
모더니즘 52, 53
목표중심 교육과정 167, 186
문제중심 방법 136
문제해결학습 135
문화기술적 방법 349
문화기술적 연구 189~195, 210
문화기원이론 138
미국 사회과교육학회(National Council for the Social Studies) 178
미카엘리스(Michaelis, John U.) 294
민윤 201
민족지학적 연구 189
민족지학적 탐구 190, 192
민족지학적 탐구법 189
밍크(Mink, Louis O.) 288

ㅂ
바스(Barth, James L.) 305
발전계열법 69, 148, 150, 152
방법적 지식 89, 90, 169, 170
배움책 159
뱅크스(Banks, J. A.) 57, 176, 177
보존 226, 256, 257
보편적 인지이론 168
볼(Ball, Doborah) 201
부스(Booth, Martin) 275, 276, 290, 291
분석적 사고 293, 294
불평형 223, 224
브라운(Brown, G. A.) 350
브래들리(Bradley, N.) 263, 264
브루너(Bruner, J. S.) 232
블룸(Bloom, B. S.) 294
비교 98, 116, 124, 207
비유 124, 209
비참여관찰 190, 191
비판이론 203, 204
비판적 사고 293

ㅅ
사우스게이트(Southgate, Bevergate) 70
사이토 히로시(齋藤博) 247, 248, 249, 271
사회적 상호작용 222, 223
삽입 298, 299
삽입 질문 304
상보성 256
상상 288
상상적 이해 119, 291, 292, 298
상상적 추체험 340
선개념 124, 126
선행조직자 358
설명 235, 236, 238
설명적 사고 237, 238, 274
설명적 질문 303, 306
성숙 222
성취로서 감정이입 323, 324
성향으로서 감정이입 323, 324

셰밀트(Shemilt, D.) 340
손진태 24
수렴적 사고 293, 294, 312, 316
수렴적 질문 210, 305, 306, 315, 316
수업모형 78, 79
수업비평 209
수업지식 165
수평적 지체 168, 266
슐만(Shulman, Lee S.) 199
스코틀랜드 평가위원회 297, 300
스트랜드(strand) 178
스틸(Steel, Donald) 57
시간개념 258, 260~262
시간표현개념 258, 260, 261, 263
시겔(Sigel, Irving E.) 255
시대개념 259, 265
시대중심 학습법 140, 141, 143
시뮬레이션 341
시뮬레이션 게임 340, 341
신교육과정 232
신채호 120
신회종 209
실제개념 177
실천적 지식 97, 98, 202
실증적 연구 패러다임 185, 188, 192

ㅇ
아우라 195
안호상 25
알만(Alleman, J. E.) 218
암스트롱(Armstrong, S.) 350
양호환 199, 220
에밀레종 설화 381
엘바즈(Elbaz, F.) 202
엘킨드(Elkind, David) 263
역사교과학 38, 39
역사교육 전공자 20, 33, 34
《역사교육》(역사교육연구회) 25, 26
《역사교육》(전국역사교사모임) 32
역사교육연구회 25, 26

역사의식 247~249, 251~253
역사적 감정이입 314, 321, 324, 328, 329, 339
역사적 문제의식 250
역사적 상상 120
역사적 상상력 138, 298~302, 306, 315
역사적 탐구기능 298, 299, 301, 306, 310, 315, 316
역사적 탐구능력 300
역사적 판단 302, 314, 315
역할극 340, 341
연구개발형 교육과정 148
연대개념 258, 260, 263, 264, 270
연대기 138, 139
연문화적 연구 230
연상 98, 116, 207, 375, 388
연표 147
연합적 사고 272, 289, 291, 293,298
영국 교육과학부 297, 300
영국 학교교육심의회 역사분과 267, 297, 300
영역고유 인지이론 82, 274, 277, 278, 290, 291
영역보편적 인지 168
《5교시 국사시간》 79
오퍼 232
와츠(Watts, D. G.) 272, 289, 291
외전 290
워스워드(Wadsworth, Barry J.) 225
웨스트(West, John) 268, 269
유추 98, 116, 124, 165, 200, 207, 244, 376, 377, 388
의례적 질문 304, 305
이건(Egan, Kieran) 169, 272
이넬더(Inhelder, Bärbel) 226
이영효 204
이유 부여 설명 351
2차적 개념 177
이해 질문 304, 305
인과관계 59, 60, 114, 117, 118, 136, 234,

찾아보기 **393**

291
인식론적 서술 209
인증적 사고 275, 276, 290
인지기억 질문 305, 306, 315
인지기억적 질문 210
일민주의 25
일반화 175, 177, 178, 180
일본 사회과교육연구회 249, 253
일상적 감정이입 327, 329

ㅈ
자연주의적 사례연구 193, 194
장금주 193
재사고(re-think) 288
쟁점(issue) 145
저드(Jurd, M. F.) 241
적응 221, 223
전조작기 224, 225, 226
전조작적 사고 226, 239, 240, 241, 244
정선영 71
정의 231
정의적 질문 302, 303
제노아 학파 265
제한적인 역사적 감정이입 327
《조선교육》 24
조작 226
조작적 분류(operational classification) 254
조작적 사고 226, 227, 231, 240, 265, 291
조절 223
조직 221
조직개념 58, 57, 176, 177
종적 연구 276
종합화 질문 303, 306
주제 145
주제 스트랜드 178, 180
주제 144
주제·토픽학습 144, 145
주제학습 145, 148, 150, 152, 153
중요한 시기(critical moment) 64

지역적 방법 135, 136
직관적 사고 293

ㅊ
참여관찰 190, 191, 195
창의성 질문 304, 305
창의적 사고 293
추체험 119, 120, 125, 288, 341

ㅋ
카펜터(Carpenter, Peter) 141, 143
콜담(Coltham, J. B.) 239, 297, 299
콜링우드(Collingwood, R. G.) 276, 288
크룩(Krug, Mary) 304~306
클라크(Clark, L. H.) 260

ㅌ
타바(Taba, Hilda) 170, 177, 254
탐구수업 117, 118
탐구식 수업 118, 125
토론식 수업 120, 121
토픽 144, 145
토픽학습 144, 146, 148
톨젠(Tholfsen, Trygve R.) 259
톰슨(Thompson, Donald) 241, 270
통사적 방법 137~139, 152
통사학습 133, 143, 147, 150, 152, 153
통제 질문 305

ㅍ
파인즈 297, 299
파파스(Papas, C. C.) 270, 277
판단 298, 299
판단 질문 303, 304, 306
평가적 사고 293, 294
평가적 질문 210, 302~306, 315
평형 223, 234, 236
평형화 224, 223, 244
폐쇄적 질문 305
포스트모더니즘 53

포털(Portal, Christopher) 339, 340
프란켈(Frankel, Jack R.) 303, 305, 306
피셔(Fischer, D. H.) 275, 290
피아제(Piaget, Jean) 217, 219, 220~222,
　　224~226, 228~234, 237~239, 241, 245,
　　247, 249, 254, 256, 261, 265, 267,
　　270~274, 279, 280, 288, 289, 291
피아제류 168
피아제의 인지발달론 167
필(Peel, E. A.) 234~238, 244, 274

ㅎ
하이만(Hyman, Ronald T.) 302, 303
학교교육심의회 역사교육분과 340
한국교육개발원 166
할람(Hallam, R. N.) 220, 238, 239, 240,
　　242, 244, 245, 247, 265, 280, 288
해석 질문 304, 305
해석적 설명 350
핵심개념 175, 177
핵심개념 57
행동주의 심리학 185
현채(玄采) 60
형식적 사고 239
형식적 조작 228, 230, 237, 239~241, 244,
　　267, 268, 270,275
형식적 조작기 225, 227, 240
형이상학적 질문 302, 303
홍익인간 24
확산적 사고 293, 294, 312, 313, 316
확산적 질문 210, 305, 306, 310, 315
환경확대법 168
힘으로서 감정이입 323, 324

학술총서 01

역사수업의 원리

1판 1쇄 2007년 12월 15일
1판 7쇄 2020년 5월 15일

지은이 | 김한종

펴낸이 | 류종필
편집 | 이정우, 정큰별
마케팅 | 김연일, 김유리
표지 디자인 | 석운디자인
본문 디자인 | 글빛

펴낸곳 | (주) 도서출판 책과함께
　　　　주소 (04022) 서울시 마포구 동교로 70 소와소빌딩 2층
　　　　전화 (02) 335-1982
　　　　팩스 (02) 335-1316
　　　　전자우편 prpub@hanmail.net
　　　　블로그 blog.naver.com/prpub
　　　　등록 2003년 4월 3일 제25100-2003-392호

ISBN 979-89-91221-32-1 94900